천 로 역 정

존 버니언 / 최정선옮김

지성문화사

THE

Pilgrim's Progress

FROM

THIS WORLD,

TO

That which is to come:

Delivered under the Similitude of a

DREAM

Wherein is Discovered,

The manner of his setting out,

His Dangerous Journey; And safe

Arrival at the Desired Countrey.

I have used Similitudes, Hos. 12. 10.

By *John Bunyan.*

Licensed and Entred according to Order.

LONDON,

Printed for *Nath. Ponder* at the *Peacock* in the *Poultrey* near *Cornhil*, 1678.

〈천로역정〉 초판의 속표지, 1678.

천로역정약도

전도자의 집
파멸
위험
샘물
좁은 門
도덕
정욕의 도시
시내 山
낙심의 늪
멸망의 도시
의혹의 城

천로역정

차례

천로역정

《천로역정(天路歷程)》은 존 버니언(John Bunyan)의 우화소설 《The Pilgrim's Progress》를 번역한 것이다. 본래는 '현세로부터 내세로 전진하는 순례자의 행정(行程)'이라고 제목을 붙일 성질의 것이다. 이것을 《천로역정》이라고 한 것은 한역(漢譯)을 답습한 때문이다. 우리나라에서도 옛날부터 지금까지 대체로 이 제목대로 사용하고 있다. 한역 《천로역정》은 1872년에 관화(官話—북경어, 표준어)역과 1875년에 고문(古文)역이 출판되었다.

원저는 1672년에 초판을 출판하고, 1789년에 원판의 제57판을 출판했다고 하니 과연 성서 다음으로 사람들에게 많이 읽히는 책임을 알 수 있다. 118개 국어로 번역되었다는 이 책이 교파를 초월하고 국경을 초월해서 얼마나 많은 사람에게 애독되는가를 알겠다.

나는 이 책을 지금까지 세 번 정독한 셈이다. 맨 처음은 열 살 때에 아버님이신 최성주(崔聖柱) 목사의 서가에서 읽었는데, 그 당시 어린 나에게는 약간 어려웠고, 최근의 〈새벗〉의 전신인 〈아이생활〉보다 재미가 없어서 도중에 중단하려 했지만 그 무엇엔가 끌려서 마지막까지 읽었다. 그때 삽화는 우리 한국식으로 그려졌었는데, 그 기억이 아직 새롭다. 그리고 무엇보다 인상이 깊었던 것은 크리스천(그 당시는 기독도—基督徒)과 아폴련(그 당시는 아파륜—亞玻倫)과의 싸움이고, 다음으로는 크리스천이 '곤란의 언덕' 위에 있는 정자에서 졸다가 증명서를 잃는 장면이며, 마지막으로는 크리스천이 유망 씨와 함께 강을 건너는 대목이었다. 하여간 이 책이 어린 마음에 큰 영향을 끼친 것은 움직일 수 없는 사실이다.

두 번째는 소위 인생의 폭풍의 시대라는 열일곱 살 때인데, 그 당시 신의주 제2교회의 목사이시던 한경직 목사님의 지도와 이 책의 영향으로 신앙적 회의에서 무난히 빠져나올 수 있었다. 그때는 일본어 번역으로 읽었는데, 지금 생각해도 퍽 잘된 번역이었다고 기억된다.

그리고 세 번째는 지금 이 책을 번역하면서이다. 그런데 그저 읽었던 것과 책임을 느끼면서 번역하여 읽는 것과는 엄청난 차이가 있음을 새삼스럽게 느꼈다.

여러 모로 생각한 끝에 역시 원문에 충실하기로 방침을 세웠다. 그래서 등장인물들의 이름도 과거와 같이 틀에 박힌 양식을 버리고, 원어에 가깝고 현대감각에 맞도록 노력해서 지었다. 그리고 본문 중에 있는 대화는 될수록 제대로 바꾸었다. 또, 장(章)으로 나누는 일도 지양했다. 본래 원저는 장으로 나뉘지 않았다. 그리고 성서의 인용은 역시 가급적 성서 본문 그대로를 채택했다. 그러나 저자가 나타내고자 하는 의도에서 멀 때는 원문에 가깝도록 번역했으며, 성서 중의 인명은 현행 개역판을 따랐다. 다만 제2부의 인명은 영어의 발음에 준했다.

원문에 충실하기 위해서 원문을 보존하는 방침이었지만, 그대로 번역하여 도리어 읽기에 난삽한 곳은 소위 군더더기를 빼어 버리고 순하게 바꾸었다. 그러나 지나쳐서 원문의 소박한 맛을 잃을 우려가 있는 곳은 그대로 두었다.

마지막으로 부언할 것은 저자의 각주인데, 가급적 번잡을 피하면서 저자의 것 그대로 살렸다. 그리고 역자의 주도 꼭 필요하다고 인정되는 것은 추가했다. 또 삽화에 화찬(畫讚)을 달았으며, 천로역정의 약도도 그려 넣었다.

《천로역정》에도 결점이 있다. 엄밀한 의미에서 우의(寓意)의 파탄도 있고, 상황 설정의 모순도 있으며, 제1부와 제2부에 정확한 일치가 결여된 곳도 있다. 그러나 그것은 햇볕에서 겨우 보이는 떠도는 티끌 같은 것이어서, 천재의 모든 작품에서 떠놓을 수 없는 결점이다.

《천로역정》은 진실한 것, 영원한 것, 거룩한 것을 추구하며, 고뇌와 방황 속에서 싸우다가 마침내 그 소원을 성취한, '한 영혼의 충실한 생활기록'이다. 저마다의 신앙이 조금씩은 다르더라도, 사람은 이 책에서 자기의 적나라한 모습을 발견할 것이다. 독자 제현의 건투를 빈다.

옮긴이 崔 正 善

저자의 변명

시초에 글을 쓰려고 펜을 손에 잡았을 때,
이런 유형의 졸작을 완성하게 될 줄은 생각도 못했다.
실은 이 책과는 다른 줄거리를 구상하고 있는데,
쓰고 보니 이와 같은 내용이 되어 있었다.
나의 처음 구상은, 신앙심이 돈독한 성도들의 행적과
그들이 가진 공통된 특성을 그리는 것이었다.
그런데 20장쯤 써놓고 보니 별안간 그들의 행로는
우의(寓意)의 형식을 취하며
영광스런 목적지를 향하고 있었다.
그러한 내용은 또 점차 증가되어 마치
숯불에서 불꽃이 날아감과 같았다.
그렇게 글이 비뚤게 나가자 나는 생각했다.
글이 엉뚱한 방향으로 자꾸만 치닫으니 속히 멈추고
다른 작품을 착수하리라.
그렇지 않으면 정말 이상한 글이 되어
그동안 내가 써놓은 저서에까지도 나쁜 영향을 끼치리라.
이렇게 생각했지만, 나는 오히려
집필에 열중하고 있었다. 도저히 펜을 놓을 수가 없었다.
참으로 이상한 일이었다. 나는 글을 쓰면서도
이 작품을 세상에 발표할 생각은 없었다.
오직 생각에 떠오르는 것을 기록한다는 일념이었다.
세상 사람들을 즐겁게 해주고 싶어 쓴 것은 결코 아니고,
단지 내 마음을 만족시키기 위해 썼다.
어쨌든 나는 즐거운 마음으로 펜을 들어

머릿속에 날개짓하는 사상들을
신속히 서술했다. 하얀 종이에 파랑 글씨로…….

글은 실타래에서 실이 풀리듯이 술술 풀렸다.
그 결과 지금 여러분이 보시는 바와 같은 길이와
너비와 크기로 완성되었다.
나는 원고를 다 쓴 후에 여러 사람에게 보였다.
내 글이 좋은지 나쁜지,
작품성에 대한 의견을 들어보기 위해서였다.
어떤 사람은 괜찮다고 말했고,
다른 사람은 틀렸다고 고개를 흔들었다.
또 어떤 사람은 출간하라고 하는데,
어떤 사람은 적극적으로 말렸다.
사람들의 의견은 분분했다.
이래라 저래라 하여 나는 혼란스럽기 그지없었다.
고뇌의 낮과 사유의 밤을 여러 날 보낸 후에
마침내 나는 생각했다. 의견은 둘,
여하간 출간해서 결말을 보자.
시험대에 올려 어떤 충고가 옳고 그른지 알아보리라.
그런 결심을 한 후에 다시 한 번 생각했다.
만약 출판을 하지 않는다면 그것을 원하는 사람들의
기대를 저버리는 결과를 빚는다는 사실을…….
그래서 출간을 찬성하지 않는 사람들에게 말했다.
뜻을 어김은 유감이나, 출간을 기뻐하는 당신 친구도 있으니

출판되어 나온 책을 읽어볼 때까지 시비를 유보해 달라.
정녕 읽기 싫으면 읽지 않아도 좋다.
세상에는 살코기 먹기 좋아하는 사람이 있는가 하면,
고기가 별로 붙지 않은 갈비를 뜯어먹기를 좋아하는 사람도 있다.
좋아하는 사람들을 위해 이 책은 출간되어야 한다.
나는 갖가지 방법으로 사람들을 설득했다.

과연 이런 문체와 착상을 사용해서
글을 쓰면 안 되는 걸까? 과연 이런 문제로 글을 쓰면서도
내가 노리는 목적을 놓치지 않는 동시에 독자에게 주는 감응도
고스란히 간직하게 할 수는 없는 걸까?
과연 이런 문체로 써 가지고는 나의 목적 관철이 불가능할까?
흰 구름은 비를 못 내려 주지만 먹구름은 비를 내려 준다.
색깔이야 검건 맑건 간에 구름이 은빛의 비를 내려 줌으로써
땅은 곡식을 자라게 한다.
그러므로 땅은 흰구름 먹구름을 다 찬양할뿐
어느 한쪽을 비난하지 않는다.
흰구름과 먹구름이 합세하여 땅의 열매를 맺게 하기 때문에
땅의 산물이 어느 구름의 덕택인지 분간할 수는 없다.
땅이 굶주릴 때에는 두 가지 구름이 다 소용되고,
땅이 배부를 때는 구름들의 혜택이 무가치해진다.

여러분들은 안다. 낚시꾼들이 물고기 잡는 법을.
보라, 그들은 얼마나 많은 도구를 사용하는가.

또 얼마나 철저하게 지혜를 짜내고 기지를 발휘하는가.
어롱, 낚싯줄, 바늘, 갈구리, 그물을 이용하고,
그 밖에도 물고기 잡는 방법은 많다.
그러나 어떤 도구를 사용하더라도
물고기가 저절로 잡히는 것은 아니다.
물고기를 더듬어 찾고 뒤지지 않고는
무슨 짓을 해도 잡지 못하는 것이다.

새를 잡는 사냥꾼들은 또 어떤 방법을 쓰는가.
그 방법은 이루 헤아릴 수도 없이 많다.
엽총, 새그물, 끈끈이를 칠한 나뭇가지, 등불, 방울 등을
사용하고도 부족하여
살살 기고, 걷고, 가만히 서 있기도 한다.
새 사냥꾼이 한 마리의 새를 잡기 위한 동작을
그 누가 다 헤아리랴. 그러나 사냥꾼이
그렇게 숱한 동작을 취한다고 해서 모두가
원하는 새를 산 채로 잡아 자기 소유로 만들 수는 없다.
새를 잡기 위해서는 피리나 호루라기를 불어야 하는데,
그러면 다른 한 마리를 놓치고 만다.

진주가 두꺼비의 머리에 깃들고,
소라껍질 속에도 발견된다면,
아무것도 기대할 수 없는 물건이
황금보다 낳은 것을 지녔다고 멸시할까.

변변찮은 나의 글은
(누구나 다 즐길 수 있는 미문은 아니지만)
화려한 문장으로 가득 차 있을 뿐 알갱이가 없는 책과 비교하면,
아무래도 나은 구석이 없지는 않다.
"글쎄, 당신의 글을 아무리 읽어도 충분히 이해되지 않는다."
하고 말하는 사람이 있었다.
"왜, 어디가 나쁩니까?"
내가 물었을 때 그 사람은 신경질을 부렸었다.
"당신의 책을 읽어보면 은유(隱喩)가 많아 도대체
무슨 소린지 뜻을 명확히 알 수가 없단 말입니다!"
그 사람은 이 글을 억지로 꾸며낸 가공적인 내용이라고 혹평했다.
정말 가공적인 이야기는 사람들에게 감명을 주지 못할까?
은유법을 사용한 가공적인 이야기로도
진리를 찬란히 빛나게 할 수는 없는 걸까?
확실하고 명백한 문체로 글을 써서 독자의 이해를 돕는 것은
저자의 도리이다. 그것은 당연하다.
그러나 은유적인 문장으로 저자의 의사를 표현했다고 해서
그 내용 전달이 되지 못한다고 함부로 단언할 수 있을까?
하나님의 율법과 복음의 진리는
독특한 상징, 암시, 은유 등으로 이루어져 있지 않은가.
현명한 사람이라면 누구나 비판하기에 앞서
그 뜻을 진지하게 헤아린다.
성경에 기록되어 있는 바늘과 둥근 고리,
송아지, 양, 염소, 새, 쓴 나물,

또 어린양의 피 등의 어휘에서
하나님의 말씀 뜻을 알려고 한다.
하나님께서 인간에게 말씀하실 때 쓰신 은유 속에서
빛과 은혜를 발견한 사람은 행복하다.
그러므로 내 글이 명백하지 못하고
문장이 난해하기 그지없다고
너무 일찍 결론짓지 말라.
겉으로 명백하다고 해서 속까지 명백한 것은 아니며,
은유법을 사용한 글이라고 해서 속까지 불명백한 것은 아니다.
세상 사람들은 가장 해로운 것을 경솔하게 받아들이기 쉽고,
아주 좋은 것을 자칫 지나치거나 잃어버리기 쉽다.
이 글이 조금 애매하고 흐려 보이지만,
유심히 보면 진리가 반짝반짝 빛을 발하고 있다.
마치 황금을 넣어 놓은 작은 상자 속과 같이.
예언자는 비유에 의해서 항상 진리를 서술했다.
그리고 《성경》을 잘 고찰한 사람들은 그 비유의 참뜻이 진리이며,
오늘날까지 진리 그대로 남아 있음을 명백히 알고 있다.
예언자들이 쓴 《성경》은 모든 지혜를 담고 있다.
그 내용은 거의 다 어렴풋한 은유와 우화로 쓰여져 있다.
그럼에도 불구하고 그 비유와 우화 속에서
광채가 발산되고 광선이 흘러나와
우리의 어둠을 밝혀주고 있다.
자, 나의 글이 명백하지 못하다고 비난하는 사람들에게
《성경》을 읽어보라고 권한다. 그러면 《성경》 중에는

내가 쓴 글귀보다 의미가 더 어렴풋한 구절이 많음을
스스로 깨달을 것이다.
또한 《성경》 중에도 비교적 어두운 구절이 있다는 사실도
알 수 있을 것이다.
당신은 어느 한쪽으로 치우치지 않는 눈으로
예언자들의 메타 언어와 나의 은유를 비교해 보라.
그러면 나의 은유가 훨씬 납득하기 쉽다는 사실을 알 수 있으리라.
진리는 바보의 말투로 전해도 진리임에 틀림없다.
진리는 대소변을 받아내는 기저귀 속에 있더라도
우리에게 올바른 판단력을 주고, 마음을 교정시키며,
이해하는 자를 기쁘게 하며, 의지를 복종케 하며,
우리의 생각을 즐거움으로 가득 채우며,
우리의 고통을 치유하는 방향으로 인도해 준다.
나는 알고 있다.
디모데는 명확한 말만을 들으려 했다.
그는 은유나 우화를 듣는 것을 몹시 싫어하고 피했다.
그러나 근엄하고 엄숙한 사도 바울은 누구에게도
은유나 우화 사용을 금하지 않았다.
왜냐하면 그 속에 보석보다 귀한 진리가
숨어 있음을 알고 있기 때문이었다.
한 마디 더 하겠다.
아, 하나님의 사람—목사님—께서는
제 글을 보고 기분이 상하셨나요?
제가 은유법을 사용하지 않고 다른 문체를 사용하여

의미를 분명하게 해주기를 바라고 있었나요?
이 점에 대하여 세 가지를 말하겠다.
이유는 나보다 훨씬 우수한 분들에게 다음 사항들을 제시하여
평가를 받는 것이 정당하다고 생각하기 때문이다.
첫째, 나는 이 구상 사용을 전적으로
거부당했다고 생각지 않는다. 말과 사건으로
독자를 문란케 하지는 않는다.
은유를 씀에 있어서도 함부로 적응치 않고
다만 진리를 여러 방법으로 납득시키기 위해서만 이다.
나의 문체는 누구에게도 거부당할 수는 없다.
거부당하기는커녕 오히려 환영받을 것이다.
(실례도 있다. 예전에 은유법으로 글을 쓰고,
비유로 행동한 사람들이 하나님의 뜻을 잘 이해하고
따랐기 때문에 하나님을 누구보다도 기쁘게
해드렸다는 예가 많다.)
그러므로 나의 글은 많은 사람들에게
유익함을 끼칠 수 있다고 확신한다.
둘째, 나는 알고 있다.
나보다 월등히 훌륭한 사람들이
은유를 대화나 글에 사용했었다는 사실을. 그 분들이
그런 대화나 글을 썼다고 해서 비난받은 경우는 없었다.
그런 식의 글로 그 분들이 진리를 문란케 했다면
저주받아 마땅하지만, 그 분들은 진리를 문란케 하지 않았다.
오히려 나를 비롯한 많은 사람들을 감화시켰다.

진리는 어떤 형식으로 표현되더라도 진리이기 때문이다.
우리에게 쟁기 잡는 법을 처음 가르쳐 주신 예수님보다
진리를 더 잘 아는 사람은 없다.
예수님께서는 비천한 것까지도 신성화시킬 수 있다.
셋째, 나는 알고 있다.
성서에는 나의 구상과 비슷한 것이 많다. 그 사항은
한 사건을 연상케 하는 기법을 통해 다른 일을 나타낸다.
나는 이것을 채택해서 진리의 빛을 낮과 같이
밝게 비추도록 했다.

지금, 내가 펜을 놓기 전에 내 글의 유익한 점을 말했다.
이제는 강한 자를 이끌어 내리우고
약한 자를 일으켜 세우시는 주님의 손에
독자들과 내 글을 맡긴다.

이 책의 줄거리를 대강 설명하면,
한 인간의 영원한 보상을 구하려는 노력을 그려 놓았다.
이 주인공이 어디를 떠나 어디로 가는지,
그 과정에서 그가 실행하는 일은 무엇이며,
실행하지 않는 일은 무엇인가,
또한 영광의 나라 문 앞에 도달할 때까지 그가
얼마나 걸음을 재촉하여 달려가고 있는가를 독자들에게 보여준다.
영원한 보상을 받으려고 인생 행로를 황급히 달리는
군중의 모습도 보여주고,

그들의 노고가 보람없게 되고 바보처럼 죽는 이유도
이 책은 설명해 준다.
이 책은 독자인 당신을 하나의 여행자로 만들어 준다.
이 책이 제시하는 충고를 따라 여행을 하는 사람은
누구나 '거룩한 나라'에 도달할 수 있다.
이 책은 게으른 자를 일으키고
맹인에게도 기쁨을 주는 것을 보여준다.
당신은 진기하고 유익한 것을 구하는가.
우화 중에 진리를 보려고 생각하는가.
당신은 기억을 잘 잊는 사람인가.
연초부터 섣달 그믐까지 생겼던 일을 다 기억하고 싶은가.
만일 그렇다면 나의 공상을 기록한 이 책을 읽으라.
이 책에 기록한 나의 공상은 마치 가시 돋친 우엉열매처럼
당신의 기억에 붙어 떨어지지 않을 것이며,
불행한 사람들을 위로할 것이다.
아주 무관심한 사람들의 마음까지
감동시킬 수 있는 수법으로 쓴 책이 바로 이 책이다.
언뜻 볼 때 기이한 듯이 보이기는 하지만,
실은 어디까지나 견실하고 정직한 복음계보에서
볼 수 있는 내용만을 담고 있다.

당신은 근심에서 벗어나기를 원하는가.
어리석음에서 벗어나 유쾌한 기분을 갖기를 원하는가.
수수께끼처럼 신비한 일들의 진상을 알고 싶은가.

아니면 혼자만의 묵상에 잠기기를 원하는가.
사람들과 논쟁하기를 좋아하는가.
만일 그렇다면 구름 속에 있는 사람이 당신에게 하는 말에
귀를 기울이라.
당신은 잠들지 않고도 꿈꾸기를 원하는가.
동시에 웃었다 울었다 하는 경험을 갖기를 원하는가.
아무 손해도 없이 몰아경에 들고 싶은가.
똑같은 구절을 되풀이하여 읽어도 어렴풋해서
내용이 안개처럼 흐려 보이지만,
그 글귀로 인해 신의 은총을
받고 있는지 아닌지를 알고 싶은가.
아아, 그렇다면 이리로 오라.
자, 내 책과 당신의 머리와 마음을 함께 모으라.

John Bunyon
존 버니언

천로 역정

제1부

이 세상에서 저 세상으로 가는 순례자의 여행기

제1부

이 세상에서 저 세상으로 가는 순례자의 행진

꿈의 비유

나는 이 세상의 광야(曠野)를 걸어가다가 어떤 동굴이 있는 곳에 다다라서 누워 잠이 들었다. 잠을 자다가 꿈을 꾸었다. 그 꿈속에 누더기를 걸친 사람이 자기 집을 등지고서 손에 책을 들고 등에는 큰 짐을 지고 서 있었다[1]. 그는 책을 읽으면서 울기도 하고 또 몸을 떨었다. 마침내 그는 견딜 수 없게 되어 슬픈 소리로 "어쩌면 좋아[2]!" 하고 외쳤다.

이런 상태로 집으로 돌아간 그는 아내와 자식들이 그 고통을 눈치채지 못하게 하려고 오랫동안 자기를 억제하고 있었다. 그러나 시간이 지날수록 그 고통이 더하기 때문에 더 잠자코 있을 수 없게 되었다. 그래서 끝내는 자기 아내와 자식들에게 마음을 털어놓고 말했다.

"사랑하는 당신, 그리고 혈육인 나의 아이들아, 나는 내게 지워진 무거운 짐 때문에 스스로 파멸에 빠졌다. 게다가 우리들의 이 거리는 천화(天火)로 불탈 것이라고 한다. 그 무서운 와해(瓦解) 속에서 나와 당신, 아이들이 다 같이 피할 길을 발견하지 못하면 멸망한다고 한다. 그러나 그 길을 나는 아직 알 수 없구나!"

1) 〈이사야〉 64 : 6, 〈누가복음〉 14 : 33, 〈시편〉 38 : 4, 〈히브리서〉 2 : 2, 〈사도행전〉 16 : 31.
2) 〈사도행전〉 2 : 37.

이 말을 듣고 가족들은 몹시 놀랐다. 그의 말이 사실이라고 믿어져서가 아니라 어떤 광기(狂氣)로 미쳐 버린 거라고 생각되었기 때문이다. 그래서 마침 날이 어두워지기도 했기 때문에 일찍 잠자리에 눕게 했다. 잠이 그의 머리를 안정시킬 것이라 생각한 것이었다.

그러나 밤에도 낮과 같이 매우 고통스러워했다. 오히려 잠들기는커녕 한숨과 눈물로 그 밤을 지새웠다. 아침이 되자 가족들은 그에게 기분이 어떠냐고 물었다. 점점 더하다고 그는 말했다. 이윽고 그는 또 그 말을 꺼냈다.

그러나 가족들은 냉혹하게 대하기 시작했다. 무자비하고 심술궂은 태도로 그 병을 쫓아 버리려고 생각했다. 때로는 비웃기도 하고, 때로는 꾸짖고, 때로는 본 척도 하지 않았다.

그는 방에 틀어박혀 가족들을 위해 기도하며 그들을 불쌍히 여기고 또 자기의 불행을 탄식하기 시작했다. 그는 또 혼자서 들판을 걸어다니면서 책을 읽기도 하고 기도하면서 시간을 보냈다.

어떤 날 그가 들판을 걸으면서 그 책을 읽다가 마음이 몹시 괴로워서 전과 같이 울기 시작했다. "내가 어떻게 해야 구원을 얻을까?"라고 외치면서[1].

그는 달아나려는 것처럼 이리저리 바라보고 있었다. 그러나 어디로 가야 좋을지 알 수 없어서 가만히 서 있었다. 이때 전도자(傳道者)라는 사람이 그에게 다가왔다. 전도자가 그에게 물었다.

"왜 당신은 울고 있습니까?"

그는 대답했다.

"나는 이 책을 보고 내가 사형선고를 받았다는 것, 그후에 심판을 받아야 한다는 것[2]을 알았지만 처음 것은 싫고[3], 다음 것은 행할 수가 없다고 생각합니다[4]."

전도자는 말했다.

"이 세상에는 재난이 많은데 어째서 죽기를 싫어합니까?"

그는 대답했다.

---

1) 〈사도행전〉 16 : 30, 31. 2) 〈히브리서〉 9 : 27. 3) 〈욥기〉 16 : 21. 4) 〈에스겔〉 22 : 14.

▲1692년 제13판의 삽화

크리스천이 이 세상을 등지자 곧 지체없이 나와서 맞이한 사람은 전도자이다. 친절하게 천국의 말로 그에게 인사하고 땅에서 천국으로 올라가는 길을 보여주었다.

(이 삽화는 제10판 이후의 책에 들어 있는 것인데, 이곳에 복사한 것은 제13판의 것이다.)

"내가 짊어진 이 짐이 나를 무덤보다 더 깊이 빠뜨려서 지옥에 떨어질까 염려되기 때문입니다[1]. 그리고 나는 감옥에 갇히는 것을 생각조차 해본 일이 없으므로 심판을 받고 벌을 받으러 갈 준비는 더구나 못했습니다. 그래서 울고 있습니다."

전도자가 말했다.

"그러면 왜 가만히 서 있습니까?"

그는 대답했다.

"어디로 가야 좋을지 알 수 없기 때문입니다."

전도자는 양피지(羊皮紙) 두루마리를 그에게 주었다. 그 속에는 '임박한 진노를 피하라.'고 씌어 있었다[2].

그는 그것을 읽고 나자 전도자를 유심히 바라보면서 물었다.

"어디로 피해야 합니까?"

전도자는 매우 넓은 들을 손으로 가리키면서 말했다.

"저기 좁은 문이 보입니까[3]?"

그는 대답했다.

"아니오."

상대는 말했다.

"저기 번쩍이는 빛이 보입니까[4]?"

"보이는 것 같습니다."

전도자는 말했다.

"저 빛에서 눈을 떼지 말고 곧장 가면 문이 보일 것입니다. 그 문을 두드리면 어떻게 해야 좋을지를 알게 될 것입니다."

그는 달리기 시작했다. 자기 집에서 얼마 멀리 가지 못했을 때 그의 아내와 자식들이 뒤에서 돌아오라고 외치기 시작했다. 그러나 그는 손가락으로 귀를 막고 계속 달려갔다.

"목숨, 목숨, 영원한 목숨!"

그는 이렇게 외치면서[5] 뒤도 돌아보지 않고 넓은 들의 한가운데를 향해 도망쳤다[6].

---

1) 〈이사야〉 30 : 33. 2) 〈마태복음〉 3 : 7. 3) 〈마태복음〉 7 : 13,14. 4) 〈시편〉 119 : 105, 〈베드로후서〉 1 : 19. 5) 〈누가복음〉 14 : 26 6) 〈창세기〉 19 : 17.

이웃 사람들도 그가 도망치는 것을 보기 위해 나왔다[1]. 그가 달리고 있을 때 어떤 사람은 비웃고, 다른 사람은 위협하면서 또 돌아오라고 외쳤다. 그들 중에 우격다짐으로 그를 데리고 돌아가려는 사람이 둘 있었다. 한 사람의 이름은 완고(頑固)이고, 또 한 사람의 이름은 유연(柔軟)이었다. 이 때는 그도 꽤 먼 곳에 다다르고 있었다. 그러나 그 두 사람은 결심한 대로 뒤쫓아가 그를 따라잡았다. 그러자 그는 말했다.

"이웃에 사시는 분들, 무엇 때문에 오셨소?"

"당신을 설복해서 우리와 함께 돌아가도록 하기 위해서요."

"그렇게는 절대로 할 수 없소. 당신들은 내가 태어난 곳이기도 한, 멸망의 도시에 살고 있소. 조만간 그곳에서 죽어서 당신들은 무덤보다 더 깊고 유황불이 붙는 곳으로 가시게 될 것이오. 그러니까 당신들도 나와 함께 가도록 하십시다."

(이렇게 말하는 사람의 이름은 크리스천이었다.)

완고 "뭐라고요? 우리의 친구들과 즐거움을 버리고요?"

크리스천 "그렇소. 당신들이 버리는 모든 것은 내가 구하려는 것의 일부와도 비교할 가치가 없소[2]. 만일 당신들이 나와 함께 가셔서 그것을 손에 넣으신다면 나처럼 사실 수가 있소. 왜냐하면 내가 가는 곳에는 쓰고도 남을 정도로 풍족한 물건이 있기 때문이오[3]. 자, 함께 가서 내 말을 시험해 보시오."

완고 "당신이 세계의 모든 것을 버리면서까지 구하려는 것이 도대체 무엇이오?"

크리스천 "나는 썩지 않고, 더럽혀지지 않고, 쇠하지 않는 유산을 구하오. 그것은 하늘에 저축되어 있소. 그곳은 안전하고[5], 어느 일정한 시기에 그것을 힘써 구하는 자에게 주기로 되어 있소. 원하신다면 이 책에 있는 그 말씀을 읽으시오."

완고 "아, 책이야 어떻든 상관없소. 우리와 함께 돌아가시겠소? 안 가시겠소?"

---

1) 〈예레미야〉 20 : 10. 2) 〈고린도후서〉 4 : 18. 3) 〈누가복음〉 15 : 17. 4) 〈베드로전서〉 1 : 4.
5) 〈히브리서〉 11 : 16.

크리스천 "나는 돌아가지 않겠소. 손에 쟁기를 잡았으니까[1]."

완고 "유연 씨, 이 사람은 그냥 두고 돌아갑시다. 세상에는 미친 놈들이 있는데 문득 뭔가 생각이 나면 분별이 있는 사람 일곱보다 자기들이 더 영리한 것처럼 여기는 거요."

유연 "그런 욕을 하지 마시오. 크리스천 씨의 말이 사실이라면 이 분이 구하는 것은 우리의 것보다 나을 거요. 나도 이분과 함께 가고 싶어졌소."

완고 "뭐라고요! 더 어리석은 사람이 생겼구려. 내 말대로 돌아갑시다. 이 미친 사람이 당신을 어디로 끌고 갈지 알게 뭐요? 돌아갑시다. 돌아가요, 알아듣고."

크리스천 "유연 씨, 나와 함께 갑시다. 말씀 드린 것을 받으실 수 있고 그밖에도 훌륭한 것을 많이 받으시게 되오. 내 말이 믿어지지 않는다면 이 책의 이곳을 읽으시오. 거기에 표현된 진리는 그것을 표현한 사람의 피로 확증되었소[2]."

유연 "완고 씨, 나는 확실히 결정했소. 이분과 함께 가겠소. 운명을 함께 하겠소. 그런데 동행하실 분, 당신은 그 좋은 곳으로 가는 길을 알고 계시오?"

크리스천 "나는 전도자라는 분에게서 배웠소. 저 앞에 있는 좁은 문으로 서둘러 가야 한다고. 그곳으로 가면 길을 알게 될 것이오."

유연 "그러면 슬슬 떠날까요?"

완고 "나는 집으로 돌아가겠소. 이렇게 이성을 잃은 엉뚱한 자들과의 동행은 딱 질색이오."

나는 꿈속에서, 완고는 돌아가고 크리스천과 유연이 들판을 걸어가면서 얘기하는 것을 봤다.

크리스천 "유연 씨, 기분이 어떻소,? 나와 함께 가기로 승낙하셔서 기쁘오. 완고 씨도 아직 나타나지 않은 권세와 무서움을 나와 같이 느꼈다면 그렇게 경솔히 우리를 등지지는 않았을 거요."

유연 "크리스천 씨, 이곳에는 우리 둘밖에는 아무도 없으니까 그 물건이 어떤 것인지, 어떻게 하면 믿을 수 있는지, 우리는 어디로 가

---

1) 〈누가복음〉 9 : 62.　2) 〈히브리서〉 13 : 20, 21, 9 : 17~21.

는지를 좀 자세히 가르쳐 주시오."

크리스천 "입으로 말하기보다 마음으로 생각하는 편이 좋지만, 당신이 알고 싶다고 하셨으니까 이 책에 있는 것을 읽어 드리겠소."

유연 "당신은 그 책의 말이 확실히 진리라고 생각하오?"

크리스천 "예, 진정이오. 왜냐하면 그것은 거짓말을 하실 수 없는 분이 만드셨으니까[1]."

유연 "도대체 어떤 말이 씌어 있나요?"

크리스천 "영원히 살게 될 천국이 있고 우리가 그 천국에서 영원히 살 수 있도록 영원한 생명을 받는다고요[2]."

유연 "좋군요. 그밖에는?"

크리스천 "우리에게 주실 영광의 면류관이 있고 하늘의 태양처럼 우리를 빛나게 할 옷이 있소[3]."

유연 "그것 참 유쾌하군요. 그밖에는?"

크리스천 "그곳에는 눈물도 슬픔도 없소. 그곳을 소유하신 분이 우리의 눈에서 눈물을 씻어 주신 것이기 때문에[4]."

유연 "그곳에는 어떤 친구들이 있소?"

크리스천 "그곳에서는 보기만 하여도 눈이 부시는 세라핌[5](불 천사)이나 케루빔[6](지식 천사)과 사귀게 될 거요. 우리보다 먼저 그곳으로 간 수천 수만의 사람들과 만날 거요. 한 사람도 해할 마음을 품지 않고 사랑이 넘치며 거룩한 사람들이오. 모두 하나님이 보시는 앞에서 걷고 있소. 그리고 하나님이 계시는 곳에 영원히 함께 있게 되오[7]. 한마디로 말하면 그곳에서 우리는 금관을 쓴 장로들을 볼 거요[8]. 금거문고를 타는 거룩한 처녀들을 볼 거요[9]. 그곳의 주인인 임금에 대하여 품고 있던 사랑 때문에 세상에 의해서 토막이 나고 불에 타고 짐승의 밥이 되고 바다에 빠져 죽은 사람들이 모두 건강하고 불멸의 생명을 옷처럼 입고 있는 것을 볼 거요[10]."

유연 "그 말을 듣기만 해도 마음이 끌립니다. 하지만 그런 것을 받을 수 있을까요? 어떻게 해야 우리는 참여할 수 있을까요?"

---

1) 〈디도서〉 1 : 2. 2) 〈이사야〉 45 : 17, 〈요한복음〉 10 : 27,28 : 29. 3) 〈디모데후서〉 4 : 8, 〈요한계시록〉 3 : 4, 〈마태복음〉 13 : 43. 4) 〈이사야〉 25 : 6~8, 〈요한계시록〉 7 : 16,17,21 : 4. 5) 〈이사야〉 6 : 2. 6) 〈창세기〉 3 : 24. 7) 〈데살로니가전서〉 4 : 16,17, 〈요한계시록〉 5 : 11. 8) 〈요한계시록〉 4 : 4. 9) 〈요한계시록〉 14 : 1~5. 10) 〈요한복음〉 12 : 25, 〈고린도후서〉 5 : 2 ~4.

크리스천 "그 나라의 통치자이신 임금은 이 책에 그 일을 기록하셨소. 우리가 진심으로 갖고자 바란다면 아낌없이 주시는 거요[1]."

유연 "그렇군요. 나는 그런 말씀을 듣고 기쁘오. 자, 발을 좀 빠르게 놀립시다."

크리스천 "나는 짊어진 이 짐 때문에 마음대로 빨리 갈 수 없소."

나는 꿈속에서 이 때 그들이 넓은 들의 한가운데에 있는 진창이 매우 깊은 늪으로 접근하는 것을 봤다. 둘 다 주의하지 않았기 때문에 별안간 그 늪에 빠졌다. 이 늪의 이름은 '낙심'이었다. 그 속에서 그들은 잠시 뒹굴며 진흙투성이가 되었다. 크리스천은 짊어진 짐 때문에 진창 속으로 가라앉기 시작했다.

유연 "아, 크리스천 씨. 도대체 당신은 어디에 계시오?"

크리스천 "나도 모르겠소."

유연 (가시 돋친 소리로 화를 내어) "지금까지 당신이 나에게 말한 행복이란 것이 이거요? 출발 시초에 이런 불행을 만났으니 이제부터 여행이 끝날 때까지 어떤 일이 닥칠지 어찌 알겠소? 여기서 밖으로 나가 목숨을 건진다면 당신은 나에게 상관 말고 혼자서 그 좋은 나라로 가시오."

유연은 이렇게 말하고 허우적거리더니 그의 집에서 가장 가까운 언덕으로 기어 올라갔다. 그는 지체없이 가 버렸다. 그후로 크리스천은 그를 다시 보지 못했다.

크리스천은 혼자 남아서 '낙심의 늪'에서 뒹굴고 있었다. 그래도 그는 그 집에서 더 멀고 좁은 문에 가장 가까운 언덕을 향해 몸부림쳐 가려고 애썼다. 그래서 그곳으로 가기는 갔지만 짊어진 짐 때문에 기어 나올 수 없었다. 이 때 조력(助力)이라는 사람이 그곳으로 와서 무엇을 하고 있느냐고 물었다.

크리스천 "나는 전도자라는 분에게서 이 길을 가라는 말을 들었습니다. 그분은 또 임박한 진노를 피하기 위해 저 문으로 가라고 가르쳐 주셨습니다. 그래서 그곳으로 가다가 여기에 빠졌습니다."

조력 "어째서 징검다리(하나님의 약속)를 찾지 않았소?"

---

1) 〈이사야〉 55 : 1,2, 〈요한복음〉 6 : 37, 7 : 37, 〈요한계시록〉 21 : 6, 22 : 17.

크리스천 "공포가 굉장한 기세로 닥쳐왔기 때문에 지름길로 도망치다가 빠졌습니다."

조력 "그럼, 손을 내미시오."

크리스천은 손을 내밀었다. 조력은 그를 끌어냈다. 단단한 지면에 그를 세웠다. 그리고 그 길을 가라고 말했다[1].

그 때 나는 그를 끌어낸 사람에게 가서 말했다.

"여보시오, 이곳이 멸망의 도시로부터 좁은 문으로 가는 길이라면 왜 저 불쌍한 나그네들이 더 안전하게 그곳으로 갈 수 있도록 이 토지를 수리하지 않소?"

전도자는 나에게 말했다.

"이 진창의 깊은 늪은 수리할 수 없는 곳이오. 죄의 확인에 수반되는 찌꺼기와 오물이 끊임없이 흘러 들어가는 구덩이이기 때문에 '낙심의 늪'이라고 하오. 언제나 죄인이 각성하여 자기의 멸망 상태를 깨달으면 그 마음속에서 나오는 공포와 의혹과 기력을 잃게 하는 염려가 모두 이곳에 모이오. 이것이 이 토지가 나쁜 이유요."

전도자는 말을 계속했다.

"이곳이 이렇게 나쁘게 된 것은 왕의 뜻은 아니오[2]. 폐하의 일꾼들이 수리하려고 과거 1600년 이상이나 이 작은 땅의 작업에 종사했소. 그뿐 아니라 내가 아는 바로는 적어도 짐차 2만 대에 실은 화물, 즉 모든 시기에 왕의 영토의 모든 곳으로부터 가져 온 건전한 교훈 수백만 가지를 이 수렁에 쏟아 넣었소. 그런 일에 밝은 사람들이 그것들이 이곳을 좋은 지면으로 만들 최선의 자재라고 했소. 그만하면 수리가 되었을 터인데 아직도 '낙심의 늪'이오. 또 사람들이 최선을 다했을 때에도 그러리라고 생각되오."

그의 말은 계속 이어졌다.

"다행히 왕의 명령으로 확실하고 튼튼한 징검다리가 놓였소. 그러나 기후가 바뀌는 때에 흔히 있듯이, 이곳이 그 오물을 토할 때에는 이 징검다리들이 거의 보이지 않소. 설혹 보인다고 해도 사람들은 머리가 빙빙 돌기 때문에 발을 헛딛고 마오. 징검다리가 있지만 실상은

1) 〈시편〉 40 : 2.　2) 〈이사야〉 35 : 3, 4.

진흙투성이가 되오. 하지만 문으로 들어가면 지면은 좋아지오[1]."

나는 꿈속에서 유연이 집으로 돌아가자 이웃 사람들이 그를 찾아온 것을 봤다. 그들은 그가 돌아온 일이 영리한 처사라느니, 크리스천과 함께 터무니없는 짓을 했으니 어리석다고 했다. 또 그를 비겁하다고 비웃었다. 일단 결심하고 시작했으면 약간의 곤란이 있어도 물러나는 비겁한 행동은 말아야 한다는 등의 말에, 유연은 몹시 기가 죽었다. 그러나 나중에는 마음이 강해졌다. 그들은 화제를 바꾸어서 가련하게도 크리스천의 험담을 하면서 비웃기 시작했다.

크리스천이 혼자서 쓸쓸히 걷고 있을 때 한 사람이 멀리서 들을 가로질러 다가왔다. 이 두 사람은 우연한 기회에 마주치고 지나가게 되었다. 이 신사의 이름은 '세재(世才)'였다. 그는 크리스천이 살던 도시의 바로 옆에 있는 속재(俗才)라는 매우 큰 도시에서 살고 있었다. 이 사람은 크리스천의 사건을 희미하게 알고 있었으므로—크리스천이 '멸망의 도시'에서 출발했다는 사실은 그가 살던 도시에서 많은 사람 사이에 소문이 났을 뿐 아니라 다른 곳에서도 화제가 되기 시작했기 때문에—고민하면서 걷는 것, 탄식과 신음, 기타 이와 비슷한 일들을 보고 이것이 그 사나이구나 짐작하고 크리스천에게 말을 걸었다.

세재 "당신은 도대체 어찌된 영문이오? 그 괴로운 모습으로 대체 어디로 가시오?"

크리스천 "사실 나처럼 괴로운 모습을 보인 사람도 그리 없었을 거요. 그리고 어디로 가느냐고 물으셨는데, 저 앞에 있는 좁은 문으로 가오. 거기서 나의 무거운 짐을 벗기 위한 길을 알게 된다고 들었기 때문에."

세재 "부인과 자녀들이 있소?"

크리스천 "예, 있소. 그러나 이 무거운 짐을 지고 있어서 전과 같이 처자를 기뻐할 수 없소. 처자가 없는 것과 같소[2]."

세재 "내가 의견을 말씀 드리면 들어주시겠소?"

크리스천 "좋은 의견이면 듣고 싶소. 좋은 의견을 절박하게 기다리

1) 〈사무엘상〉 12 : 23. 2) 〈고린도전서〉 7 : 29.

고 있소."

세재 "그럼, 당장 당신의 짐을 벗어 버리는 것이오. 그렇지 않으면 마음이 진정되지 않을 거요. 또 그때까지는 하나님이 주신 복도 누리지 못할 거요."

크리스천 "그게 나의 소원이오, 이 무거운 짐을 영원히 버리는 것이. 그러나 이것을 스스로 버릴 수는 없소. 또 이 나라에는 이것을 내 어깨에서 벗겨 줄 사람도 없소. 그래서 방금 말씀 드린 대로 이 길을 가오, 짐을 벗으려고."

세재 "당신의 짐을 벗기기 위하여 이 길로 가라고 한 사람이 누구요?"

크리스천 "매우 훌륭해 보이는 분이오. 내 기억에 따르면 이름은 전도자요."

세재 "그런 것을 권하다니 몹쓸 놈이오. 그 남자가 당신에게 가르쳐 준 길보다 위험하고 곤란한 길은 없소. 그의 말을 따른다면 알게 될 거요. 이미 당신은 당했소. '낙심의 늪'의 진흙이 묻어 있군요. 이 늪은 그 길을 가는 사람에게 내리는 재난의 시작이오. 내 말을 들으시오, 나는 당신보다 나이를 먹었으니까. 당신은 아마 앞길에서 피로와 고통과 기아와 위험과 헐벗음과 검과 사자와 용과 어두움, 한 마디로 죽음과 그밖의 모든 것을 만날 거요. 틀림없소. 많은 증언으로 확인된 것이오. 그리고 낯선 사람의 말을 듣고 함부로 몸을 버릴 수는 없지 않소?"

크리스천 "그것은 내가 짊어진 이 무거운 짐이 당신이 말한 모든 것보다 무겁기 때문이오. 이 짐만 벗을 수 있다면 도중에 만나는 일쯤은 아무것도 아닐 거요."

세재 "시초에 어떻게 그 짐을 인식하게 되었소?"

크리스천 "이 책을 읽고서요."

세재 "그럴 것이라고 생각했소. 마음이 약한 다른 사람에게 일어난 일이 당신에게도 생겼소. 그런 사람들은 신분에 어울리지 않게 고상한 일에 손을 댔다가 대번에 당신처럼 미치는 거요. 이 광증은 당신을 그렇게 만든 것처럼 기력을 뺏을 뿐 아니라 자기도 모르는 것을 얻기 위한 무분별한 행동을 하게 만드오."

크리스천 "나는 내가 구하는 것을 알고 있소. 이 무거운 짐을 내려 놓고 편하게 되는 거요."

세재 "어째서 당신은 이 길을 가서 편하게 되려고 하오? 그렇게 많은 위험이 따르는데! 만일 당신이 참고 내 말을 듣는다면 당신이 그 속으로 뛰어들 위험도 없이 구하시는 것을 얻도록 가르쳐 드릴 수 있소. 치료법은 가까운 곳에 있소. 그런 위험 대신에 당신은 많은 안전과 우정과 만족을 맞이할 수 있소."

크리스천 "제발 그 비결을 말해주시오."

세재 "저기에 있는 도덕이라는 마을에 준법(遵法)이라는 분이 살고 계시오. 사리를 잘 알고 명성이 고귀한 사람인데 사람들의 어깨에서 그런 짐을 벗기는 비결을 알고 있소. 내가 아는 바로 그 방면에서 선행을 많이 쌓았소. 그리고 그 짐 때문에 약간 미친 사람을 잘 치료하오. 그분한테 가시면 곧 도움을 받을 수 있소. 만일 그분이 안 계시면 정중(鄭重)이라는 아름답고 젊은 아들이 있는데, 그분이 노인과 똑같이 당신을 도울 수 있소. 거기서 당신은 짐을 벗고 편하게 될 거요. 당신이 집으로 돌아가실 마음이 없다면 사실 나도 돌아가시기를 바라지 않지만, 당신은 부인과 자녀들을 그 마을로 불러올 수 있소. 그곳에는 비어 있는 집이 있으니까, 그 중 하나를 값싼 세로 손에 넣을 수 있소. 음식물도 싸고 품질이 좋소. 그리고 믿음직한 이웃 사람들에게 신용을 얻으며 반드시 행복하고 훌륭하게 살 수 있소."

이 때 크리스천은 어찌할 바를 몰랐다. 그러나 그는 곧 결정했다. 이 신사의 말이 사실이라면 이 충고를 따르는 것이 가장 좋겠다고 생각하며 그는 다시 물었다.

크리스천 "그 믿음직한 분의 집으로 가는 길이 어디에 있소?"

세재 "저 높은 언덕이 보이오?"

크리스천 "예, 잘 보이오."

세재 "저 언덕을 따라서 가야 하오. 첫번째 집이 그분의 댁이오."

크리스천은 그 길을 벗어나서 도움을 얻기 위해 준법 씨네 집으로 향해 갔다. 그러나 어찌된 일일까? 그가 언덕에 가까이 갔을 때 언덕이 몹시 높고, 길에 접근한 언덕의 중턱은 배가 불러서 위에서 덮칠 것 같아 더 전진할 수 없었다. 그는 걸음을 멈추고 어찌해야 좋을지 알 수 없었다. 게다가 짐은 길을 갈 때보다 더 무겁게 느껴졌다. 더구나 언덕에서 번쩍 하고 불의 섬광이 비추자 타 죽지 않을까 그는 염려되었다[1]. 그는 땀을 흘리고 공포 때문에 움츠러들어 버렸다[2].

그는 세재의 의견을 따른 것을 후회하기 시작했다. 이와 함께 전도자가 다가오는 것을 봤다. 그는 부끄러운 나머지 얼굴을 붉히기 시작했다. 전도자는 점점 다가왔다. 그의 곁으로 오자 엄격하고 두려운 얼굴로 그를 바라보며 힐책하기 시작했다.

전도자 "여기서 무엇을 하고 있소, 크리스천?"

이 말에 크리스천은 뭐라고 대답해야 좋을지 알 수 없었다. 그는 아무 말 없이 서 있었다. 전도자는 말을 이었다.

전도자 "당신은 '멸망의 도시'의 성벽 밖에서 울고 있던 사람이 아니오?"

크리스천 "예, 제가 그 사람입니다."

전도자 "내가 그 좁은 문으로 가는 길을 가르쳐 주지 않았소?"

크리스천 "예, 가르쳐 주셨습니다."

전도자 "그런데 이렇게 빨리 길을 벗어난 이유가 뭐요? 당신은 길에서 벗어났소."

크리스천 "'낙심의 늪'을 벗어나자마자 한 신사를 만났습니다. 그분이 이 앞에 있는 마을에서 이 짐을 벗겨 줄 사람을 발견할 수 있다고 했습니다."

전도자 "그가 어떤 사람이오?"

크리스천 "신사 같은 분인데, 여러 가지 말씀에 그만 저는 설복을 당했습니다. 그래서 이곳으로 왔습니다. 이 언덕이 길 위에 덮쳐 누른 것을 보고 머리 위에 떨어질까 염려되어 발걸음을 멈췄습니다."

전도자 "그 신사가 어떤 말을 했소?"

크리스천 "예, 어디로 가느냐고 물었습니다. 저는 대답했지요."

전도자 "그랬더니 어떤 말을 했소?"

---

1) 〈출애굽기〉 19 : 16, 18.　2) 〈히브리서〉 12 : 21.

▲1692년 제 13판의 삽화

속인에게 크리스천이 귀를 기울일 때 그 길을 벗어나 걷게 되고, 회복이 어렵다. 세재(世才) 씨가 성도에게 제시하는 길은 다만 굴종과 번뇌뿐이다.

크리스천 "저에게 가족이 있느냐고 묻자 저는 있다고 대답했습니다. 저는 또 이렇게 짐을 지고 있어서 전과 같이 그들을 즐거워할 수 없다고도 했습니다."

전도자 "그러니까, 어떤 말을 했소?"

크리스천 "어서 짐을 버리라고 했습니다. 그래서 저는 대답했습니다. 나는 평안을 원하오, 어떻게 해야 구원을 얻을 곳으로 갈 수 있는가에 대해서 가르침을 받기 위해서 저 문으로 가는 참이라고. 이 말에 그는 말했습니다. 더 가깝고, 당신이 가르쳐 주신 길처럼 곤란이 없고 더 좋은 길을 가르쳐 주겠다고. 그 길은 그런 짐을 잘 벗기는 사람의 집으로 안내할 것이라고.

저는 그를 믿고 그 길을 벗어나서 이 길로 왔습니다. 혹시 일찍 이 짐을 벗고 편하게 될는지도 모른다고 생각했습니다. 그러나 이곳으로 와서, 이 광경에 위험을 느끼고 발걸음을 멈췄습니다. 저는 어찌해야 좋을지 알 수가 없습니다."

전도자 "그러면 잠시 서 있으시오. 하나님의 말씀을 보여드리겠소."

크리스천은 떨면서 서 있었다. 전도자가 말을 이었다.

전도자 "너희는 삼가 말하신 자를 거역하지 말라. 땅에서 경고하신 자를 저희가 피하지 못하였거든, 하물며 하늘로 좇아 경고하신 자를 배반하는 우리일까 보냐[1]. 오직 나의 의인은 믿음으로 말미암아 살리라. 또한 뒤로 물러가면 내 마음이 저를 기뻐하지 아니하리라[2].

당신은 지존자의 권고를 물리치고 평안의 길에서 발길을 돌려 거의 멸망의 위험을 무릅쓰려 하고 있소."

크리스천 (사색이 되어 그 발밑에 엎드리고) "아, 슬프다. 나는 이제 끝장입니다!"

전도자 (그의 오른손을 잡고서) "사람의 모든 죄와 훼방은 사하심을 얻는다[3]. 믿음 없는 자가 되지 말고 믿는 자가 되라[4]."

크리스천은 다시 생기를 약간 회복했다. 그리고 시초처럼 떨면서

1) 〈히브리서〉 12 : 25. 2) 〈히브리서〉 10 : 38. 3) 〈마태복음〉 12 : 31, 〈마가복음〉 3 : 28.
4) 〈요한복음〉 20 : 27.

전도자 앞에 일어섰다.

전도자 "지금부터 하는 말에 좀더 주의를 기울이시오. 당신을 속인 것이 누구인지, 그가 당신을 만나게 하려는 것이 누구인지를 설명하겠소. 당신에게 접근한 남자는 세재라는 사람인데, 그렇게 부르는 까닭은 이 세상의 교리를 좋아하기 때문이고[1], (그래서 그는 언제나 도덕이라는 도시의 교회를 가오) 그 교리를 무엇보다 사랑하는 것은 그것이 무엇보다 십자가로부터 더 잘 구해주기 때문이오[2]. 그가 이같은 현세적인 기질을 갖고 있기 때문에 옳은 것임에도 불구하고 내 길을 방해하려고 하오. 그 남자의 의견 중에는 당신이 완전히 미워해야 할 세 가지가 있소.

① 그가 당신을 길에서 쫓아낸 것.

② 그가 당신이 십자가를 싫어하도록 힘쓴 것.

③ 그가 당신의 발을 죽음의 지배로 안내하는 그 길로 향하도록 한 것.

첫째, 당신은 그가 당신을 길에서 쫓아낸 것, 또 당신이 그 말에 동의한 것을 미워해야 하오. 왜냐하면 이것은 세재란 사람의 의견 때문에 하나님의 의견을 물리치는 일이 되기 때문이오. 주께서 말씀하시기를 '좁은 문으로 들어가기를 힘쓰라[3].' 하셨으니, 즉 내가 당신더러 가라고 한 문이오. 왜냐하면 '생명으로 인도하는 문은 좁고 길이 협착하여 찾는 이가 적음이니라[4].' 이 까닭이오. 이 좁은 문에서 또 그곳으로 향하는 이 길에서 그 나쁜 남자가 당신을 벗어나게 하여 거의 파멸에 빠뜨리려고 했소. 그렇기 때문에 그가 당신을 길에서 쫓아낸 일을 미워하고 그의 말에 귀를 기울인 당신 자신을 미워해야 하오.

둘째로 당신은 그가 당신에게 십자가를 싫어하도록 힘쓴 것을 미워해야 하오. 왜냐하면 당신은 그것을 '애굽의 보화보다 먼저' 선택해야 하기 때문이오[5]. 그뿐만 아니라 '영광의 왕'은 당신에게 '누구든지 제 목숨을 구원코자 하면 잃을 것이오[6].'라고 하셨소. 또 '무릇 내게 오는 자가 자기 부모와 처자, 형제와 자매, 그리고 자기 목숨까지

1) 〈요한1서〉 4 : 5. 2) 〈갈라디아서〉 6 : 12. 3) 〈누가복음〉 13 : 24. 4) 〈마태복음〉 7 : 13.
5) 〈히브리서〉 11 : 25, 26. 6) 〈마가복음〉 8 : 35, 〈요한복음〉 12 : 25, 〈마태복음〉 10 : 39.

미워하지 아니하면 능히 나의 제자가 되지 못한다[1].'고 하셨소. 그래서 그것이 없이는 영원한 생명을 얻을 수 없다고 '진리'가 말한 그것을, 당신의 죽음인 것처럼 설복시키려는 남자를, 또 그 교리를 당신은 미워해야 하오.

셋째로 당신은 그가 당신의 발을 죽음의 지배로 안내하는 그 길로 향하게 한 일을 미워해야 하오. 또 그가 당신을 만나게 하려던 것을, 대체 어떤 사람인가, 또 그 사람이 당신의 짐을 벗기는 데에 얼마나 무력한가를 생각해 봐야 하오. 당신을 편하게 한다고 만나게 하려던 남자란 이름이 준법인데, 계집종의 아들이오. 그 여인은 지금도 그 자녀들과 함께 갇힌 몸이고[2], 어떤 영묘한 교의(教義)에 의해서 당신이 머리 위로 떨어지지 않을까 하고 염려하신 이 시내 산이오. 이 여인이 그 자녀들과 함께 갇힌 몸이면 어떻게 당신이 그들에 의해서 자유롭기를 기대할 수 있겠소? 이 준법은 당신을 짐에서 벗어나게 할 수가 없소. 그 남자에 의해서 그 짐을 벗는 사람은 없소. 이후로도 있으리라고는 생각할 수 없소. '사람이 의롭다 하심을 얻는 것은 율법의 행위에 있지 않소[3].' 왜냐하면 율법의 행위로는 어떤 사람도 그 짐을 벗을 수 없기 때문이오. 그러니까 세재 씨는 이방인이고, 준법 씨는 사기꾼이요. 그의 아들인 정중은 아무리 웃는 얼굴을 한다고 해도 위선자에 지나지 않고 또 당신을 도울 수가 없소. 바보스런 그 사람한테서 당신이 들은 모든 말 속에는 내가 당신에게 가르쳐 준 길을 벗어나게 해서 당신을 유혹하려는 계획 외에는 아무것도 없소."

이렇게 말한 후에 전도자는 자기의 말을 확증시키려고 하늘을 향해 부르짖었다. 그러자 가련한 크리스천이 기슭에 서 있는 산에서 말씀과 불이 나타나서 크리스천을 소름끼치게 했다.

그 말씀은 이렇게 선언되었다. '무릇 율법 행위에 속한 자들은 저주 아래 있나니, 기록된 바 누구든지 율법책에 기록된 대로 온갖 일을 항상 행하지 아니하는 자는 저주 아래 있는 자라 하였음이라[4].'"

크리스천은 죽음 외에 아무것도 기대할 수 없기 때문에 슬프게 울

1) 〈누가복음〉 14 : 26. 2) 〈갈라디아서〉 4 : 21~27. 3) 〈로마서〉 3 : 28.
4) 〈갈라디아서〉 3 : 10.

기 시작했다. 세재 씨를 만난 시간을 저주하고, 그의 의견에 귀를 기울였으니 자기는 바보 중에도 큰 바보라고 계속 말하면서. 그는 현세적인 것에서 흘러나온 그 신사의 의론이 자기를 설득해서 바른 길을 버리게 했다는 사실을 생각하고 매우 부끄러워했다. 그후 그는 다시 전도자에게 물었다.

크리스천 "어떻게 생각하십니까? 소망이 있을까요? 이제라도 다시 좁은 문을 향해서 갈 수 있겠습니까? 이 일 때문에 버림받고 수치를 당하고 쫓겨나지 않을까요? 저는 그 사람의 의견에 귀를 기울인 것을 후회하고 있습니다. 제 죄를 용서받을 수 있을까요?"

전도자 "당신의 죄는 매우 크오. 왜냐면 당신은 두 가지 악을 범했소. 즉 금지된 길로 든 것과 선한 길을 버린 것이오. 그러나 문을 지키는 사람은 당신을 받아들일 거요. 그는 누구에게나 호의를 베푸니까요. 다만 다시는 길을 벗어나지 않도록 주의하시오. '그의 진노 조금 불할 때 너희는 길에서 망하지 않도록[1].'"

크리스천은 돌아갈 준비를 했다. 전도자는 그에게 입맞추고 활짝 웃으며 도중의 안전을 빌었다. 그리고 그는 서둘러서 계속 걸었다. 도중에 아무에게도 말을 하지 않고 또 누가 무엇을 물어도 대답하지 않았다. 그는 그동안 금지된 땅을 밟고 있는 사람과 같았고, 세재 씨의 의견을 따라서 버렸던 길로 다시 도달하기까지는 절대로 안전하다고는 생각하지 않았다. 이렇게 해서 크리스천은 이윽고 문에 다다랐다. 그 문 위에는 '문을 두드리라. 그러면 너희에게 열릴 것이다[2].' 라고 씌어 있었다.

그래서 그는 한 번만이 아니라 두 번 세 번 계속 두드렸다[3].

안으로 들기를 바라는 자는 먼저
밖에 서서 문을 두드리라. 다만 들어가기 위해서
두드리는 자임을 의심할 필요도 없다.
하나님 그를 사랑하시어 용서하십니까.
나는 지금 이곳으로 들어갈 수 있을까.

1) 〈시편〉 2 : 12. 2) 〈마태복음〉 7 : 8. 3) 〈마태복음〉 7 : 7.

▲1692년 제 13판의 삽화

안으로 들어오기를 원하는 사람은 먼저 밖에 서서 문을 두드리라. 의심하지 말라, 들어가기 위해 두드리는 자임을. 하나님이 그를 사랑하시고 용서하시니까.

가치 없는 배반자였어도 가련한 나에게
안에 계신 분은 열어 주실까. 그러면 반드시
그 영원한 찬양을 높이 부르리.

라고 노래하면서.

이윽고 호의(好意)라는 엄숙한 사람이 문으로 와서 물었다.

호의 "누구십니까? 어디서 오셨습니까? 볼일이 무엇입니까?"

크리스천 "저는 무거운 짐을 진 불쌍한 죄인입니다. '멸망의 도시'로부터 왔습니다. 임박한 진노에서 구원받기 위해서 시온산으로 가는 길입니다. 이 문으로 들어가면 그곳으로 갈 수 있다고 들었습니다. 저를 들어가게 해주실는지요?"

호의 "기꺼이 맞이하겠습니다."

크리스천이 바로 발을 들여놓으려고 할 때 상대가 와락 잡아당겼다. 크리스천이 말했다.

크리스천 "왜 이러십니까?"

호의 "이 문에서 조금 떨어진 곳에 견고한 성이 있는데, 바알세불이 장수입니다. 그들이 그곳으로부터 이 문에 다다른 사람들에게 화살을 쏩니다. 당신이 들어오기 전에 죽을까 봐서."

크리스천 "아아, 기쁘기도 하고 두려움에 떨리기도 합니다."

호의 "이리로 오는 길을 누가 가르쳐 주었습니까?"

크리스천 "전도자가 이곳으로 가서 문을 두드리라고 말씀하셨습니다. 당신이 내가 할 일을 가르쳐 주실 것이라고 하셨습니다."

호의 "열린 문이 당신 앞에 있습니다. 아무도 그것을 닫을 수 없습니다[1]."

크리스천 "이제야 모험한 보람이 있는 것 같습니다."

호의 "그런데 어째서 혼자 오셨습니까?"

크리스천 "이웃 사람들은 아무도 내가 위험을 깨달은 것처럼 그것을 깨닫지 못했습니다."

호의 "당신이 오시는 것을 아는 사람이 있었습니까?"

---

1) 〈요한계시록〉 3 : 8.

크리스천 "예, 아내와 아이들이 처음에 저더러 돌아오라고 뒤에서 불렀습니다. 이웃 사람들도 돌아오라고 외치면서 서 있었습니다. 하지만 저는 손가락으로 귀를 막고 이리로 왔습니다."

호의 "그 중에 당신의 뒤를 쫓아와서 돌아가도록 권한 사람이 없었습니까?"

크리스천 "있었습니다. 완고와 유연 두 사람입니다. 하지만 나를 설득할 수 없다는 것을 알았을 때에 완고는 비웃으면서 돌아가고 유연은 조금 저와 함께 왔습니다."

호의 "그럼, 어째서 그분은 이곳까지 오시지 않았습니까?"

크리스천 "사실은 '낙심의 늪'까지는 함께 왔습니다. 우리는 뜻밖에 그 속으로 빠졌습니다. 그래서 이웃인 유연은 낙심하고 앞으로 갈 생각이 없어졌습니다. 그는 집이 가까운 언덕으로 기어 올라가서 나에게, 그 좋은 나라를 자기는 상관 말고 혼자 가지라고 했습니다. 그는 자기 길로 가고, 저는 저의 길로 왔습니다. 그는 완고의 뒤를 따르고 저는 이 문을 향했습니다."

호의 "아아, 불쌍한 사람이군요! 하늘의 영광이……, 그것을 얻기 위해 필요한 몇 가지 난관을 겪기 싫어 포기해야 하리만큼 그렇게 보잘것없다는 말인가요, 그 사람에게는?"

크리스천 "사실은 그와 저 사이에 그리 차이가 없습니다. 그는 자기 집으로 돌아갔지만 저도 길을 벗어나서 죽음의 길로 들어갔었습니다. 세재라는 사람의 현세적인 의론에 설복되어서."

호의 "아, 그 사람을 만나셨습니까? 그 사람이 준법 씨에 의해서 평안을 구하도록 시켰다고요? 그 두 사람은 몹쓸 사기꾼입니다. 그런데 당신은 그 의견을 따르셨습니까?"

크리스천 "예. 제가 할 수 있는 데까지는 따랐습니다. 저는 준법 씨를 찾으러 갔습니다. 그 집 곁에 서 있는 산이 머리 위를 덮칠 것 같은 곳까지. 거기서 저는 발걸음을 멈출 수밖에 없었습니다."

호의 "그 산은 많은 사람을 죽게 했고 이후로도 많은 사람을 죽게 할 것입니다. 당신이 분쇄되지 않았으니 다행입니다."

크리스천 "사실은 울적해서 생각에 잠겼는데, 전도자가 다행히도

다시 저에게 오시지 않았다면 거기서 어떻게 됐을는지 모릅니다. 그분이 다시 저에게 오신 것은 하나님의 은혜였습니다. 그렇지 않았다면 이곳으로 올 수가 없었으니까요. 사실은 당신과 얘기를 하기보다 그 산에서 죽어야 마땅한 몸입니다. 아아, 이것이 어떤 은혜입니까! 이곳으로 들어오다니!"

호의 "우리는 어떤 사람에게도 잔소리를 하지 않습니다, 이곳으로 오기 전에 어떤 일을 했다고 해도. 그 사람들은 '결코 내쫓기지[1]' 않습니다. 크리스천 씨, 이리로 오십시오. 당신이 갈 길을 가르쳐 드리겠습니다. 앞을 보십시오. 저 좁은 길이 보입니까? 저것이 당신이 가야 할 길입니다. 그것은 조상들과 예언자와 그리스도와, 그리고 제자들에 의해서 만들어진 것입니다. 그것은 자〔尺〕만큼 곧습니다."

크리스천 "서툰 사람이 길을 잃을 만한, 꺾이는 곳이나 갈림길은 없습니까?"

호의 "있습니다. 이 길에는 통하는 길이 많습니다. 그 길들은 굽었고 또 넓습니다. 바른 길은 곧고 좁으니까, 바른 길과 그른 길을 구별할 수 있습니다."

크리스천 "그리고 제 짐을 지금 벗겨 주실 수는 없겠습니까?"

크리스천의 짐은 사람의 손을 빌리지 않고는 벗을 수가 없었다.

호의 "그 짐은 당신이 구원을 받는 곳에 이르기까지 참고 계십시오. 그곳에서는 짐이 저절로 등에서 떨어집니다."

크리스천은 허리띠를 졸라매고 길떠날 채비를 했다.

호의 "그리고 이 문에서 약간 떨어진 곳에 설명자(說明者)라는 사람의 집이 있는데, 그 문을 두드리십시오. 여러 가지 훌륭한 것을 보여 줄 것입니다."

크리스천 "안녕히 계십시오."

호의 "도중의 안전을 빌겠습니다."

크리스천은 설명자의 집까지 걸어가서 여러 번 문을 두드렸다. 드디어 어떤 사람이 나와서 누구냐고 물었다.

크리스천 "저는 길가는 나그네입니다. 이 댁 주인님을 아시는 분이

---

1) 〈요한복음〉 6 : 37.

저에게 유익할 터이니 방문하라고 했습니다. 주인님의 말씀을 듣고자 합니다."

얼마 후 주인이 나왔다.

설명자 "무슨 일로 오셨습니까?"

크리스천 "저는 '멸망의 도시'로부터 온 사람인데, 시온산으로 가는 길입니다. 이 길 어귀에 있는 문에 서 있는 분이 이곳을 방문하면 당신께서 여행에 도움이 될 훌륭한 것을 보여주실 것이라고 가르쳐 주시길래 왔습니다."

설명자 "들어오십시오. 도움이 될 만한 것을 보여드리겠습니다."

그는 하인에게 촛불을 켜라고 한 후에 크리스천더러 따라오라고 했다. 어떤 비밀실로 데리고 가서 하인더러 문을 열라고 했다. 이 때 크리스천은 매우 엄숙한 사람의 초상화가 벽에 걸려 있는 것을 보았다. 그 눈은 하늘을 향했고 손에는 최선의 책을 들었으며, 입술에는 진리의 율법이 씌어 있었고 세계가 그의 뒤에 놓여져 있었다. 마치 사람들에게 설명하는 것처럼 서 있는데, 금관이 머리에 걸려 있었다.

크리스천 "이것은 무슨 뜻입니까?"

설명자 "이 그림의 주인공은 천 사람에 하나 있을까 한 인물인데, 자녀를 낳을 수 있고[1], 해산의 수고를 할 수 있으며[2], 태어났을 때는 그 자녀를 기를 수도 있습니다[3]. 보시다시피 눈은 하늘을 보고 가장 좋은 책을 들고 입에 진리의 율법을 쓴 것은, 알기 어려운 일을 죄인에게 설명하기 위함입니다. 사람들과 토론하려는 것처럼 서 있는 것을 보아도 알 수가 있습니다. 또 세계가 그뒤에 버려졌고 금관이 그 위에 걸려 있는 것은, 그가 그 주인을 섬기는 일을 사랑하는 나머지 현세의 것을 경시하고 배척하며, 반드시 내세에 그 보수로 영광을 얻으리라고 생각하는 것을 나타냅니다.

내가 이 그림을 먼저 보여드린 것은 이 그림의 인물이야말로 당신이 가려는 곳의 주인이, 도중에서 당신이 만날 모든 고난에서 당신의 안내가 될 능력을 부여하신 유일한 사람이기 때문이오. 그러므로 내가 보여드린 일을 주의하시오. 보신 일을 잘 기억하시오. 그렇지 않

1) 〈고린도전서〉 4 : 15. 2) 〈갈라디아서〉 4 : 19. 3) 〈데살로니가전서〉 2 : 7.

으면 여행중 당신을 바르게 안내하는 척하는 사람을 만납니다. 그런 사람의 길은 죽음으로 내려가는 길입니다."

그리고 손을 잡고는 매우 큰 객실로 데려갔다. 그곳은 한 번도 청소를 한 일이 없어서 먼지투성이였다. 설명자는 하인을 불러서 청소를 시켰다. 청소가 시작되자 먼지가 자욱하게 일어서 크리스천은 거의 숨이 막힐 지경이었다. 설명자가 앞에 서 있는 소녀에게 말했다. "물을 가져다가 여기에 뿌려다오." 소녀가 그렇게 하니 그 방은 깨끗이 청소되었다.

크리스천 "이것은 무슨 뜻입니까?"

설명자 "이 객실은 복음의 좋은 은혜로서 성별된 일이 없는 사람의 마음입니다. 먼지는 온몸을 더럽힌 원죄(原罪)와 마음의 부패입니다. 청소를 시작한 사람은 율법입니다. 또 물을 가져다가 뿌린 사람은 복음입니다. 보시다시피 청소가 시작되자 먼지가 자욱해서 그는 깨끗하게 할 수 없었고 당신은 숨이 막히게 되었습니다. 이것은 율법이란 것이(그 노력으로) 마음을 깨끗하게 하지 못하고 다만 죄를 발견하고, 그것을 금지할 때에는 도리어 영혼 속에 그것을 소생시키고 힘을 주고 또 번식시킵니다. 그것은 진압할 힘을 주지 못하기 때문입니다[1]. 또 보시다시피 소녀가 물을 뿌리자 깨끗이 청소되었습니다. 그것은 복음이 그 오묘하고 귀한 감화력으로 마음에 들어오자 물을 뿌려 먼지를 진압한 것같이 죄가 극복되고 진압되며, 영혼이 그 신앙으로 깨끗해지고, 영광의 왕이 계시기에 합당한 것이 됨을 보여주는 것입니다."

꿈속에서 보니 설명자가 그의 손을 잡고 작은 방으로 데려갔다. 그곳에는 두 아이가 의자에 앉아 있었다. 큰 아이의 이름은 열광(熱狂)이고 또 한 아이의 이름은 인내(忍耐)였다. 열광은 매우 불만인 것처럼 보였지만 인내는 몹시 조용했다.

크리스천 "열광이 어째서 불만입니까?"

설명자 "아이들의 아버지께서 가장 좋은 것을 내년 초에 줄 터이니 그때 까지 기다리라고 했는데, 큰애는 지금 모두 갖고 싶다고 합니다. 그러나 인내는 기꺼이 기다리고 있습니다."

---

1) 〈로마서〉 7 : 6, 〈고린도전서〉 15 : 56, 〈로마서〉 5 : 20.

이 때 어떤 사람이 열광에게 와서 보물을 주머니에서 발밑으로 쏟았다. 열광은 그것을 집어들고 기뻐하는 동시에 인내를 비웃었다. 그러나 잠깐 사이에 그는 모든 것을 다 써 버리고 누더기밖에 아무것도 남지 않았다.

크리스천 "이것도 좀더 자세하게 설명해 주십시오."

설명자 "두 소년은 비유입니다. 열광은 현세의 사람을, 인내는 내세의 사람을 나타냅니다. 열광은 지금, 즉 현세에서 모든 것을 가지려고 합니다. 현세인도 마찬가지입니다. 즉 내세까지 기다릴 수 없습니다. 그들에게는 '수중의 새 한 마리는 숲 속의 새 두 마리에 해당한다.'는 속담이 내세의 복락에 대한 하나님의 증명보다 믿을 만한 가치가 있습니다. 그러나 저 애가 모든 것을 신속히 다 써 버리고 누더기밖에 아무것도 남기지 못했듯이, 그런 사람들도 이 세상 끝까지 똑같이 됩니다."

크리스천 "지금 저는 인내가 가장 뛰어난 지혜를 가졌다는 사실을 알았습니다. 여러 가지 이유로 그렇게 생각합니다. 첫째, 그는 가장 좋은 것을 가지고 있으니까. 둘째, 상대가 누더기밖에 아무것도 가지지 못할 때에 그는 영광을 누릴 터이니까."

설명자 "거기다가 하나를 더할 수 있습니다. 즉 이 세상의 것은 곧 사라지지만 내세의 영광은 절대로 소멸되지 않습니다. 그러므로 열광은 좋은 것을 먼저 얻었다고 해서 인내를 비웃을 이유는 없습니다. 그것은 인내가 가장 좋은 것을 최후에 얻었다고 열광을 비웃게 될 것이니까. 시초의 것은 최후의 것에게 장소를 양보해야 하기 때문입니다.

최후는 뒤따르는 존재가 없기 때문에 어떤 존재에게도 장소를 양보하지 않습니다. 처음에 자기의 몫을 받는 사람은 아무래도 그것을 소비하게 됩니다. 그러나 마지막에 자기의 몫을 받는 사람은 영원히 그것을 소유합니다. 그래서 부자 다이비이즈에게 말한 것입니다. '애, 너는 살았을 때에 네 좋은 것을 받았고 나사로는 고난을 받았다. 이제 저는 여기서 위로를 받고 너는 고민을 받느니라[1].'"

크리스천 "현재의 것을 바라지 말고 장래의 것을 기다리는 것이 상

[1] 〈누가복음〉 16 : 25.

책이라는 것을 알았습니다."

설명자 "그렇습니다. '보이는 것은 잠깐이요, 보이지 않는 것은 영원함이니라[1].' 그러나 현세의 것과 우리의 욕심은 매우 가까운 사이이고 장래의 것과 우리의 욕심은 전혀 모르는 사이이니까 앞의 둘은 곧 친밀한 사이가 되고, 뒤의 둘에게는 간격이 언제까지나 계속됩니다."

꿈속에서 설명자가 크리스천의 손을 잡고는 또 한 곳으로 데려갔다. 그곳은 벽을 배경으로 불이 붙고 있었다. 그 옆에는 한 사람이 불을 끄려고 계속 많은 물을 끼얹고 있었다. 그러나 불은 점차 더 높이 활활 타올랐다.

크리스천 "이것은 무슨 뜻입니까?"

설명자 "이 불은 마음에 작용하는 하나님 은혜의 역사입니다. 그것을 끄려고 물을 끼얹는 자는 마귀입니다. 그러나 불은 점점 더 활활 타오릅니다. 그 이유를 보여드리겠습니다."

설명자는 크리스천을 벽 뒤로 데려갔다. 그곳에는 기름이 든 그릇을 들고 기름을 계속, 그러나 남몰래 끼얹는 사람이 있었다.

크리스천 "이것은 무슨 뜻입니까?"

설명자 "이분은 그리스도이십니다. 끊임없이 그 은혜의 기름으로 이미 마음속에 착수하신 역사를 유지하십니다. 그러므로 마귀가 어떤 짓을 해도 그 백성의 영혼은 언제나 은혜가 충만합니다[2]. 보시다시피 이분이 벽 뒤에 서 계신 것은 유혹을 받은 자가 이 은혜의 역사가 그 영혼 안에서 어떻게 유지되는가를 보기 어렵다는 것을 가르치기 위함입니다."

설명자가 또 그의 손을 잡고 아름답고 장엄한 궁전이 있는 유쾌한 곳으로 갔다. 크리스천은 매우 기뻐하였다. 그 꼭대기에는 황금옷을 입은 두세 사람이 거닐고 있었다.

크리스천 "우리도 저곳으로 갈 수 있을까요?"

설명자는 그를 데리고 그 궁전의 입구로 갔다. 문에는 많은 사람이 서서 들어가고 싶어하지만, 과감하게 들어가는 사람이 없었다. 문에

---

1) 〈고린도후서〉 4 : 18.　2) 〈고린도후서〉 12 : 9.

서 약간 떨어진 곳에 있는 테이블에는 한 사람이 두루마리책과 잉크병을 놓고 들어오는 사람의 이름을 기록하려고 했다.

문에는 갑옷을 입은 많은 사람이 지켜 서서 들어오는 사람에게 될수록 많은 상처와 해를 주려는 결심의 빛을 보이고 있었다. 크리스천은 한참 동안 멍하게 서 있었다. 모두들 무장한 사람들의 모습에 두려움으로 쩔쩔매고 있을 때 매우 강해 보이는 남자가, 이름을 적으려고 앉아 있는 사람에게로 뚜벅뚜벅 걸어가서 "제 이름을 써 주십시오." 라고 했다. 이름이 적히자 그 남자는 검을 뽑아들고 머리에 투구를 쓰더니 무장한 사람들이 있는 문으로 돌진했다. 그 사람들은 무서운 기세로 그를 습격했지만, 그는 조금도 꺾이지 않고 맹렬하게 베어 쓰러뜨렸다. 그는 밀어내려는 사람들에게도 많은 상처를 입히고 자기도 상처를 입은 후 그 사람들 가운데에 길을 내고[1] 전진해서 궁전에 육박하니, 안에 있는 사람들도 궁전 꼭대기에 있는 사람들도 다 같이 목청을 돋워 즐거운 노래를 불렀다.

들어오라, 들어오라,
영원한 영광을 너는 얻으리라.

그 남자가 들어가서 그들과 똑같은 옷을 입었다.

크리스천 (싱긋 웃고) "이 의미를 알 것 같습니다. 그러면 저는 떠나겠습니다."

설명자 "기다리십시오. 좀더 보여드릴 것이 있습니다. 그후에 떠나시도록 하십시오."

설명자는 다시 그의 손을 잡고 매우 어두운 방으로 데려갔다. 그곳에는 한 남자가 무쇠우리 속에 앉아 있었다.

그 남자는 매우 슬픈 표정을 짓고 있었다.

크리스천 "이것은 무슨 뜻입니까?"

설명자 "이 남자와 얘기를 하십시오."

크리스천 (그 남자에게) "당신은 어떤 사람이오?"

---

1) 〈사도행전〉 14 : 22.

남자 "나는 이전의 내가 아니오."

크리스천 "이전에는 어떤 분이었소?"

남자 "이전에는 누가 봐도 훌륭하고 원기왕성한 신도(장로회)였소. 나도 '천국'으로 들어갈 수 있다고 생각하고 기뻐했었소[1]."

크리스천 "그런데 지금은 어떻소?"

남자 "지금은 절망의 사람이오. 이 무쇠우리 안에 갇힌 것처럼 절망에 갇혔소. 나는 밖으로 빠져나갈 수 없소. 아아, 지금은 불가능하오."

크리스천 "어째서 이런 상태에 빠졌소?"

남자 "깨어 근신하기[2]를 그친 것이오. 정욕에 내맡기고 있었소. 나는 '말씀'의 빛[3]과 하나님의 인자하심[4]에 대해서 죄를 범했소. 나는 성령을 근심하게 했소. 그분은 떠나셨소. 나는 마귀를 청했소. 그는 내게로 왔소. 나는 하나님을 노여워하시게 했소. 그분은 나를 버리셨소. 나는 마음을 완고하게 만들어서 회개할 수 없소."

크리스천 (설명자에게) "이런 사람에게는 희망이 없습니까?"

설명자 "그에게 물어 보십시오."

크리스천 "당신이 물어 봐 주십시오."

설명자 (남자에게) "당신에게는 아무 희망도 없고 다만 절망과 굶주림의 우리 안에 감금되어 있어야 하오?"

남자 "예, 전혀 희망이 없소."

크리스천 "하지만 '찬송받을 자의 아들[5]'은 매우 인자하신 분이오."

남자 "나는 나를 위해 그분을 다시 십자가에 못박았소[6]. 나는 그분의 공의를 경멸했소[7]. 나는 '그분의 피를 부정한 것으로 여겼소.' 나는 '은혜의 성령을 욕되게 했소[8].' 그래서 나는 일체의 약속에서 떨어지고 지금 나에게 남은 것은 확실한 심판과 대적하는 자인 나를 소멸할 맹렬한 불과 같은 위협뿐이오."

크리스천 "어떤 일로 당신은 이런 상태가 되었소?"

---

1) 〈누가복음〉 8 : 13.　2) 〈데살로니가전서〉 5 : 6.　3) 〈요한복음〉 1 : 1~5.　4) 〈로마서〉 2 : 4.
5) 〈마가복음〉 14 : 61, '찬송 받은 자'는 하나님, 그의 아들은 하나님의 아들 그리스도이다.
6) 〈히브리서〉 6 : 6.　7) 〈누가복음〉 19 : 14.　8) 〈히브리서〉 10 : 28, 29.

남자 "육신의 정욕과 안목의 정욕과, 이 생의 자랑 때문이오. 그것을 향락하면 많은 즐거움이 있으리라고 그 당시는 기대하고 있었소. 그러나 지금은 그것들이 나를 깨물고 심한 독충처럼 좀먹소."

크리스천 "회개하고 돌아올 수 없소?"

남자 "하나님은 나의 회개를 거절하셨소. 하나님의 말씀은 내게 믿을 만한 격려를 주지 않소. 하나님이 나를 이 무쇠우리 속에 가두셨소. 이 세상의 아무도 나를 꺼낼 수 없소. 아아, 영원! 영원! 영원 속에서 맞이해야 할 고통과 겨루려면 어떻게 하면 좋을까!"

설명자 (크리스천에게) "이 사람의 고통을 잘 기억하여 언제까지나 당신의 경계로 삼으십시오."

크리스천 "이건 너무 두려운 일입니다. 하나님의 도움으로 깨어서 근신하고 이 사람의 고통의 원인을 피할 수 있도록 기도하겠습니다. 이제는 떠나야 하지 않을까요?"

설명자 "하나 더 보여드리기까지 기다리십시오. 그후에 떠나시지요."

그는 다시 크리스천의 손을 잡고 한 방으로 데려갔다. 이곳에서는 한 남자가 옷을 입으면서 덜덜 떨고 있었다.

크리스천 "이 사람은 왜 이렇게 떱니까?"

설명자 (그 남자에게) "그 이유를 크리스천에게 말하시오."

남자 "오늘 밤 잠잘 때 나는 꿈을 꾸었소. 하늘이 캄캄하고 무섭게 천둥이 울고 번개가 번쩍였소. 그래서 나는 고통스러웠소. 위를 쳐다보니 구름이 전에 없이 빠르게 날고 있었소. 그러자 큰 나팔소리가 들렸소. 한 사람이 하늘의 수천 무리에게 에워싸여 구름 위에 앉았소. 사람들은 모두 불붙는 속에 있었고 하늘도 불꽃 속에 있었소. 나는 이때 '일어나라, 죽은 사람들아, 일어나서 심판을 받으라.'는 목소리를 들었소. 그와 동시에 바위가 터지고 무덤이 열리며 그 속에 있던 죽은 사람들이 나왔소. 어떤 사람은 몹시 기뻐하며 뒤를 바라보고 있었소. 어떤 사람은 산 밑에 그 몸을 숨기려고 했소[1].

---

[1] 〈고린도전서〉 15 : 52, 〈데살로니가전서〉 4 : 16, 〈유다서〉 14,15, 〈요한복음〉 5 : 28, 29, 〈데살로니가후서〉 1 : 7,8, 〈요한계시록〉 20 : 11~14, 〈이사야〉 26 : 21, 〈미가〉 7 : 16,17, 〈시편〉 50 : 1~3, 〈다니엘〉 7 : 10.

이 때 구름 위에 앉은 사람이 책을 펴고 세계 백성에게 가까이 오라고 명령했소. 하지만 그 앞에서 흘러나와서 넘치는 맹렬한 불꽃으로 마치 법정의 재판장과 피고들 사이에 있는 것과 같은 정도의 간격이 있었소. 또 구름 위에 앉아 있던 사람이 에워싼 사람들에게 포고하는 말이 들렸소[1]. '가라지와 쭉정이와 그루터기는 모아서 불붙는 못에 던지라[2].'고. 이와 동시에 바로 내가 서 있는 부근에 무저갱(無底坑)이 열렸소. 그 구멍에서 많은 연기와 풀무불이 처참한 소리를 내며 올라왔소. 또 같은 사람들에게 '알곡을 모아 곡간에 들이라[3].'는 말이 들렸소. 또 많은 사람들이 구름 속으로 끌어올려져 수송되어 갔는데 나는 뒤에 남았소[4]. 나는 몸을 숨기려고 했지만 숨길 수가 없었소. 그것은 구름 위에 앉아 있던 사람이 계속 나한테서 눈을 떼지 않았기 때문이오. 나는 죄가 또 생각났소. 그리고 나의 양심은 모든 방면에서 나를 책망했소[5]. 여기서 나는 잠을 깼소."

크리스천 "그런데 무엇이 그 광경을 그렇게 두렵게 했소?"

남자 "심판의 날이 다가왔는데, 내게는 이에 대한 준비가 없다고 생각했소. 그러나 하늘의 천사가 사람을 끌어올리고 나를 버려둔 것과 지옥의 구멍이 바로 내가 서 있는 곳에서 열린 것이 무엇보다 두려웠소. 나의 양심도 나를 괴롭혔소. 그리고 '재판장'은 얼굴에 분노를 나타내면서 언제까지나 내게서 눈을 떼지 않는 것처럼 생각되었소."

설명자 (크리스천에게) "이 모든 일을 보시고 잘 생각하셨습니까?"

크리스천 "예, 이 사실들이 희망과 공포의 마음을 품게 했습니다."

설명자 "그러면 모든 일을 명심하십시오. 당신께서 가는 도중에 양옆구리의 가시처럼 당신을 전진하도록 자극하기를 바라겠습니다."

크리스천은 허리띠를 졸라매고 길떠날 준비를 시작했다.

설명자 "크리스천 씨 '위로하시는 이(성령)'가 항상 당신과 함께 계셔서 '도성'의 길로 당신을 인도하시기를."

이리하여 크리스천은 여로에 오르면서 이렇게 노래했다.

---

1) 〈말라기〉 3 : 2,3, 〈다니엘〉 7 : 9,10. 2) 〈마태복음〉 3 : 12,13 : 30, 〈말라기〉 4 : 1.
3) 〈누가복음〉 3 : 17. 4) 〈데살로니가전서〉 4 : 16,17. 5) 〈로마서〉 2 : 14,15.

신기하고 유익한 광경을 여기서 보았다.
무섭고도 즐거운 일을 시작한
자기 일에 의지를 굳게 함을.
안녕히, 그 일들을 생각하며 내게
보이신 이유를 깨닫고 당신에게
감사 드리오. 아, 선한 설명자여.

나는 꿈속에서 크리스천이 가는 길의 좌우에 벽이 둘러져 있고, 그 벽은 '구원'이라고 하는 것을 봤다[1]. 그래서 이 길을 무거운 짐을 진 크리스천이 달렸다. 그러나 짐 때문에 무척 어려웠다.

그는 오르막길이 시작되는 곳까지 달려왔다. 그곳에는 십자가가 서 있고 그 기슭에 돌무덤이 있었다. 크리스천이 그 십자가에 도달한 바로 그 때, 그의 어깨에 진 짐이 풀어져 등에서 떨어지고 데굴데굴 계속 굴러서 무덤까지 오자 안으로 들어가서는 그림자도 보이지 않았다.

크리스천은 즐겁고 명랑하며 유쾌한 마음으로 말했다. "그는 슬픔에 의해서 나에게 휴식을 주시고 죽음에 의해서 생명을 주셨다."고. 잠시 그는 가만히 선 채 바라보면서 이상히 여기고 있었다. 십자가를 보는 일이 이렇게 무거운 짐을 벗기고 편하게 한다는 것이 몹시 놀라운 일이었기 때문에. 그래서 그는 바라보고 또 바라보는 중에 마침내 머릿속의 샘이 그의 뺨을 타고 물을 냈다[2].

그가 바라보면서 울고 서 있을 때 '빛나는 자(천사)' 셋이 그에게 와서 '평안할지어다.' 하고 인사했다. 첫째 천사가 그에게 말했다. "네 죄 사함을 받았느니라[3]."고. 둘째 천사는 그의 몸에서 누더기를 벗기고 '아름다운 옷'을 입혔다[4]. 셋째 천사는 그의 이마에 인을 치고 그 위에 인봉(印封)한 두루마리를 주며 서둘러 가는 도중에 그것을 읽도록, 또 '하늘의 문'에서 그것을 내보이라고 했다.

크리스천은 기뻐서 세 번 뛰어올랐다. 그리고 노래하면서 전진했다.

---

1) 〈이사야〉 26 : 1. 2) 〈스가랴〉 12 : 10. 3) 〈마가복음〉 2 : 5. 4) 〈스가랴〉 3 : 4.

▲1692년 제13판의 삽화

이게 누구냐? 순례자이다. 놀랍다! 참으로 옛것은 지나가고, 모두 새것이 되었다. 이상하다. 그는 틀림없이 새로 태어났을 것이다. 아름다운 새를 만드는 것은 아름다운 깃털이니까.

여기까지는 죄의 무거운 짐을 지고 왔다.
이곳으로 오기까지는 한숨을 가볍게 해주는 자
없었는데, 이 어인 곳인가.
이곳에서 내 축복이 시작될 건가,
이곳에서 내 짐은 등에서 떨어진 건가,
짐을 내게 묶은 끈은 끊어질 건가,
고마운 십자가여, 무덤이여, 더욱 고마우신
나를 위해 수치를 당하신 그분이여.

꿈속에서 나는 그가 기슭으로 오기까지 이렇게 걷는 것을 봤다. 그런데 그는 길에서 약간 떨어진 곳에 남자 셋이 발목에 고랑을 차고 잠들어 있는 것을 봤다. 한 사람의 이름은 천박(淺薄), 또 한 사람은 나태(懶怠), 셋째는 자만(自慢)이었다.

크리스천은 이 때 그들을 깨울 수 있었으면 하고 외쳤다.

크리스천 "당신들은 돛대 위에서 잠든 사람 같구려. '죽음의 바다'가—밑이 없는 깊은 바다가 당신들 밑에 있으니까요[1]—눈을 뜨시오. 이리로 오시오. 원하신다면 그 족쇄 벗기는 일을 도와드리겠소. 만일 '우는 사자같이 두루 다니는' 자가 온다면 당신들을 삼킬 거요[2]."

그들은 그를 바라봤다. 그리고 대답했다.

천박 "위험한 일은 없는 것 같군요."

나태 "한 잠 더 자자."

자만 "쓸데없는 간섭이오. 그밖에 대답할 말이 있겠나."

그리고 그들은 다시 잠자기 위해서 누웠다. 크리스천은 출발하였다.

그러나 그는 그 위험한 상태에 있는 사람들을 깨워 주고 또 깨우쳐 주며, 발고랑을 벗기는 일을 돕겠다고 해서 마음의 간격 없이 조력하겠다는 자기의 친절을 조금도 고맙게 여기지 않는다고 생각하니 재미가 없었다. 이 때 두 남자가 좁은 길 왼쪽에 있는 벽을 넘어서 굴러 떨어졌다. 그들은 빠른 걸음으로 그에게로 왔다. 한 사람의 이름은

1) 〈잠언〉 23 : 34. 2) 〈베드로전서〉 5 : 8.

형식주의이고 또 한 사람의 이름은 위선(僞善)이었다.

크리스천 "여러분, 어디서 오셨소? 또 어디로 가시나요?"

형식주의와 위선 "우리는 '허영(虛榮)의 나라'에 태어난 사람들인데 하나님을 찬양하기 위해 시온산으로 가는 길이오[1]."

크리스천 "왜 이 길 어귀에 서 있는 문으로 들어오지 않으셨소? 문으로 들어오지 않고 '다른 데로 넘어가는 자는 절도며 강도'라고 씌어 있는 것을 모르시나요[2]?"

형식주의와 위선 "입구를 찾아서 문으로 가는 것은 우리나라 사람들이 너무 멀리 돌아가는 길이라고 생각하오. 그래서 언제나 지름길로 다니느라고 우리가 한 것처럼 벽을 넘는 것이오."

크리스천 "하지만 그것은 우리가 지금부터 가려는 도성의 왕에 대한 범죄로 간주되지 않을까요? 그분이 밝히신 의지를 범하는 것은."

형식주의와 위선 "그 일에 대해서 당신이 머리를 썩힐 필요는 없소. 왜냐하면 우리가 행한 일은 관습이니까요. 만일 필요하다면 1000년 이상이나 그것이 계속되고 있다는 사실을 증명하는 증거를 내놓을 수 있소."

크리스천 "하지만 당신들의 관습이 법정에서 인정될까요?"

형식주의와 위선 "이 관습은 1000년 이상이나 오래 계속된 것이므로 공평한 재판장이라면 합법적인 것으로 인정할 것이오. 만일 우리가 길로 들었다고 하면 어떤 방법으로 들어왔느냐가 문제 되겠소? 들어왔으면 들어온 것이오. 보아하니 문으로 들어온 당신도 그저 길로 들어온 거요. 벽을 넘어서 굴러 들어온 우리도 길로 들어왔소. 당신이 우리보다 낫다는 점이 대체 어디에 있소?"

크리스천 "나는 '주인'의 법도대로 걷고 있소. 당신들은 당신들의 공상대로 무례하게 했으니까, 이 길의 '주인'에게 도둑으로 인정되고 있소. 그래서 이 길 끝에 도착해도 옳은 사람으로 인정받지 못할 거요. 지시를 받지 않고 들어왔으니 그 은혜를 받지 않고 마음대로 나갈 거요."

형식주의와 위선 (이에 대해서는 대답을 않고) "당신이나 잘하시오."

---

1) 〈시편〉 9:1.　2) 〈요한복음〉 10:1.

그들은 서로 대화를 많이 하지 않고 각기 마음대로 걸어가고 있었다. 두 남자는 얼마 후 크리스천에게 말했다.

형식주의와 위선 "우리는 율법과 의식(儀式)에 있어서는 당신과 똑같이 잘 행하고 있소. 당신이 입은 겉옷 이외에는 어떤 점에서 당신이 우리와 다른지 모르겠소. 그 겉옷도 당신의 벌거벗은 수치를 가리기 위해 이웃의 어떤 분한테서 받았다고 생각되오."

크리스천 "율법과 의식으로는 구원받을 수 없소. 문으로 들어오지 않았으니까요[1]. 그리고 이 겉옷은 내가 가는 곳의 '주인'이 주신 것이오. 그것은 말씀하신 대로 나의 수치를 가리기 위함이오. 나는 그것을 '주인'의 내게 대한 자애의 표시라고 생각하오. 이전에는 누더기 외에는 없었으니까요.

나는 이렇게 자신을 위로하오. 도성의 문에 도착하면 그곳의 '주인'은 나를 선량한 사람으로 인정해 주시리라, 내가 그 겉옷을 입었으니까 — 나의 누더기를 벗기시던 날에 아낌없이 주신 겉옷을.

그리고 나는 이마에 인을 맞았소. 당신들은 알아차리지 못하셨겠지만 내 짐이 어깨에서 벗겨진 날에 '주인'의 아주 친한 분들 중 한 분이 쳐주셨소. 게다가 길을 가면서 읽고 힘을 얻기 위해 인봉한 두루마리를 받았소. '하늘의 문'까지 가면 통과하는 표로 그것을 내주라고 하셨소. 당신들은 문으로 들어오지 않으셨기 때문에 이런 것들을 못 가지신 것이 아닌가 하오."

이 말에 대해서 두 사람은 대답하지 않았다. 그저 서로 얼굴을 마주 보고 웃었다. 그들은 모두 전진했다. 크리스천은 언제나 앞장서서 이후는 혼잣말을 하는 외에 말을 하지 않았다. 때로는 한숨짓고 때로는 위로를 받으면서. 그는 자주 '빛나는 자'가 준 두루마리를 읽고 기운을 회복했다.

그들은 전진해서 드디어 '곤란의 언덕' 기슭으로 왔다. 그 기슭에는 샘이 있었다. 그곳에는 문으로부터 바로 난 길 외에 두 길이 있었다. 하나는 기슭을 왼쪽으로 돌고 하나는 오른쪽으로 돌았다. 그 좁은 길은 그대로 언덕 위로 뻗었다. 언덕의 이 오르막길의 이름은

---

1) 〈갈라디아서〉 2 : 16.

▲1692년 제13판의 삽화

태초에 굽었다가 나중에 바르게 되는 자 있는가. 이리하여 그 친구를 평안하게 하는 자 있는가. 아니다. 그들은 틀림없이 분별없이 출발했다가 마침내 떨어질 것이다.

'곤란'이라고 했다. 크리스천은 기운을 돋우기 위해 샘으로 가서 그 물을 마시고[11], 그 언덕을 오르기 시작했다.

언덕이 높아도 나는 오르련다.
험하다는 게 다 뭐냐, 생명에의 길
여기 있다고 깨달았으니. 자, 용기를 내어
낙심하지 않고 겁내지 않으리. 어려워도
바른 길을 감이, 쉬워도
끝이 근심인 굽은 길을
가는 것보다는 나으리.

라고 노래하면서.

그 두 사람도 언덕 기슭에 도착했다. 그러나 이 언덕이 험하고 높으며 딴 길이 둘 있는 것을 보고, 이 길이 언덕 저쪽에서 크리스천이 올라간 길과 합쳐졌는지도 모른다고 여겨 그 두 길로 가기로 결심했다. 그러나 그 하나의 이름은 '위험'이고 또 하나의 이름은 '파멸'이었다. 이때에 한 사람은 '위험'이라는 길로 가다가 큰 숲으로 갔고 또 한 사람은 '파멸'이라는 길로 가다가 어두운 산들로 가득 찬 넓은 들로 갔는데, 그들은 거기서 실족하여 쓰러지고 일어나지 못했다.

크리스천은 언덕이 험해서 달리다가 걷고, 걷다가 무릎으로 기어오르고 있었다. 이 언덕 꼭대기로 가는 중턱에 언덕의 '주인'이 피로한 나그네의 기운을 회복하라고 지은 아담한 정자가 있었다. 크리스천은 그곳에 도착하자 쉬려고 앉았다. 그리고 품속에서 두루마리를 꺼내서 읽고 마음을 위로했다. 또 십자가 곁에 서 있던 때에 받은 겉옷을 새삼스레 살펴봤다.

잠시 그는 기뻐하다가 그만 꾸벅꾸벅 졸기 시작하고 마침내 깊이 잠들어서 거의 저물 때까지 거기 머물렀다. 잠든 사이에 두루마리가 그의 손에서 떨어졌다. 그가 잠자고 있을 때에 한 사람이 와서는 그를 깨웠다. "게으른 자여, 개미에게로 가서 그가 하는 것을 보고 지혜를

11 〈이사야〉 49 : 10.

얻으라[1]."고 하면서. 크리스천은 벌떡 일어나 길을 서둘러서 언덕 꼭대기에 다다랐다.

그가 언덕 꼭대기에 도착했을 때 이쪽으로 매우 급하게 달려오는 두 남자가 있었다. 한 사람의 이름은 겁약(怯弱)이고 또 한 사람의 이름은 의혹(疑惑)이었다.

크리스천 "당신들은 어찌된 영문이오? 잘못 달리고 있소."

겁약 "우리는 시온산으로 갈 생각으로 이 곤란한 곳을 올라갔소. 그러나 우리가 앞으로 갈수록 위험이 더하오. 그래서 우리는 돌아가는 참이오."

의혹 "그래요. 저 앞에 사자 두 마리가 길에 누워 있소. 잠들었는지 깨어 있는지 알 수가 없소. 가까이 가면 당장 갈가리 찢길 것만 같았소."

크리스천 "얘기를 들으면 무섭지만 어디로 도망친들 안전하겠소? 내 나라로 돌아간다고 하면, 그 나라는 불과 유황에 타기로 예정되어 있으니까 내가 함께 망할 것이 확실하오. '하늘의 도성'에 도달할 수 있으면 안전하다고 확신하오. 여하간 해 봐야겠소. 돌아가는 것은 죽음이고, 전진하는 것은 죽음의 공포, 또 그 건너에 있는 영원한 생명이오. 나는 전진하려고 생각하오."

의혹과 겁약은 언덕을 달려 내려가고 크리스천은 출발했다. 그는 방금 그들이 한 말을 생각하면서 두루마리를 읽어서 위로를 받으려고 품속을 더듬었다. 그러나 그것은 없었다. 그는 매우 괴로워서 어찌하면 좋을지 알 수 없었다. 언제나 근심을 덜어 주던 것, 또 '하늘의 도성'으로 들어갈 때의 통행권이 없어졌기 때문이었다. 겨우 그는 언덕 중턱에 있는 정자에서 잠잔 일이 생각났다. 그는 무릎을 꿇고 어리석은 행동에 대한 하나님의 용서를 빌고 나서 두루마리를 찾으러 오던 길로 갔다. 되돌아가는 크리스천은 한숨을 지으며 울면서, 피로를 풀고 기운을 회복하는 데만 쓰라는 그곳에서 잠든 어리석음에 대해서 자신을 꾸짖었다.

그는 여로에서 위로를 주던 두루마리를 발견할 수 있을까 해서 여

---

1) 〈잠언〉 6 : 6.

기저기를 주의해서 살피며 되돌아갔다. 얼마 후 그가 앉아서 잠잔 그 정자가 다시 보이는 곳까지 갔다. 정자를 본 그는 잠든 것이 매우 잘못되었다는 생각이 또 나서 새로 슬픔이 더했다[1]. 그는 죄의 깊은 잠을 한탄하면서 걸어갔다. 대낮에 잠들다니, 이 언덕의 '주인'이 순례자들의 기력을 돋우어 주시려고 세우신 휴식처를 나의 육체의 안락에 쓰기까지 육체의 일에 몰두하다니, "아아, 나는 곤고한 사람이로다." 라고 하면서.

얼마나 나는 헛걸음을 했을까? 이스라엘 백성에게도 그들의 죄 때문에 이런 일이 일어났다. 그들은 홍해 길을 통해서 되돌아갔다. 나도 역시 죄의 깊은 잠이 아니었던들 기쁨으로 걸어갈 그 길을 슬픔으로 걷고 있다. 지금쯤 얼마나 먼 곳까지 갔을까? 한 번 가면 될 길을 세 번 가게 되었다. 그뿐만이 아니라 지금은 날이 저물었다. 낮은 거의 다 지나갔다. 아아, 잠들지 않았더라면 좋았을 것을.

그는 다시 정자에 도착해서 잠시 앉아서 울었다. 그는 슬픈 표정으로 의자 밑을 내려다보다가 그곳에 있는 두루마리를 발견했다. 그는 부들부들 떨면서 급히 집어서 품에 넣었다. 그는 말로 할 수 없을 정도로 기뻤다. 이 두루마리야말로 생명의 보장이고 목적인 항구의 입항허가서였으니까. 그는 눈을 누워 있던 곳으로 향하게 하신 일에 대해서 하나님께 감사를 드리고 기쁨과 눈물로 또다시 여로에 올랐다. 몹시 가벼운 발걸음으로 그는 언덕의 나머지 길을 올라갔다. 그러나 꼭대기에 올라가기 전에 해가 서산에 졌다. 이것이 그 잠이 부질없는 것이었음을 다시 생각나게 했기 때문에 그는 후회하기 시작했다.

아아, 죄많은 잠이여, 너 때문에 나는 여로가 늦어졌다. 나는 태양없이 걸어야 한다. 죄많은 잠 때문에 나는 무시무시한 짐승의 소리를 들어야 한다[2].

---

1) 〈요한계시록〉 2 : 5, 〈데살로니가전서〉 5 : 7,8.　2) 〈데살로니가전서〉 5 : 6,7.

그는 의혹과 겁약이 사자를 보고 무서웠다는 말이 생각났다.

그런 짐승은 한밤에 먹이를 찾아서 방황한다. 만일 어둠 속에서 만난다면 어떻게 해서 쫓으면 좋을까? 어떻게 하면 찢기지 않을까?

그는 불행한 실패를 한탄하면서 걷다가 문득 눈을 드니 자기 앞에 미려(美麗)라는 매우 훌륭한 궁전이 서 있는 것이 보였다. 바로 큰 거리에 위치해 있었다.

나는 꿈속에서 그가 되도록이면 그곳에 유숙하려고 급히 전진하는 것을 봤다. 얼마 못 가서 문지기의 망대(望臺)에서 220야드 떨어진 곳에 있는 매우 좁은 길로 그는 들어섰다. 가면서 매우 주의해서 살피는 중에 사자 두 마리가 길에 누워 있는 것을 발견했다. 그는 생각했다.

드디어 의혹과 겁약이 쫓겨 돌아오던 그 위험을 알았다. (사자는 매여 있었지만 그에게는 사슬이 보이지 않았던 것이다.)

그는 무서워서 자기도 그 두 사람의 뒤를 쫓아 되돌아갈까 하고 생각했다. 이 때 경계(警戒)라는 이름의 망대에 있는 문지기는 크리스천이 되돌아갈 것처럼 발걸음을 멈춘 것을 보고 그에게 소리쳤다.

문지기 "여보세요, 당신은 힘이 그다지도 약하오[1]? 사자를 두려워할 것은 없소, 매여 있으니까. 이 짐승들을 그곳에 두는 것은 신앙이 있는 사람의 신앙을 시험하고, 또 신앙이 없는 사람을 발견하기 위함이오. 길 한가운데를 지나서 오시오. 그리하면 염려없소."

크리스천은 사자가 두려워서 떨며 문지기의 지시대로 걸어갔다. 그는 사자의 부르짖는 소리를 들었지만 아무런 해도 받지 않았다.

크리스천 "이 집은 어떤 집입니까? 오늘 밤 여기서 지낼 수 있겠습니까?"

문지기 "이 집은 언덕 '주인'이 순례자의 휴양과 안전을 위해 세웠습니다. 그런데 당신은 어디서 오셨으며 어디로 가십니까?"

크리스천 "나는 '멸망의 도시'의 주민인데 시온산으로 가는 길입니다. 해도 서산에 졌고 오늘 밤 될 수 있으면 쉬게 해주십시오."

---

1) 〈마가복음〉 13 : 34~37.

문지기 "성함이 무엇입니까?"

크리스천 "나의 지금 이름은 크리스천입니다. 본명은 그레이슬리스[1]였습니다. 나는 하나님이 셈의 장막에 거하게 하시려는 야벳족에서 나온 사람입니다[2]."

문지기 "어째서 이렇게 늦게 오셨습니까? 벌써 해가 서산에 졌는데."

크리스천 "비참한 사람[3]인 나는 언덕 중턱에 있는 정자에서 잠자지 않았다면 일찍 이곳으로 왔을 겁니다. 잠든 사이에 증명서를 잃었는데, 그것도 모른 채 꼭대기까지 와서 증명서가 보이지 않아 언덕으로 다시 돌아갔었습니다. 그곳에서 증명서를 찾아가지고 지금에야 겨우 왔습니다."

문지기 "그러면 이 집의 딸을 부르겠습니다. 당신의 얘기가 마음에 들면 그 딸이 이 집의 규정에 따라서 당신을 가족에게 데려갈 것입니다."

문지기인 경계는 초인종을 울렸다. 그 소리를 듣고 분별(分別)이라는 단정하고 아름다운 아가씨가 출입문에 나타나서 "부르셨습니까." 하고 말했다.

문지기 "이분은 '멸망의 도시'로부터 시온산으로 여행하시는데, 피곤하고 날도 저물어 하룻밤 쉬어 가게 해달라고 하셨소."

그 아가씨는 그가 어디서 온 사람이며 어디로 가느냐고 물었으므로 그는 대답했다. 또 어떻게 이 길로 들어왔느냐고 물었으므로 그는 대답했다. 다시 도중에서 본 일과 당한 일을 묻기에 그는 얘기했다. 마지막으로 아가씨는 그의 이름을 물었다.

크리스천 "크리스천이라고 하오. 이곳은 언덕의 '주인'이 순례자의 휴양과 안전을 위해 세우셨다고 들었기 때문에 하룻밤 쉬고 싶다는 생각이 더해졌소."

아가씨는 방긋 웃었지만 눈에는 눈물이 글썽였다. 아가씨는 사이를 두었다가 말했다.

분별 "가족을 시켜 사람을 불러오겠습니다."

---

1) 하나님께 버림받은 사람. 2) 〈창세기〉 9 : 27. 3) 〈로마서〉 7 : 24.

▲1692년 제13판의 삽화

'곤난'이 뒤에, '공포'가 앞에 있다. 언덕 위에 도착했지만 사자가 부르짖었다. 크리스천은 오래 평안히 지내지 못한다. 어려움 하나가 지나면 또 하나 닥친다.

아가씨는 출입문에 달려가서 신중(愼重), 경건(敬虔), 자애(慈愛)를 불러냈다. 그 세 사람은 그와 얘기를 더 나눈 후 가족에게 소개했다. 많은 가족들이 문간까지 마중을 나왔다.

가족들 "들어오세요. 주님께 복을 받은 분이여[1]. 이 집은 언덕의 '주인'이 당신 같은 순례자를 대접하려고 세우신 것이오."

그는 고개 숙여 인사하고 그들을 따라 집으로 들어갔다. 그가 앉자 그들은 음료를 내주었다. 저녁식사가 준비될 때까지 가족 중의 한 사람이 시간을 잘 이용하기 위해 크리스천과 얘기하기로 의견이 일치되었다. 경건과 신중과 자애를 크리스천의 얘기 상대로 임명했다.

경건 "크리스천 씨, 우리가 당신과 친구가 되고 오늘 밤 저희 집에서 쉬시게 되셨으니까, 순례하시는 도중에 겪으신 모든 일을 들려주시겠습니까? 우리에게도 유익하겠습니다."

크리스천 "좋소. 호의로 대해주시니 기쁘오."

경건 "처음에 순례의 한평생을 보내도록 당신을 움직인 것이 무엇입니까?"

크리스천 "내 귀에 들린 무서운 소리 때문에 고국에서 쫓겨났소. 내가 그 도시에 거주한다면 피할 수 없는 멸망이 닥쳐온다는 말이었소."

경건 "고향을 떠나시게 된 것은 어떤 이유입니까?"

크리스천 "하나님의 뜻이오. 멸망의 공포로 떨고 있을 때 나는 어디로 가야 좋을지 알 수 없었소. 바로 그 때 전도자라는 분이 오셔서 그 좁은 문으로 가라고 하셨소. 그래서 길을 떠나게 되었고, 그것이 바로 이 댁으로 통하는 길이었소."

경건 "설명자의 집에는 가지 않으셨나요?"

크리스천 "갔었소. 한평생 잊을 수 없는 것을 보았소. 특히 셋을. 즉 그리스도께서 사탄의 방해가 있음에도 불구하시고 마음의 은혜의 역사를 유지하신다는 것, 성령을 욕되게 한 죄를 범한 사람은 하나님의 자비를 받을 소망이 전혀 없다는 것, 그리고 꿈속에서 심판의 날이 왔다고 생각한 사람이오."

---

1) 〈창세기〉 24 : 31.

경건 "그 사람의 꿈 얘기를 들으셨습니까?"

크리스천 "예, 무서운 얘기였소. 그 얘기를 듣고 있노라니 내 가슴이 아픔을 느꼈소. 그러나 듣기를 잘했다고 생각했소."

경건 "설명자의 집에서 보신 것은 그것뿐이었습니까?"

크리스천 "아니오. 그분은 나를 데려다가 굉장한 궁전과 거기에 있는 사람들이 금옷을 입고 있는 모습을 보여주셨소. 그곳으로 용감한 남자가 와서 문을 지키는 무장한 사람들 속으로 돌파하는 장면과, 그 남자가 초대되어 영원한 영광을 받는 장면을 봤소. 그 광경들에 나는 정신을 빼앗겼소. 갈길을 생각지 않았다면 그 댁에 1년이라도 머물렀을 거요."

경건 "그밖에 도중에서 무엇을 보셨습니까?"

크리스천 "좀더 앞으로 가니 피를 흘리면서 나무에 매달려 있는 사람을 봤다고 생각했소. 그 사람을 본 것만으로 내 짐이 등에서 떨어졌소(나는 매우 무거운 짐을 지고 신음하고 있었소). 내가 쳐다보며 서 있을 때 '빛나는 자' 셋이 내게로 오셨소. 한 분은 내 죄가 사해졌다는 증거를 보였소. 또 한 분은 내 누더기를 벗기고 보시다시피 자수를 한 이 겉옷을 주셨소. 셋째 분은 내 이마에 이 인을 치고 인봉한 이 두루마리를 주셨소."

(그는 그것을 품에서 꺼냈다.)

경건 "그밖에도 여러 가지를 보셨겠지요?"

크리스천 "말씀 드린 것은 그 중의 좋은 것이오. 그밖에도 또 있소. 즉 천박, 나태, 자만이라는 세 남자가 족쇄를 차고 길을 조금 벗어난 곳에서 잠들어 있었소. 내가 그들을 깨울 수 있었다고 생각하오? 또 형식주의와 위선이 벽을 넘어서 굴러 들어오는 것을 나는 봤소. 말은 시온산으로 간다고 했지만 곧 떨어져 나갔소. 나는 그것을 지적했지만 믿으려고 하지 않았소. 무엇보다 이 언덕을 오르는 일이 어려웠고 사자 옆을 통과하는 일도 이에 못지않게 어려웠소. 사실 이 댁 대문에서 계신 문지기분이 친절하게 가르쳐 주시지 않았다면 되돌아갔을는지도 모르오. 지금 이곳에 있음을 하나님께 감사하고, 나를 맞아 주신 여러분께 감사하오."

이 때 신중은 질문을 하는 것이 좋겠다고 생각했다.

신중 "떠나신 고향이 가끔 생각나시겠지요?"

크리스천 "예, 생각나는 것과 함께 심한 수치와 혐오를 느끼오. '사실 내가 나온 바 고향을 생각했다면 돌아갈 기회가 있었겠지만, 내가 이제는 더 나은 고향을 사모하는데 곧 하늘에 있는 것[1]'이기 때문에."

신중 "그때 좋아하시던 것을 가지고 오신 것은 없습니까?"

크리스천 "있소. 그것이 마음에 걸리오. 더욱이 현세적인 생각인데 나뿐 아니라 온 나라 사람들이 다 좋아했소. 그러나 지금은 이것이 나의 근심이오. 내 마음대로 할 수 있다면 다시는 그런 것을 생각하지 말았으면 하오. 공교롭게 선한 일을 하려고 할 때에 악한 일이 따라오는 거요[2]."

신중 "때로는 이전에 당신을 괴롭히던 것이 극복되었다고 생각지 않으십니까?"

크리스천 "생각하오만 드무오. 그런 때가 가장 행복하오."

신중 "때때로 당신을 괴롭히는 것이 어떤 방법으로 극복되었다고 생각하시는지 기억하십니까?"

크리스천 "예, 십자가가 있는 곳에서 무엇을 봤는가를 생각할 때에 그것이 그 작용을 하오. 또 자수를 한 겉옷을 볼 때 역시 그렇소. 품속에 있는 두루마리의 내용을 볼 때 역시 그렇소. 그리고 내 생각이 목적하는 곳에 대해서 뜨거워질 때도 그것이 그 작용을 하오."

신중 "대체 무엇이 시온산으로 가고 싶다는 생각을 품게 합니까?"

크리스천 "나는 사후에 그곳에서 십자가에 달려 계시던 사람이 살아 계신 것을 보고 싶소. 그곳에서 오늘까지 나의 고민이었던 모든 것에서 벗어나고 싶소. 그곳에는 죽음이 없다고 하오. 그곳에서 내가 가장 좋아하는 친구들과 함께 살 것이오[3]. 나는 그분을 사모하오. 그분이 내 무거운 짐을 벗겨 주셨고 나는 마음의 병 때문에 피곤하니까. 나는 죽음이 없는 곳에서 '거룩하다, 거룩하다, 거룩하다.'고 끊임없이 외치는 친구들과 함께 있고 싶다는 생각이 그렇게 만드오."

이 때 자애가 크리스천에게 말했다.

---

1) 〈히브리서〉 11 : 15,16. 2) 〈로마서〉 7 : 16~21. 3) 〈이사야〉 28 : 8, 〈요한계시록〉 21 : 4.

자애 "가족이 있습니까? 당신은 결혼하신 분이십니까?"

크리스천 "아내와 아들 넷이 있소."

자애 "어째서 그분들을 데려오지 않으셨습니까?"

크리스천 (울면서) "아아, 얼마나 그렇게 하고 싶었는지 모르오. 그러나 가족은 내가 순례길을 떠나는 것을 모두 반대했소."

자애 "하지만 그곳에 남아 있는 위험을 일러주셔야 했겠지요?"

크리스천 "그렇게 했소. 하나님께서 우리 도시의 멸망에 대해서 내게 보이신 일을 말해 주었소. '그러나 내 말을 농담으로 여겼소[1].'"

자애 "그들이 당신의 권고를 듣는 은혜를 주시도록 하나님께 기도드리셨습니까?"

크리스천 "예, 간절한 마음으로 기도했소. 아무래도 아내와 가련한 아이들은 매우 귀여우니까요."

자애 "당신의 슬픔과 멸망에 대한 공포를 말씀하셨습니까? 당신에게는 멸망이 매우 똑똑히 보였으리라고 생각되기 때문에 말씀 드립니다만."

크리스천 "예, 수없이 되풀이해서 말했소. 내 공포는 얼굴에서도 눈물에서도, 우리 머리 위에 임박한 심판을 염려해서 부들부들 떠는 것에서도 깨달았으리라고 생각되오. 그러나 함께 떠나도록 설득할 힘이 없었소."

자애 "그러나 가족을 데려오려고 설득하신 당신의 말이 당신의 성실하지 못한 생활 때문에 무력했던 것은 아닙니까?"

크리스천 "나의 생활은 칭찬할 수 없는 것이오. 나는 내 생활 중에 범한 수많은 과오를 알고 있소. 남에게 유익하도록 토론이나 설득으로 그 마음을 붙잡으려고 애써도 행실 여하에 따라 뒤집혀진다는 것도 알고 있소. 그러나 이것만은 말할 수 있소. 나는 보기 흉한 행동을 해서, 그들이 순례길에 오르는 데 반대할 이유를 주지 않도록 매우 주의했소. 그 일에 있어서 나는 오히려 너무 엄격했소. 그들이 별로 나쁜 일이라고 생각지 않는 일조차도 그들을 위해서는 나에게 허용치 않았소. 그들이 방해받는 것이 내게 있었다면 그것은 내가 너무 세밀

1) 〈창세기〉 19 : 14.

하게 하나님에게 죄를 범하지 않는가, 이웃에게 부정을 행하지 않는가 하고 마음을 쓴 때문이라오."

자애 "그렇군요. 카인이 그 동생을 미워한 것도 '자기의 행위는 악하고, 그 아우의 행위는 의로운[1]' 때문이었지요. 부인과 자제분들이 그런 일로 당신을 반대하셨다면 그분들은 선을 용납하지 않는 사람인 것을, 또 '당신은 그들의 피에서 당신의 영혼을 구원하신 것[2]'입니다."

나는 꿈속에서 저녁식사가 준비되기까지 그들이 얘기를 나누면서 앉아 있는 것을 봤다. 준비가 되자 그들은 식사하려고 자리에 앉았다. 그 식탁은 '기름진 것과 오래 저장하였던 포도주[3]'로 차려져 있었고, 식탁에서의 얘기는 모두 언덕 '주인'에 대한 것이었다. 예를 들면 그분이 하신 일, 왜 그런 일을 행하셨는가 하는 것, 왜 이 집을 세우셨느냐 하는 일 등이다. 그들의 말로는 이 '주인'은 위대한 용사이며 '사망의 세력을 잡은 자'와 싸워서 없앴는데, 그 몸도 큰 위해를 입으셨다는 사실을 알았다. 그래서 크리스천은 그분을 더욱 사모하게 되었다[4].

크리스천 "사람들도 그렇게 말하고 나도 그렇게 믿소만, 그분은 많은 피를 흘리면서 그 일을 하셨소. 그분이 하신 모든 일에 은혜의 영광을 더하는 것은 그분이 그 나라에 대한 순수한 사랑에서 그것을 하셨다는 점이오. 이 집의 어떤 사람들은 그분이 십자가 위에서 돌아가신 후에 만나 뵙고 말씀을 나누었소. 그 사람들은 그분의 입에서 듣고 그분이 가난한 순례자들을 매우 사랑하시는데, 천하에 비할 것이 없을 정도로 놀라운 분이라고 증언했소. 그 사람들은 그분이 불쌍한 사람들을 위해 이런 일을 하시려고 스스로 영광을 벗어 버리신 일, 그분이 '혼자 시온산에 거하려 하지 않는다.'고 말씀하시고, 또 그것을 확인하신 것을 들었소. 더구나 그분이 수많은 순례자들의 출신이 가난한 자여도 거름 무더기에도 그들을 왕으로 삼으셨다고 그들은 말했소[5]."

1) 〈요한1서〉 3 : 12. 2) 〈에스겔〉 3 : 19. 3) 〈이사야〉 25 : 6. 4) 〈히브리서〉 2 : 14, 15.
5) 〈사무엘상〉 2 : 8, 〈시편〉 113 : 7.

밤늦게까지 그들은 얘기를 나누었다. 그후에 그 몸을 그 '주인'의 보호하심에 맡기고 잠자리에 들었다. 순례자는 2층 큰 방에서 쉬었는데 그 창문은 해뜨는 쪽으로 열려 있었다. 방의 이름은 '평화'였다. 그는 새벽까지 잠을 잤고 눈을 뜨자 노래했다.

여기가 어디냐. 이것은 사람—순례자를
불쌍히 여기시는 예수의 사랑과 보호인가.
이렇게 접대하시는 중 나까지 용서를 받다니
또 이미 하늘의 이웃에 유숙하다니.

아침이 되자 그들은 모두 일어났다. 다시 잠깐 얘기를 나눈 후, 그들은 이곳에 있는 진기한 물건들을 보고 나서 출발해야 한다고 했다. 먼저 서재로 데리고 가서 그에게 매우 오랜 옛 기록을 보였다. 내가 꿈속에서 기억한 바에 따르면 먼저 언덕 '주인'의 족보를 보였다. 즉 '주인'은 '예로부터 항상 계신 이[1]'의 아들이신데 영원부터 계신 이였다. 이곳에는 그분이 하신 일과 소명을 받은 수백 명의 이름과, 오랜 세월도, 자연의 후폐(朽廢)에도 파괴되지 않는 집에 그들을 거주케 한 경위가 상세히 기록되어 있었다. 그들은 주인의 종들 중 어떤 이가 한 훌륭한 행위를 약간 읽어 주었다. 예를 들면 그들이 '나라들을 이기기도 하며, 의를 행하기도 하며, 약속을 받기도 하며, 사자들의 입을 막기도 하며, 불의 세력을 멸하기도 하며, 칼날을 피하기도 하며, 연약한 가운데서 강하게 되기도 하며, 전쟁에 용맹되어서 이방 사람들의 진을 물리치기도 했다.'는 일이었다[2].

그리고 이 집 기록의 다른 부분을 읽어 주었는데 그들의 '주인'은 설혹 그의 몸과 행위에 대해서 과거에 심한 모욕을 가한 사람조차 쾌히 맞이하셔서 은총을 내리신다는 것이다. 또 이곳에는 수많은 유명한 역사가 있는데, 크리스천은 그 모두를 봤다. 고금의 사적, 적에게는 공포가 되고 경악이 되며 순례자에게는 도움이 되고 또 위로가 되며, 확실히 성취될 일에 대한 예언과 잠언 등이었다.

1) 하나님, 〈다니엘〉 7 : 9. 2) 〈히브리서〉 11 : 33, 34.

이튿날 그들은 그를 데리고 무기고로 갔다. 거기서 '주인'이 순례자를 위해 준비하신 여러 무기를 보였다. 검, 방패, 투구, 흉배, '모든 기도' 및 닳지 않는 신 등이다[1]. 그 무기는 하늘의 별처럼 많은 '주인'을 섬기는 무리를 무장시키기에 충분하리만큼 있었다.

그들은 주인의 종 가운데서 어떤 사람이 놀라운 일을 한 그 무기를 보였다. 모세의 지팡이, 야엘이 시스다를 쳐 죽인 말뚝과 방망이[2], 기드온이 미디안의 군대를 패주시킨 때의 나팔과 빈 항아리와 횃불이 보였다[3]. 삼갈이 600명을 죽인 소 모는 막대기를 보였다[4]. 삼손이 큰 공을 세운 나귀의 턱뼈를 보였다[5]. 그리고 다윗이 블레셋 사람 골리앗을 죽인 물매와 돌을 보였다[6]. 또 '주인'이 위로 올라가실 때에 사로잡힌 자인 '불법의 사람[7]'을 처형할 칼도 보였다. 그밖에도 크리스천이 매우 기뻐한 좋은 물건을 많이 보여주었다. 그후 그들은 또다시 잠자리에 들었다.

나는 꿈속에서 이튿날 아침 그가 길을 떠나기 위해 일어나는 것을 봤다. 그러나 그들은 다음날까지 머무르기를 바랐다. "그렇게 하면," 하고 그들은 얘기했다. "날씨가 좋으면 환락산을 보여드리겠습니다. 그것은 현재 당신이 계시는 이곳보다 목적지인 항구에 가깝기 때문에 당신의 위로가 한층 더할 것입니다." 그래서 그는 승낙하고 머무르기로 했다.

아침이 되자 그들은 그를 데리고 집 꼭대기로 가서 남쪽을 보라고 했다. 그가 그쪽을 보니 아득한 저쪽 숲에는 포도원과 여러 가지 과일과 꽃과 샘과 수원으로 아름답게 꾸며진 산천이 보였다[8]. 그는 그 나라의 이름을 물었다. 그들은 '임마누엘국[9]'이라고 했다. 그들의 말에 따르면 그 나라는 모든 순례자에게 또한 순례자에 의해서 이 언덕과 똑같이 잘 알려져 있었다. 그리고 "그곳으로 간다면" 하고 그들은 얘기했다. "하늘의 도성의 문이 보일 겁니다. 그곳에 살고 있는 목자들이 가르쳐 줄 터이니까."

---

1) 〈에베소서〉 6 : 14~18.　2) 〈사사기〉 4 : 21.　3) 〈사사기〉 7 : 16~23.　4) 〈사사기〉 3 : 31.
5) 〈사사기〉 15 : 15.　6) 〈사무엘상〉 17 : 49.　7) 〈데살로니가후서〉 2 : 3,4.　8) 〈이사야〉 33 : 16,17
9) 〈마태복음〉 1 : 23.

그는 이제 떠나야 되겠다고 생각했고 그들도 그의 출발에 동의했다. 그러나 "우선" 하고 그들이 말을 이었다. "다시 한 번 무기고로 가십시다." 그가 그곳으로 가니 그들은 머리부터 발까지 견고한 갑옷으로 그를 무장시켰다. 도중에 습격을 당할는지도 모른다고 해서. 그는 무장을 하고 친구와 함께 문으로 갔다.

크리스천 (문지기에게) "누군가 순례자가 지나가지 않았습니까?"

문지기 "예, 봤습니다."

크리스천 "그 사람을 아십니까?"

문지기 "이름을 물으니 성실(誠實)이라고 대답하더군요."

크리스천 "아아, 알고 있습니다. 그분은 내가 살던 도시의 시민인데 아주 가까운 이웃입니다. 내가 태어난 곳에서 왔습니다. 얼마나 앞섰을까요?"

문지기 "지금쯤 언덕 기슭에 도착했을 겁니다."

크리스천 "문지기 씨, '주인'과 함께 계셔서 내게 베푸신 친절에 대해 많은 축복이 내리시기를."

그는 출발했다. 분별, 경건, 자애, 그리고 신중은 언덕의 기슭까지 전송하자고 했다. 그들은 함께 갔다. 언덕의 내리막길에 도착할 때까지 전에 하던 얘기를 되풀이하면서.

크리스천 "오르막길도 어려웠지만 내리막길도 위험해 보이는군요."

신중 "예, 그렇습니다. 사람이 '겸손의 골짜기'로 내려가면서 도중에 실족하지 않는다는 것은 어려운 일입니다. 그래서 우리는 당신을 모시고 언덕을 내려가기로 했습니다."

꿈속에서 나는 이 친절한 동반자들이 크리스천이 언덕 기슭에 도착했을 때 떡과 포도주와 건포도를 선물하는 것을 봤다[1]. 그는 출발했다.

그러나 '겸손의 골짜기'에서 불쌍한 크리스천은 심한 괴로움을 당하고 있었다. 얼마 가지 못해서 그는 징그러운 마귀가 들을 지나 다가오는 것을 발견했다. 그놈의 이름은 아바돈이었다[2]. 크리스천은 두려워서 돌아갈까, 머물러 있을까 하고 생각했다.

1) 〈사무엘하〉 16 : 1. 2) 〈요한계시록〉 9 : 11.

▲1692년 제 13판의 삽화

크리스천이, 흡족한 세월을 순간에 지내고, 모든 위로를 받고, 전송을 받을 때, 온몸을 북방의 강철로 무장했다.

등에는 갑옷을 입지 않았다. 상대에게 등을 보이면 창으로 쉽게 찌르기에 한층 더 편의를 주게 될는지도 모른다. 과감하게 머물러 있기로 하자. 지금 내 생명을 보전하는 것이 최고의 목적이니 머물러 있는 것이 상책일 거야.

그는 전진하고 아바돈은 다가왔다. 이 괴물은 볼수록 추악한 놈이었다. 물고기 같은 비늘이 몸에 돋았고(이것이 그놈의 자랑이었다), 용과 같은 날개와 곰과 같은 발이 있고, 배에서 불과 연기를 내뿜었으며 입은 사자의 입 같았다. 크리스천 앞에 오자 경멸하는 얼굴로 노려보고 질문을 시작했다.

아바돈 "어디서 왔어? 어디로 가느냐?"

크리스천 "모든 악의 장소인 '멸망의 도시'에서 온 사람인데 시온산으로 가는 길이오."

아바돈 "그러니까 너는 내 신하 중 하나임을 알겠다. 그 일대의 나라는 내 것이고 나는 그 왕이며, 하나님이기 때문이다. 네 왕한테서 도망쳤다니 대체 어찌된 영문이냐? 좀더 일을 시킬 생각이 아니면 일격에 쓰러뜨리겠다."

크리스천 "나는 과연 당신의 땅에 태어났지만 당신을 섬기기 어렵고 그 봉급으로는 살 수 없소. '죄의 삯은 사망'이기 때문이오[1]. 나도 나이를 먹었기 때문에 분별있는 다른 사람들이 하는 짓처럼 내 처지를 고칠 수 없을까 하고 정신을 차렸소."

아바돈 "그렇게 만만하게 신하를 잃은 왕은 없다. 나도 너를 잃기는 싫다. 벼슬과 봉급이 불평이라면 안심하고 돌아가자. 내 나라의 힘에 미치는 것이라면 무엇이든 주기로 약속한다."

크리스천 "하지만 나는 다른 분에게 몸을 바쳤소. 왕 중 왕이오. 다시 당신에게 돌아간다면 양심에 가책을 받을 거요."

아바돈 "그렇게 한 것은 '더 악한 것으로 악과 바꾸었다.'는 속담대로 한 거야. 그를 섬긴다고 한 놈이 몇 날이 못 되어 그를 속이고 다시 나한테 돌아오는 것이 보통이다. 너도 그렇게 해. 그러면 만사

---

1) 〈로마서〉 6 : 23.

가 잘될 거야."

크리스천 "나는 서약했소. 충성을 맹세했소. 이제 되돌아가면 배반자로 교수형을 당할 거요."

아바돈 "내게도 똑같은 짓을 했다. 하지만 마음을 고쳐 먹고 다시 돌아온다면 모든 허물을 용서하겠다."

크리스천 "당신에게 약속한 것은 어릴 때의 일이오. 그리고 지금 내가 따르는 왕은 죄를 용서해 주시오. 당신을 따르던 죄도 용서해 주실 수 있다고 생각하오. 더구나 파괴의 왕 아바돈, 나는 그 봉사, 그 봉급, 그 종들, 지배, 친구, 국토를 당신의 것보다 좋아하오. 그러니까 나를 설복할 생각을 마오. 나는 그분의 신하이니 그분을 따르겠소."

아바돈 "네가 가는 길에서 어떤 꼴을 당할는지 마음이 냉철한 때에 다시 잘 생각해 봐. 너도 알겠지만 그의 신하들은 대부분 끝이 나쁘다. 그것은 내게 대해, 또 내 방법을 위반하기 때문이다. 그 중에 얼마나 많은 사람이 부끄러운 죽음을 당했는가. 그리고 너는 그를 섬기는 편이 나를 섬기는 것보다 낫다고 생각하지만, 그는 자신의 처소에서 나와 그를 섬기는 사람을 구한 예가 없다. 그러나 나는 세상이 다 아는 대로 힘 아니면 속임수로 나를 충실히 섬기는 사람이 그들에게 붙잡혀 있다고 해도 구해 준 일이 몇 번인지 모른다. 그렇게 너도 구해 주겠다."

크리스천 "그분이 현재 그 사람들을 구하지 않으시는 것은, 그들의 사랑을 그들이 끝까지 그에게 붙어 있는가를 시험하기 위해서요. 보기 흉한 죽음을 했다지만, 그것이야말로 가장 영광으로 여기는 바요. 그들은 현재의 구원을 그리 기대하지 않소. 그들은 영광을 기다리며 그들의 '왕'이 그의 천사들과 함께 영광중에 오실 때에 구원을 받기 때문이오."

아바돈 "너는 지금까지만 해도 그에 대한 봉사에 불충실했다. 어떻게 그에게서 봉급받을 생각을 하느냐?"

크리스천 "아바돈, 어떤 점에서 내가 그분에게 충실치 못했소?"

아바돈 "첫출발에 절망의 연못에서 거의 숨이 끊어졌을 때에 힘을 잃었다. '왕'이 벗겨 줄 때까지 기다려야 했는데, 너는 짐을 벗으려고 잘못된 길로 갔다. 죄 많은 잠을 탐하다가 소중한 것을 잃었다. 사자를 보고 되돌아갈 생각을 했다. 그리고 여행중에 당한 일과 보고 들은 것을 말할 때 네 언행 모두가 내심으로 천박한 허영을 구했다."

크리스천 "모두 옳소. 그밖에도 빠진 것이 많소. 그러나 내가 섬기고 경외하는 왕은 매우 자비하셔서 쾌히 용서하시는 거요. 그리고 그런 약점은 당신의 나라에서 내게 달라붙은 거요. 나는 그것들 밑에서 신음했소. 그것들을 슬퍼했소. 그래서 '왕'의 용서를 받았소."

아바돈 (흉악하게 노해서) "나는 그 '왕'의 원수다. 그의 품격과 율법과 백성을 미워한다. 나는 일부러 너를 방해하려고 왔다."

크리스천 "아바돈, 조심하는 게 좋을걸. 나는 '왕'의 보호 밑에 있는 하늘 길, 거룩한 길에 있다. 그러니 주의해."

아바돈 (넓은 길을 막고 나서며) "그런 일에는 공포를 전혀 모르는 나다. 죽음을 각오해라. 지옥을 두고 맹세한다. 이제는 한걸음도 못 간다. 여기서 네 영혼을 죽이겠다."

그놈은 불붙은 창을 그의 가슴에 던졌다. 그러나 크리스천은 손에 들고 있던 방패로 막아 위험을 면했다.

크리스천은 검을 빼들었다. 드디어 분기할 때가 왔다고 생각했다. 아바돈은 지체없이 돌진해 왔다, 창을 우박처럼 던지면서. 크리스천이 힘을 다해서 막았지만 아바돈은 창으로 머리와 손과 발에 상처를 입혔다. 크리스천은 약간 흔들렸다. 아바돈은 힘껏 계속 공격했다. 크리스천은 다시 용기를 내어 힘껏 남자답게 대항했다. 이 격렬한 격투는 반나절 이상이나 계속되고 마침내 크리스천은 힘을 거의 다 잃었다. 그는 상처 때문에 점차 약해질 수밖에 없었다.

아바돈은 기회를 잡아 크리스천에게 달려들어 붙잡고 격렬하게 내던졌다. 이와 함께 크리스천의 검이 손에서 날아갔다. 아바돈은 말했다. "이제 너는 내 것이다." 아바돈이 죽어라고 눌렀기 때문에 크리스천은 살 소망을 잃기 시작했다. 아바돈이 이 선한 사람의 숨통을 끊으려고 마지막 일격을 가하려고 할 때, 하나님의 도우심으로 크리스천은 재빠르게 손을 뻗어 검을 잡았다.

"나의 대적이여, 나로 인하여 기뻐하지 말지어다. 나는 넘어질지라도 일어날 것이다[1]."라고 하면서. 그 검으로 내지르자 아바돈은 치명상을 입은 것처럼 비틀거렸다. 크리스천은 또다시 공격했다. "이 모든 일에 우리를 사랑하시는 이로 말미암아 우리가 넉넉히 이기느니라[2]."라고 하면서. 이와 함께 아바돈은 용의 날개를 펴서 도망쳤는데, 크리스천은 얼마 동안 그놈을 보지 못했다[3].

이 격투에서 아바돈이 투쟁하는 동안 어찌나 떠들고 무섭게 부르짖었는지—그는 용처럼 말했다—또 한편 크리스천의 가슴속에서 어떤 한숨과 신음소리가 넘쳐 나왔는지, 나처럼 보고 들은 사람이 아니면 아무도 상상할 수 없다. 그가 양쪽에 날이 선 그의 검으로 아바돈을 부상시킨 사실을 알아차리기까지는 유쾌한 얼굴을 하지 않았다. 이 때는 빙그레 웃었다. 그러나 그들의 싸움은 내가 처음 보는 무서운 광경이었다.

싸움이 끝났을 때 크리스천은 말했다. 나를 사자의 입에서 건지신 분, 또 아바돈과의 싸움에 나를 도와주신 분에게 감사를 드리자고.

이 귀신의 왕인 바알세불,
도모했다, 나의 몰락을. 이 때문에
무장시켜서 그를 파견했다. 지옥처럼
분노해서 격렬하게 습격했지만,
미카엘의 고마운 도움도 있어서
나도 검으로 그를 쫓아 버렸다.
왕의 왕에게 영원한 찬송을 드리리.
거룩한 이름에 감사를 드리고 경배를 드리리.

이 때 생명 나뭇잎을 약간 든 손이 그에게 나타났으므로, 크리스천이 그것을 취하여 전투중에 입은 상처에 대니 금세 나았다[4]. 그는 그곳에 앉아서 조금 전에 받은 떡을 먹고 병의 포도주를 마셨다. 기운을 회복하자 그는 뺀 검을 손에 든 채 길떠날 준비를 했다. 다른 적이 부근에 있을는지도 모른다고 생각했기 때문이다. 그러나 이 골짜기를

1) 〈미가〉 7 : 8. 2) 〈로마서〉 8 : 37. 3) 〈야고보서〉 4 : 7. 4) 〈요한계시록〉 22 : 2.

통과하는 동안에 그는 아바돈과 마주치지 않았다.

이 골짜기 끝에 또 한 골짜기가 있는데, '죽음의 그늘 골짜기'라고 하며, 크리스천은 아무래도 그곳을 가야만 했다. 그것은 '하늘의 도성'으로 가는 길이 그 한가운데를 통했기 때문이다. 이 골짜기는 매우 쓸쓸한 계곡이었다. 예언자 예레미야는 이렇게 말했다. "광야, 곧 사막과 구덩이 땅, 건조하고 사망의 음침한 땅,(크리스천이라는 사람 외에는) 사람이 다니지 아니하고 거주하지 않는 땅[1]."

여기서 크리스천은 아바돈과 싸우던 때보다 더 험악한 위험에 부딪혔다. 그 경위는 다음의 진술로 알게 될 것이다.

나는 꿈속에서 크리스천이 '죽음의 그늘 골짜기'의 접경에 도착하자 두 남자가 급히 돌아오는 것을 봤다. 그들은 좋은 나라를 나쁘게 선전한 사람들[2]의 자손이었다. 크리스천은 그들에게 말했다.

크리스천 "어디로 가시오?"

남자들 "돌아가요! 돌아가요! 생명과 평화를 소중히 여기거든 당신도 그렇게 하는 것이 좋을 거요."

크리스천 "대체 무슨 일이오?"

남자들 "무슨 일이라니! 우리는 당신이 가시는 길을 갈 수 있는 데까지 갔소. 사실 거의 돌아올 가망이 없는 데까지 갔소. 더 앞으로 갔다면 이렇게 사정을 전할 수도 없었을 거요."

크리스천 "어떤 일을 만나셨소?"

남자들 "우리는 거의 '죽음의 그늘 골짜기'로 들어갔소. 그러나 운이 좋게 앞을 봤소. 그리고 위험을 봤소[3]."

크리스천 "무엇을 보셨소?"

남자들 "뭐냐고요? 그 골짜기요. 그곳은 역청(瀝靑)처럼 캄캄했소. 그 구덩이 속에 괴물과 반인반수(半人半獸)와 용을 봤소. 또한 가책과 족쇄에 묶여서 앉아 있는, 말로 할 수 없는 불행한 사람들의 소리같이 부르짖고 외치는 소리가 들렸소. '죽음'도 언제나 그 위에 날개를 펴고 있었소. 한 마디로 모든 점에서 무서웠소. 아예 질서라는 것은 없으니까요[4]."

---

1) 〈예레미야〉 2 : 6. 2) 〈민수기〉 13 : 30~33. 3) 〈시편〉 44 : 19, 107 : 10. 4) 〈욥기〉 3 : 5, 10 : 22.

크리스천 "당신들의 말을 들었어도 이것이 목적하는 항구로 가는 길이 아니라고 나는 생각할 수 없소."

남자들 "그것을 당신 마음대로 길로 삼으시오. 우리의 길로 택하기는 싫소."

그들은 헤어지고 크리스천은 자기의 길을 갔다. 이 때에도 습격을 받지 않을까 생각하고 그는 손에 검을 빼들고 있었다.

꿈속에서 나는 이 골짜기 끝까지 오른쪽에 매우 깊은 도랑이 있는 것을 봤다. 그 도랑은 모든 시대에 소경이 소경을 인도하다가 둘 다 불쌍하게도 망한 곳이다[2]. 왼쪽에는 매우 위험한 늪이 있고 선인조차도 빠지면 발판이 될 바닥을 발견할 수 없다. 이 늪에 다윗왕도 빠진 일이 있는데, 전능하신 '그분'이 끌어내지 않으셨다면 틀림없이 거기서 질식했을 것이다.

길은 이곳에서 매우 좁았다. 선량한 크리스천은 더욱 애를 먹었다. 어둠 속에서 도랑을 피하려 하면 늪에 굴러 떨어지게 된다. 그는 괴로운 듯이 한숨을 지었다. 위에 말한 위험 외에, 길이 몹시 어두워서 내디디려고 들었던 발을 그 다음에는 어디에다 디뎌야 좋을지 알 수 없었다.

이 골짜기 한 중간에 지옥 입구가 있는 것을 나는 알아봤다. 그것은 길에 접근한 곳에 있었다. 크리스천은 생각했다.

나는 어떻게 하면 좋을까?

때때로 불길과 연기가 심하게 뿜어 나오고, 이와 함께 불꽃과 무서운 소리(이전의 아바돈과 같이 크리스천의 검을 개의치 않는 것)가 나왔기 때문에 검을 거두고 '모든 기도'라는 무기를 썼다[3]. 그는 나에게도 들리는 큰 소리로 외쳤다.

"오, 주여. 주께 구하노니 내 영혼을 건지소서[4]."

그는 무척 오랫동안 전진했지만 불길이 계속 그에게 닿을 듯했다. 또 슬픈 소리와 우왕좌왕하는 소리를 듣고, 때로는 자기 몸이 갈가리

1) 〈예레미야〉 2 : 6. 2) 〈시편〉 69 : 14,15, 〈누가복음〉 6 : 39. 3) 〈에베소서〉 6 : 18. 4) 〈시편〉 116 : 4.

▲1692년 제 13판의 삽화

아아, 네가 있는 곳은 어디냐. 낮도 밤과 같이 어둡구나. 선한 사람아, 낙심하지 말라. 오히려 너는 바르게 서 있다.
하늘로 가는 네 길은 지옥 곁을 지난다. 마음을 가다듬어라, 참아라, 너는 행복하게 되리라.

찢기는가 하고 생각하고, 때로는 길의 진창처럼 짓밟히는가 하고 생각했다. 이 무서운 광경과 무시무시한 소리는 수마일에 걸쳐서 보였고 들렸다. 어떤 곳에 오니 귀신의 무리가 다가오는 소리가 들리는 것 같아서 발걸음을 멈추고 어떻게 하는 것이 가장 좋을까 하고 생각하기 시작했다. 때로는 돌아갈까 하는 생각도 약간 들었다. 반대로 이 골짜기를 절반은 통과했을는지도 모른다고 생각하며 이미 많은 위험을 정복한 일, 또 돌아가는 위험은 전진하는 것보다 훨씬 많을는지도 모른다고 생각했다.

그래서 그는 전진하기로 결심했다. 그러나 귀신들은 점차 접근하는 것으로 생각되었다. 거의 육박했을 때 그는 맹렬한 소리로 외쳤다. "나는 주인이신 하나님의 능력으로 걸어가리라[1]."라고. 그랬더니 그들은 물러가고 다시는 오지 않았다.

한 가지 빠뜨려서는 안 될 일이 있다. 나는 크리스천이 불쌍하게도 완전히 마음이 낭패되어서 자기의 목소리를 분간할 수 없게 되었음을 알았다. 그가 불붙는 구덩이를 향해 갔을 때 귀신들 중의 하나가 그의 뒤로 가만히 다가가서 속삭이는 소리로 하나님을 모독하는 격렬한 말을 했는데, 그것을 그는 자기의 마음속에서 나온 것으로 생각했다.

그는 이전에 지극히 사랑하던 분을 모독한다고 생각하니 어떤 일보다 더 괴로웠다. 그는 자기의 힘이 미치는 일이었으면 하지 않았을 것이다. 그는 귀를 막거나 어디서 하나님을 모독하는 말이 나오는가 조사하는 분별력이 없었다.

그는 괴로운 심정으로 퍽 오랫동안 길을 갔는데, 앞에 가는 사람의 목소리를 들은 듯했다.

'내가 사망의 음침한 골짜기를 다닐지라도 해를 두려워하지 않는 것은 주께서 나와 함께 하심이라[2].'고 하는 말을.

그는 기뻐했다. 그 이유는 이렇다.

첫째, 그는 이 말로 하나님을 경외하는 사람이 자기와 같이 이 골짜기에 있는 사실을 알았다.

둘째, 그 어둡고 기분 나쁜 상태에서도 하나님이 그들과 함께 계시

1) 〈시편〉 71 : 16, 영역 성서. 2) 〈시편〉 23 : 4.

는 사실을 알았다. 설혹 이곳의 장애 때문에 그것을 볼 수 없어도 계시지 않을 리가 있겠는가 하고 그는 생각했다.

셋째, 따라잡게 되면 동행이 생긴다는 희망을 품게 되었다.

그래서 그는 전진했다. 그리고 앞선 사람에게 소리쳤다. 그러나 그 사람은 뭐라고 대답해야 좋을지 알 수 없었다. 그것은 그 사람도 역시 자기 혼자라고 생각했기 때문이다. 그러는 중에 날이 밝았다. 크리스천은 말했다. "그분이 '사망의 그늘로 아침이 되게' 하셨다."고.

아침이 되었으므로 그는 돌아봤다. 돌아갈 생각에서가 아니라 날빛으로 어둠 속에서 어떤 위험을 무릅쓰고 왔는지를 보기 위해서. 그는 도랑과 늪을 빠짐없이 봤다, 이 두 곳 사이에 연속되어 있는 길이 얼마나 좁은가 하는 사실을. 그는 구덩이 속에 있는 괴물과 반인반수와 용을 봤는데 모두 먼 곳에 있었다(날이 샌 후에는 접근할 수 없다). 그래도 '어두운 가운데서 은밀한 것을 드러내시며 죽음의 그늘을 광명한 데로 나오게 하신다.'고 기록된 말씀대로 그것들이 그에게 보였다[2].

크리스천은 그 고독한 길의 위험에서 석방된 데에 매우 감동되었다. 그 위험을 전에는 더 무섭게 여겼지만, 지금은 날빛이 그것을 밝혔으므로 더 분명히 보았다. 이 때 태양이 떠올랐는데 이것도 크리스천에게는 한 은혜였다. 그것은 독자들도 짐작하겠지만, '죽음의 그늘 골짜기'의 첫 부분도 위험했지만 그가 이제부터 가려는 둘째 부분은 훨씬 더 위험했다.

그것은 이 때 서 있는 곳부터 골짜기 끝에 이르는 길은 어디에나 덫, 함정, 장애로 꽉 차 있고, 이쪽은 그물, 저쪽에는 구덩이, 함정, 깊은 구멍, 미끈미끈한 언덕길로 가득했다. 만일 그가 이 길의 첫 부분을 걸어온 때와 같이 어두움이라면 설혹 영혼 1000명이 있다고 해도 물론 멸망당할 것이다. 그러나 태양이 떠오르고 있었다. 그는 말했다. "그의 등불이 내 머리에 비추었고, 내가 그 광명에 힘입어 흑암에 행하였었다[3]."

이 빛에 싸여서 그는 골짜기 끝까지 왔다. 꿈속에서 나는 이곳에 피

1) 〈아모스〉 5 : 8.　2) 〈욥기〉 12 : 22.　3) 〈욥기〉 29 : 3.

와 뼈와 난도질당한 시체를 봤다. 일찍이 이 길을 간 순례자들이었다. 무슨 영문일까 생각하는 사이에 조금 앞에 동굴을 발견했다. 그곳에는 옛날 '법왕'과 '이교도'라는 두 거인이 살고 있었는데, 그 권력과 포학으로 잔혹하게 살해된 사람들의 뼈와 피와 시체들이었다.

그러나 이 곁을 크리스천이 별 위험 없이 통과했으므로 약간 이상하게 여겼는데, 나중에 알고 보니 이교도는 죽은 지 세월이 꽤 오래되었고, 또 한쪽은 아직 살아 있지만 늙었고, 또 그가 젊은 시절에 겪은 많고 심한 충돌 때문에 관절이 어긋나고 굳어서 지금은 그 동굴 어귀에 앉아 지나가는 순례자들을 향해 이빨을 드러내고 습격할 수가 없어서 손톱을 깨물고 있었다.

크리스천은 전진했다. 동굴 어귀에 앉아 있는 노인을 봤을 때는 어떻게 생각해야 좋을는지 알 수 없었다. 노인은 쫓아올 수는 없었지만 그에게 이렇게 말했기 때문이다. "좀더 불태움을 당하지 않으면 너희들은 낫지 않을걸." 그러나 그는 침묵을 지키고 태연한 얼굴을 보였으므로 그 곁을 지나도 아무 해를 입지 않았다. 그러자 크리스천은 노래했다.

아, 참으로 이상하다(이렇게 말할 수밖에 없다),
여기서 당한 환난에서 내가 보호를 받다니!
환난들로부터 구원하신 아, 고마우신 그분의 손이여,
암흑의 위험, 악마와 지옥, 그리고 죄는
포위했다, 나를, 이 골짜기에 있었을 때.
그랬다. 덫, 구덩이, 함정, 그물이 내 길에 빈틈없이
가로놓여 가치 없고 미련한 이 몸은 붙잡히고
얽히고, 마침내는 쓰러뜨림을 당할 것이었는데,
예수는 영광의 면류관을 받으소서, 내가 살아 있으니.

크리스천은 더 전진해서 약간 높은 곳으로 왔는데, 그것은 순례자들이 앞을 볼 수 있도록 일부러 흙을 쌓아올린 것이었다. 크리스천은 그 위로 올라가서 앞을 바라보다가 길을 재촉하는 성실을 발견했다.

그는 소리 높여 불렀다.

크리스천 "여보세요! 여보세요! 기다려 주세요, 함께 갑시다." 그 목소리를 듣고 성실이 돌아봤다.

크리스천 "기다려 주세요. 내가 갈 때까지 기다려 주세요."

성실 "나는 목숨이 위태롭소. 나를 노리는 원수가 쫓아오고 있소."

크리스천은 약간 불쾌해져서 힘을 다해 성실을 따라잡고, 또 그를 앞질렀으므로 나중 된 자가 먼저 되었다. 크리스천은 동료보다 앞섰다고 자랑스런 웃음을 띄웠다. 그러나 걸음을 조심하지 않다가 갑자기 발이 걸려 쓰러지고, 성실이 도와주기까지 일어날 수 없었다.

나는 꿈속에서 두 사람이 매우 사이 좋게 함께 길을 가면서 그들이 순례길에서 겪은 일들을 서로 얘기하는 것을 봤다.

크리스천 "반갑습니다. 성실 씨, 당신을 따라와서 기쁩니다. 하나님이 우리의 마음을 화평케 하셔서 이렇게 즐거운 길을 동행할 수 있으니 기쁩니다."

성실 "고향에서부터 당신과 동행이 되고 싶었습니다. 당신이 먼저 떠나셨기 때문에 할 수 없이 혼자서 이곳까지 왔습니다."

크리스천 "내 뒤를 따라 순례길을 떠나실 때까지 얼마나 그 '멸망의 도시'에 계셨습니까?"

성실 "더 참을 수 없을 때까지였습니다. 그것은 당신이 출발하신 직후 우리의 도시가 하늘의 불로 소멸된다는 소문이 자자했습니다."

크리스천 "아, 당신의 이웃 사람들도 그런 말을 했습니까?"

성실 "예, 한동안은 모두의 입에 그 얘기가 오르내렸습니다."

크리스천 "그것은 뜻밖이군요. 그런데 당신밖에는 아무도 그 위험을 피하려고 나오지 않았습니까?"

성실 "소문은 자자했지만, 그들이 진심으로 그것을 믿는 것 같지는 않습니다. 한창 의논할 때에 어떤 사람이 당신의 무모한 여행(그들은 당신의 순례를 그렇게 말했습니다)을 조소하면서 말했습니다. 나는 우리 도시가 마침내는 하늘의 불과 유황으로 불탄다고 믿었고 지금도 믿습니다. 그래서 도망을 쳤습니다."

크리스천 "혹시 유연에 대해서 무슨 말을 듣지 못하셨습니까?"

성실 "들었습니다, 크리스천. 그 사람은 '낙심의 늪'에 도착하기까지 당신을 따라갔는데, 어떤 사람의 말로는 거기에 빠졌다고 합니다. 본인은 그것이 알려지는 것이 싫은 모양입니다. 그러나 그는 오물로 더럽혀져 있었습니다."

크리스천 "이웃 사람들은 뭐라고 했습니까?"

성실 "돌아온 후에, 그는 여러 사람에게 심한 조소를 당했습니다. 어떤 사람은 그를 바보라고 멸시해서 나중에는 일자리까지도 얻기 힘들었습니다. 지금은 도시를 떠나기 전보다 일곱 배나 더 괴로워합니다."

크리스천 "그 사람이 버린 길을 경멸하는 사람들이 왜 그렇게 공격할까요?"

성실 "'에잇, 나쁜 놈! 반역자다. 서약을 지키지 않는 놈이다.'라고 그들은 말했습니다. 하나님이 그 사람의 적을 선동해 그를 꾸짖게 하고, 웃음거리가 되게 하셨다고 생각합니다. 길을 버렸으니까요[1]."

크리스천 "출발하시기 전에 그 사람과 말씀을 나누신 일은 없습니까?"

성실 "거리에서 한 번 만났지만, 자기의 소행을 부끄러워하는 사람처럼 외면하고 도망치길래 말을 걸지 않았습니다."

크리스천 "출발했을 때는 나도 그 사람에게 기대를 걸었습니다. 그러나 지금은 도시의 멸망과 함께 그도 멸망할까 걱정입니다. '개가 그 토하였던 것에 돌아가고 돼지가 씻었다가 더러운 구덩이에 도로 누웠다[2].'는 속담대로 틀림없이 되었습니다."

성실 "나도 그것을 걱정하고 있습니다. 그러나 이제는 도리가 없군요."

크리스천 "그러면 성실 씨, 그 사람의 얘기는 그만하고 우리에게 관계가 있는 얘기를 합시다. 당신이 오시는 도중에 만나신 일에 관해 말씀해 주십시오. 뭔가를 만나셨겠지요? 그렇지 않다면 이상한 일이겠지요."

성실 "당신이 빠지셨다는 그 늪은 피했습니다. 그 위험 없이 문에

---

1) 〈예레미야〉 29 : 18, 19.　2) 〈베드로후서〉 2 : 22.

는 도착했지요. 그러나 음탕(淫蕩) 여인을 만나서 혼날 뻔했습니다."

크리스천 "그 여인의 그물을 피하신 일은 다행입니다. 요셉도 그 여인에게 괴로움을 당했지만 당신처럼 피했었습니다. 그러나 목숨을 잃을 뻔했습니다[1]."

성실 "그 여인이 얼마나 발라맞추는 말에 능한지 그 여인을 아는 사람이 아니면 상상도 못합니다. 모든 만족을 주겠다고 하면서 함께 곁길로 들자고 끈질기게 졸라댔습니다."

크리스천 "양심을 만족시켜 주겠다고는 하지 않았겠지요?"

성실 "맞습니다. 모든 육욕과 관능의 만족입니다."

크리스천 "그 여인을 피하셨다니 고마운 일입니다. '여호와의 노를 당한 자는 거기 빠지리라[2].'이지요."

성실 "완전히 그 여인한테서 피했는지는 알 수 없습니다."

크리스천 "그러나 그녀의 소원을 들어준 것은 아니겠지요?"

성실 "몸을 더럽히는 데까지는. 나는 옛 책에 '그 걸음은 음부(陰府)로 나아간다[3].'고 씌어 있는 것을 기억하고 있었기 때문에 눈을 감았습니다. 그 여인의 용모에 매혹되지 않기 위해서입니다[4]. 그러자 그 여인은 나를 조롱했지만 나는 내 길을 갔습니다."

크리스천 "도중에 그밖의 습격을 당하지 않으셨습니까?"

성실 "'곤란'이라는 언덕 기슭까지 왔을 때 매우 늙은 노인을 만났는데 그는 나더러 어디서 왔으며, 어디로 가느냐고 물었습니다. 내가 하늘의 도성으로 가는 순례자라고 하니 노인이 너는 정직한 남자 같다, 내가 주는 봉급으로 함께 살 생각은 없느냐고 했습니다. 내가 그 이름과 주소를 물었더니, 이름은 '첫 사람 아담[5]'이고 '기만(欺瞞)' 시에 살고 있다고 대답했습니다[6].

일이란 어떤 것인가, 주는 봉급이란 무엇인가 하고 내가 물었더니, 일이란 여러 가지 쾌락이고, 봉급은 내가 그의 상속인이 되는 것이라고 했습니다. 어떤 생활을 하는가, 어떤 사환이 있는가 하고 물었더니 그는 자기 생활이 세계 모든 진미로 영위되고 사환은 자기가 낳은

1) 〈창세기〉 39 : 11~13. 2) 〈잠언〉 22 : 14. 3) 〈잠언〉 5 : 5. 4) 〈욥기〉 31 : 1.
5) 〈고린도전서〉 15 : 45. 6) 〈에베소서〉 4 : 22.

것이라고 했습니다. 자녀가 있느냐고 내가 물었더니 '육체의 정욕', '안목의 정욕', '이생의 자랑'이라는 세 딸밖에 없지만 마음에 들면 모두와 결혼해도 좋다고 했습니다[1]. 얼마나 오래 함께 살기를 원하는가 하고 물었더니 자기가 살아 있는 한도라고 했습니다."

크리스천 "결국 그 노인과 당신의 얘기는 어떻게 결정되었습니까?"

성실 "처음에는 나도 그와 함께 가고픈 생각이 들었습니다. 꽤 솔깃한 얘기였으니까요. 그러나 얘기하는 동안에 그의 이마에 '옛 사람과 그 행위를 벗어 버리라[2].'고 씌어 있는 것을 봤습니다."

크리스천 "그래서 어떻게 하셨습니까?"

성실 "나는 이 사람이 뭐라고 하든, 어떻게 아첨을 하든 그의 집으로 가면 나를 노예로 팔 것이라는 생각이 뚜렷하게 떠올랐습니다. 그래서 나는 당신네 집으로 갈 생각은 없다고 했습니다. 그는 나를 욕하면서 네 여행이 괴롭다고 느끼게 할 사람을 뒤쫓아 보내겠다고 했습니다. 나는 그를 작별하려고 돌아봤더니, 찰나 그가 나를 꽉 붙잡고 심하게 당겼는데 몸의 한 부분이 떨어져 나가는가 했습니다. 그래서 나는 '아아, 나는 곤고한 사람이로다.'라고 외쳤습니다[3]. 나는 언덕을 올라갔습니다. 나는 절반쯤 올라갔을 때 뒤에서 바람처럼 달려오는 사람을 봤습니다. 그 사람은 저 의자가 있는 부근에서 나를 따라잡았습니다."

크리스천 "바로 그곳에 나는 쉬려고 앉았지요. 그런데 잠에 빠져서 품에서 이 두루마리를 떨어뜨렸습니다."

성실 "내 얘기를 끝까지 들어주십시오. 그 사람은 다가오자마자 입보다 손이 빠르게 나를 때려서 쓰러뜨리고는 기절하도록 때렸습니다. 나는 정신이 좀 들자 그 사람에게 왜 이렇게 때리느냐고 물었습니다. 그는 내가 남몰래 '첫 사람 아담'에게 마음을 주었기 때문이라고 하며 또 가슴에 심한 일격을 가해서 나를 넘어뜨렸습니다. 나는 전과 같이 기절해 쓰러졌습니다.

다시 내가 정신이 들었을 때 '제발 용서해 주십시오.'라고 외쳤습

1) 〈요한1서〉 2 : 16.　2) 〈골로새서〉 3 : 9.　3) 〈로마서〉 7 : 24.

니다. 그러나 그는 자비를 베푸는 것을 모른다고 했습니다. 그와 함께 또 나를 때려서 쓰러뜨렸습니다. 이 때 또 한 사람이 와서 손을 멈추라고 하지 않았다면 틀림없이 나는 죽었을 것입니다."

크리스천 "멈추라고 한 사람은 누구였습니까?"

성실 "처음에는 몰랐는데, 옆을 지나가실 때 그의 두 손과 옆구리에 나 있는 구멍을 봤습니다. 그래서 그분이 우리 '주님'이라고 추측했습니다. 그래서 나는 언덕을 올라갔습니다."

크리스천 "당신을 따라잡은 사람은 모세입니다. 그 사람은 누구든지 용서하지 않습니다. 그의 율법을 범한 사람에 대해서는 자비를 모르는 사람입니다."

성실 "그것은 잘 알고 있습니다. 그 사람이 나를 만난 것은 그때가 처음은 아니었습니다. 내가 고향에서 편안히 살고 있을 때에도 찾아와서, 그냥 거기 있으면 집을 모두 불태우겠다고 그는 말했습니다."

크리스천 "당신은 언덕 위의, 모세가 달려온 쪽에 서 있는 집을 못 보셨습니까?"

성실 "봤습니다. 그리고 그 집 조금 못 미친 곳에서 사자도 봤습니다. 점심때였으므로 사자는 잠든 것 같았습니다. 해가 많이 남았으므로 문지기 옆을 지나쳐서 언덕을 내려왔습니다."

크리스천 "그랬군요. 당신이 지나는 것을 봤다고 했습니다. 하지만 그 집을 방문하셨다면 좋았을 겁니다. 당신이 임종하실 때까지 도저히 잊으실 수 없는 진기한 것을 보셨을 테니까요. 그런데 '겸손의 골짜기'에서는 아무도 만나지 못하셨습니까?"

성실 "만났습니다. 불만(不滿)이라는 사람인데, 그 사람은 나를 설득해서 함께 돌아가려고 했습니다. 그 이유는 그 골짜기에 명예가 없다는 것입니다. 게다가 그곳을 간다는 것은 자랑·오만·자부심·세상 영광이라는 친구들을 배반하는 일이며, 그 골짜기를 기신기신 걸어다니는 바보짓을 한다면 그들이 몹시 화를 낼 거라고 했습니다."

크리스천 "당신은 뭐라고 대답하셨습니까?"

성실 "나는 그에게 말했습니다. 당신이 말한 그들이 내 친척이라고 주장해도(혈통으로는 그들이 내 친척이었으니까), 내가 순례자가 된 이상 내가 그들을 버린 것같이 그들도 나를 버렸소. 그래서 '지금은 그들이 내 혈통이 아닌 사람과 다름이 없소.'라고. 그리고 또 말했습니다. 이 골짜기에 대해서 당신은 전혀 오해하고 있소, '겸손이 존귀의 앞잡이라면 교만은 패망의 선봉이라[1].'고 했으니까요. '당신이 우리 정욕에 적절하다고 생각하는 것을 선택하기보다는 이 골짜기를 지나서 가장 현명한 사람들이 명예로 생각하는 것에 도달하기를 나는 바라오.'라고요."

크리스천 "그밖에 그 골짜기에서 만난 것은 없습니까?"

성실 "예, 수치(羞恥)를 만났습니다. 하지만 내가 순례길에서 만난 사람들 중에 걸맞지 않은 이름을 가진 사람은 그뿐인가 합니다. 다른 사람은 약간 토론을 하거나 어떻게 한 다음에 그렇지 않다고 하면 승인합니다. 그러나 그 낯짝이 두꺼운 수치는 절대로 안 됩니다."

크리스천 "대체, 어떤 말을 했습니까?"

성실 "그 남자는 종교 그 자체가 나쁘다고 했습니다. 종교에 마음을 쓰는 것은 불쌍하고 저열하고 비겁한 일이라고 했습니다. 민감한 양심이란 남자답지 못하며, 사람이 그 언행을 일일이 반성하고, 당대의 대담한 인물들이 익숙한 안하무인의 자유를 스스로 속박하면 세상의 웃음거리가 될 것이라고 했습니다. 그리고 권력자, 부자, 현명한 자 중에 나와 의견이 같은 사람은 거의 없고 바보여서, 정체를 알 수 없는 것 때문에 모두를 잃는 것을 일부러 하도록 설득당하지 않으면 나와 의견이 같은 사람은 하나도 없다[2]고 주장했습니다.

그리고 주로 당시의 순례자이던 사람의 비천한 신분과 처지, 그 사람들의 무지와 모든 자연과학에 대한 이해력의 결핍을 늘어놓았습니다. 지금 말씀 드린 것보다 많은 것을 말하면서 나를 놓지 않았습니다. 예컨대 설교를 듣고 울거나 한탄하는 것은 수치라든가, 한숨짓고 신음하며 귀가하는 것은 수치라든가, 사소한 과오 때문에 용서를 빌거나 남의 것을 훔치고 그것을 반환하는 것은 수치라는 식입니다.

그리고 종교란 약간의 부도덕 때문에 위대한 사람들을 소외시키고, 같은 종교를 믿는 형제라고 비천한 사람들을 동료로 인정하고 존경하

1) 〈잠언〉 15 : 33, 16 : 18. 2) 〈고린도전서〉 1 : 26, 3 : 18, 〈빌립보서〉 3 : 7,8, 〈요한복음〉 7 : 48.

게 만든다, 이것은 수치가 아니냐고 했습니다."

크리스천 "그래서 당신은 뭐라고 하셨습니까?"

성실 "처음에는 뭐라고 해야 좋을지 알 수 없었습니다. 몹시 흥분했지요. 피가 얼굴로 치밀었습니다. 수치 그놈이 그렇게 만들었지요. 하마터면 말문이 막힐 뻔했습니다. 그러나 마음을 진정하고 생각했습니다. '사람 중에 높임을 받는 그것은 하나님 앞에 미움을 받는 것이니라[1].'고. 또 이 수치라는 남자는 인간이 무엇임을 가르치지만 '하나님' 또는 '하나님의 말씀'이 무엇인가에 대해서는 아무것도 가르치지 않는다고 나는 생각했습니다.

최후의 심판날에 우리는 세상의 안하무인격인 사람에 의해서 죽음 또는 삶으로 정해지는 것이 아니고 '지극히 높으신 분'의 지혜와 율법에 따라 결정된다고 나는 생각했습니다. 그러니까 설혹 세계의 모든 사람이 그것을 반대한다고 해도 하나님의 말씀이 최선이며, 완전히 최선이라고 나는 생각했습니다. 하나님이 그 종교를 선택하심을, 민감한 양심을 선택하심을, 그리스도를 사랑하는 가난한 사람이 그를 미워하는 세상에서 가장 고귀한 사람보다 부유함을 볼 때 수치여 물러가라, 너는 내 구원의 적이다, 내 임금을 배반하고 네 말에 귀를 기울일까 보냐, 그러면 주님이 오실 때에 어떻게 얼굴을 뵐 수 있을까, 지금 그분의 말씀과 그 종들을 부끄러워하면 어떻게 축복을 기대할 수 있으랴[2] 라고 나는 생각했습니다.

그러나 이 수치란 놈은 뻔뻔스런 악당이었습니다. 뿌리치려고 해도 좀처럼 마음대로 되지 않았습니다. 그뿐만이 아니라 내게 달라붙어서 종교의 약점을 이러쿵저러쿵 끊임없이 귀에 속삭였습니다. 드디어 나는 이 이상 네가 그래봤자 헛수고다, 네가 멸시하는 것을 가장 영예로운 일이라고 생각한다고 말했습니다. 그랬더니 겨우 이 시끄러운 놈을 뗄 수 있었습니다.

그 남자를 뿌리쳤을 때 나는 노래를 불렀습니다.

하늘의 부르심에 순종하는 자가

---

1) 〈누가복음〉 16 : 15. 2) 〈마가복음〉 8 : 38.

만나는 시련은 다양해서
이 세상 욕심에는 꼭 맞는다.
오고, 다시 오고, 또다시 와서
언젠가 모르게 붙잡히고
정복당하면 주님께 버림받으리.
아, 순례자여. 순례자여 주의하라,
남자답게 이것을 뿌리치라.

크리스천 "당신이 그렇게 용감히 그 악당에게 저항하셨으니 기쁩니다. 말씀하신 대로 누구보다 잘못된 이름을 가진 남자라고 생각합니다. 고향에서부터 우리를 따라와서 모든 사람 앞에서 창피를 주려고 하리만큼 유들유들한 놈이니까요. 그놈은 선량한 일을 부끄럽게 여기도록 만듭니다. 그 남자가 담대한 사람이 아니라면 그런 짓을 계획하지 않겠지요. 그러나 우리는 언제나 그놈에게 대항하도록 합시다. 아무리 큰 소리를 친댔자 바보를 우쭐하게 만드는 것이 고작입니다. '지혜로운 자는 영광을 기업으로 받거니와, 미련한 자의 현달함은 욕이 되느니라[1].'고 솔로몬이 말했습니다."

성실 "수치에 대항하려면 이 땅 위에 진리를 위해 용감하기를 원하시는 '그분'을 불러 도움을 받아야 한다고 생각합니다."

크리스천 "옳습니다. 그밖에는 아무도 만나지 않으셨습니까?"

성실 "예, 그뿐입니다. 그 나머지 길을 가는 동안 '죽음의 그늘 골짜기'를 가는 동안 좋은 날씨가 계속되었습니다."

크리스천 "그것 참 잘되었습니다. 내 경우는 전혀 다릅니다. 그 골짜기로 들어가자 거의 동시에 그 흉한 마귀 아바돈과 장시간에 걸쳐 처참한 격투를 벌였습니다. 맞아 죽을 것 같다고 생각했습니다. 얻어맞고 쓰러져서 그놈에게 깔려 갈가리 찢기는구나 하는 생각이 들 때에는 더구나 그랬습니다. 그놈이 나를 내던졌을 때 검이 내 손에서 날아갔습니다. 그놈은 이제 너는 내것이라고 했습니다. 그러나 나는 하나님을 불렀고 하나님은 들어주셔서 모든 괴로움에서 건져 주셨습니다.

1) 〈잠언〉 3 : 35.

그후 '죽음의 그늘 골짜기'로 들어갔는데 길에는 빛이 거의 없었습니다. 여러 번 나는 그곳에서 맞아 죽는 줄 알았습니다. 그러나 드디어 날이 새고 태양이 떠올라서 이후의 길은 훨씬 평안하고 조용한 마음으로 통과했습니다."

그리고 꿈속에서 두 사람이 전진하는 도중에 성실이 문득 한쪽을 바라봤다. 이 때 수다쟁이라는 사람이 약간 간격을 두고 그들 곁을 걷고 있는 것을 발견하는 장면을 봤다. 그곳은 그들 모두가 걸어갈 수 있는 여유가 있었다. 그는 키가 크고 멀리서 보는 편이 가까이서 보는 것보다 어딘가 아름다운 사람이었다. 그에게 성실이 말을 걸었다.

성실 "여보세요, 어디로 가십니까? 천국으로 가십니까?"

수다쟁이 "그곳으로 가는 길입니다."

성실 "잘되었습니다. 함께 가실까요?"

수다쟁이 "기꺼이 모시고 가겠습니다."

성실 "함께 가십시다. 유익한 얘기를 하면서 시간을 보내십시다."

수다쟁이 "당신뿐 아니라 그 누구도 함께 유익한 얘기를 하는 것은 매우 고마운 일입니다. 좋은 일에 마음을 쓰시는 분들을 만나서 기쁩니다. 사실을 말씀 드리면 여행하면서 시간 보내기를 좋아하는 사람이 적지요. 대개 유익하지 못한 말을 하려고 하거든요. 그 점이 고민입니다."

성실 "그건 참으로 한심한 일이지요. 땅에서의 인간의 혀와 입을 통해 하늘에 계신 하나님에 대한 얘기만큼 적합한 것이 있을까요?"

수다쟁이 "꼭 마음에 들었습니다. 말씀하시는 일이 확신으로 가득 차 있으니까요. 덧붙여서 말씀 드리면 하나님의 일을 얘기하는 것처럼 유쾌하고 유익한 것이 있을까요? (즉 사람이 경탄할 만한 것에 조금이라도 즐거움을 갖는다면) 이렇게 유쾌한 일이 있을까요? 예를 들면 사람이 역사나 사물의 신비를 말하기를 기뻐하고, 또는 기적이나 불가사의나 징조를 말하기를 좋아한다면 성서에 있는 일만큼 유쾌하게 기록되고 아름답게 씌어진 것을 어디서 발견할 수 있을까요?"

성실 "옳습니다. 우리가 얘기하는 동안에 그런 것에서 이익을 얻는 것이 우리의 목적이어야 하겠습니다."

수다쟁이 "내가 말씀 드린 것도 그점입니다. 그런 일을 말하는 것은 매우 유익하니까요. 그것에 의해서 사람은 이 세상 일의 허무함이나 하늘의 일의 유익에 대한 많은 지식을 얻으니까요. 일반적으로, 또는 특히 이런 점에 의해서 사람은 중생(重生)의 필요와 우리 행실의 부족함, 그리스도의 의(義)의 필요성 등을 배울 수 있겠지요. 그리고 사람은 얘기하는 동안에 회개, 신앙, 기도, 슬픔 등이 무엇인가를 배울 수 있겠지요. 또 이것에 의해서 사람은 복음의 큰 약속과 위로를 배워 스스로를 위로할 수 있겠지요. 이것에 의해서 사람은 잘못된 견해를 반박하고 진리를 옹호하고 문맹을 가르치는 일을 배우겠지요."

성실 "모두 옳습니다. 이런 말씀을 듣는 것이 기쁩니다."

수다쟁이 "슬프게도 얘기가 부족하기 때문에 영원한 생명을 얻으려면 신앙이 필요하고, 영혼에 은혜의 역사가 필요함을 이해하는 사람이 매우 적습니다. 그래서 대개는 무지하게도 율법의 역사 속에 생활하지만, 그것으로는 절대로 하늘의 왕국을 획득할 수 없습니다."

성실 "잠깐 실례되는 말입니다만, 이런 일에 대한 하늘의 지식은 하나님의 선물이어서 사람의 노력이나 그 얘기만으로는 아무도 도달할 수 없습니다."

수다쟁이 "그것은 모두 잘 알고 있습니다. 만일 하늘에서 주신 바 아니면 사람은 아무것도 받을 수 없으니까요[1]. 모든 것은 은혜이지 행위가 아닙니다[2]. 이것을 확증하기 위해서라면 성구를 100구절이라도 인용할 수 있습니다."

성실 "그러면 우리가 지금 화제로 삼을 그 하나가 무엇일까요?"

수다쟁이 "무엇이든 좋을 대로. 나는 하늘의 일이든 땅의 일이든, 도덕적인 일이나 복음적인 일이나, 거룩한 것도 속된 것도, 과거의 일도 장래의 일도, 외국의 일도 본국의 일도, 본질적인 일도 부수적인 일도 우리의 이익이 되기만 한다면 뭐든지 말합니다."

이 때 성실은 경탄하기 시작했다. 그리고(지금까지 혼자 걷고 있던) 크리스천에게 다가가서 (작은 소리로) 말했다.

성실 "참 훌륭한 동행이 생겼습니다. 틀림없이 이 사람은 매우 훌

1) 〈요한복음〉 3 : 27.　2) 〈디모데후서〉 1 : 9.

룡한 순례자가 될 겁니다."

크리스천 (그는 조심스럽게 미소짓고 나서) "당신이 마음을 다 뺏긴 이 남자는, 그 혀로 그것을 모르는 사람 스물을 속일 겁니다."

성실 "그럼 저 사람을 아십니까?"

크리스천 "알고 있느냐고요? 예, 그가 자신을 아는 것보다 더 잘 압니다."

성실 "대체 그는 어떤 사람입니까?"

크리스천 "이름은 수다쟁이, 우리 도시에 살고 있습니다. 모르신다니 이상하지만 우리 도시는 크니까 무리도 아닙니다."

성실 "누구의 아들입니까? 어디쯤에 살고 있습니까?"

크리스천 "능변(能辯)의 아들입니다. 망언로(妄言路)에 살고 있습니다. 그와 사귀는 모든 사람에게는 망언로의 수다쟁이라는 이름으로 알려졌습니다. 말을 잘하지만 건달입니다."

성실 "하지만 대단한 미남으로 보입니다."

크리스천 "그를 잘 모르는 사람에게는 그렇게 보입니다. 멀리서 보는 것이 가장 좋고 접근해서 보면 매우 추악합니다. 그를 미남이라고 하시니까 어떤 화가의 작품을 본 생각이 납니다. 그 사람의 그림은 멀리서 보면 퍽 좋게 보이는데 접근하면 매우 흉합니다."

성실 "미소를 지으셨으니까 농담처럼 들리는데요."

크리스천 "천만에. (웃기는 했습니다만) 이런 일에 농담을 하거나 남을 중상하겠습니까? 그의 내막을 좀더 폭로하겠습니다. 그는 어떤 사람, 어떤 얘기의 상대도 합니다. 지금 당신과 나눈 얘기를 술집의 긴 의자에 앉았을 때에도 합니다. 머릿속에 술이 들어갈수록 저런 말을 입에 담습니다. 종교는 그의 마음에도 집에도, 또 평소의 언행에도 존재치 않습니다. 모든 것이 혀 끝에 있을 뿐이며 그의 종교란 혀로 소리를 내는 것입니다."

성실 "참말입니까? 그럼 완전히 저 남자에게 속았습니다."

크리스천 "속았다! 확실히 그렇다고 생각하셔도 됩니다. '저희는 말만 하고 행치 아니한다[1].'는 말씀을 생각하십시오. 그러나 '하나님

1) 〈마태복음〉 23 : 3.

의 나라는 말에 있지 아니하고 오직 능력에 있음이라[1].' 그는 기도를 말하고 회개를 말하며, 신앙을 말하고 중생을 말하지만 그것들을 얘기하는 것만을 알 뿐입니다.

나는 그의 집으로 들어가 본 일이 있는데, 집의 안팎 양면에서 그를 관찰했습니다. 그래서 그에 대한 내 평이 틀림없다고 생각합니다. 그의 집에 종교가 빠진 것은 계란의 흰자위가 맛이 없는 것과 같습니다. 그곳에는 기도도 없고 회개의 기색도 없습니다. 짐승이라도 짐승 나름대로 그 사람보다도 훨씬 하나님을 잘 섬기고 있습니다.

그를 알고 있는 모든 사람이 볼 때, 그야말로 종교의 오점이고 불명예이며 치욕입니다. 그 탓으로 그가 거주하는 그 지역 사람들은 종교를 호평할 수 없습니다[2]. 밖에서는 성도, 안에서는 악마라고 그를 아는 세상 사람들은 말합니다. 불쌍하게도 그의 가족이 그렇게 생각합니다. 매우 인색하고 욕을 잘하며 무리한 말을 하는 놈이어서 사람들이 어찌해야 좋을지 뭐라고 말을 해야 좋을지 모릅니다.

그놈과 거래를 한 사람은 '그런 남자를 상대하느니 터키인을 상대하는 편이 낫다, 그쪽하고는 정상 거래를 할 수 있으니까.'라고 말합니다. 저 수다쟁이는(가능하면) 그 사람들에게 거짓말하고 삐돌리고 속입니다. 그리고 자기 아들들도 자기 뒤를 따르도록 기르고 있습니다. 만일 그 중 하나에게서 바보스런 소심(민감한 양심을 가리키는데)을 발견할 때는 바보라든가 천치라고 하며, 절대로 일을 시키지 않고 남 앞에서도 그 아이를 칭찬하지 않습니다. 나는 그것이 그 악한 일상생활로 많은 사람의 실수와 타락의 원인이 되었고, 또 하나님이 제지하지 않으시는 한 많은 사람을 파멸시키리라고 생각합니다."

성실 "듣고 보니 말씀을 믿을 수밖에 없습니다. 저 남자를 아실 뿐 아니라 참으로 크리스천답게 사람들을 평하시기 때문입니다. 나는 당신이 악의를 말씀하셨다고는 생각할 수 없습니다. 바로 당신이 말씀하신 대로라고 생각합니다."

크리스천 "당신처럼 저자의 내력을 몰랐다면 나도 처음에 당신이 생각하신 것처럼 생각했을 겁니다. 종교의 적들에게서만 이런 소문을

---

1) 〈고린도전서〉 4:20.　2) 〈로마서〉 2:24, 25.

들었다면 그것은 중상이다—중상은 선인의 이름과 직무 위에 악인의 입에서 때때로 떨어지는 운명이라고 생각했을 겁니다. 그러나 그 사실들을 내가 알고 있으며 악한 일에 대해서 나는 저자에게 죄가 있음을 증명할 수 있습니다. 선인은 저자를 부끄럽게 생각합니다. 저자는 동료나 친구라고도 부를 수는 없습니다. 그 사람들 중에서 저자의 이름을 말하는 것조차 그 사람들이 저자를 알고 있으면 얼굴을 붉히게 만듭니다."

성실 "말과 행실은 별개임을 알았습니다. 이후로는 잘 구별하도록 주의하겠습니다."

크리스천 "사실 다른 것이고, 또 영혼과 육체처럼 다른 것입니다. 영혼이 없는 육체가 죽은 것같이 말이 그것으로 끝난다면 이것 역시 시체에 지나지 않습니다. 종교의 진수는 실천에 있습니다. '하나님 아버지 앞에서 정결하고 더러움이 없는 경건은 곧 고아와 과부를 그 환난중에 돌아보고 또 자기를 지켜 세속에 물들지 아니하는 것이니라[1].' 수다쟁이는 이것을 깨닫지 못합니다. 그는 듣는 것과 얘기하는 것이 좋은 크리스천을 만든다고 생각합니다. 이렇게 해서 그의 영혼을 속이고 있습니다. 듣는 것은 그저 씨를 뿌리는 것과 같습니다.

우리는 최후의 심판 때에 열매로 심판 받는다는 사실을 확신하십시다[2]. 그때에 너는 믿느냐는 질문을 받지 않고, 너는 실천하는 자였느냐, 또는 말만 하는 자였느냐는 질문을 받고 이에 따라 사람들은 심판을 받습니다. 세상의 끝은 우리의 추수에 비교되고 있습니다. 아시다시피 추수하는 사람은 열매 이외의 것은 보지 않습니다. 이 말씀을 하는 것은 신앙없는 사람이 용납된다는 것이 아니고, 그날 수다쟁이의 신앙고백이 얼마나 무가치한 것인가를 증명하려고 생각했기 때문입니다."

성실 "그 말씀을 들으니 모세가 깨끗한 짐승을 설명한 것이 생각납니다[3]. 그것은 굽이 갈라지고 새김질을 하는 짐승입니다. 굽이 갈라지기만 해도 안 되고 새김질만 잘해도 안 됩니다. 토끼는 새김질을 하

1) 〈야고보서〉 1 : 27, 22~26 참조. 2) 〈마태복음〉 13 : 18~23, 25 : 14~46 참조.
3) 〈레위기〉 11 : 36, 〈신명기〉 14 : 7.

지만 굽이 갈라지지 않았기 때문에 부정합니다. 이것은 수다쟁이와 매우 비슷합니다. 저 남자는 새김질을 합니다. 지식을 구합니다. 말을 새김질하는 것입니다. 그러나 굽이 갈라지지 않았습니다. 죄인의 습관에서 분리되지 못했습니다. 토끼처럼 개와 곰의 발을 갖고 있습니다. 그러므로 부정합니다."

크리스천 "아마 당신이 말씀하신 것은 그 성구의 진정한 복음적 의미인 것입니다. 하나 더 첨가해서 말씀한다면 바울은 어떤 사람들을, 그 말쟁이들을 '소리나는 구리와 울리는 꽹과리,' 즉 딴 곳에서 설명한 바와 같이 '생명없는 소리를 내는 것'이라고 했습니다[1].

생명없는 것, 즉 참된 신앙과 복음의 은혜가 없는 것, 따라서 설혹 그 말이 천사의 말이나 소리와 같다고 해도 천국에서 생명의 아들들과 함께는 절대로 있을 수 없습니다."

성실 "알았습니다. 시초부터 저 남자와의 교제를 그리 좋아한 것은 아닌데 지금은 몹시 싫증이 났습니다. 어떻게 하면 뿌리칠 수 있을까요?"

크리스천 "내 충고를 듣고 시키는 대로 하십시오. 하나님이 저것의 마음을 움직이셔서 뒤집지 않으시는 한 저쪽에서도 당신과 동행하는 것이 곧 싫어질 것입니다."

성실 "어떻게 하면 좋을까요?"

크리스천 "저자에게 다가가셔서 종교의 힘에 대해서 뭔가 진지한 얘기를 시작해 보십시오. 그리고 (그가 찬성할 터이니 그 때에) 그의 마음, 그의 집, 그의 평소의 언행에 종교의 힘이 나타나고 있는가를 터놓고 물어 보십시오."

성실 (수다쟁이에게 다가가서) "어떻습니까, 기분이?"

수다쟁이 "고맙습니다. 좋습니다. 지금까지 꽤 많은 얘기를 할 수 있었는데요."

성실 "좋으시다면 지금부터 시작합시다. 주제는 내게 맡긴다고 하셨으니 이렇게 합시다. 하나님의 은혜가 사람의 마음에 들어갔을 때는 어떤 모양으로 나타날까요?"

---

1) 〈고린도전서〉 13 : 1~3, 14 : 7.

수다쟁이 "우리의 얘기는 결국 사물의 힘에 대한 것이군요. 좋습니다. 대단히 좋은 질문입니다. 기꺼이 대답하겠습니다. 대답을 간단히 하면 이렇습니다. 첫째, 하나님의 은혜가 인간의 마음에 있다면 죄에 대한 절규를 일으킵니다. 둘째로……."

성실 "기다리십시오. 한 번에 한 가지를 생각하기로 하십시다. 나는 오히려 영혼에게 그 죄를 싫어하는 경향을 줌으로써 은혜 자체를 나타낸다고 말해야 한다고 생각합니다."

수다쟁이 "죄에 대해서 외치는 것과 그것을 싫어한다는 것은 얼마나 다릅니까?"

성실 "크게 다릅니다. 사람은 정략적으로 죄를 비난할 수는 있어도 신앙에서 나온 혐오가 아니면 그것을 싫어할 수는 없습니다. 많은 사람들이 강단에서 죄를 큰 소리로 비난하는 것을 나는 들었지만, 그들은 마음이나 집, 평소의 언행에서는 퍽 태연하게 지낼 수 있습니다. 요셉의 안주인은 자기가 매우 거룩한 사람인 것처럼 큰 소리로 외쳤습니다. 그러나 그녀는 요셉과 기꺼이 불의를 행하고 싶어했습니다[1]. 어떤 사람들이 죄에 대해서 외치는 것은 마치 어머니가 무릎 위에 앉힌 아이를 말괄량이라든가 장난꾸러기라고 하지만 나중에는 껴안기도 하고 입을 맞추는 것과 똑같습니다."

수다쟁이 "말꼬투리를 잡으려는 생각 같군요."

성실 "아닙니다. 나는 다만 사물의 줄거리를 바로잡으려는 것입니다. 그런데 당신이 은혜의 역사가 마음속에 나타나는 것을 증명하시려는 둘째는 무엇입니까?"

수다쟁이 "복음의 깊은 뜻에 대한 큰 지식입니다."

성실 "이 표쪽이 첫째가 되어야 했군요. 그러나 첫째이건 마지막이건 그것도 잘못된 견해입니다. 왜냐하면 지식, 큰 지식을 복음의 깊은 뜻 속에 획득할 수는 있겠지만, 그것은 영혼에 작용하는 은혜의 역사는 아닙니다[2]. 설혹 사람이 모든 지식을 갖고 있어도 오히려 부족한 존재이며, 따라서 하나님의 자녀일 수는 없습니다. 그리스도께서 '내가 너희에게 행한 것을 너희가 아느냐.'라고 하시자 사도들이 '그

---

1) 〈창세기〉 39 : 15.　2) 〈고린도전서〉 13 : 2.

렇습니다.'라고 대답했을 때, 다시 추가하시어 '너희가 이것을 알고 행하면 복이 있으리라.'고 하셨습니다[1]. 그 축복을 아는 데 두신 것이 아니고 행하는 데 두셨습니다. 그것은 세상에는 실천이 수반되지 않는 지식, '주인의 뜻을 알고도 행치아니하는 종'이 있기 때문입니다[2].

사람은 천사처럼 사리를 알면서도 크리스천일 수 없는 일도 있습니다. 그러므로 당신이 그 징조라고 말씀하시는 것은 진정이 아닙니다. 사실 '안다는 것'은 말을 잘하는 사람이나 큰소리치는 사람을 기쁘게 합니다만 '행하는 것'은 하나님을 기쁘게 하는 것입니다.

내 말은 마음이 지식이 없어도 선할 수 있다는 뜻이 아닙니다. 그것이 없으면 마음은 공허합니다. 그러므로 지식에도 여러 가지 지식이 있습니다. 단지 사물을 사색(思索)하면 그것으로 끝났다는 지식도 있고 신앙과 사랑의 은혜를 수반하는 지식, 사람을 움직여서 진심으로 하나님의 뜻을 행케 하는 것도 있습니다. 그 중에서 전자는 말쟁이에게 도움이 되겠지만, 후자가 없으면 참된 크리스천은 만족하지 못합니다. '나로 깨닫게 하소서. 내가 주의 법을 준행하며 진심으로 지키리이다[3].'"

수다쟁이 "또 말꼬투리를 잡으려고 하시는군. 그래서는 덕을 세울 수 없지요."

성실 "좋으시다면 이 은혜의 역사가 나타나는 또 하나의 표를 제출해 주십시오."

수다쟁이 "그만둡시다. 의견이 맞을 것 같지도 않으니까."

성실 "당신이 내기 싫으시다면 내가 내도 괜찮겠습니까?"

수다쟁이 "마음대로 하시지요."

성실 "영혼 속에 은혜가 역사하면 그것을 받은 사람에게도, 옆에 있는 사람에게도 그것 자체를 나타냅니다. 그 역사를 받은 본인에게는 이렇게 나타납니다. 그것은 그 사람에게 죄, 특히 본성의 더러움과 불신앙의 죄, 그 때문에 만일 그 사람이 예수 그리스도를 믿음으로 하나님의 자비를 받지 않으면 반드시 멸망한다는 확신을 줍니다[4].

---

1) 〈요한복음〉 13 : 12, 17. 2) 〈누가복음〉 12 : 47. 3) 〈시편〉 119 : 34. 4) 〈요한복음〉 16 : 8, 〈로마서〉 7 : 24, 〈요한복음〉 16 : 9, 〈마가복음〉 16 : 16.

사물을 이렇게 보는 것, 느끼는 것은 그 사람의 마음에 죄에 대한 슬픔과 회개하는 마음을 일으킵니다. 더욱이 세상의 '구주'가 마음속에 나타나신 것, 생명을 위해 이 '구주'에게 순종함이 절대 필요함을 깨닫고 그분을 찾는 굶주림과 목마름을 깨닫습니다. 그 굶주림에 대해서는 약속이 주어졌습니다[1].

그 '구주'를 믿는 신앙의 강약에 따라서 그 기쁨과 평화, 그 거룩에 대한 사랑과 그분을 더욱 알려는, 또 이 세상에서 그분을 섬기려는 소원이 결정됩니다. 은혜의 역사가 이렇게 나타나지만, 그 사람이 이것을 은혜의 역사라고 단정할 수 있는 경우는 극히 적습니다. 그것은 현재의 부패와 이론의 남용이 그로 하여금 판단을 그르치게 하기 때문입니다. 그래서 이 역사를 받은 사람은 이것이 은혜의 역사라고 단정할 수 있기 전에 극히 건전한 판단력을 필요로 합니다.

남에게는 이렇게 나타납니다. 첫째, 그리스도를 믿는 그 신앙을 경험에 의해서 고백함으로써[2]. 둘째, 그 경험에 맞는 생애에 의해서. 즉 거룩한 생애, 마음의 정결, 가족의(그에게 가족이 있으면) 거룩, 세상에 처한 평소의 언행의 거룩에 의해서. 그것은 일반적으로 마음속에 자기의 죄를 싫어하고, 죄 때문에 남몰래 자기를 싫어하며, 가족의 죄를 제어하고 이 세상의 정결을 조장하며, 위선자나 말쟁이가 하는 것처럼 말만으로가 아니라 신앙과 사랑으로 '말씀'의 능력에 실지로 복종함으로써 행함을 가르칩니다[3]. 은혜의 역사와 그 나타남에 대한 이 짧은 설명에 이의가 있으시면 말씀해 주십시오. 없으시면 둘째 문제를 제출케 해주십시오."

수다쟁이 "지금의 내 처지는 이의를 말하는 것이 아니라 듣는 것입니다. 그러니까 둘째 문제를 들려주십시오."

성실 "다음 문제는 이렇습니다. 이상 설명한 첫 부분을 당신은 경험했습니까? 당신의 생활과 행위가 그것을 명시하고 있습니까? 아니면 당신의 종교는 말과 혀에 그치고 행위와 진리에 선 것이 아닙니까? 대답하실 생각이면 하나님이 그렇다고 하실 줄 당신이 알고 있

1) 〈시편〉 38 : 18, 〈예레미야〉 31 : 19, 〈갈라디아서〉 2 : 16, 〈사도행전〉 4 : 12, 〈마태복음〉 5 : 6, 〈요한계시록〉 21 : 6. 2) 〈빌립보서〉 1 : 27, 〈마태복음〉 5 : 17. 3) 〈요한복음〉 14 : 15, 〈시편〉 50 : 23, 〈욥기〉 42 : 5,6, 〈에스겔〉 20 : 43.

는 것, 또 당신의 양심이 당신을 옳다고 인정하는 이외는 아무것도 말하지 마십시오.

'옳다고 인정함을 받는 자는 자기를 칭찬하는 자가 아니요, 오직 주께서 칭찬하시는 자니라[1].' 그리고 자기의 평소의 행위와 이웃 사람들이 너는 거짓말을 한다고 하는데도 불구하고 자기는 이러쿵저러쿵 얘기하는 것은 매우 나쁜 일이니까요."

수다쟁이 (처음에는 얼굴을 붉혔다. 그러나 마음을 고쳐 먹고서) "당신은 지금 경험과 양심과 하나님을 말하고, 담화의 공정성을 증명하기 위해서 하나님에게 호소하기에 이르렀습니다. 이런 담화를 나는 예기치 못했습니다. 또 그런 문제에 대답할 생각도 없습니다. 왜냐하면 당신이 신앙문답의 교사라는 임무를 맡은 것이 아니면 내게 대답할 의무가 있다고는 생각지 않기 때문입니다. 또 설혹 당신이 그렇게 한다고 해도 나는 당신을 내 심판자로 삼기를 거부할 수 있을 겁니다. 그런데 어째서 내게 그런 질문을 하시는지 그 이유를 말씀해 주시지 않겠습니까?"

성실 "당신이 말을 좋아하시는 분이라고 생각했기 때문입니다. 또 관념 이외에 아무것도 갖고 계시지 않는다는 사실을 알지 못했기 때문입니다. 그리고 아주 터놓고 말씀 드리면 나는 당신의 상황을 들었습니다. 당신은 종교를 말만으로 그치는 사람이고 당신의 행위가 말만의 신앙고백을 어긴다고 들었습니다. 당신은 크리스천 가운데 낀 오점이요, 종교는 당신의 부정한 평소의 행위로 불리하게 되고 있고, 이미 당신의 악행으로 걸려 넘어진 사람도 있고, 그것으로 멸망할 위험에 직면한 사람도 있다, 당신의 종교는 술집과 탐욕과 불결과, 악담과 거짓말과 어리석은 사람들 사이에서는 모순되지 않는다고 사람들은 말하고 있습니다.

창녀에 대한 속담, 즉 그것은 모든 여인의 수치라는 말이 당신에게도 해당됩니다. 그래서 당신은 모든 신도(칼뱅주의의 신도)의 수치입니다."

수다쟁이 "세상의 소문을 듣고 그렇게 경솔하게 판단하는 이상, 당

[1] 〈고린도후서〉 10 : 18.

신은 까다롭거나 우울해서 대화를 나눌 자격이 없는 사람이라고 판정해야 하겠소. 그럼 잘 가시오."

크리스천 (곧 동료에게 다가와서) "말씀 드린 대로 되었지요. 당신의 말씀과 저자의 욕망은 서로 일치할 수 없습니다. 저자는 그 생활을 고치기보다 당신과의 교제를 그치는 편이 낫다고 생각한 것입니다. 내가 말씀 드린 대로 그는 가 버렸습니다. 가도록 버려두는 것이 좋습니다. 그 자신이 손해볼 뿐입니다. 우리가 그에게서 떠나는 수고를 덜어 준 셈입니다. 그것이(그렇게 할 생각이었다고 짐작됩니다만) 어디까지나 따라온다면 우리 동료들의 오점이 될 뿐이니까요. 그리고 그리스도의 사도도 말했습니다. '이같은 자에게서 네가 돌아서라[1].'고."

성실 "나는 그 남자와 잠시 대화를 나눈 일이 기쁩니다. 그 남자가 내 말을 상기하는 일이 있을는지도 모르니까요. 나는 그 남자에게 터놓고 말했으니, 설혹 그 남자가 멸망해도 나에게는 그 죽음에 대한 책임이 없습니다."

크리스천 "그렇게 노골적으로 말해 주셨으니 잘되었습니다. 현재는 이처럼 성실하게 남을 대하는 일이 극히 드물어졌습니다. 종교가 현재처럼 많은 사람들에게 혐오를 받게 된 것은 그 때문입니다.(경건한 사람들의 세계에서 영접을 받고) 세상 사람들은 미혹하고 그리스도를 더럽혀서 성실한 사람들을 슬프게 만드는 사람은 이런 말쟁이 바보들인데, 그의 종교는 말에 그치고 행위는 타락해서 경박합니다. 이런 사람들에게는 모든 사람이 당신처럼 상대하면 좋으리라고 생각합니다. 그러면 그들은 종교에 좀더 적절하게 되든가, 성도와의 교제를 견디기 어렵게 될 것입니다."

이 때 성실은 노래했다.

수다쟁이는 시초에 뽐냈지.
화려하게 말했던가. 당할 자 없이
그러나 성실이 마음에의 역사를
말하자마자 보름달이 이지러짐같이

---

1) 〈디모데후서〉 3 : 5.

가 버렸다. 마음의 역사는 아는 자
그밖에는 모두 이렇게 떠나리라.

그들은 도중에서 겪은 일을 얘기하면서 여행했으므로 길이 편했다. 그렇지 않았다면 지루했을 것이다. 그들은 광야를 통과하고 있었다.

그들이 이 광야 밖으로 거의 나갔을 즈음 성실이 문득 뒤로 시선을 던져 따라오는 사람을 봤다. 그리고 그가 누군지를 알았다.

성실 (자기 동료에게) "저 뒤에 오는 사람이 누구라고 생각하십니까?"

크리스천 (뒤를 보고 나서) "나의 좋은 친구 전도자입니다."

성실 "그렇습니다. 내 좋은 친구이기도 합니다. 문을 향해 떠나게 해주신 분이 저분이었으니까요."

전도자가 두 사람 앞에 도착했다.

전도자 "친애하는 여러분, 당신들에게 평안이 깃드시기를. 당신들을 도우신 분들도 평안하시기를."

크리스천 "안녕하십니까? 잘 오셨습니다, 전도자님. 당신의 얼굴을 보면 지난날 베푸신 친절과 저의 영원한 행복을 위해 힘써주신 일들이 생각납니다."

성실 "참 잘 오셨습니다. 반가운 전도자님, 저희들 가련한 순례자들에게 당신이 동행이 되어 주시는 일이 얼마나 바람직한 일이겠습니까?"

전도자 "어떻습니까? 작별한 이래 어떻게 지내셨습니까? 어떤 일을 겪으셨나요? 어떻게 처신하셨습니까?"

크리스천과 성실은 도중에서 그들에게 일어난 모든 일, 또 어떻게 해서 어떤 곤란을 무릅쓰고 이곳까지 왔는가를 얘기했다.

전도자 "참 기쁩니다. 그것은 당신들이 시련을 겪으신 때문이 아니라 승리자가 되셨기 때문입니다. 또 당신들은 많은 약점을 지니셨음에도 불구하고 오늘까지 여행을 계속하셨기 때문입니다. 참 기쁩니다. 나를 위해 또 당신들을 위해 기쁘게 생각합니다. 나는 씨를 뿌렸고 당신들은 거두었습니다. 뿌리는 자와 거두는 자가 함께 즐거워할 날이 임박하고 있습니다. 당신들이 이대로 견딘다면 말입니다. '피곤하지 아니하면 때가 이르매 거두리라[1].' 면류관은 당신들 앞에 있습니다. 그것은 썩지 않는 것입니다. '너희도 얻도록 이와같이 달음질하라[2].' 이 면류관을 바라고 출발하는 사람도 있지만, 꽤 먼 곳까지 갔을 때에 다른 사람이 들어와서 그것을 그들에게서 뺏습니다. 그러니까 당신들의 것을 만들기 위해서 견뎌야 합니다. 아무에게도 당신들의 면류관을 뺏겨서는 안 됩니다[3]. 당신들은 아직 마귀의 착탄거리(着彈距離) 밖으로 나가지 못했습니다. 당신들은 죄와 싸우되 아직 피 흘리기까지는 이르지 못했습니다[4].

언제나 왕국을 앞에 놓고 눈에 보이지 않는 일을 굳게 믿어야 합니다. 이 세상에 있는 아무것도 마음에 넣어서는 안 됩니다. 무엇보다 먼저 자기의 마음과 정욕을 주의해야 합니다. '만물보다 거짓되고 심히 부패한 것은 마음이라[5].' 당신들의 얼굴을 돌과 같이 해야 합니다[6]. 그러면 천지의 모든 힘을 당신들의 편으로 삼을 수 있습니다."

크리스천 "말씀 감사합니다. 나머지 길을 가는 데 도움이 되도록 더욱 더 많은 말씀을 들려주십시오."

크리스천은 그가 예언자이고 앞으로 두 사람에게 일어날 일들, 또 어떻게 그 일을 저항하고 극복할까를 가르칠 수 있는 사람이라고 확신했기 때문에 더욱 더 많은 말씀을 듣고 싶었다. 성실도 이 요구에 동의했다.

전도자 "당신들은 복음서의 진리 말씀에서, 당신들이 하나님의 나라에 들어가려면 많은 환난을 겪어야 한다는 것을[7], 모든 성에서 결박과 환난이 당신들을 기다린다는 것[8], 그러므로 그런 것을 만나지 않고는 순례의 길을 오래 하기를 기대할 수 없다는 것을 들었습니다. 당신들은 이미 이 증언이 참됨을 알았습니다. 곧 그 이상의 것이 닥칠 것입니다. 왜냐하면 보시다시피 당신들은 이 광야를 거의 벗어났고 곧 앞에 보이는 도시로 가기 때문입니다. 그 도시에서 당신들을 죽이려는 적에게 겹겹이 포위될 것입니다. 그곳에서 당신들 중의 한 사

1) 〈요한복음〉 4 : 36, 〈갈라디아서〉 6 : 9. 2) 〈고린도전서〉 9 : 24~27. 3) 〈요한계시록〉 3 : 11.
4) 〈히브리서〉 12 : 4. 5) 〈예레미야〉 17 : 19. 6) 〈이사야〉 50 : 7. 7) 〈사도행전〉 14 : 22.
8) 〈사도행전〉 20 : 23.

람, 또는 두 사람 모두 소지한 증명서를 피로 날인해야 한다고 생각하십시오. 그러나 죽도록 충성하십시오. 그리하면 '왕'께서 생명의 면류관을 주실 것입니다[1].

거기서 죽는 사람은 설혹 수명을 다하지 못했어도, 또 그 고통이 심해도 동행을 이깁니다. 그것은 한걸음 빠르게 '하늘의 도성'에 도착하기 때문만이 아니라, 그후의 여행에서 그의 동행이 당할 여러 가지 고생을 면하기 때문입니다. 당신들이 도시로 가서 내가 지금 말한 일들이 가득 찬 것을 볼 때에는 당신들의 친구를 생각하십시오. 남자답게 행동하십시오. 선한 행위를 나타내시어 당신들의 영혼을 충실하신 조물주가 되시는 하나님에게 맡기십시오."

꿈속에서 나는 두 사람이 광야 밖으로 나와서 그 앞에 있는 '허영시'를 발견한 것을 봤다. 이 도시에는 '허영장'이라는 장이 선다. 그것은 1년 내내 선다. '허영장'이라는 까닭은 이 장이 서는 도시가 입김보다 경하기[2] 때문이며, 거기서 파는 것, 그곳으로 가는 것 모두가 허영이기 때문이다. 현인(賢人)의 말처럼 '모든 것이 헛되도다[3].'

이 장은 새로 생긴 것이 아니라 예로부터 서 있는 것이다. 그 기원을 밝히겠다.

약 5000년 전에 이 두 선량한 사람들처럼 '하늘의 도성'으로 가는 순례자가 있었다. 그러자 바알세불·아바돈·리이전[4] 및 그 동료들이, 순례자에게 밟혀서 생긴 길을 발견하고, 그 길이 이 '허영 시'를 통과한 것을 보고는 이곳에 장을 설치하기로 계획했다. 그리고 그 상품은 가옥과 토지, 지위, 명예, 승진, 계급, 국가, 왕국, 색욕, 환락, 모든 종류의 쾌락, 그리고 창녀, 뚜쟁이, 아내, 남편, 어린애, 주인, 종, 생명, 피, 육체, 영혼, 은, 금, 진주, 보석, 기타 여러 가지이다.

그리고 이 장에서는 언제나 요술, 사기, 내기, 도박, 어릿광대, 흉내내는 자, 악당, 무뢰한 등 모든 종류를 볼 수 있었다.

이곳에서는 절도·살인·간통·위증 등, 그것도 유혈이 낭자(狼藉)한 것을 무료로 볼 수 있었다.

---

1) 〈요한계시록〉 2 : 10. 2) 〈시편〉 62 : 9. 3) 〈전도서〉 1 : 2,14, 2 : 11,17, 11 : 8, 〈아사야〉 40 : 17, 14 : 29. 4) 군대, 〈마가복음〉 5 : 9.

또 그다지 중요하지 않은 다른 장에서도 그 특유한 이름 밑에 여러 거리가 있어서, 거기서는 이러이러한 상품이 매매되는 것처럼 여기서도 이 장의 상품이 가장 속히 발견되는 특유한 장소와 거리(국가와 왕국)가 있다. 이곳에는 영국 거리, 프랑스 거리, 이탈리아 거리, 스페인 거리, 독일 거리가 있는데, 여러 허영을 팔고 있다. 그러나 다른 장에서 한 상품이 장 전체의 주역인 것처럼 로마와 그 물품이 이 장에서 매우 평판이 좋았다. 우리 영국 국민만이 두셋 다른 국민과 함께 그것에 혐오를 느끼고 있다.

'하늘의 도성'으로 가는 길은 이 음란한 장이 서는 모든 거리의 한 가운데를 통과한다. 그리하여 그 '도성'으로 가려면 이 도시를 통과하기 싫은 사람은 아무래도 '이 세상 밖으로' 나가야 한다[1]. 왕 중 '왕'도 이 세상에 계실 때 이 도시를 지나셔서 자기 나라로 가셨는데, 마침 그때도 장이 서 있었다. 그뿐 아니라 내 생각에 따르면 그 허영을 사도록 그분을 유혹한 자는 이 장의 두목인 바알세불이었다. 그렇다. 그 거리를 지나가실 때 그의 유혹을 받아들였다면 시장의 두목으로 삼으려고 생각했다[2]. 매우 존귀하신 분이었으므로, 바알세불은 그분을 거리에서 거리로 모시고 다니며 잠시 세계의 모든 왕국을 보여드렸다. 그것은 가능하다면 이 '은혜로우신 분'을 유혹해서 그의 허영 중 어떤 것을 흥정해서 팔려고 생각했기 때문이다. 그러나 그분은 물품에 관심이 없으셨다. 그래서 이런 허영에 한푼도 내지 않고 장을 떠나셨다. 이 장은 예로부터 존속하고 매우 크다. 그 순례자들도 이 장을 통과했다. 그런데 이게 무슨 영문일까? 두 사람이 장으로 들어서자 사람들이 모두 술렁대고, 모든 거리는 두 사람을 에워싼 혼란으로 큰 소동을 벌였다. 그것은 다음과 같은 이유 때문이다.

첫째, 순례자들은 그 장에서 장사하는 사람들과 다른 옷을 입고 있었다. 장에 있는 사람들은 눈을 크게 뜨고 두 사람을 바라봤다. 바보라느니, 광인이라느니, 외국인이라고도 했다.

둘째, 그들은 옷뿐 아니라 두 사람의 말도 이상히 여겼다. 왜냐하면 두 사람이 하는 말을 알아듣는 사람이 거의 없었기 때문이다. 두

1) 〈고린도전서〉 5 : 10. 2) 〈마태복음〉 4 : 8,9, 〈누가복음〉 4 : 5~7.

사람은 물론 가나안(하나님이 약속하신 땅) 말을 썼는데 장터 사람들은 이 세상 사람들이었다. 그 결과 두 사람은 장터의 모든 사람에게 외국인처럼 보였다.

셋째, 순례자들이 그들의 물건을 몹시 경시하므로 상인들이 적지않이 당혹했다. 순례자들을 보려고도 하지 않았다. 사라고 하면 손가락을 귓구멍에 넣고 '내 눈을 돌이켜 허탄한 것을 보지 말게 하소서[1].' 라고 외치며 위를 쳐다보아, 자기네 상거래가 하늘에 있음을 보였다.

순례자들의 거동을 보면서 한 남자가 비웃는 어조로 '무엇을 사시렵니까.'라고 했다. 순례자들은 진지하게 그 남자를 바라보며 '진리를 사려고 합니다.'라고 대답했다[2]. 이 말이 계기가 되어 순례자들에 대한 멸시가 더욱 고조되었으며, 조소하는 자에, 악담하는 자에, 책망하는 자에, 이놈들을 때리라고 다른 사람에게 시키는 자가 생겼다.

이렇게 사태는 장터의 혼란과 대소동이 되어 마침내는 모든 질서가 깨졌다. 당장 이 사실이 장터의 어른에게 보고되고, 그 어른은 속히 와서 어떤 심복에게 위임하여 장터가 뒤집어지는 듯한 소동의 원인이 된 이 남자들을 신문하기로 했다. 순례자들은 신문을 받기 위해 끌려갔다. 조사자는 그 이상한 복장을 하고 어디서 왔는가, 어디로 가는가, 또 그곳에서 무엇을 하는가라고 물었다. 순례자들은 자기들이 순례자이며, 이 세상의 나그네이고 자기의 나라, 즉 하늘의 예루살렘으로 가는 길이며[3], 거리의 사람들에게도 상인들에게도 이처럼 학대하거나 여로를 방해할 이유를 주지 않았고, 다만 한 사람이 무엇을 사려느냐고 묻길래 진리를 사련다고 했을 뿐이라고 대답했다.

그러나 신문을 맡은 사람은 순례자들이 미쳤거나 아니면 장터의 모든 것을 교란하기 위해 온 사람이라고 단정했다. 그래서 순례자들을 묶고 때리며 오물을 바르고 철창 속에 넣어서 장터 사람들의 구경거리로 삼았다.

순례자들은 잠시 거기에 갇혀서 모든 사람의 희롱, 악담, 복수의 과녁이 되었다. 장터의 어른은 언제나 순례자들이 당하는 일을 조소하고 있었다. 그러나 순례자들은 강한 인내로서 조소를 조소로 갚지

1) 〈시편〉 119 : 37. 2) 〈잠언〉 23 : 23. 3) 〈히브리서〉 11 : 13~16.

않고 반대로 복을 빌고, 욕에 대해서 정중한 말씨를 쓰며 받은 상처에 친절을 보였으므로 다른 사람보다 눈이 밝고 편견이 적은 사람은 야비한 자들이 끊임없이 순례자에게 주는 능욕을 제지하기도 하고 나무라게 되었다.

그러자 그 야비한 자들이 분노해서 이 사람들에게 덤벼들면서 이놈들도 철창 속에 있는 놈들과 같은 자들이라고 간주하고, 이놈들도 공범자로 보인다, 두 놈과 함께 고생을 시켜야 한다고 했다. 상대는 이 두 사람은 조용하고 정직한 사람이고 아무도 해치려는 사람이 아니다, 장터에서 장사하는 사람들 중에는 그들이 학대하는 사람보다 철창은 물론이고 죄인을 공개하는 대 위에 두어서 창피를 줘야 할 사람이 많다고 대답했다.

이리하여 여러 말이 쌍방에서 오갔는데, 그동안 순례자들은 그들 앞에서 극히 현명하고 진지하게 처신했다. 곧 장터 사람들이 서로 때리고 맞고 상처를 입히는 형편이 되었다. 그러자 가련하게도 순례자들은 또 신문자 앞으로 끌려 나가서 장터에서 일어난 소동 때문에 벌을 받게 되었다. 그들은 무참하게도 순례자들을 때리고, 손발에 사슬을 묶어 아무도 순례자들을 위해 변호하거나 편을 들어서는 안 된다고 하면서 다른 사람의 본보기로 장터 안을 돌았다. 그러나 크리스천과 성실은 더욱 현명하게 처신하고, 극히 온순하게 또 강한 인내로 당면한 불명예와 치욕을 받고 있었으므로 극히 소수이기는 하지만 장터 안의 몇 사람을 자기네 편으로 넘어오게 할 수 있었다.

이것이 반대당을 격노케 하여 드디어 그들은 순례자들을 죽이기로 결정했다. 그들은 철창도 쇠고랑도 너무 약하다, 이 두 놈은 악한 행위와 장터 사람들을 소란하게 한 일로 죽여야 한다고 위협했다.

순례자들은 어떤 지시가 있을 때까지 다시 철창 속으로 송환되었다. 그 사람들은 순례자들을 던져 넣고 족쇄가 달린 죄인 공개대 위에 움직일 수 없게 묶었다.

이 때 순례자들은 그들의 충실한 친구 전도자한테서 들은 말을 상기하고, 그가 순례자들에게 일어나리라고 한 말에 의해서 가야 할 길과 고난에 대해서 굳게 결심을 했다. 순례자들은 서로 고난을 당하게

▲제2부 제3판의 삽화

보라, 이 '허영 시'를, 순례자들이 묶여서 한 옆에 서 있다. 이곳을 우리 주님도 어떻게 통과하시고, 갈보리산 위에서 돌아가셨다.

된 사람이야말로 가장 행복한 사람이라고 위로했다. 그래서 그들은 각기 마음으로 자기가 그 우선권을 얻기를 원했다. 그러나 만물을 지배하시는 '그분'의 전능하신 섭리에 몸을 맡기고 어떻게든 처분하실 때까지 현재의 상태에 만족하고 있었다.

그러는 중에 적당한 시기가 결정되면 재판을 받기 위해 끌려 나가 죄의 선고를 받게 되어 있었다. 드디어 그 때가 되자 순례자들은 원수 앞으로 끌려가서 고발당했다. 재판장의 이름은 염선경(厭善卿)이었다. 고발장은 형식이 약간 다르지만 실질에서는 아주 같고 내용은 이러했다.

'이 두 사람은 상업의 원수이며 방해자였다. 이들은 거리에서 동란과 당쟁을 야기하고, 또 군주의 법률을 멸시하여 이들의 가장 위험한 의견에 가담하는 일당을 획득했다.'

성실 "나는 지극히 높으신 자보다 더 높은 사람인 하나님을 반대하는 자에게만 항거했습니다. 동란을 야기했다고 하는데, 나 자신은 평화의 사람이기 때문에 그런 것을 일으킨 기억이 없습니다. 우리를 지지한 분들은 우리의 진실과 결백을 보시고 지지하셨으며, 그것은 악으로부터 선으로 바꾸신 것에 지나지 않습니다. 당신들이 말하시는 왕은 우리 주님의 원수 바알세불이니까, 나는 그와 그를 따르는 모든 신하에게 도전합니다."

그러자 형사피고인에 대해서, 그들의 군주를 위하여 발언하려는 사람은 곧 출두해서 그 증언을 제출할 것이라는 포고가 발령되었다. 그래서 출두한 사람이 세 증인, 즉 질투, 미신, 아첨(阿諂)이다. 그들은 형사피고인을 아는가, 또 그에 대해서, 군주를 위해서 무엇을 말하려는가 하고 질문을 재판장으로부터 받았다.

질투 (앞으로 나아가서) "각하, 저는 오래전부터 이 남자를 알고 있습니다. 서약에 의하여 이 존귀한 자리에서 증언합니다만 이 남자는 ……."

재판장 "잠깐, 서약을 시켜라."(사람들은 서약을 했다.)

▲1692년 제 13판의 삽화

성실 씨여, 자 담대하라. 말하라, 하나님을 위해. 두려워하지 말라, 삐뚤은 악과 채찍을. 담대하게 말하라, 진리는 네 편이다. 그것을 위해 죽으라, 승리하고 '생명'으로 들어가라.

질투 "각하, 이 자는 그럴 듯한 이름과는 상관없이 우리나라에서 가장 야비한 사람입니다. 이놈은 왕도, 백성도, 법률도, 관습도 존중하지 않습니다. 이놈이 오직 하는 일이란 신앙과 거룩한 길이라고 부르는 흉악한 사상을 모든 사람들에게 전염시키려는 것뿐입니다. 특히 나는 일찍이 이놈이 그리스도교와 우리 '허영 시'의 관습과는 정반대이고, 도저히 서로 용납될 수 없는 것이라고 단언하는 말을 들었습니다. 각하, 이놈은 그야말로 우리의 칭찬할 만한 행위를 비난할 뿐 아니라, 그것을 행하는 우리를 비난합니다."

재판장 "더 할 말이 있는가?"

질투 "더 말씀 드릴 수 있습니다만, 법정에 번거로움을 끼치고 싶지 않습니다. 그러나 다른 분들이 증언하신 다음, 그 증언이 부족하다면 그 때 제가 더 보충증언을 하도록 하겠습니다."

그는 옆에 서 있으라는 명령을 받았다.

그리고 사람들은 미신을 불러내서 피고를 보라고 명령했다. 그들은 그가 피고들에 대해서 군주를 위하여 하려는 말을 물었다. 그리고는 서약을 시켰다.

미신 "각하, 나는 이 남자와 그리 교제도 없고 또 이 남자를 알려고도 하지 않습니다. 그러나 다음의 사실은 알고 있습니다. 그것은 며칠 전 이 거리에서 이놈과 나눈 약간의 대화에서 이놈은 극히 해로운 자라는 것을 알게 되었습니다. 그것은 이놈이 우리의 종교는 무가치하여, 사람이 그것으로는 절대로 하나님을 기쁘게 할 수 없다고 했기 때문입니다. 이 말은 각하도 잘 아시다시피 우리는 지금 헛것을 섬기고 있으며, 또한 여전히 죄를 짓고 있기 때문에 결국에는 멸망을 선고받은 사람이라는 말이 됩니다."

이윽고 아첨이 서약하고, 형사피고인에 대해서 군주를 위해 아는 바를 말하라는 명령을 받았다.

아첨 "각하, 그리고 여러분, 이 남자를 저는 오래전부터 알고 있어서 이놈이 해서는 안 될 말을 하는 것을 들었습니다. 이놈은 우리의 존귀하신 왕 바알세불을 욕하고, 또 왕의 존경할 만한 친구인 구인경(舊人卿)·열육경(悅肉卿)·사치경(奢侈卿)·허영경(虛榮卿), 우리의 친애하는 호색경(好色卿)·탐욕경(貪慾卿)과 우리의 귀족, 기타 분들에게도 모욕적인 말을 했습니다. 더욱이 모든 사람이 이놈과 같은 마음이라면 이 귀족 중 한 사람도 이 도시에 생존할 수 없을 것이라고 했습니다. 그리고 또 이놈은 재판장이신 당신을 부정한 일당이라고 했고 이놈이 우리 도시의 신사 중 대부분에게 욕을 했습니다."

아첨이 말을 끝냈을 때 재판장이 형사피고인에게 말했다.

재판장 "너는 방랑인(放浪人)이고, 이단자이며, 반역자이다. 너는 이 정직한 신사들이 네게 대해서 증언한 말을 들었느냐?"

성실 "약간 변명해도 좋겠습니까?"

재판장 "너는 더 이상 살 자격이 없는 놈이니까 당장에 죽여야 해. 그러나 네게 대한 우리의 관용을 모든 사람에게 알리기 위해서 극악한 방랑인인 네 말을 들어주지."

성실 "먼저 질투 씨가 하신 말에 대답하겠습니다. 내가 할 말은 이것뿐입니다. 즉 어떤 규칙도, 법률도, 관습도 '하나님의 말씀'에 전혀 반대인 것은 그리스도교에 정반대라고 했습니다. 이 점에서 잘못된 것이 있으면 그 잘못을 알려주십시오. 그러면 여러분 앞에서 내 말을 포기하겠습니다.

그리고 미신 씨의 증언에 대해서 말씀 드립니다. 하나님을 예배하려면 거룩한 신앙이 필요하다, 그리고 하나님의 뜻인 거룩한 계시가 없는 거룩한 신앙이란 있을 수 없다, 그러므로 거룩한 계시에 일치하지 않는 하나님에 대한 예배에 끼인 것은 인간적인 믿음에 불과하고, 그런 신앙은 영원한 생명에는 유익하지 못하다고 했습니다. 그다음 아첨 씨가 증언하신 점에 대해서 (내가 욕을 했다든가 기타의 일은 제외하고) 말하겠습니다. 이 도시의 왕, 이분이 이름을 열거하신 그의 신하는 이 도시와 나라에 있는 것보다 지옥에 있는 것이 어울린다고 했습니다. '주'님, 저를 불쌍히 여기소서."

재판장이 배심원들(그들은 이 때까지 옆에 서서 듣고 보았다)에게 말했다.

재판장 "배심원 여러분, 여러분은 이 도시에 대소동을 일으킨 남자를 보고 있습니다. 여러분은 훌륭한 분들의 그에 대한 증언도 청취했습니다. 또 이 사람의 대답과 고백도 들었습니다. 지금 이 사람을 교수형에 처하느냐 살리느냐 하는 것도 여러분들의 마음에 달렸습니다. 지금 여러분에게 우리의 법률을 설명하는 것은 시기에 맞는 일이라고 생각합니다.

우리 왕의 신하, 바로대왕 시대에 한 법령이 제정되었습니다. 그것은 이방종교가 번식하여 감당할 수 없이 강해지는 일이 없도록 그들의 사내아이를 강에 던지라는 것이었습니다[1]. 왕의 신하인 느부갓네살 대왕 시대에도 한 법령이 제정되었습니다. 그것은 어떤 사람이든지 엎드려서 그의 황금상에게 절하지 않으면 풀무에 던진다는 것이었습니다[2]. 또 다리오 시대에도 한 법령이 제정되었습니다. 그것은 일정 기간 중 왕 이외의 어떤 신에게 기도해도 사자굴에 던진다는 것이었습니다[3].

이 반역자는 이 법령들의 취지를 위배했습니다. 사상뿐만 아니라 (그것만도 참을 수 없지만) 말로 또 행동으로 깨뜨렸습니다. 그러니까 아무래도 용서할 수 없습니다. 바로의 법령은 재난을 예방하기 위해 가정에 기초하여 미리 제정된 것이어서 범죄는 아직 분명치 않았습니다. 그러나 이곳에는 분명히 범죄가 존재합니다. 둘째, 셋째 법령에 대해서도 이 사람은 보시다시피 우리의 종교를 비난하고 있습니다. 그가 고백한 반역 때문에 당연히 사형에 처해야 합니다."

그래서 배심원들이 나갔는데, 그 이름은 맹인(盲人) 씨, 불선(不善) 씨, 악의(惡意) 씨, 애욕(愛慾) 씨, 방탕(放蕩) 씨, 이기(利己) 씨, 오만(傲慢) 씨, 적의(敵意) 씨, 허언(虛言) 씨, 잔인(殘忍) 씨, 염광(厭光) 씨, 집념(執念) 씨인데, 그들은 모두 유죄판결을 내리리라 속으로 생각하고 있었다. 따라서 그들은 전원 일치로 재판장 앞에서 그를 유죄로 단정했다.

맹인 (배심원장) "나는 이 사람이 이단임을 분명히 알 수 있다."

불선 "이런 놈은 땅 위에서 내쫓아야 해."

악의 "그렇다. 저 얼굴부터가 마음에 들지 않는다."

애욕 "참을 수 없는 놈이다."

---

1) 〈출애굽기〉 1 : 22.　2) 〈다니엘〉 3 : 4~6.　3) 〈다니엘〉 6 : 7~9.

이기 "이놈은 언제나 내가 하는 일을 비난하려고 들거든. 교수형에 처해 목을 매."

오만 "불쌍한 놈이다."

적의 "이놈만 보면 메스꺼워."

허언 "악당이야."

잔인 "교수형도 저놈에게는 과분해."

염광 "방해를 못하도록 처치해 버리자."

집념 "온 세계의 것을 준다고 해도 저놈과는 화목할 수 없다. 그러니 당장 사형에 처해 버리자."

그래서 그대로 했다. 성실은 지금 있는 곳에서 그가 본래 있던 곳으로 끌려가서 인간이 고안해 낼 수 있는 가장 잔혹한 방법으로 사형에 처하기로 결정되었다.

따라서 그들은 그들의 법에 따라서 처치하기 위해 그를 끌어냈다. 먼저 채찍질을 하고 주먹으로 때렸다. 다음에 작은 칼로 그의 살을 찔렀다. 그후에 그를 돌로 때려 쓰러뜨리고 검으로 찌르고, 최후에는 화형기둥에 매달아 불태워서 재를 만들었다. 이리하여 성실은 최후를 고했다.

그런데 나는 그 군중들 뒤에서 성실을 기다리고 있던 쌍두마차가 (그의 곤경이 끝나자마자) 그를 태우고 나팔소리 울리는 가운데 하늘문에 이르는 가장 가까운 길을 구름 사이로 올라가는 모습을 봤다.

크리스천은 형의 집행을 약간 유예받아 감옥으로 송환되었다. 거기서 그는 잠시 머물렀다. 그러나 모든 것을 지배하시고 그들의 분노도 좌우하는 힘을 가지신 '그분'이 섭리하셨기 때문에 크리스천도 그들에게서 벗어나 여로에 올랐다. 그는 가는 길에 노래했다.

성실, 당신은 당신의 주님을 충실히
섬겼다. 당신에게 축복이 있으라.
성실치 못한 자는 헛된 기쁨과
지옥의 근심 걱정 밑에 부르짖을 때
노래하라, 성실, 당신의 이름을 후세에 남기라.

▲1682년 제 8판의 삽화

용감하다 성실 씨, 말에, 행동에. 재판장과 증인과 배심원들은 그대를 이기지 못해 분노를 나타냈다. 그들은 영원히 죽고, 그대는 영원히 살 것이다.

사람들이 당신을 죽였지만 당신은 아직 살았도다.

꿈속에서 나는 봤다. 크리스천은 혼자서 출발한 것은 아니었다. 유망(有望)이라는 남자가 (장터에서 고통당할 때의 크리스천과 성실의 말이나 거동을 보고) 그들을 지지하게 되고, 의형제를 맺은데다 동행하겠다고 했다. 이리하여 한 사람은 진리를 증명하며 죽었고, 다른 한 사람은 죽은 데서 다시 살아서 순례길을 가는 크리스천의 동행이 되었다. 이 유망은 크리스천에게 그 장터에는 때를 기다려 뒤따라올 사람이 꽤 많다고 했다.

그리고 나는 그들이 장터 밖으로 나간 후, 그들 앞을 걸어가는 한 남자를 따라잡은 것을 봤다. 이 남자의 이름은 사심(私心)이었다. 두 사람은 이 남자에게 말했다.

크리스천과 유망 "여보세요, 당신은 어느 나라 사람입니까? 어디까지 가십니까?"

사심 "나는 완언 시(婉言市)에서 온 사람입니다. '하늘의 도성'으로 가는 길입니다(이름은 말하지 않았다).

크리스천 "완언 시라고요? 거기 살고 있는 사람 중에 좋은 이가 있습니까?"

사심 "예, 있다고 생각합니다."

크리스천 "실례지만 성함은?"

사심 "나는 당신들에게 남이고 당신들은 내게 남입니다. 이 길을 가신다면 기꺼이 동행이 되겠습니다. 그렇지 않으면 혼자라도 도리가 없습니다."

크리스천 "완언 시에 대해서 나도 들은 일이 있습니다. 내 기억에 따르면 부유한 고장이라던데요."

사심 "예, 확실히 그렇습니다. 그곳에 나의 부유한 친척이 많습니다."

크리스천 "실례지만 당신의 친척이란 어떤 분입니까?"

사심 "거의 시내 전체의 사람들이 친척입니다. 특히 변덕경(變德卿), 영합경 (迎合卿), 완언경(시의 이름이 이분의 조상에서 나왔다), 원활(圓滑) 씨, 이심(二心) 씨, 무엇이든 씨, 그리고 우리 교구의 목사인 식언(食言) 씨는 외삼촌이었습니다. 터놓고 말하면 나도 지금은 퍽 신분이 좋습니다만, 내 증조부는 한쪽을 바라보면서 다른 쪽으로 배를 모는 뱃사공이었습니다. 나도 같은 일로 재산의 대부분을 만들었습니다."

크리스천 "당신은 결혼하셨습니까?"

사심 "예, 내 처는 덕이 높은 여인의 딸인데 부덕이 극히 높은 여인입니다. 아내는 가장부인(假裝夫人)의 딸이었습니다. 매우 명예로운 가정 출신으로 교양이 매우 높아 왕후(王侯)로부터 농부에 이르기까지 어떤 사람 앞에 나가도 상대하는 법을 잘 알고 있습니다. 이건 사실입니다. 종교를 갖는 데 있어 지나치게 엄격한 자들과 우리 사이에는 어떤 차이점이 있는 것 말입니다. 그러나 그것은 사소한 두 개의 점에 불과하지요. 첫째, 우리는 절대로 세상의 풍조를 거슬리지 않습니다. 둘째, 우리는 종교가 은슬리퍼를 신고 있을 때에는 언제나 매우 열심입니다. 햇볕이 비치고 사람들이 종교에 갈채를 보낸다면 함께 거리를 걷는 것을 매우 좋아합니다."

이 때 크리스천이 그의 친구 유망에게 다가가서 말했다.

크리스천 "이제 생각났는데 이 사람은 완언 시의 사심이라는 사람인 듯합니다. 그 남자라면 우리는 이 부근 일대에 살고 있는 심한 악당과 동행이 된 셈입니다."

유망 "물어보십시오. 저 남자도 자기 이름을 부끄러워하지 않을 겁니다."

크리스천 (다시 그에게로 가서) "당신은 세상 모든 사람보다 유식한 듯이 말씀하시는군요. 내 짐작이 빗나가지 않았으면 당신의 이름은 완언 시의 사심 씨지요."

사심 "그것은 내 본명이 아닙니다. 사실은 나를 원수로 여기는 사람이 붙인 별명입니다. 그래서 나 이외의 선인이 지금까지 참았듯이 그것을 비난으로 참아야 합니다."

크리스천 "당신은 남한테서 그런 이름으로 불릴 만한 일을 한 기억은 없습니까?"

사심 "절대로. 내가 그런 이름으로 불릴 만한 일을 했다는 것은 고작 이런 것입니다. 즉 당시의 시대 사조가 어떻든 내 의견은 언제나 그것과 운 좋게도 부합했는데, 요행으로 그래서 덕을 본 셈입니다. 그러니까 내가 이득을 보았다는 것은 하나의 신의 축복이지 결코 어떤 비난이나 질책을 받을 것은 아니라고 봅니다."

크리스천 "사실 당신은 소문대로군요. 내 생각을 그대로 말씀 드리면, 이 이름은 당신이 우리더러 생각해 줬으면 하는 이상으로 당신에게 잘 맞습니다."

사심 "그렇게 상상하신다면 도리가 없습니다. 교제하기를 허락하신다면 내가 좋은 상대라는 사실을 아시게 될 겁니다."

크리스천 "우리와 함께 가시려면 세상의 풍조를 거슬리며 가셔야 합니다. 그것은 당신의 의견과 반대이겠지요. 당신은 종교가 영락해서 누더기를 걸치고 있을 때에도 번영해서 은슬리퍼를 신고 있을 때와 같이 그것을 인정하고, 또 쇠사슬에 묶여 있을 때에도 갈채를 받으며 거리를 걷는 때와 같이 그것을 지지해야 합니다."

사심 "신앙은 강요하거나 위압해서는 안 됩니다. 내 자유에 맡겨 주십시오. 그리고 동행케 해주십시오."

크리스천 "내가 제의하는 것을 우리와 같이 하지 않으시려면 이상 한걸음도 더 갈 수 없습니다."

사심 "나도 나의 낡은 주의를 절대로 버리지 않습니다. 해가 없고 유익한 것이니까요. 동행할 수 없다면 당신들이 나를 따라잡기 전에 하던 것처럼 할 수밖에 없습니다. 즉 누군가 나와 동행하기를 기뻐할 사람이 따라올 때까지 혼자서 가는 겁니다."

나는 꿈속에서 크리스천과 유망이 그 남자를 뿌리치고 멀리 떨어져 나가는 것을 봤다. 둘 중에 한 사람이 뒤를 돌아봤을 때 세 남자가 사심 씨를 따라오는 것을 봤다. 세 사람이 그에게까지 왔을 때 그는 이 세 사람에게 매우 정중하게 인사했다. 세 사람도 그에게 인사했다.

이 사람들의 이름은 세욕(世慾) 씨, 탐재(貪財) 씨, 구두쇠 씨인데, 사심 씨가 옛날에 알고 있던 사람들이었다. 그들은 모두 소년시절의 학교 친구들인데, 북부지방의 탐욕주의의 시장거리에 있는 애리(愛利)

국민학교에서 확인(穫人) 씨라는 사람에게 배웠다. 교사는 폭력, 기만, 아첨, 거짓말이나 종교의 가장에 의한 이득방법을 가르쳤다. 그래서 이 네 신사는 스승의 술법을 많이 터득하고 각기 그런 학교를 세울 수 있었으리만큼 되었다.

탐재 (사심에게) "저 앞에 가는 사람들은 누굽니까?"(크리스천과 유망은 그 때까지도 모습이 보였던 것이다.)

사심 "먼 나라 사람들인데 그들의 풍속에 따라 순례하고 있습니다."

탐재 "유감이군요. 왜 기다리지 않을까요? 우리와 동행이 될 수 있을 텐데요. 저 사람들과 우리와 당신은 모두 순례를 하고 있으니까요."

사심 "물론 그렇지요. 그러나 저 앞에 가는 사람들은 참 완고하고 자기의 생각만을 고집하여 남의 의견을 매우 경시합니다. 그래서 사람이 아무리 경건해도 모든 일에 저들과 일치하지 않으면 동행을 거절합니다."

구두쇠 "그거 참으로 나쁘군요. 우리는 지나치게 의인이 되는[1] 사람이 있다는 것을 오래전에 읽은 일이 있습니다. 그런 사람들은 너무나 완고하기 때문에 자기 이외의 모든 사람을 심판하고 정죄해 버립니다. 그런데 대체 의견이 맞지 않는 것은 어떤 일이며 또 견해 차이가 얼마나 있었습니까?"

사심 "그 사람들은 그 완고한 방식에 따라서 날씨에 상관없이 길을 재촉하는 것이 의무라고 단정합니다만, 나는 풍조를 기다리자고 합니다. 그들은 하나님을 위해서 모든 것을 거는 편인데 이에 비해 나는 모든 기회를 이용해서 생명과 재산을 지키자는 설입니다. 그들은 설혹 다른 사람들이 모두 반대해도 자기의 의견을 고집하는 편이지만, 나는 시대와 나의 안전이 보장될 때에만 종교를 소유할 수 있다고 했습니다. 그들은 종교가 누더기를 입고 경멸을 받을 때에도 지지하지만 나는 종교가 은슬리퍼를 신고 햇볕 속을 갈채를 받으며 걸을 때에만 편을 듭니다."

---

1) 〈전도서〉 7 : 16.

세욕 "그렇습니다. 언제나 그 점을 고수해 주십시오, 사심 씨. 나는 그가 자기 물건을 갖고 있을 자유를 지니면서 어리석게도 그것을 잃는 바보로밖에 생각할 수 없습니다. 뱀같이 지혜롭게[1] 해야 합니다. 햇볕이 있을 때에 건초를 만드는 것이 가장 좋지요. 아시다시피 뱀은 겨울 동안은 가만히 있다가 유쾌하게 이익을 얻을 수 있는 때만 활동합니다.

하나님은 때로 비를 내리시고 때로는 햇볕을 주십니다. 설혹 그들이 빗속을 가는 정도의 바보라고 해도 우리는 날씨가 좋은 날을 택해서 가시도록 합시다. 나는 우리에게 대한 하나님의 축복의 보증과 일치하는 종교를 가장 좋아합니다. 그것은 이성에 지배되고 있는 사람이면 하나님이 이 세상의 좋은 물건을 우리에게 주셨는데, 하나님을 위해서 우리가 그것을 유지하는 것을 하나님이 좋아하시지 않는다고 생각할 사람은 없기 때문입니다. 아브라함도 솔로몬도 종교로 부자가 되었습니다. 또 욥도 말했습니다. '선인은 티끌처럼 황금을 쌓으라[2].'고. 그러나 선인이란 저 앞을 가는 사람이어서는 안 됩니다."

구두쇠 "이 일에 대해서는 우리가 모두 일치하고 있습니다. 그러므로 그것에 대해서는 더 말할 필요가 없습니다."

탐재 "그렇습니다. 사실 이 일에 대해서는 더 이상 얘기할 필요는 없습니다. 그것은 성서도, 이성도(아시다시피 둘 다 우리 편인데) 믿지 않는 사람들은 자기의 자유도 모르고, 자기의 안전도 구하지 않기 때문입니다."

사심 "여러분, 아시다시피 우리는 순례길에 나섰습니다. 그래서 나쁜 일로부터 기분을 전환하기 위해 다음 문제를 제출토록 허락해 주십시오. 어떤 목사나 상인이 이 세상의 축복을 얻을 수 있는 기회를 눈앞에 두었다고 합시다. 그런데 그것은 그가 이 때까지 관심을 두지 않았던 종교의 관점에서 적어도 외관만으로도 특별히 관심을 두어야만 손에 넣을 수 있는 것이라고 합시다. 이 사람이 그 목적을 달성하기 위해 눈앞의 수단을 사용해도 정직한 사람이라 할 수 있을까요?"

탐재 "질문하신 뜻은 알겠습니다. 실례지만 내가 대답을 하도록 노

---

1) 〈마태복음〉 10 : 16. 2) 〈욥기〉 22 : 24.

력하겠습니다. 먼저 목사 자신에 관한 질문에 대답한다면, 가령 목사가 훌륭한 사람이면서 봉급을 조금밖에 못 받는다고 합시다. 그리고 훨씬 많은 봉급을 바라는데, 그것을 손에 넣을 수 있는 기회가 생긴 것입니다. 그리하여 더욱 열심히 공부하고, 더 많이 열심히 설교하고, 사람들의 기질이 요구하는 대로 약간의 자기의 주의를 바꾸어야 손에 넣을 수 있다고 합시다.

내 생각에는 (그가 '소명'을 받았다면) 그렇게 해도, 아니 그밖에 더 많은 일을 해도 정직한 사람이지 그렇지 않을 이유는 없습니다. 그것은 우선적으로 한층 더 많은 봉급이 하나님의 '섭리'로 눈앞에 놓인 이상, 그것을 바라는 것은 정당합니다(이에 반대할 수는 없습니다). 그러니까 그것을 손에 넣어도 좋습니다. 양심 때문에 의문을 일으키지 말고. 뿐만 아니라 그런 봉급을 원하는 마음은 그로 하여금 더욱 공부하게 하고, 더 열성있는 설교가로 만들고, 한층 더 좋은 인간으로 만듦과 동시에 그의 재능을 한층 더 높입니다. 그것은 하나님의 뜻에 맞는 일입니다. 그리고 그의 신도에게 도움이 되도록 자기의 주의를 약간 굽혀서 그들의 기질에 따르는 일은 다음의 사실을 증명합니다.

결국 첫째는 그에게 극기심이 있는 것, 둘째는 부드럽고 남에게 호감을 주는 것, 그리고 셋째는 성직에 적당한 사람인 것입니다. 그러므로 결론을 말하면 적은 봉급을 많은 것과 바꾸는 목사는 그렇게 했다고 탐욕이라고 판단해서는 안 됩니다. 오히려 그것으로 재능과 근면을 더 나타낸 이상, 그는 자기의 소명에 충실하고 선을 이루는 기회를 추구하는 사람으로 생각해야 합니다.

이번에는 질문의 둘째 부분, 즉 당신이 말씀하신 상인에 관한 것인데 가령, 본래 가난하던 자가 종교를 갖게 됨으로써 장사가 잘되고, 의외로 돈이 많은 아내를 얻고, 그 점포에는 이전보다 훨씬 많고 좋은 고객이 생겼다고 합시다.

내 생각에는 이것이 정당하지 않다는 이유는 없습니다. 왜냐하면 첫째 종교를 갖게 된다는 것은 어떤 목적으로 되었다고 해도 하나의 미덕입니다. 둘째 돈이 많은 아내를 얻는 것과 점포에 더 많은 고객이 생긴 것도 부정한 일이 아닙니다. 셋째는 종교를 갖게 되는 것으로 이것들을 손에 넣는 사람은 스스로 선해지는 것으로서, 선한 사람들에게서 좋은 것을 손에 넣습니다. 그래서 여기 좋은 아내가 있고 좋은 고객이 있고 좋은 이익이 있는데, 이것이 모두 신도가 되는 일, 즉 선한 일에 의해서 생겼습니다. 그러므로 이 모든 것을 얻기 위해서 신도가 되는 것은 좋고 또 유익한 계획입니다."

이리하여 이 탐재 씨에 의해서 사심 씨의 질문에 대한 대답이 나왔는데, 일동의 큰 갈채를 받았다. 일동은 대체로 이것이 가장 타당하고 또 유리한 것이라고 단정했다. 또 그들은 아무도 이 말에 이의를 말할 수 없다고 생각했고, 또한 크리스천과 유망은 아직 소리치면 들리는 곳에 있었으므로, 저 두 사람을 따라잡아 당장 이 질문으로 공격하자는 데 의견이 일치되었다. 더욱이 방금 두 사람이 사심에게 반대한 일도 있었으니까.

그래서 두 사람에게 소리쳤다. 두 사람은 걸음을 멈췄다. 그리고 이 사람들이 자기들 옆에 도착하기까지 가만히 서 있었다. 일동은 두 사람에게 다가가면서 사심 씨가 아니라 세욕 씨가 두 사람에게 이 질문을 하도록 정했다. 그것은 이 남자에 대한 두 사람의 대답은, 방금 헤어질 때에 사심 씨와 두 사람 사이에 교환된 논쟁의 열기는 없을 것이라고 생각한 때문이다.

그들은 서로 접근하여 짧은 인사가 있은 후에, 세욕 씨는 이 질문을 크리스천과 그 친구에게 던지고는 대답할 수 있으면 대답해 보라고 했다.

크리스천 "종교에 대해서는 어린애와 같은 사람이라도 그런 문제라면 얼마든지 대답할 수 있소. 왜냐하면 떡 때문에 그리스도를 따르는 것이 옳지 않다면(요한복음 제6장에 있는 것처럼), 하물며 그리스도와 종교를 일종의 수단으로 사용해서 물질을 손에 넣거나 향락하려는 것은 얼마나 나쁜지 모르오. 또 우리는 이교도나 위선자나 악마나 마술사 이외에 그런 의견을 가진 사람은 아직 못 봤소.

첫째, 이교도란 하몰과 세겜이 야곱의 딸과 가축에 마음이 쏠리고, 또 할례를 받지 않으면 그것들을 획득할 길이 없다고 깨달았을 때에 두 사람은 그 동료에게 말했소. 우리 모든 남자들이 저 사람들처럼 할

례를 받으면 그 가축과 재산이 우리의 것이 될 것이라고. 그 딸과 가축이 두 사람의 구하는 것이고, 그 종교는 그것들을 획득하기 위해 사용한 수단이었소. 이야기 전체를 읽어 보세요[1].

둘째, 위선적인 바리새인도 이 종교의 신도였소. 오랜 기도는 그의 위장이고 진짜 목적은 과부의 집을 수중에 넣는 것이었소. 그래서 더욱 엄한 형벌을 하나님한테서 받는 것이 그 심판이었소[2].

셋째, 악마 유다도 이 종교의 신자였소. 그놈은 그 속에 있는 것을 소유하려고 돈주머니 때문에 신도가 되었소. 그러나 그놈은 망했소. 버림을 받았소. 바로 영원한 멸망의 자식이었소.

넷째, 마술사인 시몬도 이 종교의 신도였소. 그놈은 돈을 벌기 위한 수단으로 성령을 소유하려 했소. 베드로의 입에서 나온 선언은 당연한 것이었소[3].

그리고 다섯째로 세상 때문에 종교를 버린다는 생각이 내 머리를 떠나지 않소. 유다가 세상을 버리고 신도가 된 것이 확실하다면 그가 세상 때문에 종교와 '주님'을 판 것도 확실하니까. 그러므로 당신들이 그렇게 하신 모양인데, 이 질문에 대해서 긍정적으로 대답하고, 또 그런 대답을 신빙할 만한 것으로 받아들인다는 것은 이교도적이기도 하고 위선적이기도 하며, 악마적이기도 하오. 당신들의 보수는 그 업적 여하에 달렸소."

그들은 서로 마주보면서 서 있기만 하고 크리스천에게 대꾸할 도리가 없었다. 유망도 크리스천의 대답이 타당하다고 시인했다. 그들 사이에는 무거운 침묵이 흘렀다. 사심 씨와 그 동료는 또다시 크리스천과 유망에게 길을 양보하기 위해 물러나서 뒤쪽으로 갔다.

크리스천 (유망에게) "이 사람들이 사람의 선고를 견딜 수 없다면 하나님의 선고 앞에선 어찌할까요? 질그릇[4](사람)에게 얻어맞고 말할 수 없다면 맹렬한 불꽃으로 책망을 받을 때는 어찌할까요?"

크리스천과 유망은 다시 이 사람들을 앞질러서 전진하여, 안락(安樂)이라는 기분이 상쾌한 들에 도착하고는 매우 만족해 하면서 통과했다. 그러나 그 들은 매우 좁아서 금방 통과했다. 그 들 끝에 이익이

---

1) 〈창세기〉 34 : 20~23. 2) 〈누가복음〉 20 : 46,47. 3) 〈사도행전〉 8 : 19~22. 4) 〈고린도후서〉 4 : 7.

라는 작은 언덕이 있는데, 그 언덕에는 은광(銀鑛)이 있어서 옛날 그 지방으로 간 사람은 그 신기함에 끌려 구경하려다가 곁길로 빠졌었다. 그러나 지나치게 갱의 가장자리로 접근하다가 발밑의 땅이 무너져 그 사람들은 죽기도 하고 불구도 되어 죽을 때까지 회복되지 않았다.

나는 꿈속에서 데마[1]를 봤다. 그는 길에서 조금 떨어진 은광과 마주선 곳에 서서 지나가는 사람들에게 구경하러 오라고 외치고 있었다. 그는 크리스천과 그 친구에게 말했다.

데마 "여보세요, 이리로 오세요. 보여드릴 것이 있습니다."

크리스천 "우리를 곁길로 빠지게 할 수 있을 만큼 가치있는 것이란 도대체 뭐요?"

데마 "이곳에는 은광과 그 안에서 보화를 캐고 있는 사람들이 있습니다. 이리로 오시면 작은 노력으로 노자를 마련할 수 있습니다."

유망 "보러 갑시다."

크리스천 "나는 가지 않겠소. 지금까지 이곳에 대한 이야기와 이곳에서 죽은 사람들의 이야기를 들었소. 그리고 보화란 그것을 구하는 사람을 잡기 위한 함정이오. 그것은 그 사람들의 순례를 방해하는 것이니까요. (데마에게) 그곳은 위험하지 않은가요? 많은 사람의 순례를 방해하지 않았나요[2]?"

데마 "그렇게 위험하지는 않습니다. 조심하지 않는 사람은 다르지만."(그렇게 말하면서 얼굴을 붉혔다.)

크리스천 (유망에게) "한걸음도 흐트러뜨리지 말고 끝까지 우리의 길을 지킵시다."

유망 "틀림없이 사심이 이곳으로 와서 우리와 똑같은 유혹을 받는다면 저곳으로 보러 갈 겁니다."

크리스천 "물론이지요. 그 남자의 주의가 그곳으로 인도하니까요. 그리고 99퍼센트는 거기서 죽을 겁니다."

데마 "이곳으로 와 보지 않으렵니까?"

크리스천 (단호하게) "데마, 너는 이 길의 '주인'의 옳은 일에 대한

---

1) 〈디모데후서〉 4 : 10. 2) 〈호세아〉 14 : 8.

원수이며, 너 자신이 곁길로 빠졌던 일에 대해서 이미 폐하의 재판장 중 한 사람(사도 바울)에 의해서 선고를 받았다[1]. 그런데 너는 왜 우리를 같은 형벌을 받게 하려느냐? 그리고 우리가 곁길로 빠진다면 우리 임금께서 들으실 것이고, 우리가 담대하게 그 앞에 서려고 할 경우에 우리를 부끄럽게 하실 것이다."

데마 "나도 당신들의 형제입니다. 조금만 기다려 주신다면 나도 함께 갈 생각입니다."

크리스천 "이름이 뭔가? 내가 부른 그대로가 아닌가?"

데마 "그렇습니다. 내 이름은 데마입니다. 나는 아브라함의 아들(자손)입니다."

크리스천 "알고 있다. 게하시는 네 증조부, 유다는 네 아버지였다. 너는 그들의 발자취를 따랐다[2]. 네가 하는 일은 악마의 장난에 지나지 않는다. 네 아버지는 반역자로서 교수형을 받았고 너 또한 보다 더 나은 대가는 받지 못할 것이다. 우리가 왕 앞에 도착하면 지금의 네 행위를 말씀 드릴 테니 그리 알아라."

두 사람은 나그네길을 서둘렀다.

이즈음에 사심과 그의 동행이 나타났다. 그리고 이 사람들은 두말없이 그 초청에 응해서 데마가 있는 곳으로 갔다. 그들이 그 은광을 들여다보다가 갱 속으로 떨어졌는지, 땅을 파러 내려갔는지, 평소에도 생기는 독가스로 질식했는지 확실하게 알 수 없다. 다만 이것만 알았다. 그들이 다시는 이 길에 모습을 나타내지 않았다는 사실이다. 크리스천은 노래했다.

사심, 은광의 데마와 마음이 맞았다.
그가 부르면 제가 달려가서 이익을
나누려고 했다. 이리하여 그들은
이 세상을 사랑하고 더 전진하려 하지 않았다.

나는 이 들의 바로 건너편에 순례자들이 바로 길 옆에 어떤 낡은 기

1) 〈디모데후서〉 4 : 10. 2) 〈열왕기하〉 5 : 20, 〈마태복음〉 26 : 14,15, 27 : 1~5.

넘비가 서 있는 곳으로 오는 것을 봤다. 그들은 그 모양이 이상함에 마음이 끌렸다. 그것이 기둥으로 변형된 여인처럼 생각되었기 때문이다. 이 때 그들은 그것을 바라보고 또 바라보면서 서 있었는데, 잠시 어떻게 해야 좋을지 알 수 없었다.

마침내 유망이 그 비석 머리에 낯선 글씨로 쓴 것을 발견했다. 그러나 그는 학자가 아니었으므로 크리스천을 불러서(이 사람에게는 지식이 있었으므로) 그 의미를 알 수 있는지 보라고 했다. 크리스천은 다가와서 잠시 글자를 맞추어 본 후에 그 의미가 곧 '롯의 처를 생각하라.'인 줄을 알았다. 그는 친구에게 그것을 읽어 주었다. 그들은 그것이 롯의 처가 소돔을 피해 안전한 곳으로 도망치다가 탐욕 때문에 뒤를 돌아본 대가로 모습이 변한 그 소금기둥이라고 추측했다[1]. 이 의외로 놀라운 것을 본 일은 곧 그들에게 다음과 같은 대화의 기회를 주었다.

크리스천 "아, 형제여, 이것은 시의 적절한 구경입니다. 데마가 이익언덕을 보러 오라고 우리를 유혹한 직후에 때마침 만났군요. 우리는 그가 바라던 대로, 또 형제가 하려고 생각한 대로 그곳으로 갔다면, 우리도 이 여자처럼 나중에 보러 오는 사람들의 구경거리가 되었을 겁니다."

유망 "내가 그렇게 어리석었던 일과 지금 내가 롯의 처와 같이 되지 않은 일을 이상히 여기는 것은 슬픈 일입니다. 그녀의 죄와 내 죄의 차이는 어디에 있을까요? 그녀는 그저 뒤돌아봤을 뿐인데 나는 보러 가고 싶어했습니다. 하나님의 은혜를 감사하면서, 일시적이나마 그런 일이 내 마음에 있었던 것을 부끄럽게 생각합니다."

크리스천 "여기서 우리가 보았던 것을 명심합시다. 앞으로 도움이 될 테니까요. 이 여인은 하나의 심판은 면했습니다. 그래서 소돔이 멸망할 때 멸망하지 않았으니까요. 그러나 또 하나의 심판에 멸망했습니다. 지금 보는 것처럼 소금기둥으로 변했으니까요."

유망 "그렇군요. 이 여자가 우리의 경계도 되고 본보기도 됩니다. 경계라는 것은 이 여자의 죄를 피하라는 것, 또는 이 경계에 의해서 인도되지 않는 사람에게 어떤 심판이 내릴까 하는 징조입니다. 이와

1) 〈창세기〉 19 : 26.

같이 고라, 다단, 아비람은 죄 때문에 망한 250명과 함께 다른 사람들에게 징계가 되었습니다[1].

그러나 무엇보다도 먼저 나는 하나의 일을 생각합니다. 즉 이 여인이 뒤를 돌아본 것만으로(그녀가 한걸음도 길에서 벗어났다고는 씌어 있지 않으니까요) 소금기둥으로 변했건만, 그 보화를 찾기 위해서 데마와 그 동료는 저렇게도 확신을 가지고 그곳에 설 수 있었을까 하는 겁니다. 더구나 그녀에게 내린 심판이 그들이 보이는 곳에 이 본보기를 놓았으니까요. 그들이 눈을 들기만 하면 이 여인을 보지 않고는 못 배깁니다."

크리스천 "그것은 놀라운 일입니다. 그것은 그들의 마음이 지금 자포자기에 빠져 있는 것을 나타냅니다. 재판장 앞에서 소매치기를 하거나 교수대 밑에서 들치기를 하는 사람에 비할 수밖에 없군요.

소돔 사람들은 악질적인 죄인이었다고 합니다. 그것은 그들이 주님 앞에, 즉 그 눈앞에, 더구나 주님이 친절을 베푸셨는데도 죄인이었기 때문입니다[2]. 왜냐하면 소돔의 토지는 그때까지 에덴 동산과 같았습니다[3]. 그러므로 이것이 주님을 한층 더 노하시게 하고, 그들의 재앙을 하늘에서 내리는 '주님'의 불을 가장 극렬한 것으로 만들었습니다. 그래서 다음과 같이 결론을 내려야 하고, 또 그것이 가장 이치에 맞습니다. 즉 주 앞에 죄를 범하고 또 그렇게 하지 않도록 경계하기 위해 끊임없이 눈앞에 있는 것 같은 본보기에도 불구하고 죄를 범하는 사람, 즉 이들 같은 사람은 가장 엄한 심판을 받아야 합니다."

유망 "꼭 맞는 말씀입니다. 그러나 당신도 그렇지만 특히 내가 이런 본보기가 되지 않았다니 이 어인 자비입니까? 이것은 우리에게 하나님께 감사하고 그 앞에 두려워하고 언제나 롯의 처를 기억하는 기회를 줍니다."

이윽고 나는 두 사람이 여로를 진행해서 어떤 기분 좋은 강까지 가는 것을 봤다. 그것은 다윗왕이 '하나님의 강'이라고 불렀는데, 요한은 '생명수의 강'이라고 부르고 있다[4].

---

1) 〈민수기〉 26 : 9, 10.　2) 〈창세기〉 13 : 13.　3) 〈창세기〉 13 : 10.
4) 〈시편〉 65 : 9, 〈요한계시록〉 22 : 1, 2, 〈에스겔〉 47 : 1~12.

두 사람의 길은 바로 그 강둑 위에 있었다. 이곳을 크리스천과 그의 동행은 기뻐하면서 걸어갔다. 그들은 강물을 마셨다. 그것은 상쾌하고 그들의 피로한 기력에 생기를 더했다. 이 강둑 양쪽 가에는 모든 종류의 열매를 맺는 푸른 나무가 있었고, 그 나뭇잎은 약이 되었다. 그들은 이 나무열매를 매우 기뻐했다. 잎은 과식이나 여행으로 피가 더워진 사람이 걸리기 쉬운 여러 가지 병을 예방하기 위해 먹었다. 강의 양쪽 언덕에는 목초지가 있고 백합꽃으로 아름답게 장식되어 1년 내내 푸르렀다. 이 초원에서 그들은 누워서 잠들었다. 이곳에는 안전하게 누울 수 있었으니까. 잠이 깼을 때는 다시 나무열매를 모으고 다시 강물을 마시고, 또다시 누워서 잠들었다[1]. 몇 날 몇 일을 이렇게 지냈다. 그들은 노래했다.

보라, 한길가에 순례자를,
위로하는 수정 같은 물의 흐름을.
향기로운 초원은 맛 좋은 것을,
내는도다. 또 얼마나 이 나무들이
좋은 열매, 좋은 잎을 내는가를 아는 자는,
이 들을 사기 위해 모두를 팔리라.

그들이 다시 순례를 계속하려는 생각이 들었을 때(그들은 아직 여행의 목적지에 도달하지 못했기 때문에) 그들은 먹고 나서 출발했다.

꿈속에서 바라보고 있노라니까, 그들이 그리 멀리 가기 전에 강과 길이 잠시 갈라졌다. 적잖이 유감으로 생각했지만 그들은 길에서 벗어나서 걷지 않았다. 그러나 강에서 떨어진 길은 거칠어서 그들의 발은 길 때문에 아팠다.

'이리하여 순례자의 마음은 길 때문에 매우 괴로웠다[2].' 전진하면서 그들은 끊임없이 더 좋은 길을 원했다. 그런데 그들의 조금 앞길 왼쪽에 초원이 있고 그 안으로 그곳을 넘어가는 대문이 있었다. 그 초원은 '곁길 들판'이었다. 크리스천이 그의 친구에게 말했다.

1) 〈시편〉 23 : 2, 〈이사야〉 14 : 30.　2) 〈민수기〉 21 : 4.

크리스천 "이 초원이 우리의 가는 길을 따라간다면 넘어서 갑시다."

그리고 그는 대문의 형편을 살피러 갔다. 그랬더니 오솔길이 길을 따라서 울타리 저쪽까지 통했다.

크리스천 "바라는 대로입니다. 이곳에 가장 편한 길이 있습니다. 오세요, 유망 씨, 넘어갑시다."

유망 "하지만 이 오솔길이 길에서 벗어난 곳으로 우리를 데려가면 어찌하시려고요?"

크리스천 "그런 일은 없을 겁니다. 보세요, 길 옆을 따라서 나 있지요?"

유망은 그의 친구에게 설득되어 뒤따라 대문을 넘어서 갔다. 오솔길로 접어들었을 때 발이 매우 편함을 알았다. 이와 함께 앞을 보다가 그들과 같이 걷고 있는 한 남자를 발견했다. 그 남자의 이름은 망신(妄信)이었다. 그래서 두 사람은 뒤에서 소리쳐서 그 길이 어디로 이어지는가를 물었다. 남자는 "하늘의 문으로."라고 대답했다.

크리스천 (유망에게) "그것 보시오. 내가 그렇다고 했지요. 이것으로 우리가 틀리지 않았다는 것을 알 수 있습니다."

두 사람은 따라가고 남자는 앞서 갔다. 그러나 이게 어찌된 영문인가? 금방 밤이 되어 주변이 매우 어두워졌다. 뒤에 있던 그들은 앞에 가는 남자의 모습을 잃어버렸다.

앞서 가던 사람은 그 앞에 있는 길이 보이지 않았기 때문에, 이 지역의 '왕'이 망신적인 바보를 빠뜨리기 위해서 일부러 그곳에 설치한 깊은 구멍[1]에 떨어져 몸뚱이가 산산조각났다.

크리스천과 그의 친구는 이 남자가 떨어지는 소리를 들었다.

유망 "우리는 지금 어디에 있는 걸까요?"

크리스천은 대답을 할 수가 없었다, 길 밖으로 데리고 온 것이 아닌가 불안해졌기 때문에. 그리고 비가 내리기 시작하자 무시무시하게 천둥 번개가 치고 물이 갑자기 불어나기 시작했다.

유망 (신음하며) "아아, 내 길을 계속 갔으면 좋았을 것을."

---

1) 〈이사야〉 9 : 16.

크리스천 "이 길이 원래의 길에서 벗어나는 것인 줄은 생각지도 못했으니까요."

유망 "나는 처음부터 그것을 염려했습니다. 그래서 조심스럽게 주의했던 것입니다. 당신이 나보다 연장자가 아니었더라면 좀더 분명히 말씀 드렸을 겁니다."

크리스천 "형제여, 노하지 마십시오. 길에서 벗어나게 하고 또 이렇게 절박한 위험에 빠뜨려서 미안합니다. 제발 형제여, 용서해 주십시오. 악한 생각으로 한 것은 아닙니다."

유망 "형제여, 안심하십시오, 용서할 테니. 그리고 이 일은 우리에게 도움이 된다고 믿어 주십시오."

크리스천 "매우 자비한 형제를 두어서 기쁩니다. 하지만 이렇게 서 있어서는 안 되겠습니다. 다시 되돌아가 봅시다."

유망 "그러나 형제여, 나를 앞으로 가게 해주십시오."

크리스천 "아니오, 제발 나를 앞세워 주십시오. 그렇게 하면 위험한 일이 있을 때에 내가 먼저 당할 수 있습니다. 우리가 함께 길에서 벗어나게 한 것은 나 때문이니까요."

유망 "아니오, 형제가 먼저 가셔서는 안 됩니다. 마음이 흐트러져 있으니까요. 또 길을 벗어날는지도 모릅니다."

이 때에 그들을 격려하기 위해 '큰길, 곧 네가 전에 가던 길에 착념하라. 돌아오라[1].'고 하는 어떤 사람의 목소리가 들려왔다. 그러나 이즈음에는 물이 많이 불어나서 돌아갈 길은 매우 위험했다(이 때 나는 우리가 길 안에 있다가 밖으로 나가는 것이 밖에 있다가 안으로 들어가는 것보다 쉽구나 하고 생각했다). 그러나 그들은 위험을 무릅쓰고 돌아가려고 했지만, 어둡기도 하고 물살이 세어서 돌아가는 도중에 열 번도 더 물에 빠질 뻔했다.

그들은 아무리 수단을 썼어도 이날 밤 대문으로 돌아갈 수 없었다. 그래서 마침내 작은 헛간에 도착해서 날이 새기까지 거기 앉아 있기로 했다. 그러나 피로했으므로 잠이 들어 버렸다. 그들이 잠든 곳에서 멀지 않은 곳에 '의혹성'이라는 성이 있고 그 주인은 거인 절망이

---

1) 〈예레미야〉 31 : 21.

었다. 이 때 그들이 잠든 곳은 그의 영지 안이었다.

이 거인은 아침 일찍 일어나, 여기저기 영내를 거닐다가 잠들어 있는 크리스천과 유망을 붙잡았다. 그는 엄하고 불쾌한 목소리로 그들더러 눈을 뜨라고 했다. 그리고 어디서 왔느냐, 그의 영내에서 무엇을 하고 있느냐고 물었다.

그들은 순례자이며, 길을 잃었다고 대답했다. 그러자 거인이 말했다. 너희들은 어젯밤 내 영토를 침범했고, 더욱이 잠까지 잤으니 자기와 함께 가야 한다고.

거인이 그들보다 강했기 때문에 그들은 갈 수밖에 없었다. 그들은 그리 변명도 할 수 없었다. 그것은 스스로 과실을 알고 있었기 때문이다. 거인은 그들을 끌고 가서, 성안에서 매우 어둡고 기분이 나쁘도록 더럽고 역한 냄새가 나는 옥에 가두었다.

여기서 그들은 수요일 아침부터 토요일 밤까지 빵 한 조각도 물 한 방울도, 아무도 안부를 묻는 사람이 없는 중에 누워 있었다[1]. 그들은 불행에 빠지고 친구와 친지들로부터 멀리 떨어져 있었다.

이곳에 있는 크리스천에게는 이중의 슬픔이 있었다. 그것은 그들이 이런 환난을 당한 것은 그의 무분별한 권고 때문이었으므로.

거인 절망에게는 아내가 있었는데, 그녀의 이름은 자의(自疑)였다. 그가 침상에 누웠을 때 그는 아내에게 자기가 한 일을 얘기했다. 자기의 영토에 침입한 두 죄인을 잡아 옥에 가두었다고. 그리고 그들을 어떻게 처치하면 좋을까 하고 물었다. 아내는 그에게 그들의 신분이 무엇이며, 어디서 왔는지, 또 어디로 가느냐고 물었고 그는 대답했다. 그러자 아내는 그에게 아침에 용서없이 그놈들을 때리라고 했다.

그는 야생 사과나무로 만든 무시무시한 곤봉을 들고 그들이 있는 옥으로 내려가서, 싫은 소리 한 마디도 않는 그들에게 개이기나 하듯 마구 욕을 하기 시작했다. 그러고 나서 그들에게 달려들어 몸을 움직이지도 못하고, 바닥에서 돌아눕지도 못하리만큼 무섭게 때렸다. 그들이 불행을 한탄하고 환난을 슬퍼하는 대로 그는 버려 두었다.

이튿날 밤 여인은 그들이 아직 살아 있다는 사실을 알자 그들에게

---

1) 〈시편〉 88 : 18.

▲1683년 제9판의 삽화

순례자는 지금 '육체'를 만족시키려고 안락을 구하지만, 아아 그것에 의해서 더 새로운 탄식에 빠진다. '육체'의 뜻을 맞추는 자는 멸망한다.

자살을 권하도록 남편에게 충고했다. 아침에 그는 불쾌한 모습으로 그들에게 가서 그들이 전날 입은 부상으로 몹시 고통스러워하는 것을 보고, 당신들은 도저히 이곳에서 밖으로 나갈 수 없다, 유일한 길은 단도나 노끈이나, 독약으로 일찍 목숨을 끊는 게 여기를 벗어나는 길이다, 왜냐하면 이런 고통이 수반된다는 사실을 알고도 살 까닭이 없기 때문이라고 했다.

그러나 그들은 석방을 원했다. 그는 불쾌한 표정으로 그들을 노려보고, 그들에게 달려들어 자기 손으로 그들의 목숨을 끊었을는지도 모르지만, 이 때 그의 병의 발작(이 거인은 화창한 날씨에는 발작이 일어나곤 했다)이 일어나, 잠시 동안 손의 자유를 잃었다. 그는 물러갔다. 그들은 그의 권고를 받아들이는 편이 좋으냐 나쁘냐를 의논했다.

크리스천 "형제여, 어떻게 할까요? 현재의 생활은 비참하군요. 이렇게 사는 것이 좋은지, 당장 죽는 것이 좋은지 알 수가 없구려. '내 마음에 숨이 막히기를 원한다[1].'고, 거인의 말대로 할까요?"

유망 "과연 우리의 현재 처지는 비참합니다. 죽음은 이렇게 영원히 참는 것보다는 훨씬 고마운 것이라고 생각합니다. 그러나 우리가 가려는 나라의 '주인'이 살인하지 말라[2]고 하신 말씀을 잘 생각해 봅시다. 죽여서는 안 됩니다, 남의 몸을 말입니다. 더구나 우리 자신을 죽이는 일은 금지되어 있습니다. 남을 죽이는 사람은 그 육체를 살해하는 데 지나지 않지만, 자신을 죽이는 사람은 육체와 영혼을 동시에 죽입니다. 또 당신은 무덤이 편하다고 하시지만 살인자가 반드시 가는 지옥을 잊으셨습니까? 왜냐하면 '살인하는 자마다 영생이 그 속에 거하지 아니한다[3].'고 했기 때문입니다.

그리고 모든 율법이 거인 절망의 수중에 있는 것은 아니라는 사실을 생각해 봅시다. 내가 알기로는 이밖에도 우리처럼 붙잡혔다가 도망쳐 나간 사람이 있습니다. 세상을 창조하신 하나님께서 거인을 죽게 하실는지도 모릅니다. 또는 언젠가 저 거인이 자물쇠 잠그는 것을 잊어 먹을는지, 또 그러는 중에 우리 앞에서 언젠가와 같이 발작이 일어나 손발의 자유를 잃을는지도 모릅니다.

1) 〈욥기〉 7 : 15. 2) 〈출애굽기〉 20 : 13, 〈마태복음〉 19 : 18. 3) 〈요한1서〉 3 : 15.

만일에 또다시 그러한 일이 일어난다면 나는 남자로서의 용기를 내어 그놈의 손에서 벗어날 수 있도록 최선을 다해 볼 생각입니다. 전에 그렇게 하지 못한 것이 후회스럽습니다. 형제여, 잠시 참고 견딥시다. 우리에게 행복한 석방의 시기가 오지 않을는지도 모릅니다. 그러나 우리 자신의 살해자는 되지 않도록 합시다."

유망은 이 말로 동행의 마음을 당분간 편하게 했다. 그리하여 그들은 (어둠 속에서) 그날 하루를 슬픔과 우울로 함께 보냈다.

저녁이 되자 거인은 죄수들이 자기의 권고를 받아들였는가를 보기 위해서 다시 옥으로 내려갔다. 그들은 아직 살아 있었다. 사실 목숨이 붙어 있을 뿐이었다. 왜냐하면 빵과 물도 없고, 이 거인이 그들을 때렸을 때의 상처에 의해서 그들은 숨쉬는 것 외에는 거의 아무것도 할 수 없었기 때문이다. 거인은 격노해서 자기의 권고를 따르지 않았으므로 태어나지 않았더라면 좋을 뻔했다고 생각할 만큼 혹독한 벌을 내리겠다고 했다.

이 말에 그들은 몹시 떨었다. 크리스천은 기절했다고 생각된다. 그러나 약간 정신을 차린 후 그들은 거인의 권고에 대해서 그것을 받아들일지 아닌지에 대해 이야기를 더 했다. 크리스천은 이때에도 그것을 실행하는 쪽으로 마음이 움직이는 것 같았다.

유망 "형제여, 당신은 지금까지 얼마나 용감했는가를 기억하지 못합니까? 아바돈이 당신을 죽이지 못했습니다. '죽음의 그늘 골짜기'에서 보고 듣고 느낀 것들도 당신을 정복하지 못했습니다. 얼마나 심한 곤란, 공포, 경악을 당신은 통과해 오셨는지! 그러나 지금은 두려움 외에는 아무것도 없습니다. 보시다시피 나는 당신과 함께 옥중에 있습니다. 본래는 당신보다 훨씬 약한 사람입니다. 또 이 거인은 당신과 똑같이 나를 상해하였고, 내 입에서도 빵과 물을 끊었습니다. 나는 당신과 함께 빛없이 괴로워하고 있습니다. 조금만 더 참읍시다. '허영 시'에서 당신이 남자답게 행동하시고 사슬도 감방도, 또 유혈이 낭자한 죽음도 두려워하지 않으셨던 일을 상기하여 주십시오. 될수록 인내로 (적어도 남이 볼 때에 크리스천으로서 합당치 않은 치욕을 피하기 위해서도) 참읍시다."

다시 밤이 되어 거인과 그의 아내가 침상에 올랐을 때 여인은 죄수들이 그 권고를 받아들였냐고 물었다. 그는 대답했다. "완고한 놈들이어서 자살하기보다는 모든 곤란을 견디는 편이 낫다고 하는걸."

그러자 여인이 말했다. "내일 성의 정원으로 데리고 가서 당신이 이미 처치한 사람들의 뼈와 해골을 보여주세요. 그리고 이레가 지나기 전에 이전의 그들의 동료에게 한 것처럼 찢어 버릴 거라고 믿도록 하세요."

아침이 되자 거인은 또 그들에게 가서, 성의 정원으로 끌어내어 아내가 말한 것을 보여줬다. 그는 말했다. "이것은 모두 일찍이 너희들과 같은 순례자들인데, 너희들처럼 내 영토를 침입한 놈들이다. 알맞다고 생각될 때에 갈가리 찢어 버렸다. 열흘 이내에 너희들도 그렇게 하겠다. 자, 옥으로 썩 내려가거라."

거인은 옥으로 돌아오는 길에 사뭇 그들을 때렸다. 그들은 토요일 하루 종일 그전과 같이 비참한 상태로 누워 있었다. 밤이 되어 자의부인과 그녀의 남편 거인이 침상에 누웠을 때 그들은 또 그 죄수들의 얘기를 시작했는데, 늙은 거인은 그놈들을 때리고 협박해도 죽게 할 수가 없으니 이상하다고 했다.

아내는 대꾸했다. "아마, 그놈들은 누가 구조하러 오기를 바라고 있든지, 아니면 열쇠를 갖고 있어서 그것을 사용해서 도망치려는 것이라고 생각해요." 거인이 말했다. "그렇게 생각하는가? 그러면 내일 그놈들을 조사해야지."

그러나 토요일 한밤중에 그들은 기도하기 시작했다. 거의 날이 새기까지 계속 기도했다.

낮이 되기 전에, 선량한 크리스천은 절반 실성한 사람처럼 열렬히 외치기 시작했다.

크리스천 "나는 얼마나 바보일까? 자유롭게 나다녀도 되는데 이렇게 악취가 풍기는 옥중에 누워 있다니! 나는 '약속'이라는 열쇠를 지니고 있다. '의혹성'의 어떤 자물쇠라도 열 수 있을 것이다."

유망 "그야말로 기쁜 소식입니다. 어서 품에서 열쇠를 꺼내 열어 보십시오."

크리스천이 품에서 열쇠를 꺼내 옥문을 열어 보았다. 문빗장이(그가 열쇠를 돌리는 데 따라서) 물러나고, 문이 쉽게 활짝 열려 크리스천과 유망이 밖으로 나왔다. 그리고 그들은 마당으로 통하는 바깥문으로 가서 그 문도 열었다. 그후 그들은 철문으로 갔다. 그러나 그 자물쇠는 너무 빽빽하여 힘이 들었지만 역시 열렸다. 그들은 어서 도망치려고 문을 열었다. 그러나 그 문이 열릴 때 매우 큰 소리가 났기 때문에 거인 절망이 잠을 깼다. 거인은 추격하기 위해서 급히 일어나려고 했지만 손발이 말을 듣지 않았다. 또 발작이 일어난 것이다. 아무리 애를 써도 그는 추격할 수 없었다. 순례자들은 앞으로 가서 왕의 길로 나왔고 안전하게 되었다. 거인의 관할 구역 밖으로 나왔기 때문이다.

두 사람이 대문을 지났을 때 뒤에 오는 사람이 거인 절망의 수중에 빠지지 않도록 그 대문을 어떻게 하면 좋을까 하고 서로 궁리하기 시작했다. 결국 그곳에 기둥을 세우고, 그 측면에 이 글을 새기기로 작정했다.

'이 대문을 지나면 '의혹의 성'으로 가는 길이 있소. 그 성을 소유한 자는 거인 절망인데, 천국의 왕을 멸시하고 그 거룩한 순례자를 멸망시키려고 하오.'

그래서 그들의 뒤를 따른 많은 사람이 이 글을 읽고서 위험을 면했다. 이 일을 하고 나서 그들은 노래했다.

길을 벗어나서 가다가 알았노라,
금단의 땅을 밟는 일의 진상을.
뒤에 오는 사람들아 주의하라,
생각없이 가다가 우리 당한 고통
당하지 말라. 들어가 수인되지 말라.
잡는 자는 '의혹' 성주, 이름은 절망.

순례자들은 계속 걸어가서 환락산에 도착했는데, 이 산은 앞에서 말한 언덕의 '주인'에게 속한 것이었다. 그들은 화원, 과수원, 포도원 및 샘을 보려고 산을 올라갔다. 그곳에서 물을 마시고 몸을 씻고 포도원에서 마음껏 먹었다. 이 산 정상에는 목자가 양을 치는데, 그들은 길 옆에 서 있었다. 순례자들은 그들에게 가서(피로한 순례자들이 노방에 서서 얘기할 때 흔히 하는 것처럼) 지팡이에 몸을 기대고 물었다.

크리스천 "이 산은 누구의 것입니까? 이 양들은 누구의 것입니까?"

목자 "이 산들은 임마누엘의 나라인데, 두 분께서는 그 수도가 보이는 곳에 계십니다. 양도 그분의 것입니다. 그분은 이 양들을 위해 목숨을 버리셨습니다[1]."

크리스천 "이것은 '하늘의 도성'으로 가는 길입니까?"

목자 "바로 그 길에 당신들은 계십니다."

크리스천 "그곳까지 얼마나 멉니까?"

목자 "실지로 그곳에 갈 사람이 아니면 너무 멉니다."

크리스천 "길은 안전합니까, 위험합니까?"

목자 "안전할 자에게는 안전합니다. 그러나 '죄인은 그 도에 걸려 넘어지리라[2].'"

크리스천 "이곳에는 여로에 지치고, 기력이 쇠한 순례자의 위안이 될 것이 있습니까?"

목자 "이 산의 '주인'은 '손님 접대하기를 잊지 말라.'고 하셨습니다[3]. 그래서 이곳의 좋은 것은 당신들의 자유입니다."

나는 꿈속에서 봤다. 목자들은 그들이 나그네임을 알았을 때 그들은 두 사람에게 물었고, 두 사람은 다른 곳에서 한 것처럼 대답하는 것을. 가령 어디서 오셨느냐, 어떻게 해서 이 길로 들어오셨느냐, 어떤 방법으로 이곳까지 잘도 참고 오셨느냐, 그것은 이곳으로 오려고 출발해도 이 산에까지 얼굴을 나타낸 사람은 거의 없기 때문이다, 등등. 목자들은 두 사람의 대답을 듣고 기뻐했다.

목자 "이 환락산으로 잘 오셨습니다."

이름이 지식, 경험, 경계(警戒), 진실(眞實)이라는 이 목자들은 두

1) 〈요한복음〉 10 : 11. 2) 〈호세아〉 14 : 9. 3) 〈히브리서〉 13 : 2.

사람의 손을 잡고 그들의 천막으로 데리고 가서 우선 준비되어 있는 것을 대접했다.

목자 "당신들이 잠시 이곳에 머무르시기를 바랍니다. 우리와 사귀시고, 그보다는 이 환락산의 좋은 것으로 마음을 위로하시기를 바랍니다."

두 사람은 기꺼이 머무르겠다고 대답했다. 그리고 밤이 꽤 깊었으므로 곧 잠자리에 들었다.

나는 꿈속에서 봤다, 이튿날 아침 목자들이 크리스천과 유망을 깨워 산 위를 함께 산책하는 것을. 순례자들은 그들과 함께 사방의 좋은 경치를 바라보면서 잠시 걷고 있었다. 목자들이 서로 말했다, 이 순례자들에게 이상한 것을 보여드릴까 하고. 그리 하기로 정한 후 첫째로 '오류(誤謬)'라는 끝의 측면이 극히 험준한 언덕 꼭대기로 데리고 가서 기슭을 내려다보라고 했다. 크리스천과 유망이 내려다보니 기슭에는 꼭대기에서 추락해서 산산이 부서진 시체들이 널려 있었다.

크리스천 "이것은 어찌된 영문입니까?"

목자 "당신들은 육체 부활의 신앙에 관한 후메내오와 빌레도의 말에 귀를 기울이다가 잘못된 사람들의 얘기를 들으셨습니까[1]?"

두 사람 "예, 들었습니다."

목자 "저 기슭에 산산조각이 난 이들이 그렇습니다. 그들은 오늘에 이르기까지 보시다시피 계속 매장되지 못하고 누워 있는데, 그것은 다른 사람들이 주의해서 너무 높이 올라가거나 이 끝으로 너무 접근하지 않도록 본보기를 삼기 위해서입니다."

나는 또 봤다, 그들은 '조심'이라는 산꼭대기로 순례자들을 데리고 가서 먼 곳을 보라고 하는 것을. 그대로 했더니 무덤 사이로 여기저기를 걷고 있는 사람들이 보였다. 때때로 무덤에 걸려 넘어지고 서로 부딪치기도 하는 것으로 보아 그들이 맹인임을 알 수 있었다.

크리스천 "이것은 무슨 영문입니까?"

목자 "당신들은 이 산 조금 밑에 이 길을 벗어나 왼쪽 초원으로 통하는 대문이 있는 것을 보셨습니까?"

---

1) 〈디모데후서〉 2 : 17,18.

두 사람 "예, 봤습니다."

목자 "그 대문으로부터 오솔길이 '의혹성'까지 바로 나 있고, 그 성은 거인 절망이 갖고 있습니다. 저 사람들은 (손으로 묘 사이를 가리키면서) 일찍이 당신들과 같이 순례길을 떠나서 바로 그 대문까지 왔습니다. 그러나 그 바른 길이 거칠기 때문에 저 사람들은 그곳을 나와서 그 초원으로 들어가기로 정하고, 거인 절망에게 붙잡혀서 '의혹성'에 갇혔습니다. 그는 저 사람들을 잠시 옥에다 가두었다가 결국 눈을 뽑고, 저 무덤 사이에 두고 오늘까지 방황토록 하는 것은 '명철의 길을 떠난 사람은 사망의 회중에 거하리라[1].'는 현인의 말이 성취되기 위함입니다."

크리스천과 유망은 이 말에 쏟아질 듯 눈물이 고여서 얼굴을 마주 봤는데, 목자들에게는 아무 말도 하지 않았다.

나는 꿈속에서 봤다, 목자들이 기슭에 있는 또 한 장소로 그들을 데리고 가는 것을. 그곳 언덕의 중턱에 한 문이 있는데, 그들은 그 문을 열고 두 사람한테 들여다보라고 했다. 두 사람이 들여다보니 그 안은 매우 어둡고 연기가 자욱했다. 두 사람에게 불타는 소리와 가책을 느끼는 사람들의 외침이 들리고, 또 유황냄새를 맡았다.

크리스천 "이것은 무슨 영문입니까?"

목자 "이것은 지옥으로 가는 곁길입니다. 위선자가 지나가는 길이지요. 즉 에서와 함께 장자의 명분을 파는 사람[2]과, 유다와 함께 주님을 파는 사람[3]과, 알렉산더와 함께 복음을 모독하는 사람[4]과, 아나니아와 그의 아내 삽비라와 함께 거짓말을 하거나 속이는 사람[5]들이 가는 길입니다."

유망 "그러면 그 사람들은 모두 우리처럼 순례자의 모습을 하고 있었군요."

목자 "그렇습니다. 그것도 오랫동안 그 모습을 하고 있었습니다."

유망 "그런데도 불구하고 이처럼 비참하게 버려진 것을 생각하면 이 사람들은 어느 부근까지 순례의 길을 갔을까요?"

---

1) 〈잠언〉 21 : 16. 2) 〈창세기〉 25 : 29~34. 3) 〈마태복음〉 26 : 14~16.
4) 〈디모데전서〉 1 : 20. 5) 〈사도행전〉 5 : 1~11.

▲1692년 제 13판의 삽화

환락의 산들을, 지금 그들은 올라간다. 목자들이 그들에게 권하는 것은 마음을 끄는 것, 매우 조심스러운 것. 순례자들은 믿음과 공포에 의해서 견고히 선다.

목자 "어떤 사람은 이 산보다 더 갔고 어떤 사람은 이곳까지도 못 왔습니다."

순례자들 (서로) "우리도 '강하신 분'에게 구할 필요가 있군요."

목자 "그렇습니다. 그리고 힘을 얻으시면 쓰실 필요가 있겠지요."

이 때 순례자들도 계속 길을 가야겠다는 마음이 있었고 목자들도 그렇게 해주고 싶었다. 그들은 산 외곽까지 함께 갔다.

목자 (서로) "순례자들이 우리의 망원경을 사용하는 기술을 안다면 여기서 '하늘의 도성'의 문을 보여드립시다."

순례자들은 반가이 그 제안을 받아들였다. 목자들은 두 사람을 '청명(淸明)'이라는 높은 언덕 꼭대기로 데려가 그 망원경을 주었다.

두 사람은 보려고 했다. 그러나 목자들이 자기들에게 보여준 최후의 광경이 손을 떨게 했다. 그 방해 때문에 그들은 망원경을 통해서 똑똑히 볼 수 없었다. 그래도 문 같은 것과 그곳 영광의 약간을 보았다고 생각되었다. 그들은 노래했다.

목자들에 의해서 제시되었다
다른 사람에겐 숨긴 비밀을.
오라, 목자들에게, 보고 싶으면
깊은 것, 숨긴 것, 가리운 것을.

그들이 헤어지려고 할 때 목자 중의 한 사람이 둘에게 길 안내를 해주었다. 그 중의 한 사람은 아첨꾼을 주의하라고 했다. 셋째 사람은 '매혹의 땅'에서 잠들지 않도록 주의하라고 했다. 넷째 사람은 앞길의 복을 빌었다. 여기서 나는 잠을 깼다.

나는 다시 잠들어서 꿈을 꾸었다. 두 순례자가 길을 따라서 수도 쪽으로 산을 내려가는 것을 봤다. 이 산의 조금 밑 왼쪽에 '자찬(自讚)'이라는 나라가 있고, 그곳부터 순례자들이 걸어가는 길까지 작고 굽은 오솔길이 나 있다. 이곳에서 두 사람은 그 나라에서 온 매우 건강한 젊은이를 만났다. 이 사람의 이름은 무지였다.

크리스천 "당신은 어느 지방에서 왔으며 어디로 가십니까?"

무지 "나는 이 왼쪽으로 조금 떨어진 나라에 태어난 사람이고 '하늘의 도성'으로 가는 길입니다."

크리스천 "그러나 어떻게 그 문으로 들어갈 생각입니까? 약간 어려울는지도 모르는데."

무지 "다른 사람이 하는 대로 해서."

크리스천 "저 문을 열어달라고 할 무슨 증서라도 갖고 있나요?"

무지 "저는 '주님'의 마음을 알고 있답니다. 그리고 나는 지금까지 착하게 생활해 왔습니다. 아무에게도 빚진 것이 없습니다. 기도도 합니다. 금식도 합니다. 소득의 십일조도 냈습니다. 남을 구제도 하고 저 나라로 가기 위해 고향을 떠났습니다."

크리스천 "그러나 당신은 이 길 어귀에 있는 좁은 문을 통하지 않았소. 당신은 저 굽은 오솔길을 통해서 이곳으로 왔소. 그러니까 아무리 당신이 자신을 내세워도 심판의 날이 오면 도성으로 들어가기는커녕 절도나 강도라는 죄를 문책받게 되오[1]."

무지 "당신들은 아주 남입니다. 나는 당신들을 모릅니다. 제발 당신네 나라의 종교를 따르는 것으로 만족해 주십시오. 그러면 나도 내 나라의 종교를 따르기로 하겠습니다. 나는 만사가 잘되리라고 생각합니다. 말씀하신 문인데, 그것이 우리나라에서는 퍽 먼 곳에 있다는 사실은 일반인들이 다 알고 있습니다. 우리의 이웃 일대에는 저곳으로 가는 길조차 아는 사람이 있는 것 같지 않습니다. 알아도 몰라도 지장이 없습니다. 우리에게는 보시다시피 우리나라에서 이어지는 좋고 유쾌하고 푸른 오솔길, 이 길에 지름길이 있으니까요."

크리스천은 이 남자가 '스스로 지혜롭게 여기는' 사람임을 알았을 때 유망에게 귓속말로 했다.

크리스천 "'이 사람보다 미련한 자에게 오히려 바랄 것이 있겠습니다[2].', '우매한 자는 길에 행할 때에도 지혜가 결핍하여 각 사람에게 자기의 우매한 것을 말하는군요[3].' 어떻게 할까요? 좀더 얘기해 줄까요? 아니면 지금은 우리가 앞서가고, 그에게는 이미 들은 말을 생각하게 했다가 나중에 다시 그를 기다려서 점차 그에게 유익한 일

---

1) 〈요한복음〉 10 : 1. 2) 〈잠언〉 26 : 12. 3) 〈전도서〉 10 : 3.

을 할 수 있을까를 보기로 할까요?"

그러자 유망이 대답했다.

유망 (노래로)

잠시 무지로 하여금 이미 말한
일을 생각하게 하시오. 좋은 권고를
맞이함을 거부하지 않도록 하시오. 극히 큰
이득보다 언제나 무지하지 않도록.
깨달음 없는 자는 내가 창조했지만,
구원하지 않으련다' 라고 하나님이 말씀하십니다.

그리고 유망은 덧붙였다. "이 남자에게 한 번에 모두 말하는 것은 나쁘다고 생각합니다. 좋으시다면 지나가고 시간이 경과한 후에 알아들을 만하다고 생각될 때 말해 줍시다."

그래서 두 사람은 앞서가고 무지는 뒤따라갔다. 두 사람이 조금 갔을 때 매우 어두운 오솔길로 들어갔는데, 거기에서 만난 한 남자는 일곱 귀신이 튼튼한 노끈 일곱 가닥으로 묶어서 두 사람이 언덕 중턱에서 목격한 문으로 끌고 가는 참이었다[1].

선량한 크리스천은 와들와들 떨기 시작했고 동행인인 유망도 마찬가지였다. 귀신이 그 남자를 끌고 갈 때 크리스천은 아는 사람인가 해서 바라보았다. 혹시 이 사람은 '배신 시'의 '변절'이라는 사람일는지도 모른다고 생각했다. 그러나 그 얼굴을 분명히 보지 못했다. 남자가 들킨 도둑처럼 고개를 숙이고 있었기 때문이다. 유망이 그를 지나쳐 놓고 그 등에 "음탕한 신도, 지옥에 떨어질 배신자."라고 쓴 종이를 발견했다.

크리스천 (친구에게) "나는 지금 이 부근에 거주하는 선량한 사람에게 일어난 사건이 생각납니다. 그 사람의 이름은 소신(小信)이었는데, 선인이고 '성실'가에 거주했습니다. 사건은 이렇습니다.

이 통로의 어귀에 '광도(廣道)문'부터 이어지는 '사인(死人)의 길'

---

1) 〈마태복음〉 12 : 45, 〈잠언〉 5 : 22.

이라는 오솔길이 있고, 흔히 거기서 감행되는 살인 때문에 그렇게 부르지만, 이 소신은 우리와 같이 순례의 길을 떠나 우연히 거기에 앉아 잠들어 버렸습니다. 이 때 '광도문'으로부터 그곳에 온 사람의 이름은 무력(無力), 시기(猜忌), 죄악이라는 삼형제로 대단한 악당인데, 소신을 거기서 발견하자 곧장 달려왔습니다. 소신은 바로 잠에서 깨어 여행을 계속하기 위해 일어서려던 참이었는데, 삼형제는 그에게 와서 위협하는 목소리로 일어서라고 했습니다. 이 말을 들은 소신은 창백해져서 싸울 힘도 도망칠 힘도 없었습니다. 그러자 무력은 돈지갑을 내라고 했습니다. 그러나 얼른 내려고 하지 않으므로(돈을 빼앗기는 것이 싫었으므로) 시기가 달려와서 손을 그 주머니에 넣어 은화가 든 지갑을 꺼냈습니다.

그러자 그는 도둑이야, 도둑이야, 하고 소리를 질렀습니다. 이와 함께 죄악은 들고 있던 큰 곤봉으로 소신의 머리를 때려서 쓰러뜨리고, 이 사람은 피를 흘리면서 죽은 사람처럼 쓰러져 있었습니다. 악당들은 그동안 그 곁에 서 있었습니다. 드디어 길을 가는 사람의 발자욱 소리를 듣고 '선신(善信) 시'에 사는 대혜(大惠)가 아닌가 생각하여 소신을 남겨 놓고 급히 도망치고 말았습니다. 잠시 후 소신은 정신을 차리고 일어나서 간신히 여로에 올랐습니다. 이것이 그 얘기입니다."

유망 "그 악당들이 소신의 것을 모두 빼앗았습니까?"

크리스천 "아니오, 보석을 넣어둔 곳은 찾지 못했으므로 그것은 아직 갖고 있었습니다. 그러나 소신은 그 강탈당한 것 때문에 무척 고민을 했습니다. 악당이 돈의 대부분을 가져 갔으니까요. 남은 것은 보석이고, 또 잔돈이 약간 남았지만, 도저히 여행을 마칠 때까지의 노자로는 부족했습니다[1]. 뿐만 아니라 내가 잘못 들은 것이 아니면 목숨을 잇기 위해 도중에 구걸을 해야만 했습니다. 보석을 팔 수 없었기 때문입니다. 구걸을 하고 또 온갖 짓을 다하면서 몇 번이고 굶주린 배를 움켜쥐며 나머지 길을 거의 다 갔습니다."

유망 "그러나 '하늘의 문'에서 입국허가를 얻기 위한 증명서를 빼앗기지 않은 것이 이상하군요."

---

1) 〈베드로전서〉 4 : 18.

크리스천 "이상합니다. 그러나 빼앗기지 않았습니다. 더구나 빼앗기지 않은 것은 소신의 기지 때문은 아니었습니다. 습격을 당해 당황했으므로 물건을 숨길 힘도 방법도 없었으니까요. 그것을 빼앗기지 않는다는 건 소신의 노력이라기보다 하나님의 섭리 때문이었습니다."

유망 "그러나 보석을 빼앗기지 않은 것은 아무래도 마음 든든한 일이었겠지요."

크리스천 "그 사람이 당연히 쓸 곳에 썼으면 큰 위안이 되었을지도 모릅니다. 그러나 내게 얘기한 사람의 말에 따르면 나머지 길에서 소신은 거의 그것을 이용하지 않았다고 합니다. 사실 나머지 길의 대부분은 그것을 잊고 있었습니다. 그리고 이따금 생각이 나서 위안을 느끼다가도 강탈당한 생각이 새삼스럽게 떠오르면, 그 생각을 삼켜 버리는 것이었습니다[11]."

유망 "아아, 불쌍한 사람이군요. 틀림없이 큰 슬픔이었을 겁니다."

크리스천 "슬픔이라고요! 그렇습니다. 진정 슬픔이었습니다. 누구든지 소신처럼 낯선 곳에서 강도를 만나 모두 빼앗기고 상처까지 입었다면 그 누가 그렇지 않을까요? 불쌍하게도 탄식으로 죽지 않은 것이 이상합니다. 나머지 길의 거의 모두는 슬프고 원망스러운 넋두리를 하는 외에는 아무 말도 하지 않았다고 합니다. 또 도중에 따라온 사람, 자기가 따라잡은 사람에게, 어디서 어떻게 해서 뺏겼다든가, 도둑이 누구였는지, 무엇을 잃었는지, 어떤 상처를 입었는지, 또 겨우 목숨을 건져서 도망쳤다는 얘기를 하고 있었답니다."

유망 "그렇게 곤란해도 보석을 약간 판다든가 저당을 잡혀서 노자의 궁핍을 보충하지 않은 것은 이상하군요."

크리스천 "당신은 오늘 이날까지 병아리 같은 말을 하는군요. 그것을 저당잡혀서 뭣하자는 거요? 또 누구에게 팔려는 거요? 그가 도둑을 만난 그 지방에서는 그의 보석이 돈이 되지 않는 겁니다. 또 그렇게 해서까지 위안을 구하지 않았습니다. 뿐만 아니라 만일 '하늘의 도성'의 문에서 그 보석이 없으면 소신은 그 상속자에게서 제외될 것입니다(그 사실은 그도 잘 알고 있습니다). 그것은 그에게는 도둑 1만 명

11) 〈베드로전서〉 1 : 9.

을 만난 것보다 더 불행합니다."

유망 "형제여, 당신은 왜 자꾸만 그렇게 신랄하게 말씀하십니까? 에서는 장자의 명분을 팔았습니다. 오직 그것도 팥죽 한 그릇 때문입니다[1]. 장자의 명분은 당시 그의 최대의 보석이었습니다. 그가 그렇게 할 수 있었다면 왜 소신도 그렇게 해서는 안 됩니까[2]?"

크리스천 "에서는 장자의 명분을 팔았습니다. 그밖에도 그런 일을 하는 사람이 많습니다. 그런 일을 하므로 불량배처럼 소중한 축복에서 스스로를 제외해 버립니다. 그렇지만 당신은 에서와 소신 사이에, 또 그 자산 사이에는 구별을 세워야 합니다. 에서의 장자의 명분은 상징과 같은 것이었지만 소신의 보석은 그렇지 않습니다. 에서의 요구는 그 육욕에 있었지만 소신은 그런 일을 하지 않았습니다. 그리고 에서는 욕심을 채우는 이상은 바라지 않았습니다. '내가 죽게 되었으니 이 장자의 명분이 내게 무엇이 유익하리오[3].'라고 그는 말했습니다. 그러나 소신은 극히 적은 신앙밖에 없는 것이 그 운명이긴 했지만, 그 작은 신앙에 의해서 그 무법한 말을 삼가고, 에서가 장자의 명분을 판 것처럼 그 보석을 팔기보다는 그것을 이해하고 소중히 여겼습니다.

어디를 봐도 에서에게 약간의 신앙이라도 있었다고는 씌어 있지 않습니다. 그러므로 만일 육체만이 지배권을 장악하는 경우에(저항할 신앙이 없는 사람에게는 그렇게 하리라고 생각합니다만) 그가 장자의 명분도 영혼도 모두 팔고, 더구나 지옥의 마귀에게 팔았다고 해도 놀랄 것은 없습니다. 이런 사람은 나귀와 같아서 성욕이 일어날 때에는 도저히 막을 수 없습니다[4]. 그들의 마음이 욕심으로 굳어 있을 때에는 어떤 대가를 지불하고라도 그것을 수행하려고 합니다.

그러나 소신은 기질이 다른 사람이어서 그의 마음은 신성한 일에 쏠려 있었습니다. 그 생계는 영적인 것, 위의 것 위에 세워졌습니다. 그러므로 무슨 목적으로(설혹 그것을 사는 사람이 있다고 해도) 그런 사람이 헛된 것으로 만족하기 위해 그 보석을 팔겠습니까? 건초로 배를 채우기 위해 1페니라도 지불할 사람이 있을까요? 까마귀처럼 썩은 고기를 먹고 살라고 산비둘기를 설득할 수 있을까요? 신앙이 없

---

1) 〈창세기〉 25 : 29~34. 2) 〈히브리서〉 12 : 16. 3) 〈창세기〉 25 : 32. 4) 〈예레미야〉 2 : 24.

는 사람은 현세의 욕망 때문에 자기들의 소유물을 저당잡히겠지만, 극히 작아도 영혼을 구원할 신앙을 소유한 사람은 그것을 할 수 없습니다. 형제여, 바로 이곳에 당신의 잘못이 있습니다."

유망 "잘 알았습니다. 그러나 당신의 가혹한 비난은 나를 노하게 할 뻔했습니다."

크리스천 "나는 그저 당신을, 머리 위에 알껍데기를 얹고 미지의 길을 여기저기 날아 가려는 건강한 새에 비교해 본 것뿐입니다. 여하간 당면한 문제만 생각하십시오. 그러면 당신과 나 사이의 일이 만사 잘될 겁니다."

유망 "하지만 크리스천, 틀림없이 그 남자 셋은 아무것도 아닌 비겁한 녀석들일 거예요. 그렇지 않으면 그처럼 길가는 사람의 발자욱 소리를 듣고 도망치겠습니까? 왜 소신은 좀 용기를 내지 못했을까요? 한 번 맞서 보고 힘이 부족할 경우에는 굴복해도 좋았으리라고 생각합니다."

크리스천 "그들을 비겁자라고 많이들 말하였지만, 시련이라는 때가 되어도 그렇게 생각하는 사람은 그리 없습니다. 용기에 대해서 말하면 소신은 전혀 소유하지 못했습니다. 그리고 형제여, 당신의 모양으로 미루어 당신이 당사자였다면 대항하고 나서 굴복하고 싶었겠지요. 그러나 사실은 그들이 멀리 떨어져 있는 지금 당신의 용기의 절정이 이 정도라면, 그들이 소신에게 나타난 것처럼 당신에게 나타난다면 당신은 다시 생각할는지도 모르지요.

그러나 다시 생각해 주십시오. 그들은 도적의 수하에 지나지 않고 무저갱(無底坑)의 왕을 섬기는 자인데, 필요하다면 왕 스스로 그들을 도우러 나옵니다. 그 소리는 사자가 부르짖는 것 같습니다[1]. 나도 소신처럼 습격을 받았는데 매우 무서웠습니다. 이 세 사람이 나를 습격했습니다. 내가 크리스천답게 저항하기 시작하자 그들은 소리를 단 한 번 질렀는데, 그들의 주인이 달려왔습니다. 하나님의 은혜로 갑옷을 입지 못했으면 속담대로 내 목숨은 1페니에 팔렸을 겁니다. 나는 무장하고 있었지만 남자답게 행동하기란 어렵다고 생각했습니다. 전

1) 〈시편〉 7 : 2, 〈베드로전서〉 5 : 8.

투에 참가한 사람이 아니고는 그 싸우는 기분을 말할 수 없습니다."

유망 "그렇습니까? 하지만 그들은 대혜라는 사람이 온다고 생각한 것만으로 도망쳤지요."

크리스천 "대혜가 나타난 것만으로 그들도 그들의 주인도 도망쳤습니다. 그것도 이상한 일은 아닙니다. '왕'의 투사니까요. 당신도 소신과 '왕'의 투사 사이에 약간의 차이를 인정하리라고는 생각합니다. '왕'의 신하 모두가 투사는 아니고 설혹 시도해도 투사와 같은 전공을 세울 수는 없습니다. 어린애가 다윗과 같이 골리앗을 죽일 수 있다고 생각하면 타당하겠습니까? 굴뚝새에게 황소의 힘이 있을까요? 강자도 있고 약자도 있습니다. 큰 신앙을 소유한 자도 있고 작은 신앙을 소유한 자도 있습니다. 이 남자는 약자의 하나였습니다. 그래서 실패했습니다."

유망 "그들을 위해서는 대혜였다면 좋았겠지요."

크리스천 "그랬다면 그는 아마 애를 먹었겠지요. 그것은 사실 대혜는 무기를 들면 우수하고 교묘하니 앞으로 유인하기까지는 그들을 잘 다루었겠고, 또 그것이 가능하지만 그들이 그의 바로 옆으로 들어가면 반드시 그를 쓰러뜨리기 때문입니다. 쓰러지면 아무것도 할 수 없겠지요.

대혜의 얼굴은 자세히 보면 내 말을 증명하는 상처를 볼 것입니다. 나는 어떤 때(그것은 그가 싸우고 있을 때였습니다만) 그가 '우리가……, 살 소망까지 끊어졌다.'는 말을 들었습니다. 그 완강한 악당들과 그 동료가 다윗을 신음하게 하고, 슬프게 하고, 부르짖게 한 일은 대단합니다. 그뿐 아니라 헤만도 히스기야도 각 시대의 투사였지만, 이 사람들의 습격을 당했을 때는 분발해야 했습니다[1]. 더구나 그랬음에도 불구하고, 그들의 단단한 갑옷을 입었음에도 불구하고 심한 상처를 입었습니다. 베드로도 힘이 미치는 데까지 해보려고 했습니다. 그러나 사도들의 영수(領袖)라는 사람임에도 불구하고 그들은 결국 보잘것없는 소녀를 두려워하게 만들었습니다. 그리고 그들의 왕은 휘파람에 응해서 나옵니다. 휘파람이 들리는 곳에 있습니다. 형세가 불리

1) 〈열왕기상〉 4 : 31, 〈열왕기하〉 18 : 4.

하다고 하면 언제라도 달려와서 가세합니다.

이 왕에 대해서는 다음처럼 기록했습니다. '칼로 칠지라도 쓸데없고, 창이나 살이나 작살도 소용이 없구나. 그것이 철을 초개같이, 놋을 썩은 나무같이 여기니 살이라도 그것으로 도망치게 못 하겠고 물매 돌도 그것에게는 겨같이 여겨지는구나. 몽둥이도 검불같이 보고 창을 던짐을 우습게 여긴다[1].

이런 사태에 처하여 손을 쓸 도리가 있겠습니까? 어떤 경우에도 욥이 말을 타는 기술과 용기를 지닐 수 있다면 눈부신 일을 할 수 있겠지요. '그 목에 흩날리는 갈기를 네가 입혔느냐, 네가 그것으로 메뚜기처럼 뛰게 하였느냐, 그 위엄스런 콧소리가 두려우니라. 그것이 골짜기에서 헤집고, 힘있음을 기뻐하며, 앞으로 나아가서 군사들을 맞되 두려움을 비웃고 놀라지 아니하며, 칼을 당할지라도 물러나지 아니하니, 그 위에서는 전통과 빛나는 작은 창과 큰 창이 쏟아져 내려도 땅을 삼킬 듯이 맹렬히 성내며, 나팔소리를 들으면 머물러 서지 아니하고 나팔소리 나는 대로 소소히 울며 멀리서 싸움 냄새를 맡고 장관의 호령과 떠드는 소리를 듣느니라[2].'

그러나 당신이나 나 같은 병졸은 적을 만나기를 원하거나 남이 패했다는 말을 듣고, 우리였다면 어떻게 할 수 있을 것으로 큰소리를 치거나 자기의 담력을 생각하고는 즐거워하지 말아야 하겠습니다. 그런 사람은 대체로 일을 당하면 가장 심하게 패하는 것이 보통이니까요.

베드로를 보십시오. 그는 언제나 큰소리를 쳤습니다. 허영심의 충동으로 누구보다 '주님'을 잘 섬기고 함께 하겠다고 했습니다. 그러나 그만큼 이 악당들에게 패하고 쫓긴 사람이 있습니까? 그러니까 그런 약탈이 '왕'의 길에서 감행되었다고 들었을 때 우리가 하기에 적당한 일이 둘입니다. 그 첫째는, 무장하고 나갈 것, 반드시 방패를 가져 갈 것입니다. 왜냐하면 그렇게 씩씩하게 리워야단[3]에게 맞선 사람이 그놈을 굴복시킬 수 없었던 이유는 그것이 없었기 때문입니다. 사실 그것이 없으면 그놈은 우리들을 조금도 두려워하지 않습니다. 그놈을 죽인 사람이 말했습니다. '모든 것 위에 믿음의 방패를 가지

1) 〈욥기〉 41 : 26~29. 2) 〈욥기〉 39 : 19~25. 3) 〈시편〉 27 : 1.

고, 이로써 능히 악한 자의 모든 화전을 소멸하라[1].'고. 그리고 둘째로는, 호위병을 청원할 것, 아니 그것보다 '왕'께서 친히 우리와 함께 가시도록 청원하는 것은 좋은 일입니다.

이것이 '사망의 음침한 골짜기'를 지날 때에 다윗을 기쁘게 했습니다[2]. 또 모세는 하나님 없이 가기보다는 차라리 서 있는 곳에서 죽는 편이 낫다고 생각했습니다[3]. 아아, 친구여, '왕'께서 우리와 함께 가 주시기만 한다면 우리를 수만 명이 공격한다고 해도 두려워할 필요가 없습니다[4]. 그러나 '왕'께서 계시지 않으면 힘을 자랑하는 구원자도 '죽임을 당한 자의 아래에 엎어질 따름입니다[5].'

나도 전에 작은 싸움을 했던 일이 있습니다. 하나님의 자비에 의해서 보시다시피 살아 있지만 내 담력을 자랑할 수는 없습니다. 이상 더 그런 공격을 받지 않으면 기쁘겠습니다. 그러나 우리는 모든 위험을 벗어나지 못한 것이 아닌가 염려됩니다. 또 사자와 곰이 아직 나를 삼키지 않았으니까 하나님이 우리를 육박하는 할례받지 않은 블레셋인의 손에서 구해주시리라고 나는 생각합니다." 그는 계속해서 노래했다.

가련한 소신이여, 도둑에게
매를 맞았지. 강탈당했지.
기억하라, 믿고 또 믿는 자는
만인을 이긴 자로다. 그렇지 않은 자는
세 놈도 이길 수 없도다.

이리하여 두 사람은 전진하고 무지는 뒤따라갔다. 두 사람은 한길이 두 사람의 길과 합치고 그들이 갈 길과 똑같이 곧게 보이는 곳으로 왔다. 그들은 둘 중에 어느 길을 택해야 할지 잠시 생각했다. 이 때 피부가 검고 매우 가벼운 옷을 입은 남자가 나타나서 말했다.

남자 "왜 거기 서 있소?"

1) 〈에베소서〉 6 : 16.　2) 〈시편〉 23 : 4.　3) 〈출애굽기〉 33 : 15.　4) 〈시편〉 3 : 5~8, 27 : 1~3.
5) 〈이사야〉 10 : 4, 〈욥기〉 9 : 10.

순례자들 "'하늘의 도성'으로 가려는데 어느 길을 택해야 옳은지 알 수 없습니다."

남자 "나를 따라오시오. 나도 그곳으로 가는 길이오."

두 사람은 그 남자를 따라서 금방 합친 길로 들어갔는데, 그것은 점차 우회하더니 그들이 가려는 도성과는 다른 방향으로 향하게 하고는, 잠시 동안에 그들의 얼굴이 도성과는 반대쪽을 향했다.

그래서 그들은 그물에 빠진 곳을 알아차렸다. 그들은 빠져 나올 수 없었으므로 울면서 그곳에 누워 있었다.

크리스천 (친구에게) "내 잘못을 알았습니다. 목자들이 말 잘하는 사람을 주의하라고 했지요. 현인의 말과 같은 일을 우리는 오늘 발견했습니다. '이웃에게 아첨하는 것은 그의 발 앞에 그물을 치는 것이니라[1].'는 것을.

유망 "그 사람들이 우리에게 길 안내를 해서는 틀림없이 찾을 수 있도록 해주었습니다. 그러나 우리는 그것을 읽기를 잊고 거칠게 구는 사람의 길에서 우리를 지키지 않았습니다. 이 점에서는 다윗이 우리보다 총명했습니다. '사람의 행사로 논하면 나는 주의 입술의 말씀을 좇아 스스로 삼가서 강포한 자의 길에 행치 아니하였사옵니다[2].' 라고 했으니까요."

그들은 이렇게 한탄하면서 그물 속에 누워 있었다. 그러나 드디어 한 '광명한 자'가 손에 가는 채찍을 들고 오는 것을 발견했다. 그는 두 사람에게 와서 물었다.

광명한 자 "어디서 왔소? 거기서 무엇을 하고 있소?"

순례자들 "시온으로 가려는 가련한 나그네입니다. 흰 옷을 입은 검은 사람에 의해서 길 밖으로 벗어났습니다. 그 사람은 우리더러 따라오라, 나도 그곳으로 가는 중이라고 했습니다."

광명한 자 "그것은 거짓 사도 아첨꾼인데 광명한 천사로 가장했소[3]."

그는 그물을 찢고 순례자들을 밖으로 나오게 했다.

---

1) 〈잠언〉 29 : 5. 2) 〈시편〉 17 : 4. 3) 〈잠언〉 29 : 5, 〈다니엘〉 11 : 32, 〈고린도후서〉 11 : 13, 14.

광명한 자 "나를 따라오시오. 다시 한 번 당신들의 길에서 출발시켜 드릴 테니."

광명한 자는 그들이 아첨꾼을 따라가기 위해 등진 길로 데리고 돌아갔다.

광명한 자 "어젯밤은 어디서 잤습니까?"

순례자들 "환락산에 있는 목자들과 함께였습니다."

광명한 자 "그 목자들로부터 길 안내를 받지 않았나요?"

순례자들 "받았습니다."

광명한 자 "당신들이 난처할 때 그 안내서를 꺼내서 읽었습니까?"

순례자들 "아니오."

광명한 자 "무엇 때문입니까?"

순례자들 "잊었습니다."

광명한 자 "목자들이 아첨꾼을 주의하라고 말하지 않았나요?"

순례자들 "말했습니다. 그러나 우리는 훌륭하게 말하는 그 사람이 그런 줄은 꿈에도 생각지 못했습니다[1]."

나는 꿈속에서 봤다, 그가 순례자들에게 엎드리라고 명령하는 것을. 순례자들이 엎드리자, 그는 그들이 걸어갈 선한 길을 가르치기 위해서 심하게 때렸다[2]. 때리면서 또 말했다.

광명한 자 "'내가 사랑하는 모든 자들을 책망하여 징계하노니, 그러므로 네가 열심을 내라. 회개하라[3].' 여로에 오르도록 그리고 목자들의 다른 지시에도 깊이 주의하도록."

순례자들은 그의 모든 친절에 감사를 드리고 바른 길을 따라서 천천히 전진했다.

이곳으로 오라, 길가는 사람아
방황하던 순례자들의 결말을 보라.
얽히는 그물에 그들이 걸린 것은
경솔하게 좋은 권고를 잊은 때문.
그들은 구출되었지만 보라, 더욱

---

1) 〈로마서〉 16 : 18.　2) 〈신명기〉 25 : 2.　3) 〈요한계시록〉 3 : 19.

매맞았음을. 이로 경계를 삼으라.

라고 노래하면서.

잠시 후 순례자들은 멀리서 유유하게 혼자서 이곳을 향해 오는 남자를 봤다.

크리스천 (친구에게) "저곳에 시온을 등진 남자가 있습니다. 더구나 이쪽으로 오고 있군요."

유망 "보고 있습니다. 주의합시다. 저 사람도 아첨꾼일는지도 모르니까요."

남자는 점차 접근하여 마침내 그들 앞으로 왔다. 이 남자의 이름은 무신(無神)이었다.

무신 "어디로 가십니까, 여러분?"

크리스천 "우리는 시온산으로 가오."

무신은 엄청나게 큰 소리로 웃기 시작했다.

크리스천 "어째서 웃으시오?"

무신 "이렇게 내키지 않는 길을 떠나다니 얼마나 어리석은 사람들인가 싶어 웃소. 그리고 아무리 애를 쓰셔도 나그네의 고통밖에는 아무것도 얻지 못할 거요."

크리스천 "뭐라고요? 당신은 우리들이 영접받지 못할 거라고 여기오?"

무신 "영접을 받는다고! 이 세상에는 당신이 꿈꾸는 곳은 없소."

크리스천 "그러나 오는 세상에는 있소."

무신 "내가 고향에 있을 때 지금 당신이 한 말과 똑같은 말을 들었소. 그들은 그 말을 따라서 그것을 찾으러 떠나 20년 동안이나 그 도성을 찾았소. 그러나 그것이 발견되지 않는 것은 출발한 첫날과 조금도 다름이 없소[1]."

크리스천 "우리는 그런 곳을 발견할 수 있다고 들었고 또 믿고 있소."

무신 "내가 고향에 있을 때 믿지 않았다면 이렇게 먼 곳까지 찾으

---

1) 〈예레미야〉 22 : 12, 〈전도서〉 10 : 15.

러 오지 않았겠지요. 그러나 발견하지 못했으니까(그런 곳은 발견할 수 있다면 발견했을 거요, 당신들보다 훨씬 더 오래 찾아봤으니까) 나는 돌아가오. 그리고 그때 버린 것으로 위로하고 이제야 깨달은, 있지도 않는 것에 대한 소망 대신으로 삼을 작정이오."

크리스천 (유망에게) "이 사람의 말이 참말일까요?"

유망 "조심하세요. 이 사람은 아첨꾼의 하나입니다. 이런 무리들에게 귀를 기울이다가 이미 어떤 일을 당했는가를 상기하세요. 시온산이 없다니. 우리가 환락산에서 도성의 문을 보지 않았습니까? 또 우리는 지금 신앙으로 길을 가고 있지 않습니까[1]? 자, 전진합시다. 채찍을 든 사람이 다시 우리를 붙잡지 않도록. 내가 들려드리려는 그 교훈을 당신이 내게 가르치셔야 했습니다. '내 아들아, 지식의 말씀에서 떠나게 하는 교훈을 듣지 말지니라[2].' 여하간 형제여, 이 사람의 말은 듣지 마세요. 그리고 '영혼의 구원을 믿읍시다[3].'"

크리스천 "형제여, 내가 질문한 것은 우리의 신앙이 참된가를 의심한 때문이 아니라, 당신을 시험에서 당신의 마음에 열린 정성의 열매를 나타낼 생각이었습니다. 이 사람은 이 세상의 신에 의해서 소경이 되었습니다. 우리는 전진합시다. 참 신앙을 지닌 것, 또 '거짓은 진리에서 나지 않음[4]'을 알고 있으니까요."

유망 "지금 나는 하나님의 영광을 바라보고 즐겁습니다."

순례자들은 그 남자와 헤어져 가고, 남자는 그들을 비웃고 제 길을 갔다.

나는 꿈속에서 그들이 전진해서 어떤 나라에 다다르는 것을 봤는데, 그곳의 공기는 처음 온 사람을 자연히 졸리게 하는 지역이었다. 유망은 몸이 몹시 나른하고 참을 수 없이 졸렸다.

유망 (크리스천에게) "몹시 졸려서 눈을 뜰 수가 없습니다. 여기에 누워서 한잠 잡시다."

크리스천 "어림없습니다. 잠들어 일어나지 못하면 큰일납니다."

유망 "어째서 그럽니까? 형제여, 일하는 사람에게 잠은 즐거운 것입니다. 한참 자고 나면 피로가 회복될는지도 모릅니다."

---

1) 〈고린도후서〉 5 : 7. 2) 〈잠언〉 19 : 27. 3) 〈히브리서〉 10 : 39. 4) 〈요한1서〉 2 : 21.

크리스천 "목자들 중의 한 사람이 '매혹의 땅'에 주의하라고 한 말을 기억하지 못합니까? 그 말은 잠을 경계하라는 뜻이었습니다. '그러므로 우리는 다른 이들과 같이 자지 말고 오직 깨어 근신할지라[1].'"

유망 "알았습니다. 내가 잘못했습니다. 나 혼자였더라면 잠 때문에 죽음의 위험을 범할 뻔했습니다. 현인이 '두 사람은 한 사람보다 낫다.'고 한 말이 참이군요. 지금까지 당신이 동행하신 것이 내게는 하나님의 은혜였습니다. 당신은 그 노고 때문에 좋은 보수를 받으실 것입니다[2]."

크리스천 "자, 그러면 졸음을 쫓기 위해 열심히 얘기를 합시다."

유망 "대찬성입니다."

크리스천 "무슨 얘기부터 할까요?"

유망 "하나님이 우리와 함께 시작하신 일부터. 당신이 시작하십시오."

크리스천 "우선 노래를 불러드리지요."

성도들아, 졸릴 때에는 여기 와서
들으라, 순례자 두 사람의 대화를.
그렇소, 그 길을 어떻게든 배우라.
나른하고 졸리는 눈을 어떻게 뜸을.
성도들의 사귐을 바르게 진행하면
깨어 있으리라 지옥을 멀리 하고.

노래가 끝나자 크리스천은 또 말을 이었다. "시초에 당신은 어떻게 지금 하시는 여행을 계획하셨습니까?"

유망 "어떻게 영혼의 행복을 추구하게 되었느냐는 말씀입니까?"

크리스천 "그렇습니다. 그런 뜻입니다."

유망 "매우 오랫동안 나는 장터에서 진열하고 파는 물건들에 흠뻑 빠져 있었습니다. 그런 것들에 내가 계속 도취해 있었다면 나는 지옥

1) 〈데살로니가전서〉 5 : 6. 2) 〈전도서〉 4 : 9.

과 멸망 속에 빠졌을 것입니다."

크리스천 "어떤 것이었나요?"

유망 "이 세상의 모든 보물과 재물입니다. 그리고 나는 방탕, 연회, 음주, 폭언, 거짓말, 모독하는 말, 안식일을 범하는 일, 기타 영혼을 파괴하는 것이면 다 좋아했습니다. 사실은 당신과 또 그 신앙과 선한 생활 때문에 '허영 시'에서 사형을 받으신 사랑하는 성실한테서 들었는데, 신성한 일을 듣고 생각하는 중에 '이런 것들의 마지막은 사망이라[1].'는 사실을 알았습니다. 또 이런 일들 때문에 '하나님의 진노가 불순종의 아들들에게 임하는[2]' 것을 깨달았습니다."

크리스천 "그래서 당장 그 확신의 힘 앞에 굴복하셨습니까?"

유망 "아닙니다. 죄의 재앙과 그것을 범하면 일어나는 영원한 파멸을 당장 알려고 하지 않고 도리어 내 마음이 시초에 '말씀'으로 감동되기 시작했을 때, 그 빛에 대해서 눈을 감으려고 노력했습니다."

크리스천 "하나님의 고마우신 성령의 시초의 역사에 대해서 그런 태도를 취하신 원인이 무엇이었나요?"

유망 "그 원인은 이렇습니다. 첫째로, 나는 그것이 내게 대한 하나님의 역사인 줄을 몰랐습니다. 죄에 대한 각성으로 하나님이 먼저 죄인을 회개시킨다고는 조금도 생각지 못했습니다. 둘째로, 죄는 아직 내 육체에 있어서 매우 달콤해서 차마 버리지 못했습니다. 셋째는, 어떻게 하면 옛친구와 헤어질 수 있는지 알 수 없었습니다. 그 존재와 행위는 매우 바람직했습니다. 그리고 넷째, 확신이 내게 임할 때는 정말 참으로 괴롭고 두려웠으므로 그 기억을 남기는 것만도 견딜 수 없었습니다."

크리스천 "때때로 그 고통을 스스로 물리친 적도 있었던 것 같군요."

유망 "그렇습니다. 그러나 그것이 다시 마음으로 돌아오면 전과 같이, 아니 더 아팠습니다."

크리스천 "무엇 때문일까요? 무엇이 당신의 죄를 다시금 생각나게 했을까요?"

---

1) 〈로마서〉 6 : 21~23. 2) 〈사도행전〉 5 : 6.

유망 "많습니다. 예를 들면 첫째로 거리에서 선인을 만난 때, 둘째 누군가 성서를 읽는 소리를 들었을 때, 셋째 머리가 아프기 시작할 때, 넷째 이웃이 병들었다고 들었을 때, 다섯째 장례식 종소리가 죽은 사람을 위해 울릴 때, 여섯째 나의 죽음을 생각할 때, 일곱째 남에게 일어난 불의의 죽음을 들었을 때, 그리고 여덟째는 특히 나 자신의 일을 생각하고 속히 심판을 받으러 가야 함을 생각했을 때입니다."

크리스천 "이들 중 어느 방식으로 죄의 자책이 마음에 떠올랐을 때 언제든지 당신은 쉽게 그것을 털어 버릴 수 있었습니까?"

유망 "아니오, 불가능했습니다. 그것은 그것들이 내 양심을 더욱 단단히 붙들고 늘어졌기 때문입니다. 나는 죄로 되돌아갈까 하고 생각한 것만으로(내 마음은 그것을 등지고 있음에도 불구하고) 그것은 내게 이중의 고통이었습니다."

크리스천 "그래서 어떻게 하셨죠?"

유망 "생활을 고쳐야겠다고 생각했습니다. 그렇지 않으면 반드시 지옥에 떨어질 거라고 생각했습니다."

크리스천 "개선하려고 노력했습니까?"

유망 "예, 노력했습니다. 내 죄뿐 아니라 죄 많은 동료도 멀리 했습니다. 그리고 기도, 성서 읽기, 통회(痛悔), 이웃 사람에게 진실을 말하는 등 종교상의 의무에 몰두했습니다. 그외에도 여기서 일일이 말할 수 없이 많은 일을 했습니다."

크리스천 "그래서 자기를 만족하게 여겼습니까?"

유망 "일시적으로는 그랬지요. 그러나 내 번민은 다시 엄습했습니다. 그것도 개전(改悛) 직후에 말입니다."

크리스천 "어째서 그랬을까요? 당신은 이미 회개하셨는데."

유망 "여러 원인 때문입니다. 특히 이런 말씀입니다. '우리의 의는 다 더러운 옷 같습니다[1].', '율법의 행위로서는 의롭다 함을 얻을 육체가 없느니라[2].', '너희는 명령받은 것을 다 행한 후에 이르기를 우리는 무익한 종입니다[3].' 그밖에 이와 비슷한 것이 많습니다.

그래서 나는 다음과 같이 자신에게 말했습니다. 만일 내 의(義)가

1) 〈이사야〉 64 : 6. 2) 〈갈라디아서〉 2 : 6. 3) 〈누가복음〉 17 : 10.

모두 더러운 옷 같고 율법의 행위로 '아무도' 의롭다 함을 얻지 못하며, '모든 일'을 행한 후에도 무익한 종이라면 율법에 의해서 천국을 생각하는 일은 어리석은 짓에 지나지 않는다고. 또 더 나아가서 나는 이렇게 생각했습니다. 어떤 사람이 어떤 상인에게 100파운드의 빚을 진 후에 사는 상품은 모두 현금을 지불했어도 오랜 빚이 상인의 장부에 탕감되지 않고 있다면, 상인은 소송을 제기하여 빚을 상환하기까지 옥에 가둘 수 있다고."

크리스천 "그래서 그것을 어떤 식으로 당신에게 적용하셨나요?"

유망 "나는 다음과 같이 생각했습니다. 나는 죄에 의해서 하나님의 장부에 빚을 많이 졌다, 또 나의 회개는 그 금액을 지불할 수 없다, 그러니까 현재의 회개에서 언제나 이렇게 생각해야 한다고. 그러나 어떻게 하면 내 이전의 죄로 초래한 멸망의 위험에서 석방될까?"

크리스천 "매우 좋은 생각입니다. 계속하십시오."

유망 "최근 회개한 이래 나를 괴롭히는 일은 현재의 행위 중 가장 선한 것도 엄밀히 조사하면 여전히 죄, 새로운 죄가 거기에 섞여 있다는 사실입니다. 그 결과 나는 설혹 생활에 결점이 없다고 해도 나를 지옥으로 보내기에 충분한 죄를 한 의무에서 범하고 있다는 사실을 단정해야 했습니다."

크리스천 "그래서 어떻게 하셨나요?"

유망 "어떻게 해야 좋을지 몰라서 마침내 나는 성실에게 마음을 털어놓았습니다. 그 사람과 나는 친한 사이였으니까요. 그 사람은 내가 죄 없는 분의 의를 자기의 것으로 삼지 않으면, 나 자신의 정의도 또 세상의 모든 정의도 나를 구원할 수는 없다는 사실을 가르쳐 주었습니다."

크리스천 "당신은 그분의 말이 진실이라고 생각하셨습니까?"

유망 "자신의 회개를 기뻐하고 그것에 만족하고 있을 때에 그렇게 말해 주었다면, 그 수고에 대해서 그 사람을 바보라고 했을 겁니다. 그러나 나는 약점을 알았고 나의 가장 선한 행위에 붙어 떨어지지 않는 죄를 알았기 때문에, 아무래도 그 의견을 따라야 했습니다."

크리스천 "시초에 그분이 그 말을 했을 때 죄 없다는 말을 정당하게 할 수 있는 사람을 발견할 수 있다고 생각하셨나요?"

유망 "그 말이 처음에는 이상하게 들렸습니다. 그러나 그 사람과 이야기하고 교제한 후 그 말을 확신하게 되었습니다."

크리스천 "당신은 그분이 누구신가, 또 그분에 의해서 의롭다 함을 얻으려면 어떻게 해야 하는가를 물었습니까?"

유망 "예, 물었습니다. 그 사람은 그분이 '지존자'의 오른쪽에 앉아 계신 '주 예수'라고 가르쳐 주었습니다. 그 사람은 말했습니다. 당신은 그분에 의해서 의롭다 함을 받아야 합니다. 즉 그분이 세상에 계실 때에 행하신 일, 또 십자가에 못박히셨을 때에 고통당하신 사실을 신뢰하는 것이라고.

나는 그분의 의가 다른 사람을 하나님 앞에 의롭다 함을 얻게 하는 공력을 지니는 것은 어떤 이치인가 하고 물었습니다. 그 사람은 말했습니다. 그분은 전능하신 하나님이시고, 그분이 행하신 일, 또 죽으신 일은 그분 자신을 위함이 아니고 나 때문인데, 그분을 믿는다면 그분의 행위도 공력도 내게 귀속된다고[1]."

크리스천 "그래서 당신은 어떻게 하셨습니까?"

유망 "그분에게는 나를 구원하실 마음이 없다고 생각했기 때문에 나더러 믿어야 한다는 말에 이의를 제기했습니다."

크리스천 "성실은 뭐라고 했습니까?"

유망 "그분한테 가 보는 것이 좋겠다고 했습니다. 나는 그것은 염치없는 짓이라고 말했습니다. 그러나 그 사람은 그렇지 않다, 당신은 초대받았다고 말했습니다. 그리고 나한테는 사양 말고 오도록 스스로 쓰신 예수의 책을 주었습니다. 그 책에 대해 그 책의 1점 1획이 천지보다 확실하게 서는 것이라고 했습니다[2].

나는 물었습니다. 가서는 어떻게 해야 하는가 하고. 그 사람은 말했습니다. 당신은 무릎을 꿇고, 마음과 영혼을 기울여서 '그분을 나타내시옵소서.' 하고 '아버지'에게 간구해야 한다[3]고.

나는 또 물었습니다, 어떻게 간구를 드려야 하는가를. 그 사람은

1) 〈히브리서〉 10 :, 〈로마서〉 4 :, 〈골로새서〉 1 :, 〈베드로전서〉 1 :. 2) 〈마태복음〉 24 : 35.
3) 〈시편〉 95 : 6, 〈다니엘〉 6 : 10, 〈예레미야〉 29 : 12,13.

말했습니다. 가 보시오, 하나님이 은혜의 보좌[1]에 앉아 계신 것을 보게 될 겁니다, 그곳에 언제나 앉아 계셔서 오는 사람은 누구든지 용서와 자비를 베푸신다고.

나는 가서 뭐라고 해야 좋을지 모르겠다고 말했습니다. 그 사람은 이렇게 말하라고 가르쳐 주었습니다. '하나님이여, 죄인인 저를 불쌍히 여기셔서 예수 그리스도를 알고 믿게 하옵소서. 그분의 의가 없었다면, 저에게 그 의를 믿는 신앙이 없었다면 저는 완전히 버릴 수밖에 없음을 깨닫습니다. 주여, 주님은 매우 자비하신 하나님이셔서 성자 예수 그리스도가 세상의 '구주'가 되도록 정하시고, 저같이 가련한 죄인(저는 참으로 죄인입니다)에게도 그리스도를 주셨다고 들었습니다. 주여, 그러므로 이 기회를 이용하셔서 성자 예수 그리스도를 통해 제 영혼의 구원에 주님의 은혜를 더하여 주시옵소서. 아멘[2].'"

크리스천 "당신은 명령대로 하셨나요?"

유망 "예, 되풀이해서."

크리스천 "'아버지'께서는 그 '성자'를 당신에게 나타내셨습니까?"

유망 "처음에도, 두번째에도, 세번째에도, 네번째에도, 다섯번째에도 나타내지 않으셨습니다. 여섯번째에도."

크리스천 "그래서 어찌하셨나요?"

유망 "어찌해야 좋을지 알 수 없었지요."

크리스천 "기도를 그치겠다고 생각하셨나요?"

유망 "예, 수백 번이나."

크리스천 "그만두지 않으신 이유는 무엇이었나요?"

유망 "나는 배운 것이 진리라고 믿었습니다. 즉 그리스도의 의가 없다면 온 세계의 그 무엇도 나를 구원할 수 없다고 말입니다. 나는 생각했습니다. 만일 그치면 나는 죽는다, 죽을 곳은 은혜의 보좌 앞밖에 없다고. 이와 동시에 이 말씀이 생각났습니다. '비록 더딜지라도 기다리라. 지체되지 않고 정녕 응하리라[3].' 그래서 나는 계속 기도했는데 마침내 '아버지'께서는 '성자'를 보여주셨습니다."

1) 〈히브리서〉 4 : 16. 2) 〈출애굽기〉 25 : 22, 〈레위기〉 16 : 2, 〈민수기〉 7 : 89, 〈히브리서〉 4 : 16.
3) 〈하박국〉 2 : 3.

크리스천 "어떤 식으로 당신에게 나타내셨습니까?"

유망 "나는 육신의 눈으로 그분을 뵈온 것이 아니라 마음의 눈으로 봤습니다[1]. 어떤 날 나는 몹시 슬펐습니다. 내 생애 중 어느때보다 슬펐다고 생각합니다. 이 슬픔은 새삼스레 내 죄가 크고 더러운 것임을 봄으로써 일어났습니다. 지옥과 내 영혼의 영원한 멸망만 기다리고 있을 때, 갑자기 나는 주 예수 그리스도께서 하늘에서 나를 내려다보시고는 '주 예수를 믿으라, 그리하면 구원을 얻으리라[2].'고 하시는 광경을 봤다고 생각했습니다.

나는 대답했습니다. '주여, 저는 매우 흉악한 죄인입니다.'라고. 그랬더니 그분이 대답하셨습니다. '내 은혜가 네게 족하다[3].'고.

나는 말했습니다. '주여, 믿음이란 어떤 일입니까.'라고. 이 때 '내게 오는 자는 결코 주리지 아니할 터이요, 나를 믿는 자는 영원히 목마르지 아니하리라.'는 그 말씀에서 믿는 것과 오는 것은 하나이고, 오는 자, 즉 그 심정에 그리스도에 의한 구원을 바라고 달려나가는 자는 참으로 그리스도를 믿는 자라고 깨달았습니다[4].

이 때 나는 눈물을 머금고 또 물었습니다. 주여, 나 같은 죄인이 주님의 용서를 받고 구원을 얻을 수 있겠습니까 라고. 그랬더니 그분의 '내게 오는 자는 내가 결코 내쫓지 아니하리라[5].'고 하시는 말씀이 들렸습니다.

나는 여쭈었습니다. '주여, 제가 주님에게 갈 때에 주님에 대한 제 신앙이 바르도록 하려면 주님을 어떻게 생각해야 하겠습니까.' 하고. 그분이 말씀하셨습니다. '그리스도 예수께서 죄인을 구원하시려고 세상에 임하셨다[6].', '그리스도는 모든 믿는 자에게 의를 이루기 위하여 율법의 마침이 되시니라[7].', '예수는 우리의 범죄함을 위하여 내어줌이 되고, 또한 우리를 의롭다 하심을 위하여 살아나셨느니라[8].', '우리를 사랑하사 그의 피로 우리 죄에서 우리를 해방하셨다[9].', '그는 하나님과 사람 사이의 중보시니라[10].', '그는 항상 살아서 우리를 위하여 간구하시느니라[11].'고.

1) 〈에베소서〉 1 : 18, 19. 2) 〈사도행전〉 16 : 30, 31. 3) 〈고린도후서〉 12 : 9. 4) 〈요한복음〉 6 : 35.
5) 〈요한복음〉 6 : 37. 6) 〈디모데전서〉 1 : 15. 7) 〈로마서〉 10 : 4. 8) 〈로마서〉 4 : 25.
9) 〈요한계시록〉 1 : 5. 10) 〈디모데전서〉 2 : 5. 11) 〈히브리서〉 7 : 25.

이 모든 말씀으로 미루어 나는 그분을 통해서 의를 구하고, 또 그 피에 의한 내 속죄를 구할 것, 그분이 '아버지'의 율법을 따라 그 형벌을 받으신 것은 그분 자신을 위함이 아니라, 구원을 얻기 위해서 이를 받아들이고 감사하는 사람을 위함인 것을 깨달았습니다. 그래서 마음은 기쁨으로 꽉 차고 눈은 눈물로 가득 찼으며, 가슴은 예수 그리스도의 이름과 그 백성과 길에 대한 사랑으로 차고 넘쳤습니다."

크리스천 "진정 그리스도께서 당신의 마음에 나타나셨습니다. 그것이 특히 당신의 정신에 어떤 결과를 맺었는지를 말씀하십시오."

유망 "그것에 의해서 나는 전세계가 그 의에도 불구하고 저주받은 상태에 있음을 깨달았습니다. 그것에 의해서 '성부 하나님'은 의로우신 분인데, 그 앞으로 오는 죄인을 정당하게 의롭다 하실 수 있음을 깨달았습니다. 또 그것에 의해서 나는 이전 생애의 더러움을 매우 부끄럽게 여기고 내 무지를 자각하고 견딜 수가 없었습니다. 그때까지는 예수 그리스도의 아름다움을 느끼게 하는 생각이 내 마음에 일어난 일은 없었으니까요. 그것에 의해서 마침내 나는 거룩한 생활을 사랑하고 주 예수의 이름을 높임과 영광을 위해서 뭔가를 하고 싶다고 간절히 원하게 되었습니다. 지금 내 몸에 피가 1000갤런이 있다면 그것을 모두 주 예수를 위해 흘릴 수 있다고 생각했습니다."

나는 꿈속에서 봤다, 유망이 뒤에 남긴 무지(無知)가 계속 뒤따라옴을, 뒤돌아보는 것을.

유망 (크리스천에게) "보십시오, 저 멀리 저 젊은이가 뒤에서 오고 있습니다."

크리스천 "내게도 보입니다. 저 사람은 우리와 동행하고 싶지 않은 겁니다."

유망 "그러나 이곳까지 함께 걸어왔다면 그에게 손해는 없었을 텐데요."

크리스천 "맞습니다. 그러나 틀림없이 저 남자는 그렇게 생각하지 않을 거요."

유망 "나도 그렇게 생각합니다. 그러나 기다려 줍시다."

그들은 그렇게 하기로 했다.

크리스천 "어서 와요. 뭘 꾸물거리고 있어요?"

무지 "나는 혼자 걷는 것을 좋아합니다. 마음에 드는 동료가 없으면 동행하는 것보다 더 낫다고 생각합니다."

크리스천 (유망에게 낮은 소리로) "우리와 동행하고 싶지 않을 거라고 내가 말한 대로이지요. 그러나 이렇게 쓸쓸한 곳에서는 얘기라도 해서 시간을 보냅시다. (그리고 무지에게) 기분이 어떻습니까? 하나님과 당신의 영혼 사이는 지금 어떻습니까?"

무지 "잘되고 있다고 생각합니다. 나는 언제나 좋은 생각이 마음에 떠올라 걸어가는 동안에도 위로를 받으니까요."

크리스천 "어떤 생각인지 우리에게 가르쳐 주시오."

무지 "글쎄요, 나는 하나님과 천국을 생각하고 있습니다."

크리스천 "마귀와 타락한 영혼도 그렇게 하지요."

무지 "하지만 나는 그것을 생각하고 그것을 원합니다."

크리스천 "절대로 그곳에 도착할 것 같지 않은 많은 사람들도 그렇게 하지요. '게으른 자는 마음으로 원하여도 얻지 못하느니라[1].'"

무지 "그러나 나는 그것을 생각하고 그 때문에 모든 것을 버립니다."

크리스천 "그것은 의문이군요. 모든 것을 버리는 일은 어려우니까요. 많은 사람이 자각하고 있는 이상으로 어려운 일입니다. 그러나 무엇 때문에, 또는 무엇에 의해서 당신은 하나님과 천국을 위해서 모든 것을 버렸다고 확신하나요?"

무지 "내 마음이 그렇게 말합니다."

크리스천 "현인은 말합니다. '자기의 마음을 믿는 자는 미련한 자라[2].'"

무지 "그것은 나쁜 마음에 대해서 한 말입니다. 내 마음은 선합니다."

크리스천 "그것을 어떻게 증명하나요?"

무지 "천국의 소망으로 제 마음이 지금 위로를 받고 있으니까요."

크리스천 "그것은 마음을 속이기 쉬운 것이기 때문인지도 모릅

1) 〈잠언〉 13 : 4. 2) 〈잠언〉 28 : 26.

니다. 사람의 마음이란 아직 바랄 근거가 없는 것을 바라면서 위로를 받는 수가 있으니까요."

무지 "그러나 내 마음과 생활은 일치하고 있습니다. 그러니까 내 소망에는 근거가 있습니다."

크리스천 "당신의 마음과 생활이 일치하고 있다고 누가 말했나요?"

무지 "내 마음이 그렇게 말합니다."

크리스천 "내가 도둑인가 하고 공범자에게 물어보라 그 말이군요. 당신의 마음이 그렇게 말한다니! '하나님의 말씀'이 그 일을 증명하지 않으면 다른 증언은 가치가 없어요."

무지 "그러나 좋은 생각을 지니는 것은 좋은 마음이 아닙니까? 또 하나님의 명령을 따르는 것은 좋은 생활이 아닙니까?"

크리스천 "그렇습니다. 좋은 생각을 지닌 것은 좋은 마음이고, 하나님의 명령을 따르는 것은 선한 생각입니다. 그러나 그런 것을 갖고 있는 것과 그렇게 생각하는 것은 다릅니다."

무지 "대체 당신은 무엇을 선한 사상이라고 생각하시고 하나님의 명령을 따르는 생활이라고 생각하십니까?"

크리스천 "선한 생각은 여러 가지이지요. 우리 자신에 관한 것, 하나님에 관한 것, 그리스도에 관한 것, 그밖의 것들에 관한 것이 있어요."

무지 "우리 자신에 관한 선한 생각이란 어떤 것입니까?"

크리스천 "'하나님의 말씀'에 일치하는 것입니다."

무지 "어떤 때에 우리의 생각이 '하나님의 말씀'과 일치합니까?"

크리스천 "우리가 '말씀'이 내리는 것과 같은 판단을 자신에게 내리는 경우입니다. 좀더 설명한다면, '하나님의 말씀'은 태어난 그대로의 상태에 대해서 말합니다. '의인은 없나니 하나도 없다[1].' 그것은 또 '사람의 생각의 모든 계획이 항상 악할 뿐이다[2].'라고 했습니다. 또 '사람의 마음에 계획하는 바가 어려서부터 악함이라[3].'고.

자, 이제 이 말씀들의 의미를 이해하고 우리가 이렇게 자신에 대해

1) 〈로마서〉 3 : 10. 2) 〈창세기〉 6 : 5. 3) 〈창세기〉 8 : 21.

서 생각할 때, 우리의 사상은 선한 생각이지요. '하나님의 말씀'을 따르는 것이기 때문이에요."

무지 "나는 내 마음이 그렇게 나쁘다고는 절대로 믿지 않습니다."

크리스천 "그래서 당신은 한평생 당신 자신에 관해서 단 하나도 좋은 사상을 지닌 일이 없는 거요. 다시 계속합시다. '말씀'이 우리의 마음에 판단을 내릴 때 그것은 우리의 길, 즉 행위에도 판단을 내립니다. 그래서 우리의 마음과 길에 대해서 우리가 생각하는 것과 '말씀'이 그 둘에 대해서 주는 판단이 일치할 때, 그 둘은 선한 것입니다. 그것은 그에 일치하기 때문이지요."

무지 "그 의미를 밝혀 주십시오."

크리스천 "'하나님의 말씀'은 사람의 길, 즉 '행위'는 굽은 것이고 선한 것은 아니며 패역한 것이라고 합니다[1]. 그것은 본래 선한 길을 벗어난 것이고 선한 길을 모르는 것이라고 합니다[2]. 사람이 이렇게 그 행위를 생각할 때, 겸손하게 생각할 때, 그 사람은 자기의 행위에 대해서 선한 생각을 가집니다. 왜냐하면 이제 그 사상은 '하나님의 말씀'의 판단과 일치하니까요."

무지 "하나님에 관한 선한 생각이란 어떤 것입니까?"

크리스천 "우리 자신에 대해서 말한 것과 똑같은데, 우리가 하나님에 대해서 생각하는 것과 '말씀'이 하나님을 설명한 것이 일치할 때의 생각입니다. 즉 하나님의 실재와 속성(屬性)을 '말씀'이 가르치신 것처럼 생각할 때의 사상인데, 그것에 대해서는 지금 자세히 논할 수는 없습니다. 그러나 우리에 관한 일을 하나님에 대해서 얘기하면, 우리가 우리 자신을 아는 것보다도 하나님은 우리를 잘 아십니다.

우리가 언제 어디서 범했는지 우리는 조금도 볼 수 없는 우리의 죄를 하나님은 보실 수 있다고 생각할 때, 하나님은 우리 마음의 가장 깊은 곳에 있는 생각을 아십니다. 우리의 마음이 그 모든 심연(深淵)과 함께 언제나 하나님의 눈에는 노출된 상태라고 생각할 때, 우리의 의는 하나님의 코에 악취를 풍기는 것이며, 그래서 우리의 가장 선한 행위 전부에서조차 우리가 조금이라도 자신을 갖고 그 앞에 서는 것

---

1) 〈시편〉 125 : 5, 〈잠언〉 2 : 15. 2) 〈로마서〉 3 : 12.

올 보고 있을 수는 없다고 생각할 때, 우리는 하나님에 대한 바른 생각을 가집니다."

무지 "하나님은 나와 같은 정도밖에 앞을 못 보신다고 생각하리만큼 나를 바보로 생각하십니까? 또는 내 행위의 가장 선한 것을 들고 하나님에게로 가려는 바보로 생각하십니까?"

크리스천 "당신은 이 일을 어떻게 생각하나요?"

무지 "간단히 말씀 드리면 나는 의롭다 함을 얻기 위해서는 그리스도를 믿어야 한다고 생각합니다."

크리스천 "뭐라고요! 당신은 그리스도의 필요를 인정하지 않으면서 그를 믿어야 한다고 생각하나요? 당신은 천생의 결함도 현실의 결함도 인정치 않고, 당신 자신과 당신의 행위에 대해서 자기를 매우 선하다고 생각합니다. 이 일은 분명히 하나님 앞에 의롭다 함을 얻기 위해서는 그리스도의 의를 필요로 한다는 것을 인정치 않는 의견입니다. 그런데 어째서 당신은 그리스도를 믿는다고 합니까?"

무지 "그래도 나는 훌륭하게 믿고 있습니다."

크리스천 "어떻게 믿나요?"

무지 "그리스도께서 죄인을 위하여 돌아가신 일을, 내가 그 율법에 순종하는 것을 은혜로 받으시는 일에 의해서, 나는 저주에서 벗어나 하나님 앞에서 의롭게 될 것을 믿습니다. 다시 말하면 그리스도는 그 공적으로 종교상의 나의 의무를 '아버지'가 받으시도록 해주십니다. 이렇게 해서 나는 의롭게 된다고 생각합니다."

크리스천 "당신의 신앙고백에 대답하겠습니다.

첫째, 당신은 망상적 신앙을 믿고 있습니다. 왜냐하면 그런 신앙은 '말씀' 안에 기록되어 있지 않습니다.

둘째, 당신은 그릇된 신앙을 믿고 있습니다. 그 이유는 의롭게 되는 것을 그리스도 자신의 의로부터 빼앗아서 자기의 의에 맞추고 있으니까요.

셋째, 이 신앙은 그리스도께서 당신의 인격을 의롭다 하시는 것이 아니라, 당신의 행위를 의롭다 하시고 당신의 행위 때문에 인격을 의롭다 하시는 것으로 만드는데 그것은 잘못입니다.

그리고 넷째, 이 신앙은 실속이 없는 것이며, 전능하신 하나님의 날(최후 심판의 날)에 당신을 하나님의 진노 밑에 두는 것입니다. 왜냐하면 참으로 의롭다 함을 얻는 신앙은 율법으로 그 처지를 자각한 영혼을 그리스도의 의까지 피난처를 찾아 뛰어들게 하는 것입니다.

그러나 그 그리스도의 의란 의롭다 함을 얻기 위해 당신의 순종을 하나님이 받으시도록 하는 은혜의 행위가 아니라, 율법이 우리에게 요구하는 것은 우리를 위해 이루시고 그 때문에 고통당하신 일로 그리스도 자신이 율법에 복종하신 일입니다. 이 의를 참 신앙은 받아들입니다. 그 옷자락에 영혼이 덮여서 하나님 앞에 더러움이 없는 것으로 바칠 때 그것은 용납되어 천벌을 면합니다."

무지 "뭐라고요? 당신은 그리스도께서 우리가 없는 곳에서 행하신 일을 믿으라고 하십니까? 그러한 망상은 우리의 정욕을 방자하게 만들고 제멋대로의 생활을 하도록 방임하겠지요. 우리가 그리스도의 의를 믿을 때에 모든 죄에서 의롭게 된다면 우리는 어떤 생활을 해도 상관이 없는 것이 됩니다."

크리스천 "무지는 당신의 이름입니다. 당신의 이름 그대로군요. 당신의 대답이 바로 내 말을 증명합니다. 당신은 의롭다 하는 의가 무엇인가에 대해서 무지하고, 그것을 믿는 신앙에 의해서 하나님의 진노에서 영혼을 안전하게 하려면 어떻게 하는가에도 무지합니다. 게다가 당신은 그리스도의 의를 믿는 구원의 신앙의 참된 결과에 대해서도 무지합니다. 즉 그리스도 안에서 하나님에게 마음을 굽히고, 그 이름, 그 말씀, 그 행하심, 그 백성을 사랑하게 만드는 것이지, 당신이 무지몽매하게 상상하는 것이 아닙니다."

유망 "그리스도께서 하늘에서 계시하신 일이 있었는가를 물어보오."

무지 "뭐라고요? 당신은 계시를 믿는 사람입니까? 나는 당신이나 다른 사람들이 이 문제에 대해서 말하는 것은 미친 두뇌의 소산에 지나지 않는다고 믿습니다."

유망 "무엇 때문이오? 그리스도는 사람의 천생의 이해력부터는 깊이 숨으셔서 하나님 안에 계시기 때문에, '성부 하나님'이 그를 인간에게 계시하지 않으시면 아무도 그를 알고 구원받을 수는 없습니다."

무지 "그것은 당신의 신앙이지 내 신앙은 아닙니다. 내 신앙이 당신의 것처럼 가치있는 것임은 의심할 여지가 없습니다. 더구나 내 머리에는 당신의 머리처럼 많고 괴상한 공상은 없지만요."

크리스천 "내게도 한 마디 하게 해주세요. 이 일을 그렇게 경솔히 논해서는 안 됩니다. 왜냐하면 아무도 '아버지'의 계시가 아니면 예수 그리스도를 알 수 없다는 이 사실은, 내 좋은 동행이 단언하신 바와 같이 담대하게 단언하고 싶습니다[1]. 그뿐 아니라 영혼이 그리스도를 파악하는 신앙도, 그것이 바른 것이라면 위대하신 하나님의 능력으로 일어나야 합니다. 그런 신앙의 작용을 가련한 무지 씨, 당신은 모릅니다[2]. 그러므로 눈을 뜨고 당신의 가련한 상태를 보고 '주 예수'에게 뛰어들어야 합니다. 그리하면 그분의 의로(그것은 하나님의 의입니다. 그것은 그분이 하나님이시니까) 당신은 멸망에서 구원될 겁니다."

무지 "당신들은 걸음이 빨라서 도저히 따라갈 수가 없습니다. 먼저 가십시오. 나는 잠시 여기에 머물러 있어야겠습니다."

이 때 두 사람은 말했다.

그러면 무지여, 열 번이나
권해도 어리석은 채로 있으려느냐.
만일 아직도 거부한다면, 이렇게
행함의 재앙을 곧 알게 되리라.
기회에 깨달으라. 겸손하라. 두려워 말라.
선한 권고 잘 환영하면 구원 얻으리.
들으라. 그래도 멸시하면 반드시
패자가 되리라, 무지여.

크리스천 "그러면 갑시다, 유망 씨. 다시 한 번 당신과 나 둘이서만 걸어가야 할 것 같군요."

나는 꿈속에서 봤다, 두 사람은 걸음을 재촉해서 앞서 가고 무지는

1) 〈마태복음〉 11 : 27. 2) 〈고린도전서〉 12 : 3, 〈에베소서〉 1 : 18, 19.

뒤에서 터벅터벅 걸어가는 것을.

크리스천 "저 불쌍한 사람은 참 딱합니다. 틀림없이 끝이 좋지 않을 겁니다."

유망 "아아, 우리 도시에도 저 사람과 같은 상태에 있는 사람이 퍽 많았습니다. 가족 전체, 아니 거리 전체가 저렇게 되었답니다. 우리 지방조차 그렇게 많은데 저 남자가 태어난 곳에는 얼마나 많을까요?"

크리스천 "'눈으로 보지 못하게 하시려고 저희 눈을 멀게 하시고……[1].'라는 '말씀'에 있는 그대로군요. 우리뿐인 지금 그런 사람들을 어떻게 생각합니까? 저 사람들은 죄를 확인한 일이 없고, 따라서 그 상태가 위험하다고 공포를 품는 일은 없다고 생각합니까?"

유망 "그 질문에는 당신이 대답해 주십시오. 연장자이니까요."

크리스천 "그러면 말하지요. 때로는 저 사람들에게 그런 일이 있을는지도 모른다고 생각합니다. 그러나 천생이 무지하고 그런 확인이 그들에게 유익하다는 것을 이해하지 못합니다. 그래서 무작정 그것을 질식시키려고 합니다. 그리고 주제넘게도 자기들의 마음이 내키는 대로 계속 자기에게 알랑거립니다."

유망 "말씀하신 대로 공포가 사람들에게 유익한 것이며, 순례의 길을 시작한 즈음에 그들을 과오가 없는 사람으로 만든다는 것을 나도 믿습니다."

크리스천 "그것이 바른 것이면 유익하다는 것은 확실합니다. 왜냐하면 '말씀'이 그렇게 말합니다. '주님을 경외하는 것이 지식의 근본이니라[2].'"

유망 "올바른 공포라는 것을 어떻게 설명하십니까?"

크리스천 "참되고, 또는 바른 공포는 세 가지에 의해서 발견됩니다. 첫째, 그 원인에 의해서. 그것은 영혼의 구원이 되는 죄에 대한 확인에서 일어납니다. 둘째, 그것은 영혼을 몰아내어 구원을 찾아 그리스도를 의지하게 합니다. 그리고 셋째, 그것은 영혼 속에 하나님의 '말씀'과 길에 대해 크게 존경하는 마음을 일으키고 지속시키며, 영

1) 〈요한복음〉 12 : 40. 2) 〈잠언〉 1 : 7.9 : 10, 〈시편〉 111 : 10, 〈욥기〉 28 : 28.

혼의 감각을 예민하게 만들고, 그것에서 떠나서 우왕좌왕하고 하나님을 욕되게 하며, 평화를 깨뜨리고 성령을 슬프게 하며, 원수로 하여금 훼방하게 허용하는 일을 두려워하게 만듭니다."

유망 "과연 말씀하신 대로라고 생각합니다. 우리는 '매혹의 땅'을 거의 다 통과했습니까?"

크리스천 "당신은 이 얘기에 싫증이 났습니까?"

유망 "아니오, 절대로 그렇지는 않습니다만, 어디쯤 왔는지 알고 싶어서요."

크리스천 "이제 앞으로 2마일이 채 못 되는 곳에 있습니다. 하지만 우리 화제로 돌아갑시다. 무지한 사람은 그런 확인이 그들에게 유익한 공포의 정을 일으킨다는 사실을 모릅니다. 그래서 이것을 질식시키려고 합니다."

유망 "어떻게 해서 질식시키려고 합니까?"

크리스천 "첫째, 그들은 그런 공포가 악마에 의해서 만들어진다고 생각합니다(사실은 하나님이 만드시는 것이지만). 그렇게 생각하고 당장 그들의 멸망을 가져 오는 것이기나 하듯 저항합니다.

둘째, 그들은 이 공포가 그들의 신앙을 해치는 경향을 지닌 것이라고 생각하지만, 사실은 그 가련한 사람조차 한심하게도 신앙이라는 것은 조금도 소유하지 않았습니다.

셋째로, 그들은 두려워할 것 없다고 잘못 판단하고 있습니다. 그래서 공포가 있음에도 불구하고 주제넘게도 자신을 갖게 됩니다.

그리고 넷째로, 그들은 그런 공포가 그 가련하고 낡은 자기의 성결을 제거하는 경향을 지닌 것임을 알고 있습니다. 그래서 있는 힘을 다해 저항합니다."

유망 "이것에 대해서는 나에게도 경험이 있습니다. 자각하기 전에는 나도 그랬으니까요."

크리스천 "그러면 이 정도로 우리의 이웃 무지를 버려두고 다른 유익한 문제에 착수합시다."

유망 "대찬성입니다. 이것도 당신이 시작해 주십시오."

크리스천 "그럼 시작합시다. 10년 전에 당신의 고향 분으로, 당시

종교적으로 앞장서서 활약하던 임시라는 사람을 아십니까?"

유망 "알다말다요! '정직'에서 2마일쯤 떨어진 곳에 있는 도시 '무례'에 살고 있었습니다. 후퇴 씨의 이웃집에 거주했습니다."

크리스천 "맞습니다. 그 사람과 한 지붕 밑에 살고 있었습니다. 그 남자가 한 번 크게 각성한 일이 있습니다. 그때에는 약간 그 죄와 그것에 해당되는 값을 인정한 것 같습니다."

유망 "나도 그렇게 생각합니다. 내 집이 그 남자의 집으로부터 3마일 가량 떨어진 곳이었기에 자주 왔습니다. 또 자주 눈물을 흘렸습니다. 사실은 나도 그 남자를 불쌍히 여겨서 기대를 전혀 가지지 않았던 것도 아닙니다. 주여, 주여! 하고 부르는 사람이 모두 유망한 사람이 아님을 누구나 알 수 있습니다."

크리스천 "그는 어떤 때 우리처럼 순례의 길을 떠나기로 결심했다고 나에게 말했습니다. 그러나 갑자기 애아(愛我)라는 사람과 알게 되고, 그후로 나에게는 남이 되었습니다."

유망 "지금 그 남자의 일을 얘기하고 있으니까, 그 남자나 또 그런 사람들이 갑자기 후퇴하는 이유를 연구해 볼까요?"

크리스천 "매우 유익하겠지요. 당신부터 시작해 주십시오."

유망 "그럼 시작하겠습니다. 내 판단에 따르면 이것에는 이유가 넷이 있습니다.

첫째로, 이런 사람들의 양심은 각성하고 있지만 그들의 사고력은 변하지 않았습니다. 그래서 죄를 느끼는 힘이 점차 없어지고, 종교적이 되도록 분발시키던 것이 그쳐 자연히 본래의 상태로 돌아갑니다. 마치 먹은 것 때문에 속이 메스꺼운 개는 메스꺼운 동안은 모두 토해 버리지만, 그것은 제 마음이 (개에게 생각이 있다고 할 수 있다면) 그렇게 시켜서 하는 것이 아니라 위가 괴롭기 때문입니다. 병이 낫고 위가 편해지면 식탐이 토한 것에서 멀어진 것이 아니므로 돌아가서 모두 먹어 버립니다. 이 때문에 '개가 그 토하였던 것에 돌아간다.'고 기록된 것은 진리입니다[1]. 그래서 지옥의 고통의 느낌과 공포만으로 천국을 사모하던 자들은 그들의 지옥의 느낌과 멸망에 대한 공포가 식어

1) 〈베드로후서〉 2 : 22

지면, 천국과 구원에 대한 욕망도 식습니다. 그들의 죄를 느끼는 힘과 공포가 없어졌을 때는, 천국과 행복을 구하는 소원도 끊어지고 다시 평소의 행위로 돌아갑니다.

둘째로, 또 하나의 이유는 그들을 압도하는 노예적인 공포입니다. 즉 그들이 사람에 대하여 품는 공포입니다. 왜냐하면 '사람은 두려워하면 올무에 걸리게 된다.'고 했기 때문입니다[1]. 그래서 지옥의 불꽃이 귀에 울리고 있을 동안은 천국을 갈망하는 것처럼 보이지만, 그 공포가 약간 적어지면 그들은 다시 영리하게 되어 모든 것을 잃는 위험을(정체를 모르는 것 때문에) 피하거나, 또는 적어도 피할 수 없는 불필요한 곤란에 빠지지 않는 것이 이익이라는 생각으로 옮깁니다. 그리하여 다시 속물이 되고 맙니다.

셋째로, 종교에 수반하는 수치가 그들의 길에 거친 돌이 됩니다. 그들은 오만하고 기품이 높고, 그 눈에 비치는 종교는 저열하고 비천한 것입니다. 그래서 그들이 지옥과 장래 하나님의 진노의 관념을 잃으면 전과 같은 행위로 돌아갑니다.

그리고 넷째로는, 죄와 공포를 생각하는 것은 그들에게 고통입니다. 그들은 고난이 닥치기까지는 그것을 보기도 싫어합니다. 고난을 처음 봤을 때 싫어하지 않는다면, 의인이 피해서 안전하게 되는 곳으로 그들도 피할는지도 모릅니다. 그러나 방금 말한 바와 같이, 죄와 공포에 대한 생각을 피하니까, 그것으로 일단 무서운 것과 하나님의 진노에 대한 각성에서 벗어나면 기꺼이 그 마음을 완고하게 합니다. 그리고 더욱 완고하게 만드는 길을 택합니다."

크리스천 "말씀이 진상을 잘 파헤쳤습니다. 그 모든 것들의 근본은 그들의 사고력과 의지에 변화가 결여되었기 때문입니다. 그러므로 그들은 재판장 앞에서는 중죄인과 같은 사람인데, 움츠리고 떨며 마음으로 죄를 뉘우치는 것처럼 보이지만 그 모든 근본에는 교수형에 대한 공포가 있습니다.

죄과에 대한 혐오의 정을 지녔기 때문이 아닙니다. 그것은 이 남자가 자유의 몸이 되면 도적이 되고 여전히 악당인 사실을 보아도 분명

1) 〈잠언〉 29 : 25.

합니다. 그러나 그 사고가 바뀌면 그렇게 되지 않을 겁니다."

유망 "나는 그들의 후퇴의 이유를 설명했으니까 당신은 그 상태를 설명해 주십시오."

크리스천 "기꺼이 하겠습니다. 그 첫째로, 그들은 그 사상을 될수록 하나님과 죽음과 장래의 최후 심판에 대한 기억을 빼 버리려고 합니다.

둘째, 점차 자기의 의무를 버립니다. 예를 들면 밀실의 기도, 정욕의 억제, 근신, 죄를 슬퍼하는 일 등입니다.

셋째, 활기 있고 열심인 그리스도교도인 동료들을 피합니다.

넷째, 공적 의무에 냉담해집니다. 예를 들면 설교 듣기, 성서 읽기, 신앙적 집회 등입니다.

다섯째는, 성도들의 허물을 찾기 시작합니다. 더구나 (그들이 성도 중에 발견한 약점을 핑계삼아) 남몰래 종교를 포기하는 일에 그럴 듯한 악마적인 방법을 씁니다.

여섯째, 그들은 현세적인 방자하고 음탕한 사람들과 관계하고 교제하게 됩니다.

일곱째, 남몰래 현세적이고 외설한 담화에 몰두합니다. 그리고 청결하기로 알려진 사람에게 그런 것이 보이면, 그것을 본받아서 담대하게 그런 일을 할 수 있음을 기뻐합니다.

여덟째로, 그들은 작은 죄쯤은 공공연하게 범합니다.

끝으로 아홉째는, 담대해져서 본성을 나타냅니다. 이리하여 하나님의 은혜의 기적이 그것을 막지 않는 한 다시 가련한 처지에 빠져 그들 자신의 기만 속에 멸망합니다."

나는 꿈속에서 순례자들이 '매혹의 땅'을 통과하고 뿔라(결혼한 여자)의 나라로 들어가는 것을 봤다. 그곳의 공기는 매우 상쾌하고 길은 그 한가운데를 곧게 뻗어 있어서 잠시 그들은 위로를 받았다[1].

그들은 새소리를 끊임없이 듣고 지면에는 꽃이 피는 것을 매일매일 보고 산비둘기의 소리를 들었다[2].

이 나라에는 낮에도 밤에도 태양이 비치었다. 그래서 이곳은 '죽음

---

1) 〈이사야〉 62 : 4. 2) 〈아가〉 2 : 10~12.

의 그늘 골짜기'의 건너편에 있고 거인 절망의 힘도 미치지 못하며, 이곳부터는 '의혹의 성'을 볼 수조차 없었다. 순례자들은 목적지인 도성이 보이는 곳에 있었고 또 그 도성 주민 중 몇 사람을 만났다. 왜냐하면 이곳은 천국의 국경이었기 때문에 '빛나는 자'는 언제나 이곳을 걷고 있었다. 이곳에서는 신부와 신랑의 약속은 새로이 맺어졌다. 이곳에서는 '신랑이 신부를 기뻐함같이 그들의 하나님이 그들을 기뻐하셨다[1].'

이곳에서는 식량과 포도주가 넉넉했다. 이곳에서는 두 사람이 순례길을 통해서 부족하던 모든 것이 풍족했다[2]. 이곳에서 그들은 도성으로부터의 큰 목소리로 '너희는 딸 시온에게 이르라. 보라, 네 구원이 임하느니라. 보라, 상급이 그에게 있다[3].'고 외치는 것을 들었다. 이곳에서는 그 나라의 주민이 두 사람을 '거룩한 백성, 여호와의 구속하신 자, 찾은 바 된 자[4]'라고 불렀다.

순례자들이 이곳을 걷고 있을 때, 그들은 목적지인 왕국에서 멀리 떨어져 있을 때보다 많은 기쁨을 느끼고, 도성에 접근함에 따라서 더욱 분명히 그 모습이 보였다. 그것은 진주와 보석으로 지은 것이고 그 거리는 황금으로 깔았다. 이 도성 본래의 영광과 거기서 비치는 햇볕의 반사 때문에 크리스천은 상사병에 걸렸고 유망도 한두 번 같은 병의 발작이 있었다. 그래서 잠시 그들은 누워서 고통 때문에 큰 소리로 '너희가 나의 사랑하는 자를 만나거든 내가 사랑하므로 병이 났다고 하려무나[5].'라고 외쳤다.

그러나 힘을 약간 회복하고 조금은 병을 견딜 수 있게 되었으므로 그들은 전진했다. 그곳에는 화원과 포도원이 있고 대문이 한길로 열려 있었다. 그들이 이곳까지 왔을 때 정원지기가 길에 서 있으므로 순례자들은 말했다.

순례자들 "이 아름다운 포도원과 화원은 누구의 것입니까?"

정원지기 "이것들은 '왕'의 것인데, '왕'의 즐거움을 위해 또 순례자들을 위로하기 위해 이곳에 심었습니다."

---

1) 〈이사야〉 62 : 5. 2) 〈이사야〉 62 : 8. 3) 〈이사야〉 62 : 11. 4) 〈이사야〉 62 : 12.
5) 〈아가〉 5 : 8.

정원지기는 그들을 데리고 포도원으로 들어가 좋은 열매로 휴양하라고 말했다[1]. 그는 또 그들에게 '왕'의 산책길과 '왕'이 즐겨 오시는 정자를 보여줬다. 그들은 이곳에 머물다가 잠을 잤다.

나는 꿈속에서 그들이 도중의 어느때보다도 심한 잠꼬대를 하는 것을 들었다. 내가 이상하게 생각하니까 정원지기가 내게 말했다. "왜 이상히 여깁니까? 이렇게 미끄럽게 흘러 내려서 자는 자의 입을 움직이게 하는 것은 이 포도원 포도의 성질입니다[2]."

나는 그들이 잠을 깨서 도성을 향해 출발하는 것을 봤다. 그러나 지금 말한 것처럼 도성의 태양 반사는[3](도성은 순금이었기 때문에) 매우 찬란해서 그들은 바로 볼 수 없었으므로, 그 목적을 위해 만든 도구를 통해서만 볼 수 있었다[4]. 나는 내가 전진할 때에 황금처럼 빛나는 옷을 입은 두 사람이 그들을 맞이하는 것을 봤다. 이 두 사람의 얼굴은 빛처럼 빛나고 있었다.

이 사람들은 순례자들더러 어디서 왔는가를 물었다. 두 사람은 대답했다. 그들은 도중에 어디서 유숙했는가, 또 어떤 곤란과 위험과 어떤 위로와 쾌락을 만났는가를 묻고 두 사람은 대답했다. 두 사람을 맞이한 그들은 말했다. "당신들은 이제 두 가지의 곤란을 더 통과해야 합니다. 그후 도성으로 들어가시게 됩니다."

크리스천은 이 때 그들한테 동행해 달라고 부탁했다. 그들은 그렇게 하자고 했다. "그러나 당신들은 자신의 신앙으로 그곳에 도착해야 합니다."라고 그들은 말했다. 나는 꿈속에서 그들이 함께 전진하여 마침내 문이 보이는 곳까지 오는 것을 봤다.

내가 자세히 보니까, 이 사람들과 문 사이에 강이 있었다. 그 강에는 다리가 없었는데 강은 매우 깊었다. 그래서 이 강을 보고 순례자들은 소스라치게 놀랐다. 그들은 둘에게 말했다. "건너야 합니다. 그렇지 않으면 당신들은 문에 도착할 수 없습니다."

순례자들은 문으로 가는 데에 다른 길은 없느냐고 물었다. 그들은 대답했다. "있습니다. 그러나 세상의 기초가 놓여진 이래 그 길을 가

1) 〈신명기〉 23 : 24. 2) 〈아가〉 7 : 9. 3) 〈요한계시록〉 21 : 18. 4) 〈고린도후서〉 3 : 18.

도록 허락된 사람은 둘, 즉 에녹과 엘리야가 있을 뿐이고, 마지막 나팔이 울려 퍼지기까지 더 허락된 사람은 없을 겁니다[1]."

그러자 순례자들, 특히 크리스천은 낙심을 하고 이리저리 바라봤지만, 강을 면할 방법은 발견되지 않았다. 두 사람은 그들에게 강의 깊이가 얕은가를 물었다. 그들은 대답했다. "아닙니다. 그리고 우리는 두 분을 도울 수 없습니다. 왜냐하면 당신들이 이곳의 '왕'을 믿으시는 대로 깊게도, 얕게도 됨을 깨닫게 되실 것이기 때문입니다."

순례자들은 물로 향해 갔다. 물에 들어가는 동시에 크리스천은 가라앉기 시작했다.

크리스천 (친구 유망에게) "'내가 깊은 물에 들어가니 큰 물이 내게 넘치나이다. 주의 파도와 물결이 나를 엄몰하도소이다[2].'"

유망 "기운을 내십시오. 친구여, 나는 바닥에 닿았습니다. 바닥은 단단합니다."

크리스천 "아아, 친구여. '죽음의 슬픔이 나를 둘렀도다[3].' 나는 젖과 꿀이 흐르는 땅을 보지 못하겠지요[4]."

그 말과 함께 어두움과 큰 공포가 크리스천을 엄습해서 그는 앞을 볼 수 없었다. 그는 의식을 거의 잃고 순례의 길에서 만났던 온갖 신선한 위안들을 생각할 수도, 그것을 남에게 말할 수도 없었다. 모든 말은 언제나 그가 마음의 공포와, 그 강에서 죽고 끝내 문으로 들어갈 수 없음을 불안해 하고 있다는 것을 나타내는 것이었다.

그는 비로소 순례자가 된 이래, 또 그전에 범한 죄에 대한 번민에 무척 고통스러워하고 있었다. 그가 요괴와 악령의 출현에 번민하고 있음이 인정되었다. 그것은 때때로 틀림없이 그것이라고 생각되는 말을 했기 때문이다. 유망은 그 동행의 머리를 물 위로 쳐들기 위해 매우 애를 썼다. 그의 동행은 때론 아주 가라앉아 버리고, 잠시 후 반은 죽은 것처럼 되어서 다시 떠오르는 것이었다. 유망은 그가 기운을 내도록 노력했다.

유망 "친구여, 문이 보입니다. 그 옆에 우리를 맞이하려고 서 있는

1) 〈창세기〉 5 : 24, 〈히브리서〉 11 : 5, 〈열왕기하〉 2 : 11, 〈고린도전서〉 15 : 51,52.
2) 〈시편〉 42 : 7, 69 : 2. 3) 〈시편〉 18 : 5. 4) 〈출애굽기〉 3 : 8.

사람들이 보입니다."

크리스천 "당신을, 당신을 기다리고 있는 거요. 내가 알게 된 이래 당신은 소망으로 가득 찬 사람이었습니다."

유망 "당신도 그랬지요."

크리스천 "아아, 친구여. 내가 옳은 사람이었다면 틀림없이 주님은 일어나셔서 나를 구원해 주실 겁니다. 그러나 내 죄 때문에 나를 함정에 빠뜨려 나를 버리셨습니다."

유망 "친구여, 당신은 악인에 대해서 '저희는 죽을 때에도 고통이 없고 그 힘이 건강하며 타인과 같은 고난이 없고 타인과 같은 재앙도 없다.'고 하신 성서의 본문을 아주 잊으셨군요. 이 물속에서 당신이 통과하는 번민과 고통은 하나님이 당신을 버리신 증거가 아니고, 당신이 지금까지 받으신 은혜를 생각하여 번민 중에도 하나님을 의지하고 사는지 아닌지를 시험하기 위해 보내신 것입니다."

나는 꿈속에서 크리스천이 잠시 잠자코 있는 것을 봤다.

유망 "기운을 내십시오. 예수 그리스도는 당신을 고치십니다."

크리스천 (큰 소리로) "'네가 물 가운데로 지날 때에 내가 함께 할 것이니라. 강을 건널 때에 물이 너를 침몰치 못할 것이니라[1].'"

그들은 모두 기운을 냈다. 그후에 순례자들이 강을 다 건넜을 때까지 원수들은 돌처럼 조용했다. 곧 크리스천은 발이 닿는 바닥을 발견했고 그후의 강은 그저 계속 여울이었다. 이리하여 두 사람은 강을 건넜다. 그들은 건너편 강둑에서 두 사람을 기다리고 있던 빛나는 사람들을 다시 봤다. 두 사람이 강에서 올라가자 그들은 두 사람에게 인사하고 말했다.

빛나는 사람들 "우리는 수호하는 영인데, 구원의 후사(後嗣)가 될 사람들을 수호하기 위해서 파견된 자들입니다."

그들은 문을 향해 갔다.

독자께서 아셔야 할 일은, 이 도성이 웅대한 언덕 위에 서 있었다는 점으로, 순례자들은 쉽게 그 언덕을 올라갔다. 그것은 빛나는 자들이 그들의 팔을 부축하고 데려갔기 때문이다. 그들은 그 육신을 강물 속

---

1) 〈이사야〉 43 : 2.

에 벗어 버리고 왔다. 그래서 도성이 만들어진 곳은 구름보다 높은 곳에 있었지만 그들은 매우 가볍고도 신속하게 올라갔다. 그들은 공중의 경역을 통해서 올라갔다. 도중에는 즐겁게 얘기를 나누고 기운이 났다. 그것은 안전하게 강을 건넜고 이처럼 빛나는 동행을 따라갔기 때문이다.

'빛나는 자'와의 얘기는 이곳의 영광의 사실인데, 그들의 말에 따르면 그 아름다움과 광채는 말로 다할 수 없다는 것이다. 그곳에는 '시온산과 살아 계신 하나님의 도성인 하늘의 예루살렘과 수많은 천사들, 그리고 하늘에 기록한 장자들의 총회와 교회와 만민의 심판자이신 하나님, 또 온전케 된 의인의 영들'이 있다고 그들은 말했다[1].

빛나는 자들 "당신들은 지금 하나님의 낙원으로 가시는 길입니다. 그곳에는 생명의 나무가 있고 시들지 않는 열매를 먹을 것입니다. 그곳으로 가면 흰 옷을 받고 날마다 왕과 함께 걷고 얘기하는 일이 계속될 것입니다[2]. 그곳에는 지상에서 당하신 일, 즉 슬픔, 병, 고민, 죽음이란 것이 다시는 없을 것입니다. '그것은 처음 것들이 다 지나갔음이니라[3].' 당신들은 지금 아브라함, 이삭, 야곱, 그리고 예언자들과 하나님이 장래 재앙으로부터 건지신 사람들, 또 지금은 각기 그 의를 행하고 침상에서 편히 쉬는 사람들에게로 가십니다[4]."

순례자들 "그 거룩한 곳으로 가면 우리는 어떤 일을 해야 합니까?"

빛나는 자들 "당신들은 그곳에서 그동안의 당신들의 모든 노고에 대한 위로와 슬픔 대신 기쁨을 받으십니다. 당신들이 심은 것, 즉 도중에서 '왕'에게 바친 기도와 눈물과 고통 등의 열매를 거두시게 됩니다[5]. 그곳에서는 황금관을 쓰고 '거룩하신 분'을 끊임없이 바라보며 기뻐하시게 됩니다. '그의 계신 그대로 볼 것을 인함[6]'입니다. 그곳에서는 끊임없이 찬미와 환성과 감사로 주님을 섬깁니다. 세상에 있을 때 섬기려고 해도 육신이 연약하기 때문에 매우 곤란했지만.

그곳에서 당신들의 눈은 '전능하신 분'을 봄으로, 당신들의 귀는 은혜로운 음성을 들음으로 기쁠 것입니다. 당신들보다 먼저 그곳으로

1) 〈히브리서〉 12 : 23~24. 2) 〈요한계시록〉 2 : 7, 3 : 4, 22 : 5. 3) 〈요한계시록〉 21 : 4.
4) 〈이사야〉 57 : 1,2, 65 : 17. 5) 〈갈라디아서〉 6 : 7. 6) 〈요한1서〉 3 : 2.

간 친한 사람들과 다시 즐거움을 나눌 것입니다. 당신들 뒤를 따라 거룩한 곳으로 오는 모든 사람을 즐거움으로 맞이하시게 될 것입니다.

당신들은 그곳에서 영광과 존귀의 옷을 입고, 영광의 '임금'과 함께 타도록 준비된 마차를 타실 것입니다. 임금께서 바람 날개를 타시듯이 구름 속으로 나팔소리와 함께 오실 때에 당신들도 함께 오게 됩니다. 임금께서 심판의 보좌에 앉으실 때에 당신들은 그 옆에 앉을 겁니다. 그뿐 아니라 천사든지 사람이든지 부정을 행한 모든 자에게 선고하실 때 당신들도 그 심판에 참여하시게 됩니다. 그것은 그들이 왕의, 또 당신들의 원수일 테니까요[1]. 다시 왕께서 도성으로 귀환하실 때에 당신들도 나팔소리와 함께 가고 언제까지나 모시고 있게 됩니다."

그들이 이렇게 문 쪽으로 접근했을 때, 의외로 천군들이 그들을 맞이하러 나타나자 그들을 향해 두 빛나는 자가 말했다.

빛나는 자들 "이분들은 세상에 있을 때에 우리 '주님'을 사랑하고 그 거룩한 이름을 위해서 모든 것을 버린 분들입니다. '주님'은 이분들을 데려오라고 우리를 보내셨습니다. 우리는 이분들이 들어가서 즐거움으로 '주님'을 뵙도록 그들의 소원의 여로를 이곳까지 동반했습니다."

그러자 천군은 "와" 하고 환호성을 올렸다. '어린양의 혼인 잔치에 청함을 입은 자들은 복이 있도다[2].'라고 하면서. 이 때 그들을 맞이하기 위해 '왕'의 나팔수 몇 명이 희고 빛나는 옷을 입고 나타나 맑고 높은 음으로 그 소리를 하늘에 울려 퍼지게 했다. 이 나팔수들은 크리스천과 그의 친구에게, 세상으로부터 떠나왔음을 환영하는 많은 인사를 했다. 즉 환성과 나팔소리가 우렁차게 울렸다.

이것이 끝난 후 그들은 두 사람을 에워쌌다. 앞서고 뒤따르고, 어떤 자는 우측에, 혹은 좌측에(마치 하늘의 경역을 통해서 두 사람을 호위하는 것처럼), 전진하는 중에 높은 고조로 끊임없이 맑은 가락을 울려 퍼지게 했으므로, 그 광경은 마치 천국이 그대로 두 사람을 맞이하러

---

1) 〈데살로니가전서〉 4 : 13~16, 〈유다서〉 14, 〈다니엘〉 7 : 9,10, 〈고린도전서〉 6 : 2,3.
2) 〈요한계시록〉 19 : 9.

내려온 것처럼 보였다. 이렇게 그들은 걸어갔다. 걸어가면서도 이 나팔수들은 즐거움에 넘친 음향으로 그 음악에 눈빛과 몸짓을 섞음으로써, 크리스천과 그의 친구에게 그들을 자기들의 동료로 삼는 것을 얼마나 환영하는가, 또 어떤 즐거움으로 그들을 맞이하러 나왔는가를 끊임없이 알리는 것이었다.

그들은 천사들을 보는 것과 그들의 음악을 듣는 데에 정신이 팔려, 소위 천국에 도착하기 전에 이미 들어간 것 같은 마음이 들었다. 이때 그들의 눈에는 도성이 보였고, 그 안의 모든 종이 그들을 환영하기 위해 울리고 있는 듯이 생각했다. 그러나 무엇보다 이런 동료들과, 더구나 영원 무궁히 그곳에 산다는 사실에 대해서 그들이 품은 열렬하고 기쁨에 넘친 생각, 아아 어떤 말, 또는 어떠한 글로 그들의 빛나는 기쁨을 표현할 수 있을까? 이리하여 두 사람은 문에 도착했다.

두 사람이 문에 도착해서 보니 그 위에 황금으로 또렷이 쓰여진 글이 있었다.

> 생명의 나무에 나아가며 문들을 통하여 성에 들어갈 권세를 얻으려 함이로다. 그 명령을 행하는 자는 복이 있도다[1].

나는 꿈속에서 '빛나는 자'들이 두 사람에게 문을 두드리라고 하는 것을 봤다. 두 사람이 그렇게 하자 어떤 사람들이 문 위에서 바라봤다. 즉 에녹, 모세, 엘리야라는 사람들인데, 그들에 대해서 말했다.

세 사람 "이 사람들은 이곳의 왕에 대하여 품은 사랑 때문에 '멸망의 도시'로부터 온 순례자들입니다."

순례자들은 각기, 처음에 그들이 받은 증명서를 제출했다. 그들의 증명서는 '왕'에게로 가져 가고 '왕'은 그것을 읽으신 후 "이 사람들이 어디에 있는가."라고 하셨다. 이에 대해서 "그들은 문 밖에 있습니다."라는 대답이 있었다. '왕'은 문을 열라고 명령하셨다. "신(信)을 지키는 의로운 나라로 들어오게하기 위해서."라고 말씀하시면서[2].

1) 〈요한계시록〉 22 : 14. 2) 〈이사야〉 26 : 2.

▲1682년 제 8판의 삽화

지금 순례자들이 타고 가는 것을 보라. 구름은 그의 병거(兵車), 천사는 안내자이다. 이 세상을 마칠 때 하나님은 그 성도에게 이렇게 준비하신다. '그분'을 만나기 위해 누가 이 세상에서 고난을 사양하랴.

(제 13판 이후에는 이 삽화가 없고, 그 대신에 순례자들이 강을 건너는 장면을 그린 것이 들어 있다.)

나는 꿈속에서 이 두 사람이 문으로 들어가는 것을 봤다. 그들이 들어가자마자 그 모습이 변하고, 황금같이 빛나는 옷을 입었다. 이 때 하프와 면류관을 들고 두 사람을 맞이한 자가 그것을 두 사람에게 주었다—하프를 가지고 찬송을 부르기 위해, 면류관은 칭찬의 표로.

나는 꿈속에서 도성 안의 모든 종이 다시 기쁨으로 울리는 소리를 들었다. 그리고 이 때 두 사람에게 말하는 자가 있었다. "네 주인의 즐거움에 참여할지어다[1]."라고. 나는 또 이 사람들 자신의 소리를, 그들이 높이 노래하는 소리를 들었다. "보좌에 앉으신 이와 어린양에게 찬송과 존귀와, 영광과 능력을 세세토록 돌릴지어다[2]."라고 하면서.

이 사람들을 안으로 들이기 위해서 문이 열렸을 때 나는 두 사람의 뒤로 들여다봤다. '도성'은 태양처럼 빛나고 있었다. 거리는 황금을 깔고 그 안에는 머리에 면류관을 쓰고 손에는 종려가지와 찬송을 부르기 위한 하프를 든 많은 사람들이 걷고 있었다.

그곳에는 날개를 가진 사람들이 있는데 이 사람들은 끊임없이 응답하고 있었다. "거룩하다, 거룩하다, 거룩하다. 주님이여!"라고 하면서. 그후 사람들은 문을 닫았다. 그것을 봤을 때 나도 그 안에 있고 싶었다.

이 모든 것을 보다가 문득 고개를 돌려 뒤를 보니 무지가 강가에 도착하고 있었다. 그러나 그는 다른 두 사람이 당한 곤란의 절반도 없이 곧 강을 건너 버렸다. 그것은 마침 그 때 그곳에 뱃사공 허망(虛望)씨라는 사람이 있어서, 그의 작은 배로 그를 건네주었기 때문이다. 그는 내가 본 다른 사람과 같이 언덕을 올라가서 문에 도착했지만 그는 혼자였다. 또 극히 적은 격려로도 그를 맞이한 사람도 없었다.

문에 도착했을 때 그는 문 위에 씌어 있는 글을 봤다. 그리고 곧 들어갈 수 있다고 생각하고 문을 두드렸다. 그러나 문 뒤에서 내려다보는 사람들이 질문을 했다. "어디서 왔는가, 무슨 용건인가."라고.

그는 대답했다. "나는 '왕' 앞에서 음식을 먹은 사람입니다. 그리

1) 〈마태복음〉 25 : 21. 2) 〈요한계시록〉 5 : 13.

고 '왕'은 우리의 거리에서 가르치셨습니다." 그러자 사람들은 그에게 '왕' 앞에 가져다 보일 증명서를 요구했다. 그는 그것을 찾으려고 품속을 뒤졌지만 그런 것은 없었다.

그러자 사람들은 말했다. "없습니까?" 그러나 이 남자는 한 마디도 하지 못했다. 그래서 사람들은 '왕'에게 아뢰었다. 그러나 '왕'은 그를 보러 내려오려고도 하시지 않고, 크리스천과 유망을 '도성'으로 데려온 '빛나는 자'에게 밖으로 나가서, 무지를 붙잡아 손발을 묶고 내쫓으라고 명령하셨다.

그래서 그들은 그를 붙잡아 공중을 통해서 내가 언덕 중턱에서 본 그 문으로 옮기고 그곳에 넣어 버렸다. 이 때 나는 '멸망의 도시'에서와 같이 천국의 문으로부터도 지옥으로 가는 길이 있었다는 사실을 깨달았다. 여기서 나는 잠을 깼다.

아아, 그것은 모두 꿈이었다.

맺는 말

독자여, 나는 꿈을 얘기했다.
내게, 당신에게, 또 이웃에게,
이를 풀 수 있는가 시도하라.
그 뜻을 오해 말라. 유익이 없고
도리어 당신을 속일 것이다.
잘못 해석하면 화를 낳는다.

내 꿈의 겉만 희롱하거나
극단을 달리지 않도록 주의하라.
나의 형용이나 비유를 가지고
조소나 당쟁하지 말라. 이는 다만
어린이와 바보에게 맡기고, 당신은
오로지 내 말의 실체를 보라.

휘장을 걷고 안쪽을 보아
반드시 내 비유를 뒤집어 보라.
찾고 구하면 그곳에
정직한 마음의 유익을 발견하리.

나의 찌꺼기를 그곳에서 발견하면
과감하게 그것을 내버려라.
그러나 황금은 간직해 두도록.
광석 중에 황금이 포함되었으면
속이 있다고 사과를 버리지 않는다.
당신이 모든 것을 헛되다고 버리면
내가 다시 꿈을 꿀는지도 모른다.

천로 역정

제2부

그의 아내와 네 아들이 천국으로 가는 여행기

제2부

●●●

그의 아내와 네 아들이 천국으로 가는 순례자의 행진

꿈의 비유

친애하는 독자 여러분,

얼마 전에 순례자인 크리스천이 '천국'으로 향해 가는 위험한 여로에 대해서 꾼 나의 꿈을 말씀 드린 것은 내게는 유쾌한 일이었고, 여러분에게는 유익한 일이었다. 그 당시에 내가 크리스천의 아이들에 대해서 본 일, 식구들이 그와 함께 순례의 길을 떠나기 싫어하여 크리스천은 그들을 두고 떠나야 했던 일을 말씀 드렸다. 모두 함께 '멸망의 도시'에 머무르다가는 필연코 당하게 될 파멸의 위험을 참고 견딜 수가 없었기 때문이다. 그래서 그 당시에 설명 드린 대로 크리스천은 식구들을 두고 출발했다.

사업의 번잡에 의해서 나는 크리스천이 출발한 그 지방으로 가는 관례적인 여행을 할 수 없었으므로, 지금까지 그가 뒤로 남긴 가족들에 대한 애기를 할 수 있도록 문의할 기회를 얻을 수 없었다. 그런데 최근에 볼일이 생겨서 그쪽으로 다시 갈 기회가 생겼다. 그 장소로부터 1마일 가량 떨어진 숲 속에 숙소를 정하고 잠이 든 사이에 다시 꿈을 꾸었다.

꿈속에 내가 누워 있는 곳을 한 노인이 지나가는 것을 보았다. 그 노인은 내가 여행할 길의 한 곳을 간다기에 나는 일어나서 그 노인과 함께 간 것 같았다. 우리는 걸어가면서 나그네들이 흔히 하는 것처럼 어느새엔가 얘기가 오가게 되었고, 마침 얘기가 크리스천과 그의 여행에 대한 것으로 진행되었다. 그것은 이 노인에게 내가 말을 걸었기 때문이다.

나 "보십시오. 이 길의 왼쪽에 있는 저 도시의 이름이 뭘까요?"

현명 (그 노인의 이름이었다) "'멸망의 도시'입니다. 인구는 많지만 마음이 매우 나쁘고 태만한 사람들이 살고 있습니다."

나 "저 도시인 것 같습니다. 나는 예전에 저 도시를 지나간 일이 있어서 그 말씀이 사실임을 알고 있습니다."

현명 "유감이지만 사실입니다. 나로서도 저곳에 살고 있는 사람들을 좀더 좋게 말할 수 있었으면 좋겠다고 생각합니다."

나 "그러면 당신은 선의를 지니신 분이시군요. 또한 선한 말을 듣거나 하기를 좋아하시는 분 같습니다. 얼마 전에 더 높은 곳을 향해 순례의 길을 떠난 크리스천이라는 저 도시 시민에게 일어난 일을 듣지 못하셨습니까?"

현명 "들었느냐구요! 듣고말고요. 그 사람이 여행중에 겪은 박해와 곤란과 싸움과 갇힘과 외침과 신음과, 또 공포와 근심을 들었습니다. 그리고 우리나라에는 크리스천의 소문이 자자합니다. 그 사람과 그의 행위에 대한 얘기를 듣고는 그 순례의 기록을 구하지 않는 집이 거의 없습니다. 뿐만 아니라 그 위험한 여행은 그 사람의 길에 호의를 갖는 많은 사람들을 얻었다고 해도 과언이 아니라고 생각합니다. 왜냐하면 이 세상에 계실 때는 모두 미련한 놈이라고 했지만 일단 떠난 지금은 모두 칭찬하기 때문입니다. 들리는 말에 의하면 지금 계시는 곳에서 훌륭하게 생활하기 때문에 많은 사람들이 그 위험한 여행을 하는 것은 어렵지만 그가 얻은 이익에는 군침이 돈다고 하고 있어요."

나 "잠시라도 진리를 생각한다면 그 사람이 지금 있는 곳에서 좋은 생활을 하고 있다고 생각하겠지요. 지금은 '생명의 샘'에서 살고 있으니까요. 그리고 그곳에는 수고와 슬픔이 없고 한숨이란 것도 섞여 있지 않으니까요. 그런데 사람들은 크리스천에 대해서 어떤 얘기를 하고 있습니까?"

현명 "크리스천에 대해서는 묘한 말을 하고 있어요. 어떤 사람들은 크리스천이 지금 흰 옷을 입고 걷고 있으며[1], 황금사슬을 목에 걸고 있고, 또 머리에는 진주를 박은 금관을 쓰고 있다고 합니다. 다른 사람들은 그 사람의 여행 도중에 때때로 모습을 나타낸 '빛나는 자'와 친구가 되어 친하게 지내는 것은, 이곳에서 이웃끼리 친하게 지내는 것과 같다고 하고 있습니다. 또 그 사람이 계신 곳의 '왕'은 이미 매우 훌륭하고 기분이 좋은 집을 그에게 주셔서[2] 날마다 그는 왕과 함께 먹고[3], 마시고, 걷고, 얘기하고 있으며, 그곳에 있는 모든 사람의 '심판자'이신 분의 미소와 총애를 받고 계시다는 말들이 그 사람에 대해서 확신을 가지고 전해지고 있습니다. 더욱이 그 나라의 '주인'이신 '왕'이 곧 이 지방으로 오셔서 무엇 때문에 이웃 사람들이 그처럼 크리스천을 멸시했는지, 또 그가 순례자가 되려는 사실을 알았을 때에 그토록 냉소를 퍼부었는지, 그 이유를 말해 줄 수 있으면 알고 싶어하신다고 어떤 사람들은 말하고 있습니다[4]. 그것은 크리스천이 지금 '왕'의 은혜를 많이 받는 사람이 되어 있기 때문에, 군주는 크리스천이 순례자로 있을 때 그에게 던져진 모욕을 모두 왕 자신에게 가해진 것처럼 생각하고 계시기 때문이라고 합니다. 그것은 이상한 일이 아니지요. 크리스천이 그러한 여행을 한 것은 그 '왕'에 대해서 품고 있던 사랑 때문이었으니까요[5]."

나 "그건 즐거운 일이라고 생각합니다. 그 불쌍한 사람을 위해 기쁜 일입니다. 그것은 크리스천이 지금 그의 수고를 쉬고 계신다는 것[6], 또한 그 사람이 지금 그 눈물의 은혜를 기쁨으로 거두고 계시다는 것[7], 또 그 사람이 그의 원수의 총탄이 닿지 않는 곳에 도착하셨고 크리스천을 미워하는 사람들의 힘이 미치지 못하는 곳에 계시기 때문입니다. 나는 또 이런 소문이 이 나라에 널리 전해지고 있는 것을 기쁘게 생각합니다. 뒤에 남겨진 사람들에게 얼마나 좋은 영향을 끼칠는지 모르니까요. 그런데 크리스천의 아내와 아이들에 대해서는 무슨

1) 〈요한계시록〉 3 : 4, 6 : 11. 2) 〈스가랴〉 3 : 7. 3) 〈누가복음〉 14 : 15. 4) 〈유다서〉 14, 15.
5) 〈누가복음〉 10 : 16. 6) 〈요한계시록〉 14 : 13. 7) 〈시편〉 126 : 5, 6.

소식을 들으셨습니까? 불쌍하게도! 어떻게 지내는가 궁금해서요."

현명 "크리스티아나와 그 아들들 말입니까? 그들은 아마 크리스천과 같이 좋은 사람이 되어 있다고 생각합니다. 그것은 그들이 모두 처음에 바보 짓을 해서 크리스천의 눈물어린 호소에도 완강하게 움직이지 않았지만 나중에 돌이켜 생각하여 놀라운 변화를 가져 왔기 때문입니다. 그 결과 짐을 꾸려 가지고 크리스천의 뒤를 따랐습니다."

나 "참 잘된 일이군요. 아내도 아이들도 모두였습니까?"

현명 "그렇습니다. 그때 나는 그 자리에 있어서 상황을 잘 알고 있으니까 얘기를 할 수 있습니다."

나 "그러면 사실로서 남에게 말해도 좋겠군요."

현명 "단언하셔도 괜찮습니다. 그의 부인과 아들 넷이 순례의 길을 떠났다는 사실을 말입니다. 그리고 우리는 잠시 동안 동행하니까 그 사연을 모두 말해드리지요."

—크리스티아나는(이것이 아이들과 순례자의 생활을 시작한 날부터 그 여인의 이름이었으므로) 남편이 강을 건너가고서, 그후 소식이 묘연하게 되자 생각에 잠기기 시작했습니다. 먼저 남편을 잃었다는 것, 또 그 관계에 의한 사랑의 줄이 두 사람 사이에 뚝 끊어져 버렸다는 것을. 그것은 아시다시피 사람의 본성이어서, 남아 있는 사람은 사랑의 깊은 관계에 있던 사람이 없어졌다는 사실이 생각날 때에는 아무래도 여러 가지 슬픈 생각에 잠기는 거예요.

그래서 남편에 대한 추억은 걸핏하면 눈물의 씨앗이 되었습니다. 그러나 이것만은 아니었습니다. 그것은 크리스티아나는 남편에 대한 자기의 무정한 행동이 다시는 남편을 보지 못하게 된 하나의 이유가 아니었을까, 또 그런 의미에서 남편이 자기에게서 떠난 것은 아닐까 하고 생각하기 시작했기 때문입니다.

그녀는 이렇게 생각하자 사랑하는 반려자에 대한 불친절하고 도리에 벗어난 잘못된 처사가 한꺼번에 마음에 되살아나 그 모든 것이 양심을 괴롭히고 죄의식으로 무거운 짐이 되었습니다. 게다가 남편의 안절부절 못하는 신음소리, 쓰디쓴 눈물, 그 자탄(自歎)하는 소리, 함께 가자고 자기와 아이들에게 여러 가지 말로 호소하며 사랑으로 설득하려는 데 대해서 자기가 얼마나 냉혹했던가를 회상하면 마음이 산산이 부서졌습니다. 그뿐 아니라 무거운 짐을 등에 짊어지고 있는 동안 남편이 자기에게 한 말과 행동이 모두 번개처럼 되살아나서 심장을 찢는 듯했습니다. 특히 '어떻게 해야 구원을 얻을까.'라고 괴로워하는 절규가 매우 슬프게 귀에 울렸습니다.

그래서 그녀는 아이들에게 말했습니다. "얘들아, 우리는 틀렸다. 나는 너희들 아빠에게 죄를 지었다. 그래서 너희들 아빠는 가 버리신 거다. 우리를 데려가려고 하셨지만 나는 가려고 하지 않았다. 아아, 너희들 아빠와 함께 가는 것이 우리의 운명이었다면 얼마나 좋았을까. 그랬다면 지금 우리에게 일어나고 있는 이 고통을 덜 수 있었을 것이다. 왜냐하면 너희들 아빠의 고민을 보고 전에는 너희들 아빠가 품고 계시는 미련한 공상에서 나온 것이라든가, 우울한 병에 걸리셨다든가, 천박하다고도 생각했지만 지금은 그것이 다른 원인에 의해서 생긴 것임을, 즉 '빛의 빛'이 너희들 아빠에게 부여되고[1], 그 도움으로 죄의 함정을 피하시게 되었다는 사실을 알았기 때문이다. 그것이 마음에서 떠나질 않는구나." 그러자 모두들 다시 울면서 "아아, 기막히게 되었구나." 하고 외쳤습니다.

다음날 밤 크리스티아나는 꿈을 꾸었습니다. 꿈속에서 넓은 양피지 한 장이 그녀 앞에 펼쳐졌는데, 거기에는 그녀의 행위가 전부 기록된 것을 보았습니다. 그러나 그 내용은 모두 어두운 행위를 적은 것이었다고 생각되었습니다. 그래서 그녀는 잠을 자면서 "주여 불쌍히 여기옵소서, 나는 죄인이로소이다."라고 외쳤는데 아이들이 그 소리를 들었습니다[2].

그후 얼굴이 매우 추악한 두 남자가 그녀의 침상 곁에 서서 이렇게 얘기를 하는 것을 들었답니다. 이 여자를 어떻게 할까? 이 여자는 자나 깨나 긍휼(矜恤)을 구하며 외치고 있다. 이것을 이대로 두면 우리는 이 여자의 남편을 잃은 것처럼 이 여자도 잃어 버릴 것이다. 그러니까 어떤 수단을 써서 이 여자가 장래의 일을 생각하지 못하도록 해야겠다. 그렇지 않으면 이 여자가 순례자가 되려는 것을 이 세상에는

1) 〈야고보서〉 1 : 23~25. 2) 〈누가복음〉 18 : 13.

아무도 막을 자가 없겠다고.

그녀는 땀을 흠뻑 흘리며 잠을 깨고 다시 전율에 사로잡혔다가 잠시 후 다시 잠이 들었습니다. 그러자 그녀의 남편인 크리스천이 은혜로운 곳에서 영생하는 무리들 속에 섞여 손에는 하프를 들고, 또 머리 주위에는 무지개를 쓰고, 보좌에 앉으신 분 앞에 서서 하프를 연주하고 있는 것을 본 것 같다고 그녀는 생각했습니다. 그리고 그가 고개를 숙여서 왕의 발 밑에 절을 하며 "이곳으로 인도해 주신 은혜로운 우리 주님, 우리 임금에게 충심으로 감사드립니다."라고 하는 것을 봤습니다. 그러자 주위에 서 있는 한 무리의 사람들은 환호성을 올리고 하프를 연주했습니다. 그러나 크리스천과 그의 동료 이외의 사람들은 아무도 무슨 말을 하는지 알 수 없었습니다.

이튿날 아침 그녀가 침상에서 일어나 하나님에게 기도를 드린 후 잠시 아이들과 얘기를 하고 있노라니까 어떤 사람이 문을 요란하게 두드리므로 그녀는 말했습니다. "하나님의 이름으로 오셨으면 들어오십시오." 그 사람은 "아멘"이라고 했습니다. 그리고는 문을 열고 "평안이 이 집에 임하기를."이라고 하면서 인사했습니다. 그 사람은 또 말했습니다. "크리스티아나 씨, 당신은 내가 왜 왔는지 아십니까?"라고.

그녀는 얼굴을 붉히며 떨었는데, 그녀의 마음은 이 사람이 어디에서 왔을까, 어떤 용무로 왔을까를 알고 싶은 생각으로 가득 찼습니다. 그 사람은 말했습니다. "내 이름은 비밀입니다. 나는 존귀한 분과 함께 살고 있습니다. 내가 거주하는 곳에서 당신이 그곳으로 가려는 소망을 품으신 것 같다는 얘기가 있었습니다. 그리고 당신이 남편의 말을 거역하고 마음을 냉혹하게 가진 일과 당신의 아이들에게 그 사실들을 이야기 하지 않은 일등, 남편에게 전에 행한 악한 일을 깨달으셨다는 소문이 있었습니다. 크리스티아나 씨, '자비가 풍성하신 분'이 나를 파견하시어, 자기는 언제든지 용서하는 하나님이며, 몇 번이고 되풀이해서 죄과를 용서하기를 기뻐하는 자라는 것을 전하십니다. 그분은 또 당신을 그분 앞으로, 그분의 식탁으로 초대함을, 그 집의 기름진 것과, 당신의 조상 야곱의 유산을 당신에게 나눠 주실 계획임을 알려주라고 하셨습니다. 그곳에는 당신의 남편이던 크리스천이 많은 무리, 그의 친구들과 함께 우러러보는 자에게 생명을 주시는 그분의 얼굴을 언제나 바라보고 계십니다. 그들은 당신의 발자욱소리가 '아버지의 집'의 문턱을 넘는 것을 들을 때에 기뻐할 것입니다."

크리스티아나는 이 말에 매우 심한 부끄러움을 느꼈습니다. 그래서 고개를 푹 숙이고 있노라니 이 '방문객'은 말을 이었습니다. "크리스티아나 씨, 여기 당신에게 온 편지가 있습니다. 이것은 내가 당신 남편의 '왕'한테서 받아 온 것입니다."

그녀는 그것을 받아 펼쳤습니다. 그러자 매우 귀한 향기름 같은 향기를 풍겼습니다[1]. 그것은 황금으로 씌어 있었습니다. 편지 내용은 '왕은 네가 남편 크리스천이 행한 것처럼 행하기를 바라고 있다, 그것이 내 도성으로 오는 길이고, 또 영원한 기쁨을 안고 내 앞에서 사는 길이다.'라는 것이었습니다. 이것을 보고 그 선량한 부인은 아주 감격해 버렸습니다. 그래서 그녀는 방문객에게 외치기 시작했습니다. "여보십시오, 당신은 우리도 이 '임금님'을 경배하러 가도록 나와 내 아이들을 데려가 주시겠습니까?"

'방문객'은 말했습니다. "크리스티아나 씨, 단 것 앞에는 쓴 것이 있습니다. 당신은 당신 앞에 간 사람이 하신 것처럼 곤란을 거쳐서 '하늘의 도성'으로 들어가야 합니다. 그러니까 당신의 남편 크리스천이 하신 것처럼 하시기를 권합니다. 넓은 들을 지나서 저기 보이는 좁은 문으로 가십시오. 저 운은 당신이 올라가야 할 길 어귀에 그 문이 서 있습니다. 당신의 여로의 모든 행복을 나는 빌겠습니다. 또 그 편지를 품속에 지니시고 외울 수 있을 때까지 당신을 위해서, 또 아이들을 위해서 읽으시기를 권합니다. 그것은 저 순례자의 집에 계시는 동안에 부르셔야 할 당신의 노래 중의 하나이기 때문입니다[2]. 그리고 이 편지를 저 앞의 문에서 보여주셔야 합니다."

나는 꿈속에서 이 노신사가 내게 얘기를 했을 때 스스로 그 얘기에 깊이 감동되어 있는 것을 봤다. 그는 얘기를 계속했다.

---

1) 〈아가〉 1 : 3.　2) 〈시편〉 119 : 54.

그래서 크리스티아나는 아이들을 불러모으고 그들에게 말했습니다. "얘들아, 너희들도 알고 있으리라고 생각하는데 나는 요즈음 너희들 아빠의 죽음에 대해서 마음속으로 매우 고민했다. 그것은 너희들 아빠의 행복을 의심하기 때문이 아니다. 잘 지내시는 것으로 알고 있으니까. 나는 나 자신과 너희들을 생각하고 가슴이 아픈데 그것은 본래 비참한 것임을 진정으로 믿고 있다. 그리고 너희들 아빠가 괴로워하고 계셨을 때 내가 한 짓은 내 양심에 크고 무거운 짐이 되었다. 나는 너희들 아빠를 거역하고 내 마음과 너희들의 마음을 냉혹하게 만들었었다. 그렇게 해서 함께 순례길을 떠나기를 거절했었다. 어제 꾼 꿈이 없었다면, 오늘 아침 만나뵌 일도 없는 분이 내게 주신 격려가 없었다면, 이같은 일을 생각하고 당장 죽고 싶었을 것이다. 자, 얘들아. 짐을 꾸려 가지고 '천국'으로 인도한다는 좁은 문으로 가자. 너희들 아빠를 만나고 또 그 나라의 법률에 따라서 너희들 아빠와 그 친구분들과 더불어 평화롭게 살기 위해서."

그러자 아이들은 어머니의 마음이 그렇게 기울어진 것을 기뻐하며 "와" 하고 눈물을 흘리며 울기 시작했습니다. 그래서 방문객은 그들과 작별하고 그들은 길을 떠나기 위해 준비를 했습니다.

그러나 이렇게 떠나려 할 때에 크리스티아나의 이웃에 살고 있는 두 여인이 와서 문을 두드렸습니다. 이에 대해서 크리스티아나는 전처럼 말했습니다. "하나님의 이름으로 오셨으면 들어오십시오." 이 말을 듣고 부인들은 이상해 했습니다. 이런 말을 들어 본 일도 없었거니와 크리스티아나의 입에서 그런 말이 나올 줄은 몰랐거든. 그러나 그녀들은 들어왔습니다. 그런데 이게 웬일입니까? 그녀들은 이 선량한 부인이 그 집을 떠나려고 준비하고 있는 모습을 보았습니다.

그래서 그녀들은 말했습니다. "부인, 도대체 이게 어찌된 영문이에요?"

크리스티아나는 그 중의 연장자인 겁약(怯弱) 부인에게 말했습니다.

크리스티아나 "길 떠날 준비를 하고 있어요."

(이 겁약 부인은 크리스천을 '곤란산'에서 만나 사자가 무섭다고 하면서 되돌아가게 하려던 사람의 딸이었습니다.)

겁약 "무슨 여행이에요? 들려주세요."

크리스티아나 "남편의 뒤를 따라가는 거예요." 하면서 그녀는 울기 시작했습니다.

겁약 "설마 그렇지는 않겠지요, 부인? 불쌍한 아이들을 위해서도 그런 여자답지 않은 해로운 짓은 그만두세요."

크리스티아나 "아니에요, 아이들도 나와 함께 떠날 거예요. 하나도 남아 있겠다는 아이는 없어요."

겁약 "어떤 일로, 아니면 누구 때문에 이런 생각을 하셨는지, 참 이상해서 못 견디겠군요."

크리스티아나 "아아, 부인. 만일 내가 알고 있는 사실을 아신다면 틀림없이 부인도 나와 함께 떠나실 거예요."

겁약 "대체 어떤 지식이에요? 친구들을 버리고 부인의 마음을 어딘지도 모르는 곳으로 가도록 유혹하는 것은?"

크리스티아나 "나는 남편이 내게서 떠난 후에, 더욱이 그 사람이 강을 건넌 이래 마음이 몹시 괴로웠어요. 그러나 무엇보다 나를 더 괴롭힌 것은 그이가 괴로워하던 때 그 사람에 대한 나의 심술궂은 짓이었어요. 그리고 지금의 처지는 그 즈음의 그 사람과 똑같아 졌어요. 순례길을 떠나는 것 외에는 어떤 일을 해도 소용이 없어요. 어젯밤도 꿈속에서 그 사람을 봤어요. 아아, 내 영혼이 그 사람과 함께 있었다면 얼마나 좋았을까요. 그 사람은 그의 '왕'과 함께 살고 있었어요. 그 왕의 식탁에서 함께 먹고 마시며 영원하신 분의 친구가 되었어요. 그리고 거주할 집을 받았는데, 그것에 비하면 지상의 가장 훌륭한 궁전도 내가 보기에는 낡은 집으로밖에 안 보여요[1]. 그곳의 '임금님'은 내가 그곳으로 가겠다면 환대하겠다는 약속을 곁들여서 사절(使節)을 보내셨어요. 임금님의 사절이 금방 이곳을 다녀가셨어요. 그리고 오라고 초대하시는 편지를 가져다 주셨어요. (그녀는 그 편지를 꺼내서 그것을 읽고) 자, 이것을 어떻게 생각하셔요?"

겁약 "아, 그런 위험한 일을 하는 것은 부인과 부군(夫君) 둘 다 미친 짓이에요? 부인은 틀림없이 그것도 부군께서 첫걸음이라고 내딛

---

1) 〈고린도후서〉 5 : 1~4.

은 곳에서 당하신 일을 들으셨을 거예요. 그것은 함께 출발하셨던 우리의 이웃인 완고씨가 지금도 증인이 되어 주실 거예요. 그래요, 유연씨도 함께 가셨지만 두 분은 모두 영리한 분들이셨기 때문에 더 이상은 가기를 두려워하셔서 가지 않으셨어요. 우리는 더욱이 부군께서 사자, 아바돈, 죽음의 그늘, 그밖의 여러 일을 당하셨다는 말을 들었어요.

'허영의 도시'에서 당하신 고난도 잊으셔서는 안 될 일이에요. 왜냐하면 부군은 남자의 몸으로도 그렇게 험한 일을 겪으셨는데, 나약한 여자의 몸으로 무엇을 할 수 있겠어요. 그리고 이 귀엽고 작은 분들이 부인의 아드님들인 것, 즉 부인의 살이며 뼈라는 것을 생각해 보셔요. 자, 그러니까 부인은 목숨을 버리리만큼 무분별한 일을 하고 싶어도 피를 나눈 아이들을 생각하셔서 집에 머물러 주세요."

크리스티아나 "부인, 나를 유혹하지 마셔요. 나는 지금 이 일을 하기 위한 값을 받기로 되어 있어요. 이 기회에 그것을 잡을 만한 용기를 내지 못한다면 굉장한 바보가 될 거예요. 그리고 도중에 만날 거라고 말씀하신 그 모든 곤란은 용기를 좌절시키기는커녕 오히려 내 생각이 옳다는 것을 나타내고 있어요. '쓴 것은 단 것보다 먼저 와야 해요.' 그리고 그것은 단 것을 더욱 달게 만들어요. 그리고 부인은 내가 말씀 드린 대로 하나님의 이름으로 내 집에 오신 것이 아니니까 나가 주셔요. 더이상 내 마음을 혼란시키지 마셔요."

겁약 (동행에게) "가요, 자비양. 우리의 권고와 호의를 무시하니까 마음대로 하라고 내버려두어요."

그러나 자비는 그 자리에서 멈칫거리며 얼른 그 부인의 말을 따를 수 없었습니다. 거기에는 두 가지의 이유가 있었습니다.

첫째, 그 연민의 정이 크리스티아나를 절실히 생각하게 했습니다. 그래서 이 여자는 속으로 생각했습니다. '만일 이 여인이 기어이 간다고 하면 동행해서 도와주자.'라고.

둘째, 그 연민의 정이 절실히 자기의 영혼을 생각하게 했습니다(그것은 크리스티아나의 말이 어느 정도 그녀의 마음을 사로잡았기 때문에). 또 그녀는 생각했습니다. '좀더 이 크리스티아나와 얘기를 해보자. 만일 그녀의 말에 진리와 생명이 있다는 사실이 판명되면 나도 기꺼이 함께 가기로 하자.'고.

자비 (겁약에게) "부인, 오늘 아침에 부인과 함께 크리스티아나를 방문했지만 보시다시피 이분은 자기의 고향에 작별을 하려고 하시니까, 나는 이 화창한 날에 동행하면서 도중에 도와드리려고 생각해요."

그러나 둘째 이유는 입 밖에 내지 않고 마음속에 간직했습니다.

겁약 "아, 아가씨도 미련한 짓을 할 생각인 것 같군요. 하지만 늦기 전에 주의해서 현명하게 처신하셔요. 위험이 밖에 있을 때는 밖에 있지만 일단 안으로 들어왔을 때는 안에 있는 거예요."

이렇게 말하고 겁약 부인은 자기 집으로 돌아가 이웃의 몇 사람, 즉 박쥐눈 부인, 무식 부인을 부르러 사람을 보냈습니다.

겁약 "여러분, 오늘 아침에 별로 할 일도 없길래 크리스티아나를 찾아 갔었어요. 문 밖에 가서는 아시다시피 우리의 습관대로 문을 두드렸어요. 그 여인은 '하나님의 이름으로 오셨으면 들어오세요.'라고 대답했어요. 그래서 나는 아무 일도 없구나라고 생각하며 들어갔어요. 그러나 들어가 보니까 그 여인은 이 도시를 떠날 준비를 하고 있었어요. 그 여인과 아이들이. 그래서 '이게 무슨 일이에요.' 하고 물었더니 대답하기를 '요약해서 말씀 드리면 남편이 하신 것처럼 지금 순례의 길을 떠날 생각'이라고 했어요. 그리고 그녀가 꾼 꿈얘기와, 남편이 계신 나라의 왕이 그곳으로 오라고 초대장을 보내셨다고 했어요."

그러자 무식 부인이 말했습니다.

무식 "그래서 어찌되었어요? 그녀가 갈 거라고 생각하셔요?"

겁약 "그래요. 어떤 일이 있어도 간대요. 그것은 이 일을 봐도 알 수 있다고 생각해요. 그것은 그녀가 집에 머물러 있게끔 설득하기 위한 나의 큰 논거(論據 ; 여행 도중에 당하리라고 예상되는 곤란)가 그녀를 여로로 권하는 일대 논거로 변했으니까요. '쓴 것은 단 것보다 먼저다.'라는 이유를 대면서 말하는 거예요. 그뿐 아니라 그렇기 때문에 단 것이 더욱 달게 된다고요."

박쥐눈 부인 "아아, 눈앞을 못 보는 미련한 여인이에요. 남편의 고통을 경계로 삼지 않은 걸까요? 나는 그 여자의 남편도 다시 한 번 이곳으로 돌아온다면, 상함이 없는 몸에 만족해서 느긋하게 쉬고, 헛수고를 하며 그렇게 많은 위험을 무릅쓰는 일은 절대로 하시지 않으리라고 생각해요."

무분별 부인 "그렇게 이상한 광인과 같은 바보는 이 거리에서 떠나는 것이 좋아요. 나는 그 여인이 갔으니까 더 좋아졌다고 생각해요. 지금 살고 있는 곳에 머물러 있으면서 그같은 생각을 한다면 그 옆에서 누가 조용하게 살 수 있겠어요? 터무니없는 것으로 이웃간의 정이나 끊어 놓든가, 아니면 영리한 사람이라면 듣고 있을 수 없는 허튼 말만 할 테니까요. 그러니까 나는 그 여인이 출발한 것을 조금도 섭섭하게 생각지 않아요. 떠나라지요. 그대신 더 좋은 사람이 와서 살면 되지요. 묘한 일을 생각하는 바보가 살게 된 다음부터는 재미 없는 세상이 되어 버렸어요."

경솔 부인 "자, 이런 얘기는 집어치워요. 어제 나는 음탕 부인 댁에 갔었는데, 그곳에서 우리는 처녀들처럼 떠들고 얘기했어요. 누가 있었다고 생각하셔요? 나, 그리고 애육(愛肉) 부인, 그리고 호색(好色) 씨, 외설(猥褻) 부인, 그밖에도 두세 사람 더 있었어요. 모여서 음악도 듣고 춤도 추며 쾌락을 채우는 일은 뭐든지 했어요. 아무래도 그댁의 부인은 소양이 훌륭하신 귀부인이셨고, 호색 씨도 그에 못지않게 세련된 분이었으니까요."

이즈음에 크리스티아나의 여로는 많이 진행되었고, 또 자비는 그녀와 함께 갔습니다. 아이들도 함께 걸어가면서 크리스티아나는 얘기를 시작했습니다.

크리스티아나 "그래서요, 자비양. 조금이라도 도와주시려고 나와 함께 댁에서부터 동행해 주신 일은 생각지도 못한 친절이라고 생각해요."

자비 (이 여자는 어린 처녀였기 때문에) "부인과 함께 가는 것이 옳다고 생각하니까, 절대로 마을 근처에는 가지 않겠어요."

크리스티아나 "그럼, 자비양. 나하고 고락을 함께하기로 해요. 나는 우리들 순례길의 끝이 어떤 곳인가를 잘 알고 있어요. 내 남편은 스페인 광산에 있는 모든 금을 주고도 못 가는 곳에 있어요. 아가씨도 환영을 받을 거예요, 비록 나의 초대로 가지만. 나와 내 아이들에게 사절을 보내신 임금님도 자비양을 보면 기뻐하실 거예요. 그래도 뭣하다면 나는 아가씨를 고용하겠어요. 하녀로 데리고 가겠어요. 그러니까 함께 가요."

자비 "하지만 어떻게 나까지 환영을 받으리라고 확신할 수 있겠어요? 그것을 아는 사람으로부터 그런 소망이 오기만 한다면 아무 말도 하지 않고, 아무리 어려운 길이라도 도와주실 수 있는 분의 도움을 받으면서 가겠어요."

크리스티아나 "그러면 친절한 자비양, 아가씨가 할 수 있는 일을 가르쳐 드리죠. 일단 나와 함께 좁은 문까지 가요. 그곳에서 내가 아가씨 대신 앞으로 할 일을 물어 보지요. 만일 그곳에서 아가씨의 마음에 드는 대답이 나오지 않는다면, 아가씨가 댁으로 돌아간다해도 나는 어쩔 수 없겠지요. 하지만 우리와 동행하면서 보여 주신 호의에 감사드리겠어요."

자비 "그러면 그곳까지 가겠어요. 그후의 일은 하늘에 맡기겠어요. 하늘의 임금님이 나를 생각하시는 대로, 그곳에서 나의 운명이 결정되도록 '주님'이 허락하시기를 기도하겠어요."

크리스티아나는 속으로 기뻐했습니다. 그것은 동행이 생겼을 뿐 아니라, 이 가련한 처녀의 마음을 움직여서 영혼의 구원을 사모하도록 시켰기 때문입니다. 그러자 자비는 하염없이 울었습니다.

크리스티아나 "왜 그렇게 울어요?"

자비 "아아, 올바른 생각을 할 수 있는 사람이면, 죄 많은 우리의 거리에 아직도 남아 있는 나의 불쌍한 가족의 처지를 누가 한탄하지 않겠어요? 그리고 나의 슬픔을 더욱 심하게 만드는 것은 그 사람들에게 장래의 일을 가르치는 사람이 없는 일이에요."

크리스티아나 "연민의 정은 순례자들이 으레 갖는 것이에요. 아가씨는 내 남편 크리스천이 나를 두고 떠날 때 나 때문에 갖던 생각을 아가씨의 친한 사람들 때문에 하고 있는 거예요. 그 사람은 내가 그 사람에게 관심도 기울이지 않고, 존경하지도 않는 것을 슬퍼했어요. 그러나 그 사람의 주인님, 또 우리의 주인님은 그 눈물을 모아서 당신의 병에 담아 놓으셨어요. 그래서 나도, 아가씨도, 이 귀여운 아이들도, 그 눈물의 열매와 이익을 거두고 있어요. 자비양, 나는 아가씨의 눈물이 헛되지는 않을거라고 생각해요. 왜냐하면 '진리'는 그 노래에서 '눈물을 흘리며 씨를 뿌리는 자는 기쁨으로 거두리라[1].'고 했어요. 그래서 귀한 씨를 가지고 '나가서 눈물을 흘리는 자는 정녕 기쁨으로 그 단을 가지고 돌아오리로다[2].'"

자비 (노래로 대답했다.)

"지극히 높으신 하나님, 주의
뜻이 오면 인도하여 주소서.
하나님의 문으로, 양의 우리로,
거룩한 산을 올라가는 저를.

제 몸은 어떻게 되든지,
분에 넘치는 은혜와, 거룩한
길을 잃고 헤매며, 정도를 떠나
밟고 나가지 않도록 하시옵소서.

제가 남겨 둔 가족과 친지들이
모이게 하소서, 마음을 다하여
주여, 그들이 기도하게 하소서,
주님의 것이 되기를 원해서."

나의 늙은 친구는 얘기를 계속했습니다. 그러나 크리스티아나는 '낙심의 늪'까지 왔을 때 걸음을 멈췄습니다.

크리스티아나 "이곳은 내 사랑하는 남편이 진흙 때문에 질식해 죽을 뻔한 곳이에요."

---

1) 〈시편〉 126 : 5. 2) 〈시편〉 126 : 6.

그녀는 이곳을 순례자를 위해서 고치라는 '왕'의 명령이 내려졌음에도 불구하고 이전보다 상태가 더 나빠진 것을 깨달았습니다. 그래서 나는 그것이 정말인가 하고 물었습니다. 그 노신사는 말했습니다. "그렇습니다. 유감이지만 정말입니다. 그것은 '왕'의 일꾼인 척하는 사람이나 '왕'의 한 길을 수리한다는 사람 중에는, 돌 대신에 진흙이나 오물을 가져다가 수리하기는커녕 도리어 파손하는 사람들이 더 많았으니까요."

자비 "자, 겁내지 말고 건너가요. 조심해서요."

그리하여 그들은 징검다리를 건넜습니다. 비틀거리면서도 간신히 건너갔습니다.

그래도 크리스티아나는 빠질 뻔했습니다. 그것도 한두 번이 아니었습니다. 늪을 건너자마자 그들에게 주시는 말씀이 들리는 것 같았습니다. '믿은 여자에게 복이 있도다. 주께서 그에게 하신 말씀이 반드시 이루어지리라[1].'고.

그래서 그들은 다시 전진했습니다.

자비 "부인과 같이, 좁은 문에서 친절한 환대를 받을 수 있는 확신만 있으면 이런 '낙심의 늪'에서도 나는 용기를 잃지 않으리라 생각해요."

크리스티아나 "아가씨는 자신의 상처를 잘 알고 있어요. 나 또한 내 상처를 알고 있고요. 그리고 아가씨, 여로의 끝에 도달하기까지는 모두 상당한 고난을 당할 거라고 생각해요. 그렇지 않겠어요? 우리처럼 훌륭한 영광에 도달하려고 계획하고, 우리처럼 행복하게 선망의 대상이 되어 있는 사람은 우리를 미워하는 자가 가하는 고난과 번민에 의해서 어떤 공포와 위협을 당할는지 모르지 않겠어요?"

여기까지 왔을 때 현명 씨는 내게서 떠나가고 나 혼자서 꿈을 꾸게 되었다. 그래서 나는 크리스티아나와 자비와 아이들이 문으로 올라가는 것을 보았다. 그곳으로 왔을 때에 어떻게 문을 두드려야 할까, 열어 주시는 분에게 무슨 말을 해야 좋을까에 대해서 잠시 토의했다. 결

---

1) 〈누가복음〉 1 : 45.

국은 크리스티아나가 연장자이니까 문을 두드릴 것, 또 모두를 대신해서 문을 연 사람에게 말을 건네기로 결정했다.

그리하여 크리스티아나는 문을 두드리기 시작했다. 그녀의 남편이 했던 것처럼, 두드리고 또 두드렸다. 그러나 대답하는 사람 대신에 개가 짖으면서 오는 소리가 들리는 것 같았다. 개, 그것도 큰 개다. 그 짖는 소리에 여인들과 아이들은 무서워서 떨었다. 잠시 동안 더 이상 두드릴 마음이 없었다, 그 마스티프(영국 맹견)가 달려들지나 않을까 해서. 그들은 마음이 혼란스러워 어쩔 줄을 몰랐다. 개가 무서워서 문을 두드릴 마음도 없고, 자기들이 돌아서는 것을 발견하면 문지기가 기분 나빠할 것이 두려워 돌아설 수도 없다. 그러나 다시 한 번 두드리기로 하고 처음보다 세게 두드렸다. 그러자 "누구십니까?" 하면서 문지기가 그들에게 문을 열었고 개는 그제서야 짖지 않았다.

그러자 크리스티아나는 몸을 낮추어 인사했다.

크리스티아나 "내 주여, 이 문을 두드린 일을 불쾌하게 여기지 마시기를."

문지기 "어디서 오셨습니까? 용건은 무엇입니까?"

크리스티아나 "저희는 크리스천이 떠나 온 곳으로부터 왔사오며, 그 사람과 같은 용건입니다. 될 수 있으면 '하늘의 도성'으로 인도하는 이 문을 자비로서 들어가게 해주십시오. 주여, 저는 지금 높은 곳에 가 있는 크리스천의 아내였던 크리스티아나입니다."

이 말에 문지기는 깜짝 놀랐다.

문지기 "아, 얼마 전까지만 해도 순례자의 생활을 그토록 싫어하던 분이 순례자가 되셨나요?"

크리스티아나 (고개를 떨구고) "예, 그리고 저의 이 귀여운 작은 것들도 그렇습니다."

문지기 (크리스티아나의 손을 잡아 안으로 들이고) "어린 아이들이 내게 오는 것을 용납하고 금하지 말라[1]."

이와 동시에 문을 닫았다. 그리고는 윗쪽 문 위에 있는 나팔수에게 환호의 소리와 환희를 위한 나팔소리로 크리스티아나를 영접하도록

1) 〈누가복음〉 18 : 16.

소리쳤다. 나팔수는 그 말에 따라 나팔을 울려 그 아름다운 가락으로 하늘을 메웠다[1].

이 동안 자비는 밖에 서 있었다. 거절당하지나 않을까 염려되어 떨고 울면서. 크리스티아나는 곧 자비를 위해서 주선하기 시작했다.

크리스티아나 "내 주여, 저와 같은 이유로 이곳으로 온 동행인이 밖에 서 있습니다. 저는 남편의 임금님으로부터 초대를 받았습니다만, 그 여인은 초대를 받지 못했다고 생각하여 마음이 무척 무겁습니다."

이 때 자비는 1분이 1시간처럼 길게 느껴져 참을 수 없었다. 크리스티아나가 좀더 사리를 따져서 주선할 것도 없이 스스로 문을 두드리기 시작했다. 그 두드리는 소리가 너무 컸기 때문에 크리스티아나는 가슴이 떨렸다.

문지기 "저 사람은 누굽니까?"

크리스티아나 "저의 동행인입니다."

문지기는 문을 열고 밖을 내다보았다. 그런데 자비는 기절해서 쓰러져 있었다. 왜냐하면 이 아가씨는 결국 문은 열리지 않을 수도 있다고 염려한 것이다.

그러자 문지기는 그 손을 잡고 말했다.

문지기 "소녀야, 내가 네게 말하노니 일어나라[2]."

자비 "아아, 저는 정신을 잃었습니다. 저의 몸에는 생명이 거의 없습니다."

문지기 "'내 영혼이 내 속에서 피곤할 때에 내가 여호와를 생각하였삽더니 내 기도가 주께 이르렀사오며, 주님의 성전에 미쳤나이다[3]'. 두려워 할 것은 없어요. 어서 일어나서 어떤 일로 왔는지 내게 말해요."

자비 "저는 이웃인 크리스티아나처럼 초대받은 일도 없으면서 같은 것을 구하러 왔습니다. 이분의 초대장은 임금님한테서 온 것이고, 저는 이분의 초청을 받았을 뿐입니다. 그러므로 분수에 넘치는 일을 한 것이 아닌가 하고 염려됩니다."

문지기 "함께 이곳으로 오자고 이분이 권했나요?"

---

1) 〈누가복음〉 15 : 7.　2) 〈마가복음〉 5 : 41.　3) 〈요나〉 2 : 7.

자비 "예, 그래서 보시는 대로 왔습니다. 하나님의 은혜나 죄의 용서에 여유가 있으시면, 가련한 계집인 저에게도 그것을 나누어 주십시오."

문지기 (다시 그녀의 손을 잡고 친절하게 데리고 들어가서) "어떤 방법으로 내게 와도, 나는 나를 믿는 모든 사람을 위해서 기도해요. (곁에서 있는 사람에게) 뭔가 정신을 차릴 수 있는 것을 가져다가 자비에게 냄새를 맡도록 해줘요."

사람들이 물약 향낭[1](香囊)을 가져다 주었다. 잠시 후 자비는 생기를 회복했다.

이리하여 크리스티아나와 그녀의 아이들과 자비는 길목에서 '주님'의 영접을 받고 친절하신 말씀을 들었다.

그들은 앞으로 나아가서 말했다.

크리스티아나 "저희들은 저희들의 죄를 슬프게 생각합니다. 그래서 내 주님의 용서와, 저희들이 해야 할 일에 대해서 가르침을 받고 싶습니다."

문지기 "나는 말과 행위로서 용서합니다. 말로서란 용서의 약속입니다. 행위로서란 내가 그것을 얻은 방법입니다. 말의 용서는 입맞춤으로 내 입술에서 받아 주십시오[2]. 행위의 용서는 곧 나타나는 대로 받아 주십시오[3]."

나는 꿈속에서 봤다, 그는 좋은 말을 많이 하고 그들은 그 말로서 큰 기쁨을 얻는 것을. 그는 그들을 성문 꼭대기로 데리고 가서 어떤 행위로 그들이 구원을 받도록 되어 있는가를 보여주었다. 이와 동시에 그들이 길을 갈 때에 다시 그것을 보고 위로받게 될 것이라 했다.

그는 잠시 그들을 아래층의 서늘한 방에 남겨 두고 떠났다. 그곳에서 그들은 자기들끼리 얘기를 시작했다.

크리스티아나 "아아, 우리가 이곳으로 들어오다니 얼마나 기쁜 일이예요!"

자비 "부인께서 그렇게 생각하시는 것은 당연하지만, 저야말로 누구보다 기뻐서 뛰어오르고 싶을 정도예요."

---

1) 〈아가〉 1 : 13. 2) 〈아가〉 1 : 2. 3) 〈요한복음〉 20 : 20.

크리스티아나 "문 앞에 서 있을 때 (두드렸지만 아무도 대답하지 않았기 때문에), 우리의 모처럼의 노력이 물거품이 되는 것은 아닐까 하고 생각했어요. 특히 그 개가 우리에게 심하게 짖어댈 때에는."

자비 "제가 무엇보다 걱정한 것은 부인께서 친절하게 영접받으신 후 저 혼자 남겨진 일이었어요. '두 여자가 매를 갈고 있으매, 하나는 데려감을 당하고, 하나는 버려둠을 당할 것이니라[1].'고 기록된 것이 드디어 이루어 진다고 생각했어요. 틀렸다, 틀렸다고 외치고 싶은 것을 참는데 애를 먹었어요. 더 이상 두드리기가 두려웠어요. 하지만 문 위에 씌어 있는 글을 봤을 때 용기를 냈어요. 저는 다시 한 번 두드려야지. 그렇지 않으면 죽는 수밖에 없다고 생각했어요. 그래서 두드렸지만 어떻게 두드렸는지 모르겠어요. 그때의 제 정신은 생사의 기로에서 몸부림치고 있었으니까요."

크리스티아나 "어떻게 두드렸는지 모르겠다고요? 굉장한 소리였어요. 그 소리를 듣고 난 가슴이 덜컥했었어요. 나는 지금까지 살면서 문을 그렇게 열심히 두드리는 소리를 들어 본 일이 없었어요. 아가씨가 격렬하게 공격하고 엄습하여 왕국을 빼앗으려 하는가 하고 생각했어요[2]."

자비 "불쌍한 제 처지가 되어 보셔요. 그같은 처지에 빠지면, 저처럼 하지 않을 사람이 있겠어요? 보신 바와 같이 문은 닫혀 버렸지요, 주위에는 무서운 맹견들이 돌아다니지요. 정말이에요, 저같이 마음이 약한 사람은 누구든지 있는 힘을 다해서 두드릴 거예요. 그런데 주님은 저의 무례에 대해서 뭐라고 하셨어요?"

크리스티아나 "아가씨가 문을 요란스럽게 두드렸을 때 주님은 매우 영묘하고 천진한 미소를 띄우셨어요. 아가씨의 행위가 마음에 무척 드셨다고 생각돼요. 그 이상의 징후는 나타내지 않으셨으니까요. 그런데 어째서 그런 개를 기르시는지 나는 이상하게 여기고 있어요. 고난을 미리 알았다면 도저히 이렇게 문을 두드릴 수 없었으리라고 생각해요. 하지만 문으로 들어온 이상은 들어온 거예요. 나는 진심으로 기뻐하고 있어요."

---

1) 〈마태복음〉 24 : 41.　2) 〈마태복음〉 11 : 12.

자비 "이제 주님이 내려오시면, 부인만 괜찮다면 왜 그렇게 무서운 개를 기르시는지 여쭤 보아요. 나쁘게 생각지는 않으실 거예요."

아이들 "그렇게 해요. 그 개를 여기서 키우지 말라고 권해 보셔요. 이곳을 나갈 때 물리지나 않을까 두려우니까요."

그러는 중에 그는 다시 그들에게로 왔다. 자비는 그분 앞에 엎드려 경배했다. 그리고 말했다.

자비 "내 주여, 지금 저의 입술로 수송아지를 대신하여 드리는 찬송을 받으십시오[1]."

문지기 "평안이 네게 있을지어다. 일어나요."

자비 (얼굴을 수그린 채) "'아아, 주여. 내가 주와 쟁변(爭辯)할 때에는 주는 의로우시니이다. 그러나 주의 판결에 대하여 질문하옵니다[2].' 왜 주님은 그런 맹견을 뜰에서 기르십니까? 그 개를 보면 저희와 같은 여인들은 두려움 때문에 문에서 그만 도망치려고 할 것입니다."

문지기 "개의 주인은 따로 있어요. 그리고 그놈은 다른 사람의 땅에 항상 살고 있어요. 나의 순례자들은 그의 짖는 소리만 들어요. 그놈은 저 먼 곳에 보이는 성에 살고 있는데, 그 성벽이 이곳과 인접해 있는 것이오. 지금까지 그놈이 크게 짖는 소리로 수많은 순례자들을 겁주어 돌아가게 했어요. 물론 그놈의 주인은 나와 내게 속한 사람에게 특별한 호의로 그놈을 기르는 것이 아니라, 그저 순례자들이 내게로 오는 것을 제지하고, 그들이 문으로 들어오려고 이 문을 두드릴 때 두려워하게 할 의향으로 기르고 있어요. 이따금 쇠사슬을 끊고 튀어나와서, 나의 사랑하는 사람을 괴롭힌 일도 있지요. 그러나 현재까지 나는 애써 참고 있어요. 그리고 나의 순례자들에게는 적당한 때에 도움을 주니까, 그들은 그놈의 힘에 맡기고 그 개의 본성이 그들에게 미치기를 촉구하는 일은 없어요.

내가 구속한 자여[3], 아가씨가 사전에 이 일을 몰랐다고 해도 개 한 마리쯤을 두려워한 것은 아니라고 생각하는데 그렇지요? 집집마다 동냥하러 다니는 거지도 기대했던 동냥을 잃기보다는 개에 물리면서까지 동냥을 얻으려고 해요. 그런데 개 한 마리, 그것도 남의 뜰에 있

---

1) 〈호세아〉 14 : 2.　2) 〈예레미야〉 12 : 1.　3) 〈에베소서〉 1 : 14.

는 개가 어떻게 내게 오는 순례자들을 막겠소? 게다가 나는 그 개짖는 소리를 오히려 순례자들에게 이익이 되도록 이용하고 있거든요. 나는 사자로부터 그들을 구하고, 개의 맹렬한 기세로부터 그들의 사랑하신 사람을 구출해요[1]."

자비 "저의 무지를 고백합니다. 저는 이해할 수 없는 점에 대해서 여쭈었던 것입니다. 아무 일도 없도록 배려해 주시는 것을 분명히 알았습니다."

크리스티아나 "이제는 길을 떠나야겠습니다."

그녀는 노정에 대해서 묻기 시작했다. 그래서 그는 전에 그녀의 남편을 다룬 법에 따라 그들에게 음식을 먹이고, 그들의 발을 씻기고[2], 주님의 발자취가 있는 길로 그들을 출발시켰다. 나는 꿈속에서 그들이 좋은 날씨를 즐기며 길을 전진하는 것을 봤다.

크리스티아나 (노래하기 시작했다.)

순례자가 되기 시작한
이날이야말로 고맙구나.
이곳까지 나를 진행케 하신
그분이 고마우셔라.

영원히 살고자 한 것은,
때를 거쳐서 나중에 된 일.
지금은 달린다, 힘을 다하여
늦었지만 하지 않음보다 낫다.

사람들이 말하는 것처럼, 처음에
끝을 보면서 가는 대로,
기쁨으로 눈물은 바뀌고
신앙으로 공포는 바뀐다.

---

1) 〈시편〉 22 : 20,21.　2) 〈요한복음〉 13 : 5.

크리스티아나와 그 동행이 가기로 되어 있는 길을 따라 있는 성벽 저쪽에는 정원이 있고, 그 정원은 앞에서 말한 그 개의 주인 것이었다. 그 정원에 서 있는 나무 중, 어떤 나무는 성벽 너머로 가지를 뻗고 있었다. 그 가지에 달린 열매가 먹음직스럽게 익었기 때문에 그것을 발견한 사람은 따 모으고, 길을 가면서 그것을 먹고는 몸을 상하는 것이었다.

크리스티아나의 아이들은, 사내아이들이 흔히 그렇듯이 나무가 마음에 들고 가지에 달린 열매가 마음에 들었으므로, 나무를 흔들어 열매를 떨어뜨려 그것을 먹기 시작했다. 크리스티아나는 그런 행동을 제지하고 꾸짖었지만 아이들은 그치지 않았다.

크리스티아나 "알겠니! 얘들아, 너희들은 남의 것을 따고 있어. 그 열매는 우리 것이 아니야."

그들은 그것이 원수의 것인 줄을 몰랐다. 알았다면 틀림없이 두려운 나머지 죽도록 괴로워했을 것이다. 그런대로 나무 밑을 지나 그들은 여행을 계속했다. 그들이 길이 시작된 곳으로부터 활 두 바탕 가량 떨어진 곳까지 갔을 때, 그들은 얼굴이 추악한 남자 둘이 이쪽으로 매우 급하게 오는 것을 발견했다.

크리스티아나와 그녀의 친구 자비는 베일로 얼굴을 가리고 계속 걸어갔다. 아이들이 앞장을 서서 걸어갔다. 이럭저럭하는 동안에 드디어 그 둘을 만났다. 그들을 향해 온 남자들은 여인들 바로 앞으로 다가와서 그녀들을 안으려는 몸짓을 했다.

크리스티아나 "물러나셔요. 아니면 정상적으로, 온당하게 지나가셔요."

그러나 두 남자는 귀머거리처럼, 크리스티아나의 말에 귀를 기울이지도 않고 계속 손을 대려고 했다. 크리스티아나는 몹시 화가 나서 두 사람을 발로 걷어찼다. 자비도 할 수 있는 데까지 노력해서 두 남자에게서 피했다.

크리스티아나 "물러나요. 썩 가 버려요. 보다시피 우리는 순례자이고 친구들의 도움으로 생활하는 사람들이니까, 당신들에게 빼앗길 만한 돈은 없어요."

얼굴이 추악한 남자 (둘 중의 하나가) "우리는 돈 때문에 이러는 것은 아니다. 그저 우리가 부탁하는 조그만 요구를 들어준다면 당신들을 영원한 아내로 삼으려는데, 의견이 어떤지를 물어보러 나왔다."

크리스티아나 (이 남자들의 요구를 대략 짐작하고) "당신들의 부탁을 들으려고도 생각하려고도 따르려고도 생각지 않아요. 갈길이 바쁘니까 지체할 수 없어요. 우리의 일은 생사에 관계되니까요."

그들은 다시 두 남자 곁을 통과하려고 했지만, 두 남자는 길을 막고 통과시키지 않았다.

얼굴이 추악한 남자 "당신들의 목숨을 해치려는 것이 아니다. 우리가 원하는 것은 다른 것이다."

크리스티아나 "아아, 알았어요. 당신들은 우리의 육체와 영혼을 몽땅 빼앗으려고 생각하고 있어요. 그것 때문에 온 것임을 알고 있어요. 그러나 우리는 장래의 행복을 위태롭게 하는 함정에 빠지느니 차라리 당장 죽어 버리겠어요."

이와 동시에 그녀들은 "사람 살려요! 사람 살려요!"라고 외쳐서, 여인을 보호하기 위해 제정된 율법에 몸을 맡겼다[1]. 그러나 남자 둘은 아직도 억지로 그 생각을 관철하려고 하였다. 그래서 그녀들은 다시 외쳤다.

앞에서도 말한 바와 같이, 그녀들은 통과한 문으로부터 멀지 않은 곳에 있었기때문에 외치는 소리가 그곳까지 들렸다. 그래서 집 안에 있던 사람이 밖으로 나왔다. 그 목소리가 크리스티아나의 것임을 알자 그 사람은 당장 구원하러 나섰다. 그가 그녀들이 보이는 곳까지 왔을 때는 여인들이 한창 그들과 싸우는 중이었고, 아이들은 그 곁에 서서 울고 있었다. 그녀들을 구원하러 온 사람은 흉한들에게 소리쳤다.

구원자 "이게 무슨 짓인가? 내 주님의 백성에게 죄를 짓게 하려느냐?"

그는 그들을 잡으려 했지만, 그들은 큰 개의 주인의 뜰로 성벽을 넘어 도망쳤다. 그래서 개가 그들의 보호자가 되었다.

구원자는 그들에게로 왔다.

---

1) 〈신명기〉 22 : 23~27.

구원자 "이상은 없습니까?"

크리스티아나 "당신의 주인에게 감사를 드립니다. 별이상은 없습니다. 약간 위협을 당한 것뿐입니다. 당신에게도 우리를 구원해 주신 일을 감사 드립니다. 그렇지 않았다면 우리는 힘이 다해서 그들로부터 당했을 테니까요.

구원자 (두세 마디 말을 나눈 후) "저 위에 있는 문에서 영접을 받으셨을 때, 나약한 여인의 몸인 것을 아셨으면서 그곳 주인에게 안내자를 부탁하지 않은 것은 매우 이상한 일입니다. 그렇게 하셨다면 이런 곤란과 위험을 피할 수 있었을 겁니다. 주인은 안내자를 주셨을 테니까요."

크리스티아나 "아아, 저희들은 눈앞의 행복에 마음을 빼겨 앞으로 닥쳐올 위험을 잊었어요. 그리고 이렇게 왕의 궁궐이 가까운 곳에 이런 행실이 악한 사람이 있으리라고 누가 생각할 수 있었겠어요. 주인님에게 안내자를 부탁드렸다면 우리는 무사했을 겁니다. 그러나 주인님은 우리에게 안내자가 있는 게 유익하다는 것을 아시는데, 우리에게 안내자를 보내주지 않으신 것은 무슨 영문일까요?"

구원자 "청원하지 않은 것을 주면 소중히 여기지 않을 수도 있어요. 모처럼의 선물이 가치없는 것이 되지 않도록 하기 위해서 주시지 않지요. 그러나 어떤 것을 필요로 할 때에는 그것을 느끼는 사람이 보는 곳에서 본래의 가치를 갖추게 되지요. 그후로는 가치가 있는 것으로 쓰이게 됩니다. 나의 주인이 안내자를 주셨다면 당신들은 지금 안내자를 청하지 않았다는 당신들의 실수를 그렇게 한탄하시는 일은 없었을 겁니다. 그러니까 모든 일이 합력해서 선을 이루고[1], 당신들을 조심하게 만들지요."

크리스티아나 "내 주께 돌아가서, 우리의 어리석음을 고백하고 안내자를 청원할까요?"

구원자 "당신들의 고백은 내가 말씀드리지요. 돌아갈 필요는 없습니다. 당신들이 가시는 모든 곳에는 부족함이 없음을 아시게 될 테니까요. 왜냐하면 순례자들을 수용하기 위해서 설비된 내 주의 모든 숙

1) 〈로마서〉 8 : 28.

소에는 그 어떤 유혹으로부터도 자신을 지킬 수 있는 장비가 충분합니다. 그러나 지금 말한 대로 '자기들에게 이루어 주기를 주께 구하기를 원하십니다[1].' 청원할 가치가 없는 것은 하찮은 것입니다."

말을 마친 그는 자기 처소로 돌아가고, 순례자들은 그 길로 계속 전진했다.

자비 "난처하게 되었군요. 나는 모든 위험을 통과했으니, 더 이상 슬픈 일은 당하지 않으리라고 생각했어요."

크리스티아나 "아가씨는 아무것도 모르니까, 그것이 아가씨에게는 용서를 받을 만한 이유라도 되겠지만 나는 집을 나서기 전부터 이 위험을 알면서도 준비를 하지 않았으니 더욱 잘못이 커요."

자비 "어떻게 댁을 나서기 전에 이 일을 아셨나요? 그 수수께끼를 가르쳐 주셔요."

크리스티아나 "말해 드리지요. 내가 집에서 발을 내디디기 전 어떤 날 밤 침상에 누워 있을 때 나는 이 일에 대해서 꿈을 꾸었어요. 방금의 두 사람과 흡사한 두 남자가 침상 끝에 서서, 나의 구원을 방해하려면 어찌하면 좋을까 하고 음모를 꾸미는 것을 봤어요. 그 말을 그대로 말하지요.

그들은 말했어요(그것은 내가 한참 괴로워할 때였어요). 이 여인을 어떻게 할까, 이 여자는 자나깨나 죄의 용서를 구하며 외치고 있다, 이 여자를 이대로 두면, 우리는 이 여인의 남편을 잃은 것처럼 이 여자도 잃게 될 거야. 당신도 알다시피 이런 꿈을 꾸고도 조심하지 않았고 준비를 했어야 하는 곳에서 그냥 떠났으니, 이 무슨 꼴이에요."

자비 "그러면 우리가 이 태만에 의해서 우리의 부족함을 바라보는 좋은 기회를 얻은 것처럼, 우리 주님은 이 기회를 이용하셔서 은혜의 풍성함을 보이셨군요. 이렇게 청원하지 않은 자비로서 우리를 따라오시고, 그 뜻대로 우리보다 강한 자의 손에서 구원해 주셨으니까요."

잠시 얘기를 하고 나서, 그들은 그 길에 서 있는 어떤 집으로 가까이 갔다. 그것은 순례자를 위안하기 위해 만들어진 것인데, 독자 여러분은 '천로역정' 제1부에서 좀더 상세하게 서술한 것을 기억하실

1) 〈에스겔〉 36 : 37.

것이다. 그들은 그 집(설명자의 집)을 향해 다가갔다. 그들이 문까지 왔을 때 집 안에서 떠들썩한 얘기소리가 들려왔다.

그들은 귀를 기울였다. 그리고 크리스티아나의 여로를 화제로 삼는 것을 들은 것 같았다. 그녀와 그 아이들이 순례의 길에 올랐다는 얘기가 그녀보다 앞서서 벌써 전해지고 있었다는 사실을 아시기 바란다. 그리고 이 사실이 사람들에게 더욱 기쁜 일이었던 것은 그녀가 크리스천의 아내인데, 얼마 전에는 순례의 길에 오르는 일을 그렇게 싫어한 여인이라는 말을 들었기 때문이다. 그들은 가만히 서서, 집 안에 있는 선량한 사람들이 문 밖에 서 있으리라고는 꿈에도 모르는 그녀를 칭찬하는 말을 들었다. 드디어 크리스티아나는 문을 두드렸다, 예전에 그 문을 두드린 것처럼. 그 문으로 나온 사람은 순결이라는 젊은 처녀인데, 열고 보니 그곳에 두 여인과 아이들이 서 있는 것이었다.

순결 "이곳의 어느 분과 얘기를 하고 싶으십니까?"

크리스티아나 "이곳은 순례자가 된 사람을 위해서 특별히 허락된 장소로 압니다. 지금 이 문으로 온 우리는 순례자들이에요. 이 집에서 좀 쉬었다가 가게 해주십시오. 보시다시피 날도 거의 저물었고, 오늘 밤은 더 이상 앞으로 갈 수가 없군요."

순결 "안에 계신 주인님께 말씀 드릴 수 있도록 이름을 말씀해 주세요."

크리스티아나 "내 이름은 크리스티아나예요. 나는 몇 년 전 이 길을 여행한 그 순례자의 아내예요. 이들은 그의 네 아들이고요. 이 아가씨도 나의 동행인데, 역시 순례의 길을 가는 중이에요."

순결 (뛰어 들어가서 안에 있는 사람들에게) "입구에 누가 있는지 알아맞힐 수 있습니까? 크리스티아나와 그의 아이들과 동행인 모두가 이곳의 접대를 기다리고 있습니다."

이 말에 사람들은 기쁨에 가득 차 그 주인에게 여쭈러 갔다. 주인은 입구로 왔다. 그리고 그녀를 바라보면서 말했다.

설명자 "당신이 선인 크리스천이 순례자의 생애에 몸을 맡기실 때 뒤에 남았던 그 크리스티아나입니까?"

크리스티아나 "저는 남편의 번민을 경시하고 혼자서 여로에 오르도록 버려두리만큼 냉혹한 여인이고, 이들은 그의 네 아이들입니다. 하지만 지금은 저도 왔습니다. 이 길 외에 다른 길은 옳지 않다는 확신이 생겼으니까요."

설명자 "그러면 그 아들에게 '오늘 포도원에 가서 일하라.' 하니, 대답하여 가로되 '싫소이다.' 하더니, 그후에 '뉘우치고 갔다[1].'고 하신 사람에 대해서 기록된 것이 성취되었습니다."

크리스티아나 "그와 같이 되게 하옵소서, 아멘. 하나님은 이것을 저에게 진실한 말씀이 되게 하시고, 마지막에는 평안한 중에 더러움이 없고 허물없는 자로 여기심을 얻게 하옵소서."

설명자 "어째서 그렇게 입구에 서 계십니까? 들어오세요, 아브라함의 딸이여[2]. 우리는 조금 전까지 당신의 얘기를 하고 있었습니다. 당신이 순례자가 되셨다는 기별은 사전에 우리에게 전달이 되었으니까요. 자, 얘들아, 들어오너라. 자, 아가씨, 들어오세요."

그는 그들을 안으로 맞아들였다.

그들이 안으로 들어왔을 때 앉아서 쉬라는 말을 들었다. 쉬고 있노라니, 그 집에서 순례자들에게 시중드는 사람들이 그들을 만나기 위해 방으로 왔다. 그리고 크리스티아나가 순례자가 된 일이 기뻐서 한 사람이 미소짓자 다른 한 사람도 미소짓고, 그들은 모두 미소지었다. 그들은 아이들을 바라보고는 아이들을 친절하게 받아들이는 표로서 손으로 그 얼굴을 어루만졌다. 그들은 자비양에게도 따뜻하게 응대했다. 그리고 일동에게 그들의 주인의 집에 잘 오셨다고 말했다.

잠시 후에 아직 저녁식사 준비가 되지 않았기 때문에 설명자는 그들을 그 암시의 방으로 데리고 가서, 크리스티아나의 남편 크리스천이 이전에 본 것을 보여주었다. 그들은 우리 속의 남자와, 꿈꾸는 남자와 원수들 가운데에 그 길을 여는 남자와, 그 모든 자들 가운데 가장 큰 자의 초상을, 그 당시 크리스천에게 그토록 유익했던 그 나머지 것과 함께 봤다.

이것을 보고 난 후, 또 이것들을 크리스티아나와 그 동료들이 이해한 후 설명자는 그들을 데리고 다른 방으로 갔다. 그곳에는 아래를 보

1) 〈마태복음〉 21 : 28, 30.　2) 〈누가복음〉 13 : 16, 〈베드로전서〉 3 : 6.

는 이외에는 아무 곳도 안 보는 남자가 손에 갈퀴를 들고 서 있었다. 그 머리 위쪽에는 손에 하늘의 면류관을 든 사람이 서서 그의 갈퀴 대신에 그 면류관을 내밀고 있었다. 그러나 남자는 올려다 보지도 않고 개의치도 않으며, 그저 마루 위의 짚과 나뭇조각과 먼지를 긁어모으고 있었다.

크리스티아나 "저는 이 의미를 조금은 알 수 있다고 생각합니다. 이것은 이 세상 사람의 모습입니다. 그렇지 않습니까?"

설명자 "말씀하신 대로입니다. 그 갈퀴는 그의 현세적인 마음을 나타내고 있습니다. 그리고 이 남자가 손에다 하늘의 면류관을 가지고 위에서 부르는 '그분'의 말씀보다, 오히려 마루 위의 짚과 나뭇조각과 먼지를 긁어모으는 쪽에 마음을 빼앗기고 있는 장면은, 하늘은 어떤 사람에게는 비유에 지나지 않고 현세의 것이 유일한 실질을 지닌 것으로 여겨진다는 것을 나타내고 있습니다. 또한 이 남자가 아래외에는 어느 쪽도 볼 수 없는 것은, 지상의 것이 사람들의 생각 위에 영향력을 지닐 때에는 그 마음을 완전히 하나님으로부터 옮겨 버린다는 사실을 알리기 위함입니다."

크리스티아나 "아아, 저를 이 갈퀴로부터 구원하소서!"

설명자 "그런 기도는 드리는 사람이 없어서 녹슬어서 부서질 지경이 되었오. '나를 부하게도 마시옵소서[1].'라는 기도는 만 번에 한 번도 드려지지 않습니다. 짚과 나뭇조각과 먼지가 거의 모든 사람들이 소중하다고 여기는 것일 뿐입니다."

이 말에 자비양과 크리스티아나는 울었다.

크리스티아나 "아아, 슬픈 일이지만 정말 그렇습니다."

그는 또, 그들을 데리고 이 집에서 가장 좋은 방으로 들어갔다. 매우 훌륭한 방이었다. 그는 주위를 돌아보며 말했다.

설명자 "이곳에 유익한 것을 발견할 수 있는가 보십시오."

그들은 여러 번 돌아봤다. 왜냐하면 벽 위에 매우 큰 거미가 있을 뿐, 아무것도 볼 만한 것이 없었기 때문이다.

자비 "저에게는 아무것도 보이지 않습니다."

---

1) 〈잠언〉 30 : 8.

크리스티아나는 잠자코 있었다.

설명자 "그러나 다시 한 번 보세요."

자비 (다시 한 번 둘러보고) "이곳에는 발을 벽에 걸고 늘어진 흉한 거미 한 마리밖에는 보이지 않습니다."

설명자 "이 넓은 방안에 거미 한 마리밖에 없습니까?"

크리스티아나 (깨달음이 빠른 여인인데, 눈물을 글썽이며) "예, 주여, 이곳에는 한 마리 이상의 것이 있습니다. 그리고 그 독(毒)은 이 거미 속에 있는 것보다 훨씬 무서운 해를 끼칩니다."

이 말에 자비양은 얼굴을 붉혔고 아이들도 얼굴을 가렸다. 그들 모두가 수수께끼의 의미를 겨우 깨닫기 시작했기 때문이다.

설명자 "'거미는 (보시다시피) 발로 붙잡고 다니는 거미조차 왕의 궁전에 살고 있습니다[1](우리 성서에는 도마뱀으로 번역됨).' 이것이 기록된 이유는, 당신들이 아무리 죄의 독으로 가득 찬 사람일지라도 신앙의 손을 줄에 걸면 위에 계신 '왕'의 집에서 가장 좋은 방에라도 거처할 수 있다는 사실을 나타내기 위함입니다."

크리스티아나 "저도 그럴 거라고 생각했습니다만, 모두 상상할 수는 없었습니다. 저희들은 아무리 아름다운 방에 있어도 거미와 같은 존재처럼 흉한 모습으로 보이리라고 생각했지만, 독을 지니고 흉한 모습을 한 이 동물한테서 신앙을 나타내는 방법을 배워야 한다는 생각은 못 했습니다. 과연 이놈은 발로 매달려서 왕궁의 가장 좋은 방에 살고 있군요. 하나님은 무엇이든지 무용(無用)하게는 창조하지 않으셨습니다."

그들은 모두 기뻐하는 것으로 보였다. 그러나 그들의 눈에는 눈물이 글썽거렸다. 그리고 얼굴을 마주보다가 설명자에게 절을 하였다.

그는 또 그들을 다른 방으로 데려갔다. 그곳에는 암탉과 병아리가 있었는데, 그는 잠시 그것을 보라고 했다. 병아리 한 마리가 물그릇으로 가서 물을 마시는데, 마실 때마다 고개를 하늘로 쳐들었다.

설명자 "보세요, 이 작은 병아리가 하는 것을. 위를 쳐다보면서 은혜를 받고, 또 그 은혜가 나오는 곳에 감사하는 것을 이 병아리한테서

---

1) 〈잠언〉 30 : 28.

배우세요. 다시 한 번 잘 보십시오."

그들이 주의해서 보니까, 암탉은 그 병아리를 네 가지 방법으로 다룬다는 것을 알아냈다.

첫째, 평소에 부르는 소리를 하루 종일 낸다.

둘째, 특별히 부르는 소리를 이따금 낸다.

셋째, 병아리를 날개 아래로 모을 때의 소리를 낸다.

넷째, 절규(絶叫)를 낸다[1].

설명자 "자, 이 암탉을 당신들의 '왕'에, 이 병아리들은 그 따르는 무리에 비교해 보세요. 바로 암탉이 하는 것처럼 '왕' 자신도 이 방법으로 그 백성에 대한 길을 지키고 계십니다. 즉 보통 부르는 소리로는 아무것도 주지 않으십니다. 그 특별히 부르는 소리를 낼 때는 언제나 주실 것을 갖고 계십니다. '왕'은 그 날개 밑에 있는 자를 기르시는 소리를 갖고 계십니다. 또 적이 오는 것을 보셨을 때는 경계하기 위한 절규의 소리를 갖고 계십니다. 나는 당신들이 여자들이어서, 쉽게 이해할 수 있으리라 여겨 이 방으로 모신 거예요."

크리스티아나 "좀더 보여주십시오."

그는 그들을 도살장으로 데리고 갔다. 그곳에서는 도살자가 양을 잡고 있었다. 그러나 의외로 양은 평온하고 조용하게 그 죽음을 맞이하고 있었다.

설명자 "당신들은 이 양으로부터 수난의 길을, 다투지도 않으며 부당한 일을 참는 법을 배워야 합니다. 보세요. 얼마나 조용히 죽음을 맞이합니까? 또 아무런 불평도 없이, 가죽을 귀에서부터 벗기는 대로 내맡기고 있지 않습니까? 당신들의 '왕'은 당신들을 양이라고 부르십니다."

다음에 그는 그들을 화원으로 데리고 갔다. 그곳에는 여러 가지 꽃들이 있었다.

설명자 "이 꽃들이 보입니까?"

크리스티아나 "예."

설명자 "보세요. 꽃들의 키와 빛깔과, 향기와 약효(藥效)가 각기 다

1) 〈마태복음〉 23 : 27.

롭니다. 어떤 것은 보다 뛰어납니다. 그리고 정원사가 심은 곳에 서서다투지 않습니다."

그는 그들을 그의 밭으로 데리고 갔다. 그것은 밀과 그밖의 곡물의 씨앗을 뿌린 밭이었다. 모든 이삭이 잘리고 대만 남아 있었다.

설명자 "이 토지에 비료를 주고, 갈아 엎고, 씨앗을 뿌렸습니다. 그런데 이런 상태입니다. 이것을 어찌할까요?"

크리스티아나 "어떤 것은 태워 버리고, 나머지는 퇴비를 만들지요."

설명자 "그것 보세요. 열매가 당신의 구하는 것입니다. 그것이 없기 때문에 정죄함을 받고 불에 던져지고, 사람에게 밟히는 것입니다. 행위에 의해서 정죄함을 받는 사실을 명심해야 합니다."

집으로 돌아오는 길에 그들은 가슴이 빨간 울새 한 마리가 입에 큰 거미를 물고 있는 것을 발견했다.

설명자 "저것을 보세요."

그들은 바라봤다. 자비양은 입을 딱 벌렸다.

크리스티아나 "이 귀여운 새가, 이 얼마나 천한 짓입니까? 이 새는 새 중에서도 뛰어나고, 사람과 계속 친밀하게 교제하기를 좋아하는데. 이 새는 빵부스러기나, 또는 그런 해가 없는 것을 먹고 사는 줄로 나는 생각하고 있었어요. 나는 이젠 이 새가 싫어졌어요."

설명자 "이 울새는 하나의 상징인데, 어떤 신자를 매우 적절하게 나타냅니다. 왜냐하면 그 사람들은 이 울새와 같이 노래도, 빛깔도, 동작도 아름답게 보입니다. 또 진실한 신자는 매우 깊은 사랑을 가지고 있는 것처럼 보입니다. 그리고 모든 사람들보다 뛰어난 그런 신자와 교제하고 그 무리에 참여하기를 원하는 모습은, 마치 선인이 먹는 빵부스러기로는 살아 갈 수 없듯이 그들은 성도의 집과 '주님'의 모임을 자주 방문하기도 하지만, 그들만이 모일 때에는 울새와 같이 거미를 잡아서 삼킬 수도 있습니다. 그들은 정상적인 음식을 바꾸고, 사악을 마시고, 물처럼 죄를 삼킬 수 있기 때문입니다."

그들이 집으로 돌아왔을 때 저녁식사 준비가 아직 되지 않았으므로, 크리스티아나는 설명자에게 다시 유익한 말을 해주든가, 다른 일을 보여달라고 했다.

설명자 "암퇘지가 살이 찌면 찔수록 진흙을 좋아합니다. 암소가 살이 찌면 찔수록 먼저 도살자 앞으로 가게 됩니다. 사람은 건강하고 기운이 나면 날수록 악한 일에 기울어지기 쉽습니다. 여인에게는 깨끗하고 아름답게 살고 싶다는 소원이 있습니다. 하나님이 보시는 곳을 큰 가치가 있는 것으로 꾸미는 것은 보기가 흉하지 않습니다. 1년 내내 밤샘을 하기보단, 하룻밤이나 이틀 밤을 새우기는 쉽지요. 이와같이 훌륭한 신자인 체하기보다는 최후까지 그 신앙을 지킨다는 것은 쉬운 일이 아닙니다.

모든 선장은 폭풍우 때에는 선중의 가장 가치가 적은 것을 물에 버립니다. 그러나 누가 가장 좋은 것을 먼저 버릴까요? 하나님을 두려워하지 않는 사람 이외에는 아닙니다. 조그만 하나의 구멍이 그 배를 침몰시키듯이 단 하나의 죄가 죄인을 멸망시킵니다.

친구를 잊는 자는 친구에 대해서 자신의 우정을 깨는 데 불과하지만, 그 '구주'를 잊는 사람은 자기 자신에 대해서 무자비합니다. 죄 가운데에서 생활하며 내세의 행복을 바라는 자는, 깜부기를 뿌리고 그 창고를 밀이나 보리로 채우려는 자와 비슷합니다. 만일 선한 삶을 살고 싶은 사람은 그 최후의 날을 곁에 두고, 언제나 얘기 상대로 삼는 것이 좋습니다. 귓속말과 결심을 뒤집는 것은 세상에 죄가 있다는 것을 증명합니다. 하나님이 부족하다고 버리시는 이 세상을 사람들이 매우 가치 있다고 여긴다면 하나님이 기뻐하시는 하늘은 어떤 것일까요? 이렇게 많은 재액을 수반하는 한평생이 우리에게는 아까워서 놓치기 어려운 것이라면 하늘 위의 생애는 어떤 것일까요?

누구나 사람의 선성(善性)을 칭찬하려고 합니다. 그러나 당연히 감동되어야 할, 하나님의 신성에 마음이 감동된 자가 어디 있습니까? 식탁에 앉아 먹고도 식탁을 떠나지 않을 사람이 어디 있겠습니까? 이와 같이 예수 그리스도의 공적과 의는 전인류가 쓰고도 남습니다."

설명자는 말을 마치자 다시 그들을 화원으로 데리고 나가 어떤 나무를 보여주었다. 그 나무의 속은 모두 썩어서 없어졌는데, 그래도 살아서 잎은 달고 있었다.

자비 "이것은 어떤 뜻을 나타냅니까?"

설명자 "겉은 아름답고 속이 썩은 이 나무는, 하나님의 화원에 있는 수많은 사람과 비교할 수 있어요. 그 사람들은, 입으로는 하나님에 대해서 고상한 말을 하고 있지만 사실은 그를 위해 아무것도 하려고 하지 않아요. 그 잎은 아름답지만, 그 속은 악마의 부싯깃 상자의 부싯깃이 되는 외에는 아무 쓸모가 없는 것이에요."

이 때 저녁식사 준비가 되어 모든 음식이 식탁 위에 놓였다. 일동은 좌석에 앉고, 한 사람이 감사 기도를 드린 후에 밥을 먹었다. 설명자는 언제나 식사 때에 유숙하는 사람을 음악으로 환대하는 습관이 있었으므로 악사들은 악기를 연주했다. 또 노래를 부르는 사람이 있었는데, 그 목소리는 매우 아름다웠다.

주님만이 나의 거점(據點)
그리고 나를 기르시는 주인.
그러니까 나에게 절핍(絶乏)한
그 무엇이 있으랴.

노래와 음악이 끝났을 때, 설명자는 크리스티아나에게 물었다.

설명자 "처음에 당신의 마음을 움직여서, 순례자의 생애를 시작하게 한 것이 무엇이었나요?"

크리스티아나 "첫째로 남편을 잃은 일이 마음에 떠올라서 슬프게 생각했습니다. 그러나 그런 일은 그저 자연적으로 생긴 것입니다. 그후 남편의 번민과 순례자의 여로, 또 그것에 대해서 내가 얼마나 심술궂은 행동을 했는가가 마음에 떠올랐습니다. 그래서 죄책감에 사로잡혀 연못에라도 빠져 죽으려 했지만, 요행으로 나는 남편의 행복한 생활을 꿈에 보고, 또한 남편이 살고 있는 나라의 임금님으로부터 임금님 앞으로 오라는 편지를 받았습니다. 그 꿈과 편지가 마음에 역사해서 결국 이 길을 걷는 외에 도리가 없다는 것을 알게 되었습니다."

설명자 "그러면 댁에서 출발하시기 전에는 아무런 반대도 없었습니까?"

크리스티아나 "예, 있었습니다. 이웃에 겁약 부인이라는 사람이 있었습니다(이분은 사자가 무섭다고 하면서, 남편더러 후퇴하도록 설득했던 사람의 아내입니다). 이분은 소위, 제가 무분별한 모험을 한다고 해서 완전히 저를 바보로 여겼습니다. 또 제 기운을 떨구기 위해 가능한 모든 것, 남편이 도중에 당한 고통과 번민을 늘어놓았습니다. 그러나 그것은 무척 쉽게 극복할 수 있었습니다.

하지만 제가 꾼 꿈속에서 얼굴이 추악한 남자 둘이 저의 여행을 실패케 하려면 어떻게 하는 것이 좋은가를 기도(企圖)하는 것 같았는데, 그쪽이 저를 무척 괴롭혔습니다. 지금도 그것이 제 마음속에 있어서, 만나는 사람마다 저에게 나쁜 짓을 하게 해서 저를 길 밖으로 내던지려고 하는 것이 아닌가 하고 생각되어 두렵습니다. 그리고 아무에게도 알려지기를 원치 않습니다만, 주인님에게는 말씀 드리겠습니다. 이 댁과 이 길로 들어서던 그 문 사이에서 우리는 위험한 습격을 당해 '사람 살려요!'라고 외쳐야 했습니다. 그리고 우리를 습격했던 그 사람들은 제가 꿈에서 본 두 사람과 비슷했습니다."

설명자 "당신의 시작이 좋습니다. 당신은 점차 좋아질 것입니다. (자비양에게) 아가씨를 이곳으로 오도록 만든 것은 무엇이었나요, 귀여운 아가씨?"

자비는 얼굴을 붉히고 몸을 떨면서 잠시 동안 말이 없었다.

설명자 "꺼릴 것은 없어요. 그저 믿고서, 생각하고 있는 것을 말해요."

자비 (간신히 입을 열고) "주인님, 사실 저는 경험이 없습니다. 그것을 생각하면 잠자코 있고 싶다는 생각뿐이고, 또 결국은 생각하고 있는 것들도 설명할 수 없지 않을까 하는 두려움에 사로잡혀 있습니다. 저는 동행인 크리스티아나처럼 환상이나 꿈얘기를 할 수 없습니다. 또 친구들이 제 권고를 듣지 않은 일에 대해서 한탄한 일도 없습니다."

설명자 "그러면 아가씨, 아가씨를 이 길로 떠나도록 결심을 시킨 것은 무엇이었나요?"

자비 "그것은 이렇습니다. 크리스티아나가 우리의 거리를 떠나려고 짐을 꾸릴 때에, 저와 또 한 사람이 우연히 방문했습니다. 우리는 문을 두드리고 들어갔습니다. 안으로 들어섰을 때 이 여인이 하는 일을 보고서 대체 무슨 영문인가 싶어 물었습니다. 이분은 부군(夫君)이 있는 곳으로 오라는 초대를 받았다고 했습니다. 그리고 자진해서 부군께서 영원하신 분들 사이에서 면류관을 쓰고 하프를 연주하며, 그 임금님의 식탁에서 음식을 먹고 그곳으로 인도해 주신 일에 대하여 찬양을 드리면서, 아름다운 곳에 거처하는 장면을 꿈속에서 보여주었다는 얘기를 하셨습니다.

그런 말씀을 하시는 동안 제 마음이 불타는 것 같았습니다. 전 속으로 말했습니다. 이 말이 정말이라면 나는 부모와 고향을 떠나, 가능하다면 크리스티아나와 함께 가겠다고요. 그래서 저는 이런 일이 정말인지, 또 저를 데려가 주시겠는가를 여쭈었습니다. 지금 우리 거리에는, 이미 멸망의 위험에 직면하지 않은 집이 없다는 사실을 알았으니까요. 그래서 저는 무거운 가슴을 안고 나왔습니다. 그것은 떠나는 일이 마음에 내키지 않은 것이 아니라, 남겨 둔 수많은 가족을 생각했기 때문입니다. 그러나 저는 간절한 마음으로 왔습니다. 또한 가능하다면 크리스티아나와 함께 부군께서 계시는 곳으로, 또 부군의 임금님이 계시는 곳으로 가고 싶습니다."

설명자 "아가씨가 나오신 것은 잘하신 일이에요. 아가씨는 진리를 신뢰하셨으니까. 아가씨는 룻입니다. 나오미에 대해서, 또 하나님이신 주님에 대해서 품고 있는 사랑 때문에 부모와 모국을 떠나 그때까지는 알지 못했던 백성과 함께 간 여인입니다. '주께서 네 행한 일을 보응하시기를 원하며 이스라엘의 하나님, 주께서 그 날개 아래 보호를 받으러 온 네게 온전한 상 주시기를 원하노라[1].'"

이 때 저녁 식사가 끝나고, 취침 준비가 되었다. 여인들은 한 사람씩 따로 눕고 아이들은 함께 누웠다. 자비가 침상에 누웠을 때 이 처녀는 기쁜 나머지 잠들 수가 없었다. 왜냐하면 결국 소망이 헛되지나 않을까 하던 의구심을 이제는 멀리 떨칠 수 있기 때문이다. 그녀는 이렇게까지 은총을 베푸시는 하나님을 고맙게 생각하여 찬송하면서 누워 있었다.

---

1) 〈룻기〉 2 : 11,12.

이튿날 아침에 태양과 함께 그들은 일어나서 떠날 준비를 했다. 그러자 설명자는 말했다.

설명자 "잠시 동안 체재해 주시기 바랍니다. 왜냐하면 당신들은 단정하게 이곳을 출발해야 하기 때문입니다. (그들에게 문을 열어 준 처녀에게) 이분들을 뜰 안에 있는 목욕실로 모셔다가 여행으로 인한 더러움을 깨끗하게 씻도록 해드려라."

처녀 순결양은 그들을 데리고 뜰에 있는 목욕실로 안내했다.

순결 "여기서 몸을 씻고 깨끗하게 하셔야 합니다. 주인은 이곳을 방문하신 사람들이, 순례의 길을 떠나시기 전에 이렇게 하시기를 원하니까요."

그들은 목욕실로 들어 가서 몸을 정결하게 했다. 그녀와 아이들은 모두 깨끗이 씻었다. 목욕을 하고 나오자 몸이 깨끗해 지고 기분이 상쾌해 졌을 뿐 아니라, 마디마디가 매우 생기가 돌도록 힘을 얻어 가지고 나왔다. 그들이 방으로 들어왔을 때는 목욕하기 전보다 더 아름답게 보였다.

욕실을 나와 뜰에서 돌아왔을 때에 설명자는 그들을 맞이하며 말했다.

설명자 "달처럼 아름답군요[1]."

그는 인(印)을 가져오라는 명령을 내렸는데, 이 인은 그의 욕실에서 몸을 씻은 사람들이 언제나 찍히는 것이다. 인을 가져오자, 그는 인을 그들의 몸에다 찍고, 이제부터 어딜 가든지 증거로 삼도록 했다. 이 인은 이스라엘 자손이 이집트로부터 나올 때에 먹은 유월절(喩越節) 음식의 내용과 총괄(總括)인데, 그 인은 그들의 눈 사이에 찍혔다. 이 인이 그들의 아름다움을 더욱 돋보이게 했다. 그것이 곧 얼굴의 한 장식이었기 때문이다. 그것은 그들의 품위를 증가시키고, 그 용모를 천사의 것에 더욱 가까운 것으로 만들었다.

설명자 (이 여인들의 시중을 드는 처녀에게) "의상실로 가서 이 사람들이 입을 옷을 가져오너라."

그 처녀는 흰 옷을 가져다가 그의 앞에 놓았다.

---

1) 〈아가〉 6 : 10.

설명자 (그들에게) "이 옷을 입으세요. '이것은 빛나고 깨끗한 세마포(細麻布)로다[1].'"

여인들은 이처럼 차렸을 때 서로 두려운 사람을 대하는 듯했다. 왜냐하면 그녀들은 서로 볼 수 있는 영광을 자기에게서는 볼 수 없었기 때문이다. 그래서 그녀들은 서로 칭찬하였다.

크리스티아나 "아가씨는 정말 아름다워요."

자비 "부인이야말로 저보다 아름다워요."

아이들도 이 여인들의 차린 모습을 보고 멍하니 서 있었다. 이 때 설명자는 자기의 사환인 대용(大勇)을 불렀다.

설명자 "검과 투구와 방패를 착용하고 이 여인들을 데리고 '미(美)'라는 집으로 가거라. 그곳에서 이 사람들이 쉴 것이다."

이 사환은 무기를 들고 그녀들 앞에서 전진했다.

설명자 "내내 평안히 가시기를 빕니다."

이 집에 있던 사람들은 친절하고도 많은 기도로 그녀들을 전송했다. 그녀들은 길로 나아가며 노래했다.

이것은 우리의 둘째 길.
이곳에서 우리가 보고 들은
좋은 일들은 대(代)를 거쳐서
사람에게 숨겨져 있었다.

검불 갈퀴, 거미에 암탉,
병아리도 하나의 교훈을
나에게 전달했다. 그러므로
따르게 하라, 그 뜻에.

도살하는 사람과, 화원과,
밭, 울새, 그 먹이,
그리고 썩은 나무도 의미 깊은

---

1) 〈요한계시록〉 19 : 8.

논지(論旨)를 내게 주었다.

잠 깨어 기도하고 진심으로
노력하도록 하겠다고.
내 십자가를 날마다 지고
경외하므로 '주님'을 섬긴다.

나는 꿈속에서 대용을 앞세우고 그뒤를 따라 그들이 계속 걸어가는 것을 봤다. 그녀들은 얼마 후 크리스천의 짐이 그의 등에서 떨어져서 돌의 관속으로 굴러 들어간 곳으로 왔다. 그들은 여기서 잠시 쉬었다. 여기에서도 하나님께 찬양을 드렸다.

크리스티아나 "문에서 우리가 들은 말씀이 생각나는군요. 그것은 우리가 말씀과 행위에 의해서 죄 사함을 받는다는 말이에요. 말씀으로란 약속에 의한다는 말이고, 행위로란 그 획득되는 방법에 의하는 것이라고 했습니다. 약속이 무엇인가를 저도 조금은 알겠습니다. 그렇지만 행위에 의한다, 또는 그 획득되는 방법에 의해서 사죄를 받는다란 무엇일까요? 대용 씨, 당신은 아시리라고 생각합니다. 좋으시다면 그 의미를 설명해 주십시오."

대용 "행해진 행위에 의한 사죄란, 어떤 사람에 의해서 그것을 필요로 하는 다른 사람을 위해서 획득된 사죄입니다. 사함을 받은 사람으로 말미암는 것은 아니고 '내가 그것을 얻은 방법에 의해서 얻는 것이다.'라고 다른 분이 말씀하시고 계십니다. 그러므로 좀더 자세히 말씀드리면, 당신이나 자비나 이 아이들이 얻은 사죄는 딴 분, 즉 당신들을 문으로 들어오게 하신 분에 의해서 달성된 것입니다. 그분은 이 이중의 방법으로 그것을 달성하셨습니다. 그분은 당신들을 가리기 위해 의를 행하셨고, 또 당신들은 그 속에서 씻기 위해 피를 흘리셨습니다."

크리스티아나 "하지만 우리를 위해 그 의를 버리셨다면, 그분 자신을 위해서는 무엇을 얻으셨나요?"

대용 "그분은 당신들이 필요로 하시는 것보다, 또 자신이 필요로 하는 이상의 의를 가지고 계십니다."

크리스티아나 "그 점을 밝혀 주십시오."

대용 "알았습니다. 먼저 말씀 드려야 할 것은, 우리가 지금 하려는 얘기에 관련된 분은 비할 자가 없는 분이라는 사실입니다. 그분은 분명히 식별되고, 도저히 분할할 수가 없는 두 성질을 가지고 계십니다. 이 성질들 각각에 하나의 의가 속하고, 또 각 의는 그 성질의 본질적인 요소로 되어 있습니다. 그래서 그 성질에서 그 바름이나 의를 분리한다는 것은 그 성질을 절멸시키는 것과같이 곤란한 일입니다. 그러므로 우리는 이 둘이나, 혹은 어느 쪽 하나가 우리 위에 덮여서 바르게 되고, 또 그것에 의해서 살기 때문에 이 의들에 참여하는 자가 되는 것은 아닙니다. 이것들 외에 이 '사람'이, 이 두 성질의 하나에 결부된 것으로서 가지고 계신 하나의 의가 있습니다. 이것은 인성에서 식별된 것으로서의 신성인 의도 아니며, 신성에서 식별된 것으로서의 인성인 의도 아니고, 두 성질의 결합에서 생기는 의인데, 그분이 위임하시기로 되어 있던 중보(仲保) 직분의 자격을 지니도록 하나님에 의해서 준비되기 위해서는 본질적인 의라고 할 수 있는 것이겠지요.

만일 그 첫째 의를 분리한다면 그분은 그 신성을 잃습니다. 또한 둘째 의를 분리한다면 그분은 그 인성을 잃습니다. 만일 이 셋째 것을 분리한다면, 그분에게 중보 직분의 자격을 주는 완전을 잃습니다. 그래서 그분은 지금 하나의 의를 가지고 있는데, 이것은 계시된 의지의 실천 또는 복종에서 생기는 것이며, 그분이 죄인 위에 입히는 것, 또는 그들의 죄를 덮는 것입니다. 그러니 그분은 말씀하고 계십니다. '한 사람의 순종치 아니함으로 많은 사람이 죄인 된 것 같이 한 사람의 순종하심으로 많은 사람이 의인이 되리라[1].'고."

크리스티아나 "그 이외의 의는 우리에게 도움이 되지 못할까요?"

대용 "도움이 됩니다. 그것들은 그분의 성질과 직무상의 본질적인 요소이고, 따라서 다른 사람에게 전할 수가 없는 것이기는 합니다만 '사람을' 의롭다 하는(죄없다 하는) 의가 그 목적 때문에 공력을 지니

1) 〈로마서〉 5 : 19.

는 것은 그것들의 공덕에 의하기 때문이니까요. 그분의 신성의 의는 그 복종에 공덕을 부여합니다. 그분의 인성의 의는, 그 복종에 의롭다 할 자격을 부여합니다. 또 이 두 성질을 그분의 직무에 결합하는 데서 생기는 의는, 그 의에게 그것을 위해 정해진 일을 행할 권력을 부여합니다. 그래서 여기 하나님으로서의 그리스도가 필요로 하지 않는 의가 있습니다. 그것이 없어도 그분은 하나님이시니까요.

여기 사람으로서의 그리스도가 스스로를 그런 존재로 만들기 위해 필요로 하지 않는 의가 있습니다. 그것이 없어도 그분은 완전한 사람이시니까요. 또 여기 신인(神人)으로서의 그리스도가 필요로 하지 않는 의가 있습니다. 그것이 없어도 그분은 완전히 그런 존재이시니까요. 그러면 여기 하나님으로서, 사람으로서, 신인으로서의 그리스도가 자신에 관해서는 필요로 하지 않는 의가 있는 셈이고, 그 때문에 하나님은 그것을 할애(割愛)할 수 있습니다. 즉 '사람을' 의롭다 하는 의이며, 자신은 그것을 필요로 하지 않으신다, 그래서 주어 버리신다, 그래서 그것은 '의의 선물'이라고 합니다[1]. '주' 그리스도 예수는 자신을 율법 아래 두셨으니까, 이 의는 주어 버리셔야 합니다. 왜냐하면 율법은 그 밑에 있는 자에게 '공의를 행할[2]' 뿐 아니라, 사랑을 행할 의무도 지기 때문입니다.

그래서 만일 그분이 옷 두 벌을 가지고 계신다면 율법에 의해서 그 하나를 옷 없는 자에게 주어야 하며 또 줄 의무가 있습니다. 그리고 우리의 '주님'은 옷 두 벌을 가지고 계십니다. 하나는 자신을 위해서, 하나는 나누어 주기 위해서. 그래서 그분은 그 하나를 없는 자에게 아낌없이 주십니다. 즉 크리스티아나, 자비, 또 여기 있는 기타 사람들에게. 이런 이치로 행위에 의해서, 즉 다른 사람의 공로에 의해서 용서가 당신들에게 미치는 것이에요. 당신들의 '주님'인 그리스도께서 그 일을 하신 분이시고, 일하여 얻은 것을 당장 만나시는 가련한 거지에게 주어 버리십니다.

그러나 또 행위에 의해서 용서하려면 우리를 감싸는 것을 준비해야 하는 동시에, 대가로서 하나님에게 지불할 것이 있어야 합니다. 죄는

1) 〈로마서〉 5 : 17. 2) 〈미가〉 6 : 8.

우리를 의로운 율법의 공의로운 저주에게 내주었습니다. 그래서 우리는 이 저주로부터 속죄방법에 의해서 의롭다 함을 얻고, 우리가 행한 해독에 대한 대가가 지불되어야 합니다[1]. 그 대가로서 주님께서 우리 대신 피를 흘리며 죽으셨던 것입니다[2].

이렇게 그분은 피로서 당신들의 죄에서 당신들을 구원하시고, 의로서 당신들의 부패하고 불구가 된 영혼을 덮으셨습니다. 그 때문에 하나님은 당신들을 간과(看過)하시고 세상을 심판하러 오실 때에도 당신들을 버리지 않으십니다."

크리스티아나 "참 좋은 말씀을 들었습니다. 지금 저는 말씀과 공로에 의하여 우리가 용서받는다는 사실에 대해 배울 것이 있음을 알았습니다. 그래요, 자비양. 이것을 마음에 잘 간직하도록 해요. 그리고 얘들아, 너희들도 기억하고 있어라. 그런데 대용 씨, 내 남편 크리스천의 짐을 그 어깨에서 떨군 것도, 그 사람이 기쁜 나머지 세 번이나 뛰어오른 것도 이 사실을 알고 그랬을까요?"

대용 "그렇습니다. 다른 방법으로는 끊을 수 없었던 그 끈을 끊을 수 있었던 것은 이것을 믿는 일이었습니다. 또 그분에게 이 일의 공덕의 증거를 보이기 위해서, 그분은 십자가가 있는 곳까지 그 짐을 운반하셨습니다."

크리스티아나 "그랬을 것입니다. 왜냐하면 제 마음이 전에도 가볍고 기뻤지만, 지금은 무척이나 가볍고 기쁩니다. 그래서 저는 아직 조금밖에 느끼지 못하지만, 그래도 제가 느낀 바에 따르면 만일 세상에서 가장 무거운 짐을 진 사람이 지금 저처럼 보고 믿는다면 틀림없이 마음이 더욱 즐겁고 쾌활해질 것입니다."

대용 "이것들을 보고 깊이 생각함으로써 위로를 받고 무거운 짐이 가벼워질 뿐 아니라, 그 일로 절실한 애정이 우리 마음속에 생깁니다. 왜냐하면 사죄가 약속에 의할 뿐 아니라 이렇게 해서 오는 것임을 한 번이라도 생각한다면, 그분의 속죄방법과 수단에 감동되지 않는 사람, 따라서 그 일을 자기를 위해서 해주신 분에 의해서 감동되지 않는 사람이 있을까요?"

1) 〈로마서〉 4 : 24. 2) 〈갈라디아서〉 3 : 13.

크리스티아나 "그래요. 그분이 저 때문에 피를 흘리신 일을 생각하면 제 심장이 피를 흘리는 것처럼 생각됩니다. 아아, 주님, 사랑이 지극하신 분이시여. 아아, 주님, 높으신 분이시여. 주님은 당연히 저를 소유하실 권리가 있는 분이십니다. 주님은 저를 사셨습니다. 주님은 당연히 저의 모든 것을 소유하실 수 있는 분이십니다. 주님은 제 가치보다 1만 배나 많은 대가를 저를 위해 지불하셨습니다. 이것이 제 남편의 눈에 눈물을 고이게 하고, 또 그것이 그처럼 가볍게 발걸음을 옮기게 한 것은 이상하지 않습니다. 틀림없이 제가 함께 있기를 원했을 것입니다.

그러나 저는 그처럼 심한 죄인이었기 때문에 그 사람을 혼자 떠나게 만들었습니다. 아아, 자비양! 아가씨의 아버님과 어머님이 이곳에 계셨으면 좋겠어요. 그리고 겁약 부인도. 그뿐 아니라 나는 지금, 진심으로 음탕 부인도 이곳에 계셨으면 좋겠다고 생각해요. 틀림없이, 반드시 그 부인들의 마음도 감동될 거예요. 사람의 공포도, 강한 정욕도 다시 집으로 되돌아가게 할 만한, 그리고 선한 순례자가 되기를 거절시킬 만한 힘을 갖지 못할 거예요."

대용 "당신은 지금 뜨거운 마음으로 얘기하고 계십니다. 그러나 언제나 이럴 거라고 생각하십니까? 그리고 이것은 예수께서 피 흘리시는 모습을 보았다고 누구에게나 전해지는 것은 아닙니다. 곁에 서 있던 사람, 그분의 심장에서 피가 흐르는 것을 보고 있던 사람도 있었지만, 이 일로부터는 아득히 떨어져 울기는커녕 도리어 그분을 조소하고, 제자가 되기는커녕 도리어 그분에게 냉혹하게 했습니다.

그러므로 당신들이 갖고 계시는 일체의 것은 내가 당신들에게 말한 것을 거룩하게 명상하는 것에 의해서, 당신들의 마음에 새겨진 특별한 인상에 의해서 소유되는 겁니다. 암탉이 보통 소리로는 병아리에게 먹이를 주지 않는다는 교훈을 생각하십시오. 그러므로 이것을 소유한 당신들은 하나님의 특별한 은혜를 받는 것입니다."

나는 꿈속에서 그들이 걸음을 재촉해서, 크리스천이 순례길을 가다가 그 곁을 지날 때 천박, 나태, 그리고 자만(自慢)이 누워서 잠들었던 곳까지 오는 것을 봤다. 이 세 사람은 길에서 조금 떨어진 곳에 손

▲1687년 제2부 제2판의 삽화

보라, 여기 게으른 자의 본보기로써 거룩한 길을 거부한 때문에 매달린 사람들을. 또, 여기 대용 씨가 앞장을 설 때 어린애는 어른, 약자는 강자로 변하는 것을.

(제 2부의 초판에는 들어 있지 않다.)

과 발이 사슬에 묶여 나무에 매달려 있었다.

자비 (그들의 안내자에게) "저 세 사람은 어떤 사람입니까? 어떤 일로 저곳에 매달려 있습니까?"

대용 "저 세 사람은 매우 나쁜 성질을 가진 사람들이었습니다. 자기들은 순례자가 될 생각이 없었고, 순례자가 되려는 많은 사람을 방해했습니다. 그들 스스로 나타나 우열(愚劣)을 좋아하고, 설득할 수 있는 대로 많은 사람을 그런 사람으로 만들었습니다. 그뿐 아니라 결국에는 행복하게 된다고 생각하도록 가르쳤습니다. 크리스천이 옆을 지나갈 때는 잠들어 있었습니다. 그리고 지금 당신들이 옆을 지나갈 때에는 저렇게 나무에 매달려 있군요."

자비 "저 사람들이, 자기들 의견에 사람을 따르게 할 수 있었습니까?"

대용 "있었습니다. 여러 사람에게 길을 벗어나게 했습니다. 자기들과 똑같이 하도록 설득한 사람으로는 지행(遲行)이 있습니다. 그리고 천식(喘息)·무용(無勇)·연욕(戀慾)·잠꾸러기·우둔(愚鈍)이라는 젊은 여인을 설득해서 길 밖으로 벗어나게 하여 그들과 같은 사람이 되도록 만들었습니다.

그리고 당신들의 '주님'인 그분의 소문을 나쁘게 퍼뜨리고 다른 사람을 설득해서, 그분이 사환을 혹사시키는 주인이라고 생각하게 했습니다. 또한 그분의 선한 나라의 소문을 나쁘게 퍼뜨려서, 어떤 사람들이 말하는 것처럼 그렇게 선한 나라가 아니라고 했습니다. 그 섬기는 사람을 비난하고, 그중의 가장 뛰어난 사람을 쓸데없이 참견을 하고 귀찮게 굴며, 수다스러운 사람들이라고 생각하게 만들었습니다. 더욱이 하나님의 빵은 겨이고 그 자녀들의 위로는 망상이며, 순례자의 여행과 노고를 전혀 무익한 일이라고 했습니다."

크리스티아나 "아아, 그런 사람이었다면 저는 절대로 불쌍하다고 생각지 않겠어요. 당연한 벌을 받고 있으니까요. 그리고 이렇게 길 가까이에 매달려서, 다른 사람들이 보고 경계심을 갖도록 하게 한 것은 잘된 일이라고 생각합니다. 저 사람들의 죄목을 무쇠나 구리로 만든 판에 새겨서, 저 사람들이 악한 일을 행한 곳에 다른 악인들의 경계로 남겨 두면 좋지 않겠습니까?"

대용 "그렇게 했습니다. 조금 벽쪽으로 가까이 가시면 압니다."

자비 "아닙니다. 그럴 것은 없습니다. 나무에 매달려 있게 하고, 이름은 썩게 하고, 죄목은 언제까지나 살아서 본보기를 삼았으면 되었습니다. 저희가 이곳까지 오기 전에 이 사람들이 나무에 매달린 것은 하나님의 은총이었다고 생각합니다. 그렇지 않았다면 저희와 같이 가련한 여인들에게 어떤 짓을 했을는지 모릅니다." (그녀는 노래했다.)

그러면 세 사람, 매달려 본보기가 되어라,
악당을 모아 진리를 배반하는 모든 자에게.
순례에 마음을 다하는 자가 아니면
나중에 오는 자는 두려워하라, 이러한 최후를.
내 영혼아, 주의하라,
순결을 뺏으려는 모든 무리를.

이리하여 그들은 '곤란의 언덕' 기슭까지 왔다. 여기서 그들의 선한 친구 대용은 기회를 보아 크리스천이 이곳을 지날 때에 일어난 사건을 얘기했다. 그는 먼저 그들을 샘물로 데리고 갔다.

대용 "보세요. 이것은 크리스천이 이 언덕을 오르기 전에 물을 마신 샘입니다. 그때는 맑고 좋은 샘물이었는데, 지금은 순례자들이 이곳에서 목을 축이는 것을 싫어하는 어떤 사람들이 발로 밟아 흐려 놓았습니다[1]."

자비 "어째서 그렇게 시기하지요?"

대용 "하지만 이것을 떠서 좋은 그릇에 담아 두면 마실 수 있습니다. 진흙은 바닥에 가라앉고 물은 자연히 맑아지니까요."

크리스티아나와 그녀의 동행은 그렇게 할 수밖에 없었다. 그들은 물을 떠서 옹기병에 담았다. 그리고 진흙이 가라앉을 때까지 그대로 두었다가 물을 마셨다.

다음에 그는 그들에게 형식주의와 위선이 길을 잃었던 언덕 기슭에

1) 〈에스겔〉 34 : 18.

있는 두 갈래 길을 가리켜 보였다.

대용 "이 길들은 위험합니다. 크리스천이 지나갈 때에 두 명이나 여기에서 멸망했습니다. 보시다시피 이 길들은 그후 쇠사슬과 기둥과 도랑으로 폐쇄되었지만, 아직도 고생해서 이 언덕을 오르기보다는 차라리 이곳에서 위험을 무릅쓰는 편이 낫다고 생각하는 사람이 있습니다."

크리스티아나 "궤사(詭詐)한 자의 길은 험하니라[1]. 목뼈를 꺾일 위험도 없이 그 길로 들어설 수 있는 것이 이상하군요."

대용 "어쨌든 가는 겁니다. 그뿐 아니라 언제든지 '왕'의 신하 중 누군가가 그들을 보고 잘못된 길로 들어섰다고 일러주고 위험을 주의하라고 하면, 그들은 조소하면서 '네가 주의 이름으로 우리에게 하는 말을 우리가 듣지 아니하고, 우리 입에서 낸 모든 말을 정녕 실행하리라[2].'고 합니다. 그리고 좀더 앞을 보시면, 이 길들은 기둥과 쇠사슬과 도랑으로만 막아 놓은 것이 아니라 울타리까지 둘러 놓은 것임을 아실 겁니다. 그래도 그 사람들은 그곳으로 가려고 합니다."

크리스티아나 "그 사람들은 게으름뱅이입니다. 고생하는 것을 싫어합니다. 오르는 길이 유쾌하지 못할 것입니다. 그래서 '게으른 자의 길은 가시울타리 같다[3].'고 기록된 대로, 그 사람들에 의해서 확인되고 있습니다. 그 사람들은 이 언덕을 올라가, 도성으로 가는 그 앞의 길을 가는 것보다는 차라리 함정 위를 걸으려고 하겠지요."

그들은 출발해서 언덕을 오르기 시작하였다. 그러나 정상에 도달하기 전에 크리스티아나가 헐떡이기 시작했다.

크리스티아나 "틀림없이 이건 숨을 차게 만드는 산일 거예요. 영혼보다 안락을 사랑하는 사람이 더 편한 길을 택하는 것도 이상하지는 않군요."

자비 "저는 앉아야겠어요."

이 때 아이들 중의 가장 작은 아이가 울기 시작했다.

대용 "자, 자, 이런 곳에 앉아서는 안 됩니다. 조금만 더 위로 가면 '임금님'의 정자가 있어요."

1) 〈잠언〉 13 : 15. 2) 〈예레미야〉 44 : 16, 17. 3) 〈잠언〉 15 : 19.

그는 어린 아이의 손을 잡고 그곳까지 데려갔다.

정자까지 왔을 때 일동은 부리나케 앉았다. 모두 심한 더위에 지쳐 있었으니까.

자비 "수고하는 사람에게 휴식은 얼마나 즐거운 일인지[1]. 또 순례자들의 '임금님'이 이런 휴식장소를 준비해 주시다니 얼마나 친절하십니까. 이 정자 얘기는 많이 듣고 있었습니다. 그러나 지금까지 본 일은 없었습니다. 그런데 여기서 잠들지 않도록 주의하십시다. 제가 들은 바에 의하면 안스럽게도 크리스천 씨에게 대단한 희생을 치르게 한 것은 잠이었다고 하니까요."

대용 (아이들에게) "자, 귀여운 아이들아, 기분이 어떠냐? 순례의 길을 가는 일을 어떻게 생각하니?"

가장 어린아이 "가슴이 뛰고 심장이 터질 것만 같았어요. 하지만 어려울 때에 손을 잡아 주셔서 고마웠어요. 그리고 지금 어머니께서 가르쳐 주신 것이 생각나요. 즉 하늘로 가는 길은 사다리를 오르는 것과 같고, 지옥으로 가는 길은 언덕을 내려가는 것과 같다는 거예요. 하지만 저는 언덕을 내려가서 죽음으로 가기보다는 사다리를 올라가서 생명으로 가고 싶어요."

자비 "하지만 속담에 '언덕을 내려가는 편한 길'이라고 했어요."

제임스(야곱; 가장 어린아이의 이름) "그러나 제 생각으로는 언덕을 내려가는 것이, 어느 것보다 어려운 것이 될 날이 다가오고 있어요."

대용 "잘 말했다. 너는 옳은 대답을 했어."

자비양은 방긋 웃었지만, 제임스는 얼굴을 붉혔다.

크리스티아나 "자, 여기서 쉬는 동안 입을 즐겁게 하기 위해 음식을 좀 먹을까요? 우리가 그 댁을 떠날 때에 설명자께서 주신 석류가 조금 있어요. 그분은 꿀송이와 작은 술병을 주셨어요."

자비 "나도 그분이 무언가 주시는 줄 알았어요. 아주머니를 한 옆으로 부르셨으니까요."

크리스티아나 "그래요, 주셨어요. 하지만 집에서 떠날 때에 그렇게 하기로 한 것처럼 해요. 아가씨는 기꺼이 나의 동행이 되셨으니까,

---

1) 〈마태복음〉 11 : 28.

내게 있는 모든 것을 나누어 우리와 함께 먹도록 해요."

그녀는 자비에게도, 아이들에게도 주었다.

크리스티아나 "대용 씨, 당신도 우리와 함께 드시겠어요?"

대용 "당신들은 순례길을 가고 계시지만, 나는 곧 돌아갈 사람입니다. 가지고 계신 것이 부족하실 겁니다. 집으로 가면 나는 날마다 좋은 것을 먹습니다."

그들이 먹고 마시며, 잠시 얘기를 하는 동안에 안내인은 그들에게 말했다.

대용 "날이 저물어 갑니다. 괜찮으시다면 슬슬 가기로 할까요?"

그들은 아이들을 앞세워 걷기 시작했다. 그러나 크리스티아나가 술병을 잊어 버리고 가져오지 않아 가져오라고 아이를 보냈다.

자비 "그곳은 물건을 잊는 곳이군요. 그곳에서 크리스천 씨는 그 두루마리를 잃으셨고 부인은 병을 잊으셨어요. 대용 씨, 이 원인이 무엇입니까?"

대용 "원인은 잠과 건망증입니다. 어떤 사람은 깨어 있어야 할 때 잠을 잡니다. 또 어떤 사람은 기억해야 할 때 잊어 버립니다. 이것이 때때로 휴식처에서 순례자들이 어떤 일로 손해를 보는 사건의 진정한 원인입니다. 순례자란, 깨어서 그들이 이미 그 최대의 향락 끝에 받은 것을 기억하고 있어야 할 것입니다. 그러나 그런 생각이 적기 때문에 가끔 그들의 기쁨은 눈물로 끝나고, 그들의 햇볕은 구름에 가리어 집니다. 이곳에서 생긴 크리스천의 얘기를 들어봐도 분명합니다."

의혹과 겁약이 사자가 무섭다고 후퇴하도록 크리스천을 설득하던 곳에 그들이 다다르니 처벌대(處罰臺)가 있는데 그 앞 길을 향한 쪽에 넓은 판자가 있고 그 윗 부분에는 시가 씌어 있으며, 또 그 밑에는 처벌대가 세워진 이유가 설명되어 있는 것을 발견했다.

이 처벌대를 보는 사람은
마음과 혀를 주의하라.
그렇지 않으면 이곳으로 어서 오라.
이전에 벌을 받은 사람처럼.

또 시 밑에 있는 설명은 다음과 같았다. "이 처벌대는 겁약 또는 의혹에 의해서 순례의 길을 가기 두려워하는 자를 처벌하기 위해서 세운 것이다. 그리고 이 처벌대 위에서는 의혹과 겁약 두 사람이 크리스천의 여로를 방해하려고 했기 때문에 달군 쇠로 혀를 뚫렸다."

자비 "이것은 '하나님의 사랑을 받은 자(다윗)'의 말과 흡사하군요. '이 궤사(詭詐)한 혀여, 무엇으로 네게 주며, 무엇으로 네게 더할고? 장사의 날카로운 살과 로뎀나무 숯불이로다[1].'"

그들은 전진해서 사자가 보이는 곳까지 왔다. 대용 씨는 강한 사람이었으므로 사자를 두려워하지 않았다. 그러나 그들이 사자가 있는 곳으로 왔을 때 앞장서서 가던 아이들은 물러나서 숨는 편이 낫다고 생각했다. 그래서 후퇴하여 뒤쪽으로 돌아갔다. 이것을 보고 그들의 안내자는 미소지었다.

대용 "왜 그러니, 애들아? 위험이 접근하지 않을 때는 앞장을 서고, 사자가 나오니까 재빨리 뒤로 가 버리느냐!"

그들이 올라갔을 때, 대용 씨는 사자를 두려워하지 않고 순례자들을 위해서 길을 열 생각으로 검을 빼들었다. 그러자 사자의 후원자로 자처하는 사람들이 나타났다. 그는 순례자들의 안내자에게 말했다.

남자 "너희는 무엇하러 여기 왔느냐?"

이 남자의 이름은 냉혹 또는 유혈(流血)인데, 순례자를 죽이기 때문에 그런 이름이 붙여졌으며 거인족의 하나였다.

대용 "이 여자들과 아이들은 순례의 길을 가는 중이다. 이 길은 꼭 가야 할 길이다. 너와 사자가 어떻게 하든지, 나는 이 사람들을 통과시킬 것이다."

냉혹 "길은 그들의 길이 아니다. 이곳으로 들어와서는 안 된다. 나는 저지하기 위해서 왔다. 그 목적을 위해서 사자를 돕겠다."

사실대로 말하자면 사자의 사나움과 그 후원자인 남자의 포악한 행동 때문에, 이 길을 최근에 지나간 사람이 없어서 길은 거의 풀로 덮여 있었다.

크리스티아나 "지금까지는 한길로 지나간 사람이 없었고 나그네들도

---

1) 〈시편〉 120 : 3, 4.

곁길로 가도록 강요받았다 하더라도 내가 분기(奮起)한 지금은 그렇게는 안 될 거예요. 지금 '내가 일어나서 이스라엘의 어미가 되었도다[1].'"

냉혹 (사자를 두고 맹세하며) "뭐라고 해도 그렇게 하겠다. 그러니까 곁길로 가거라. 순례자들은 이곳을 통과할 수 없으니까."

대용은 앞에 서서 냉혹을 대하고, 그 검으로 종횡무진 공격했기 때문에 냉혹은 비틀비틀거리며 퇴각할 수밖에 없었다.

냉혹 "너는 내 영토에서 나를 죽일 생각이냐?"

대용 "우리가 들어선 곳은 '왕'의 길이다. 너는 왕의 길에 네 사자를 놓았다. 약자이긴 하지만 이 여자들과 아이들은 네 사자가 어떻게 하든지, 끝까지 이 길을 가고 말 것이다."

이 말과 함께 정면으로 일격을 가해서, 그의 무릎을 꿇렸다. 이 일격으로 그의 투구를 부수었고, 다음 일격으로 한 팔을 베어 떨어뜨렸다. 거인은 무섭게 부르짖었으므로 여인들은 깜짝 놀랐지만, 그놈이 허우적거리면서 땅에 누워 있는 것을 보고 기뻐했다. 이 사자들은 쇠사슬에 묶여 있었으므로 혼자서는 어쩔 수 없었다. 그 사자들을 후원하려는 노괴(老怪) 냉혹이 죽자 대용 씨는 말했다.

대용 "자, 나를 따라오세요. 사자가 해치지는 못하니까요."

그들은 서둘렀다. 그러나 여자들은 그 옆을 지날 때에 떨었다. 아이들도 사상(死相)이 되었다. 그러나 그 이상으로 해를 입지 않고 통과했다.

그러는 중에 그들은 문지기의 오두막이 보이는 곳으로 갔고, 얼마 후 그곳에 도착했다. 조금 전의 사건도 있었고 밤에 그 부근을 가기가 위험했기 때문에 그들은 그곳으로 가기를 더욱 서둘렀다.

문지기 "누구십니까?"

대용 "접니다."

문지기는 곧 그 목소리를 알아듣고 내려왔다(안내자는 이 때까지 자주 순례자의 안내자로서 이곳으로 온 일이 있기 때문에). 내려온 그는 문을 열었다. 바로 앞에 서 있는 안내자를 보고(여자들은 그의 뒤에 있었으므

1) 〈사사기〉 5 : 6,7.

로 보이지 않았다) 말했다.

문지기 "무슨 영문이오? 대용 씨, 오늘 밤 이렇게 늦게 무슨 용건으로 오셨소?"

대용 "순례자를 몇 명 이곳으로 데려왔습니다, 주인님의 명령으로. 이곳의 신세를 져야 하겠소. 언제나 사자를 후원하는 거인놈의 방해를 받지 않았다면 좀더 일찍 이곳으로 왔을 거요. 그러나 길고 귀찮은 격투 끝에 그놈을 베어 죽이고, 순례자들을 안전하게 이곳으로 데려왔습니다."

문지기 "들어오셔서 아침까지 유하시지요."

대용 "아니오, 나는 오늘 밤 주인에게로 돌아가야 합니다."

크리스티아나 "아, 대용 씨. 당신이 저희의 순례길에서 떨어지신다는 것은 생각도 못할 일입니다. 마음을 다하시고 친절을 다하시여 우리를 위해 강하게 싸우시고, 충심에서 충고를 베푸셨습니다. 저는 절대로 당신의 호의를 잊지 못하겠습니다."

자비 "아아, 저희들의 여로 끝까지 따라와 주실 수 있다면 얼마나 고맙겠습니까? 저희처럼 가련한 여인들이, 친구도 없이 호위도 없이 이처럼 곤란으로 가득 찬 길을 어떻게 계속 갈 수 있겠습니까?"

제임스 "대용 씨, 부디 저희들과 함께 가시면서 저희를 도와주셔요. 저희들은 이처럼 약하고, 또 보시다시피 이 길은 아무래도 위험이 많으니까요."

대용 "나는 주인의 명령에 따릅니다. 만일 주인이 시종 당신들의 안내를 하도록 정했다면 기꺼이 동행하겠습니다. 그러나 당신들은 처음에 실수를 하셨습니다. 그것은 주인이 나더러 이곳까지 동행하라고 분부했을 때에, 끝까지 함께 동행하도록 당신들이 청원을 했다면, 주인이 당신들의 요구를 들어주었을 것입니다. 하지만 이제 나는 가야만 합니다. 그러면 크리스티아나 씨, 자비양, 그리고 씩씩한 아이들아, 안녕히."

문지기(경계) (크리스티아나에게) "고향과 가족에 대해서 말씀해 주세요."

크리스티아나 "저는 '멸망의 도시'에서 왔습니다. 저는 과부로서 남편이 죽었습니다. 남편의 이름은 순례자 크리스천입니다."

문지기 "그래요? 그분이 남편이었습니까?"

크리스티아나 "그렇습니다. 그리고 이들은 제 아이들입니다. 또 이 사람은(자비를 가리키면서) 저와 같은 거리에 사는 분입니다."

문지기는 이럴 때의 규정에 따라 초인종을 울렸다. 그러자 입구로 겸손이라는 처녀들 중의 한 아가씨가 왔다.

문지기 (그 처녀에게) "안으로 가서, 크리스천의 아내인 크리스티아나와 그의 아이들이 순례의 길을 가는 도중에 이곳으로 왔다고 말하시오."

그 처녀는 안으로 가서 이 말을 전했다. 아아, 그 처녀가 이 말을 꺼냈을 때 안에서는 얼마나 큰 환호성이 울렸는지!

사람들은 급히 문지기가 있는 곳으로 왔다. 크리스티아나는 여태껏 입구에 서 있었으니까. 사람들 중에서 가장 의젓한 부인이 말했다.

부인 "자, 자, 들어오셔요. 크리스티아나 들어오셔요, 그 선인의 부인. 들어오셔요, 은혜를 받은 여인이여. 데리고 오신 여러분과 함께 들어오셔요."

크리스티아나는 들어갔다. 아이들과 동행자도 그뒤를 따랐다. 그들은 매우 큰 방으로 안내되어 거기 앉았다. 그러자 이 집의 주요 인물들이 손님을 환영하기 위해 불려왔다. 그리고 이 사람들이 누구인지 알고 있었으므로, 서로 입을 맞추고 말했다.

가족들 "잘 오셨습니다, 하나님의 은혜의 그릇인 사람들이여. 당신들의 친구인 우리가 있는 곳으로 잘 오셨습니다."

시간이 매우 늦었고 또 순례자들은 여행에 지친데다가 싸움을 보고 무서운 사자를 보아 녹초가 된 사람도 있었으므로 될수록 속히 휴식하고 싶다고 말했다.

가족들 "그보다도 우선 고기라도 조금 잡수시고 기운을 차리셔요."

그것은 이런 사람들을 위해서 언제나 곁들이는 소스와 함께 어린 양고기를 준비해 두었었기 때문이다[1]. 그리고 문지기가 그들이 온다는 말을 사전에 듣고는 그 말을 안에 있는 사람들에게 통보했기 때문

1) 〈출애굽기〉 12 : 3~8, 〈요한복음〉 1 : 29, 36.

이다. 그들은 음식을 먹고 시편을 제창하여 그 기도를 마쳤을 때, 다시 휴식하고 싶다고 했다.

크리스티아나 "뻔뻔스럽습니다만, 사정이 허락한다면 남편이 여기서 묵은 방에 쉬게 해주셨으면 합니다."

그 가족들은 그들을 그곳으로 데려갔고 그들은 모두 한 방에 누웠다. 모두 쉬고 있을 때, 크리스티아나와 자비는 여러 가지 얘기를 하기 시작했다.

크리스티아나 "남편이 순례의 길을 떠날 때에는 이렇게 뒤를 따르게 되리라고는 전혀 생각하지 못했어요."

자비 "이렇게 그분이 쉬었던 그 침상에서, 그 방에서 쉬게 되리라고는 생각지 못하셨겠지요."

크리스티아나 "더구나 평화로운 생각으로 그 사람의 얼굴을 보거나, 모두 함께 '주님'이신 임금님을 찬양하는 일은 생각도 못했지만 지금은 그렇게 될 것을 믿어요."

자비 "들어보셔요. 악대가 연주를 해요."

크리스티아나 "들려요. 틀림없이 저것은 우리가 이곳으로 왔다고 기뻐서 연주하는 음악일 거예요."

그녀들은 잠시 얘기하다가 곧 잠들었다. 아침이 되어 그녀들이 눈을 떴을 때 그녀들은 또 얘기했다.

크리스티아나 "어젯밤 잠자는 동안에 웃던데 무슨 영문이에요? 아마 꿈을 꾼 모양이죠?"

자비 "그래요. 즐거운 꿈이었어요. 한데 정말 웃었어요?"

크리스티아나 "그래요, 아주 자지러지게 웃었어요. 자비양, 그 꿈얘기를 해줘요."

자비 "나는 쓸쓸한 곳에 혼자 앉아서 꿈을 꾸고 있었어요. 나는 내 마음이 냉랭한 것을 한탄하고 있었어요. 한데 그곳에 앉아 있은 지 얼마 안 되어서 수많은 사람이 나를 보고, 내 말을 듣기 위해 내 주위에 모여든 것 같았어요. 그 사람들은 귀를 기울이는데, 나는 아직도 내 마음의 냉랭함을 한탄하고 있었어요. 이것을 어떤 사람은 비웃고 또 어떤 사람은 바보라고 놀리고, 어떤 사람은 나를 쿡쿡 찔렀어요.

그러자 나는 위를 쳐다보고, 한 사람이 날개를 펴서 내게로 오는 것을 본 것 같았어요. 그 사람은 내게로 곧바로 와서 말했어요. '자비, 왜 그래?' 그 사람은 내 한탄을 듣고 말씀하셨어요. '네게 평안이 있을지어다[1].' 그분은 손수건으로 내 눈을 닦고, 내게 은과 금으로 짠 옷을 입혀 주셨어요. 그분은 내 목에는 목걸이, 내 귀에는 귀고리, 내 머리에 아름다운 면류관을 씌워 주셨어요[2]. 그리고 내 손을 잡고 말씀하셨어요. '자비, 나를 따르라.'고. 그분은 승천하시고 나는 그분의 뒤를 따라가서 마침내 어떤 황금문으로 갔어요. 그분이 문을 두드리셨어요. 안에 있는 사람들이 문을 열었을 때 그분은 들어가시고, 나는 그분의 뒤를 따라서 보좌 앞으로 가니까, 그 위에 어떤 분이 앉으셔서 나더러 '내 딸아, 잘 왔다.'라고 말씀하셨어요. 그곳은 밝고 번쩍번쩍 별처럼 빛났어요. 별 같다기보다 태양 같았어요. 그리고 그곳에서 부인의 부군을 본 것 같았어요. 그리고는 꿈에서 깨어났어요. 내가 웃었나요?"

크리스티아나 "웃다마다요. 그렇게 행복한 것들을 보셨으니까 무리도 아니지요. 내가 이런 말을 해도 용서해요. 그것은 좋은 꿈이니까, 또한 첫째 부분이 진실이라는 것이 점차 판명된 것같이 둘째 부분도 그렇다는 것이 최후에는 아시게 될 것이니까요. '사람은 무관히 여겨도 하나님은 한 번 말씀하시고 다시 말씀하시거든요, 사람이 침상에서 졸며 깊이 잠들 때에나 꿈에나 밤의 환상 중에[3].' 우리는 침상에 누워 있을 때에는 하나님과 대화하기 위해서 깨어서 누워 있을 필요는 없어요. 그분은 우리가 잠들어 있는 동안에 우리를 찾아오셔서 그 목소리를 들려주실 수 있어요. 우리의 마음은 때때로 우리가 잠들었을 때에도 깨어 있어요. 하나님은 이에 대해 말이나 속담, 징조나 비유로 사람이 깨어 있는 때와 같이 말씀하실 수 있어요."

자비 "여하간 나는 내 꿈을 기뻐하고 있어요. 그러는 중에 그것이 실현되어서, 다시 한 번 나를 웃게 해주리라고 생각하니까요."

크리스티아나 "지금은 벌써 일어나서 우리가 해야 할 일을 물어 볼 시간이라고 생각해요."

---

1) 〈베드로전서〉 5 : 14, 〈에베소서〉 6 : 23.　2) 〈에스겔〉 16 : 11~13.　3) 〈욥기〉 33 : 14, 15.

자비 "잠시 체재하라고 하시면 이 댁의 친절에 쾌히 따르기로 합시다. 그 아가씨와 좀더 사귀기 위해 이곳에 잠시 체재하고 싶어요. 신중과 경건과 자애는 아름답고도 진실한 표정을 지니고 있어요."

크리스티아나 "그들이 하시는 일을 보고 나서 결정해요."

그들은 일어나서 준비를 마치고 아래층으로 내려갔다.

자비 "매우 잘 잤습니다. 지금까지의 생활 중에서 가장 기분이 좋은 밤이었습니다."

이 때 신중과 경건이 말했다.

신중·경건 "잠시 이곳에 머물기로 하신다면 무엇이든지 마음에 드시는 대로 쓰세요."

자애 "그래요. 정말 즐거운 기분으로 머무르세요."

그들이 동의하고 그곳에 한 달, 또는 그 이상을 체재하기로 결정하자 모두들 매우 기뻐했다. 신중은 크리스티아나가 어떻게 그 아이들을 키웠는가를 알고 싶어서 아이들의 신앙을 질문하는 허락을 청했고, 크리스티아나는 쾌히 승낙했다. 신중은 제임스부터 시작했다.

신중 "자, 제임스. 누가 너를 창조하셨는가를 내게 말할 수 있니?"

제임스 "아버지 하나님, 성자 하나님, 성령 하나님."

신중 "잘 대답했다. 누가 너를 구원하셨는지도 말할 수 있니?"

제임스 "아버지 하나님, 성자 하나님, 성령 하나님."

신중 "이것도 잘했어. 어떻게 해서 아버지 하나님이 너를 구원하셨지?"

제임스 "그 은총으로."

신중 "어떻게 해서 성자 하나님은 너를 구원하셨나?"

제임스 "그의 의와 죽으심과 피와 생명으로."

신중 "어떻게 해서 성령 하나님은 너를 구원하셨지?"

제임스 "비추심과 정화와 보호로."

신중 (크리스티아나에게) "이렇게 아드님들을 키우신 일은 큰 공적이에요. 가장 어린 아드님이 대답을 이렇게 잘할 수 있으니까, 다른 아드님에게 이것들을 물을 필요는 없을 거예요. 그러면 이제는 셋째 아드님에게 물어봅시다."

신중 "자, 죠셉(요셉). 내가 묻는 말에 대답하겠니?"

죠셉 "좋습니다."

신중 "인간이란 무엇이지?"

죠셉 "이성이 있는 동물인데, 동생이 말씀 드린 대로 하나님이 창조하셨어요."

신중 "구원받았다는 이 말에는 어떤 것이 포함되었니?"

죠셉 "인간은 죄로 말미암아 포로와 고난의 처지를 초래했다는 것입니다."

신중 "삼위일체(三位一體) 하나님에 의해서 구원을 받는다는 말에는 어떤 것이 포함되었나?"

죠셉 "죄는 매우 크고 강력한 폭군이므로, 하나님 이외에는 아무도 그 독수(毒手)로부터 우리를 건질 수 없다는 것, 또 하나님은 인간에게 매우 친절하시고 사랑이 깊으신데, 그 결과 실지로 이 괴로운 처지에서 인간을 건져 주신다는 것입니다."

신중 "가련한 사람들을 구원하시는 하나님의 계획은 무엇이지?"

죠셉 "거룩하신 이름과 하나님의 은총과 그 정의, 그밖의 영광을 나타내는 것이고, 또 그 창조된 자의 영원한 행복을 도모하는 것입니다."

신중 "구원받아야 할 사람은 누구지?"

죠셉 "그 구원을 받아들이는 사람입니다."

신중 "잘 대답했어, 죠셉. 어머님은 너를 잘 가르치셨고, 너는 그 말씀을 잘 들었군."

그리고 신중은 둘째인 사무엘에게 계속 물었다.

신중 "자, 사무엘. 너도 질문을 허락하니?"

사무엘 "물론입니다. 무엇이든지 말씀하셔요."

신중 "천국이란 뭐지?"

사무엘 "가장 은혜로운 장소, 또 환경입니다. 하나님이 그곳에 계시니까요."

신중 "지옥이란 뭐지?"

사무엘 "가장 슬픈 장소, 또 환경입니다. 죄와 마귀와 죽음이 있는 곳이니까요."

신중 "너는 왜 천국에 가고 싶어하지?"

사무엘 "하나님을 보며 피로 없이 섬길 수 있기 위해서. 그리스도를 보며 영원히 사랑할 수 있기 위해서. 또 이곳에서는 아무래도 누릴 수 없으리만큼 충분한 성령으로 채워지기 위해서."

신중 "너도 대답을 잘하는 아이다. 또 잘 배웠다."

신중은 매튜(마태)라는 장남에게 말했다.

신중 "자, 매튜. 네게도 묻겠는데 좋으냐?"

매튜 "좋습니다."

신중 "하나님을 앞서서, 또는 하나님보다 앞에 무엇이 있었는지를 말해라."

매튜 "없습니다. 하나님은 태초(太初)부터 하나님이시니까요. 또 첫날이 시작될 때까지, 하나님을 제외하고는 생존한 자가 없었습니다. '이는 엿새 동안에 주(主)는 천지와 바다와 그 가운데 만유를 창조하셨습니다[1].'"

신중 "성서는 무엇이지?"

매튜 "하나님의 거룩한 말씀입니다."

신중 "그 안에는 네가 모르는 것도 많이 기록돼 있니?"

매튜 "있습니다. 많이."

신중 "모르는 구절이 있을 때에는 어떻게 하지?"

매튜 "하나님은 저보다 현명하시다고 생각합니다(모르는 것은 당연하다는 뜻). 또 저는 하나님이 제게 유익할 것이라고 할 수 있는 모든 것을 알게 해주시기를 기도합니다."

신중 "죽은 자의 부활에 대해서 어떻게 믿고 있지?"

매튜 "그들, 즉 장사(葬事)한 자들은 부패에서는 다르지만, 본질에서는 같은 것이 다시 살아난다고 믿습니다. 또 저는 이것을 두 가지의 이유에 근거하고 믿습니다. 첫째, 하나님이 그것을 약속하셨기 때문이며, 둘째, 하나님은 그것을 행하실 수 있으니까요."

---

1) 〈창세기〉 1 : 31, 〈출애굽기〉 31 : 17, 〈사도행전〉 4 : 24.

신중 (아이들에게) "너희는 어머님의 말씀을 잘 들어야 한다. 어머님은 아직 너희들을 가르칠 수 있으시니까. 너희는 힘써 남에게서 듣고, 유익한 말에 귀를 기울여야 한다. 왜냐하면 너희를 위해서 그 사람들은 유익한 말을 하니까. 또한 하늘과 땅이 가르치는 것을 관찰하고, 그것도 주의해서 관찰해야 한다. 특히 너희들의 아버님이 순례자가 되신 원인이었던 그 '책'을 숙독(熟讀)해야 한다. 너희들이 여기에 있는 동안 나는 내 힘이 닿는 데까지 가르쳐 주겠다. 또 신앙상의 수양이 될 질문을 해준다면 기쁘겠다."

순례자들이 이곳에 머문 지 1주가 되었을 때, 자비양에게는 이 처녀를 사모하는 듯한 방문객이 하나 생겼다. 활발(活發)이라는 이름의 교양이 약간 있는 사람인데, 종교에도 뜻이 있는 듯이 보였지만 세속과 밀접한 관계를 가진 사람이었다. 이 사람은 한두 번 찾아오더니 자비양에게 사랑을 고백했다. 자비양은 얼굴이 아름다운 처녀였다. 그래서 더욱 매력이 있었다.

이 처녀의 마음은 언제나 일을 하기 때문에 분주했다. 자기를 위해서 할 일이 없을 때에는 남을 위해서 바지나 저고리를 지었고, 또 그것을 가난한 사람들에게 주었다. 활발 씨는 이 처녀가 지어낸 그것을 어디에 또는 어떻게 처치하는가를 몰랐지만, 잠시도 게으름을 피우지 않는 점이 크게 마음에 들어서 틀림없이 이 처녀는 좋은 아내가 될 거라고 생각했다.

자비는 이 집 처녀들에게 이 사실을 말하고, 그 처녀들이 자비보다 그를 잘 알고 있었으므로 그 사람에 대해서 물었다. 처녀들의 말에 따르면 그는 무척 수선스러운 사람이고, 종교에도 뜻이 있지만 어쩐지 선한 능력과는 거리가 먼 사람같이 생각된다는 것이다.

자비 "그러면 나는 더 이상 만나지 않겠어요. 나는 절대로 영혼에 방해를 받지 않을 생각이니까요."

신중 "그 사람을 매우 낙심하게 만드는 일을 할 필요는 없어요. 자비양이 가난한 사람들을 위해서 하기 시작한 일을 계속하면 곧 그 생각이 없어질 거예요."

그가 다음에 왔을 때도 이 처녀가 예의 일을 하는 것을 발견했다.

가난한 사람들을 위해 옷을 지으면서.

활발 "아, 언제나 그 일을 하고 있군요."

자비 "예, 나를 위해서, 또 남을 위해서."

활발 "그것으로 하루 수입은 얼마나 되나요?"

자비 "내가 이러한 일을 하는 것은 '선한 사업에 부하고, 참된 생명을 취하기 위해, 장래에 좋은 터를 쌓아두기 위해서'예요[1]."

활발 "그래요. 그러면 그것으로 무엇을 하십니까?"

자비 "헐벗은 사람에게 입히지요[2]."

이 말에 그는 고개를 숙였다. 그리고 다시 이 처녀에게로 오는 것을 삼갔다. 그리고 그 이유를 물어보았을 때 그는 말했다.

활발 "자비는 귀여운 소녀이지만, 좋지 않은 성질로 괴로움을 당하고 있소."

그 남자가 처녀에게서 떠났을 때 신중이 왔다.

신중 "자비양, 활발 씨가 당신을 쉽게 포기할 것이라고 내가 말했지요. 그뿐 아니라 당신이 나쁘다는 소문을 퍼뜨릴 거예요. 그 사람은 종교에 뜻이 있음에도 불구하고, 또 보기에는 자비양을 사랑하는 것 같음에도 불구하고 자비양과 그 사람은 마음씨가 전혀 다르니까, 두 사람은 도저히 일치할 수 없다고 믿어요."

자비 "아무에게도 이 말을 하지 않았지만, 나는 전에도 남편을 얻을 수 있었어요. 그러나 그 사람들은 내 성질을 좋아하지 않았어요. 아무도 내 모습에 트집을 잡는 사람은 없었지만요. 그래서 그 사람들과 나는 일치하지 못했어요."

신중 "지금의 세상은 자비라는 이름만 부르고, 그 이상의 것은 전혀 중시되지 않아요. 당신의 마음에서 나온 행위를 견딜 수 있는 사람은 아주 적어요."

자비 "좋아요. 아무도 나를 맞이해 주지 않으면 나는 혼자 살겠어요. 아니면 내 성질을 남편과 같이 바꿀까요? 아니에요. 천생은 바꿀 수 없거든요. 그리고 이 일로 나와 맞지 않는 사람과 혼인하는 일은 내가 살아 있는 한 허락하지 않겠어요. 내게는 관대(寬大)라는 언

---

1) 〈디모데전서〉 6 : 18~19.　2) 〈마태복음〉 25 : 26.

니가 있는데, 그렇게 야비한 사람과 혼인했어요. 그런데 그 사람과 언니는 아무래도 맞지 않아요. 언니는 처음부터의 행위를, 즉 가난한 사람들에게 친절하게 하기로 결심했기 때문에 그 남편은 다툴 때 언니를 욕했어요. 게다가 집에서 좇아냈어요."

신중 "하지만 틀림없이 그 사람은 신자였을 겁니다."

자비 "그래요. 지금의 세상은 그런 사람과, 그 사람과 같은 사람으로 가득 찼어요. 나는 그런 사람들이 아주 싫어요."

이즈음에 크리스티아나의 장남 매튜가 병이 났고, 또 그 병이 몹시 그애를 괴롭혔다. 그것은 복부에서 때때로 양쪽 끝을 동시에 조이는 것같은 통증을 느꼈기 때문이다. 그런데 이 집에서 멀지 않은 곳에 노련(老練)이라는, 평판이 좋고 늙은 의사가 살고 있었다. 크리스티아나의 부탁으로 그들은 그 의사를 모시러 사람을 보냈더니 그가 왔다. 방으로 들어온 의사는 잠시 그 아이를 진찰한 후, 아이가 복통을 일으켰다고 했다.

노련 (크리스티아나에게) "매튜가 최근에 어떤 음식을 먹었나요?"

크리스티아나 "음식입니까? 위생적인 것 이외에는 아무것도 먹이지 않았습니다."

노련 "이 아이는 뭔가 딴 것에 손을 댔는데, 그것이 소화되지 않고 위장에 남아 있어서, 무슨 수를 쓰지 않으면 제거할 수 없소. 아무래도 설사약을 써야겠소. 그렇지 않으면 죽어 버리오."

사무엘 "어머니, 어머니, 길 시초에 있는 그 문을 나와서 곧 형이 주워먹은 게 뭐였지요? 그 왼쪽 담의 건너편에 과수원이 있었고, 그 나뭇가지가 담 위에 덮여 있는 것을 형이 흔들어서 떨어진 열매를 먹었지요?"

크리스티아나 "정말, 그랬었지. 이 아이는 그것을 주워서 먹었지. 이렇게 못된 아이는 첨 봤어. 내가 꾸짖었는데도 먹었다니까."

노련 "위생적이지 못한 음식을 먹었다는 건 알고 있었소. 그리고 그 음식, 즉 그 과일은 가장 유해한 것이오. 그것은 바알세불의 과수원의 과일이오. 그것을 일러주는 사람이 없었다니 이상하오. 무척 많은 사람이 그것 때문에 죽었소."

크리스티아나 (울기 시작하고) "얼마나 못된 아이일까! 얼마나 부주의한 어미일까! 이 아이를 위해 어떻게 하면 좋겠습니까?"

노련 "너무 낙심하지 마시오. 아이는 회복할 겁니다. 그러나 설사약과 구토(嘔吐)약은 써야겠소."

크리스티아나 "선생님의 능력으로 하실 수 있는 데까지 해주십시오. 비용은 개의치 마시고요."

노련 "난 정당하게 받겠소."

그는 설사약을 만들었지만, 약해서 약효가 없었다. 이 약은 염소와 황소의 피와 아직 새끼를 낳지 않은 암소를 태운 재를 우슬초(牛膝草)의 즙을 섞어 만든 것이라고 했다[1]. 설사약이 약해서 듣지 않자 노련 씨는 매튜를 위해서 적당한 것을 만들었다. 그것은 'Ex Carne et Sanguine Christi[2]'(그리스도의 살과 피로부터)였다. (아시다시피 의사란 환자에게 이상한 약을 주는 법인데) 그것은 그리스도의 살과 피에다 한두 마디의 하나님의 언약과 소금을 첨가해서 환약으로 만들어졌다[3].

노련 "이 약은 단식하는 동안, 한 번에 세 알씩 1파인트(약 0.5ℓ)의 4분의 1의 절반인 회개의 눈물에 타서 마셔야 하오[4]."

이 내복약이 조제되었을 때에 아이는 복통으로 몸이 찢어지는 듯이 괴로워하면서도 마시기를 싫어했다.

노련 "자, 자, 마셔야 한다."

매튜 "가슴이 메스꺼워요."

크리스티아나 "나는 꼭 마시게 할 거야."

매튜 "틀림없이 토할 거예요."

크리스티아나 (노련 씨에게) "선생님, 이 약의 맛이 어떻습니까?"

노련 "맛은 조금도 나쁘지 않소."

그녀는 혀끝으로 환약 한 개를 핥아 봤다.

크리스티아나 "아, 매튜. 이 약은 꿀보다 더 달다. 네가 어미를 사랑한다면, 네가 동생들을 사랑한다면, 네가 자비양을 사랑한다면, 네가 네 생명을 사랑한다면 먹어다오."

---

1) 〈히브리서〉 9 : 13~19. 2) 〈요한복음〉 6 : 54~57, 〈히브리서〉 9 : 14. 3) 〈마가복음〉 9 : 49.
4) 〈스가랴〉 12 : 10.

매튜는 소동을 벌이다가 그 약 위에 하나님의 복을 빈 후에 그것을 먹고, 그 약이 때마침 효력를 나타냈다. 그것이 설사를 일으키고 조용히 잠자면서 쉬도록 만들었다. 그것은 기분 좋은 발열과 많은 발한(發汗)을 일으켜 복통을 완전히 제거했다. 얼마 후에 그애는 일어나 지팡이를 짚고 방에서 방으로 걸어다니며, 신중과 경건과 자애에게 자기가 아프던 얘기와, 어떻게 해서 나았는가를 얘기했다.

아이가 치료되었을 때 크리스티아나는 노련 씨에게 말했다.

크리스티아나 "선생님, 이 아이를 위해 여러 가지로 애쓰시고 염려하신 일에 대해서 사례비를 얼마나 드리면 좋겠습니까?"

노련 "이런 경우에 대비해서 작성되고 준비된 규칙에 따라서 의사회의 회장에게 지불해 주시오[1]."

크리스티아나 "그런데 선생님, 이 약은 또 어떤 병에 듣습니까?"

노련 "어떤 병에도 듣는 환약이오. 순례자가 걸리기 쉬운 모든 병에 약효가 있소. 그리고 잘 조제된 때에는 언제까지나 보존할 수 있소."

크리스티아나 "선생님, 이 약을 열두 갑만 만들어 주십시오. 이것이 있으면 다른 약은 쓰지 않겠습니다."

노련 "이 환약은 병을 치료하는 데도 좋지만, 병을 예방하는 데도 효능이 있소. 그뿐 아니라 이 약을 적당하게 쓰기만 하면 사람은 영원히 살 수 있다는 것을 나는 단언하오[2]. 하지만 크리스티아나 씨, 이 환약을 쓸 때에는 내 처방 이외의 어떤 방법도 써서는 안 되오. 그런 짓을 하면 조금도 듣지 않으니까."

그는 크리스티아나를 위해, 그녀의 아이들을 위해, 또 자비양을 위해 크리스티아나에게 약을 주었다.

노련 (매튜에게) "다시는 익지 않은 과일을 먹지 않도록 주의해라."

그는 그들에게 입을 맞추고 떠나갔다.

신중양이 아이들에게 언제든지 묻고 싶은 때는 유익한 질문을 하라고, 그러면 그애들에게 무언가 교훈이 될 수 있는 것을 대답해 주겠다고 말했다는 일은 이미 여러분에게 말씀드렸다.

---

1) 〈히브리서〉 13 : 11~15. 2) 〈요한복음〉 6 : 50.

매튜 "왜, 약은 대개 우리의 입에 쓸까요?"

신중 "'하나님의 말씀'과 그 효능이 현세에 속한 마음에는 얼마나 재미없는 것인가를 나타내기 위해서이지."

매튜 "왜, 약은 효능을 나타낼 때는 설사를 시키고, 구토를 일으킬까요?"

신중 "'말씀'은 유효하게 작용했을 때에는 마음과 생각을 정화시키지. 자, 봐라. 한쪽이 육체에 행하고 다른 한쪽은 영혼에 행하고 있다."

매튜 "불꽃이 위로 오르는 것을 보고 우리는 무엇을 배워야 할까요? 또 태양의 광선과 영묘한 감응력이 밑으로 뻗는 것을 보고."

신중 "불이 올라가는 것에서 우리는 열렬한 소원을 가지고 하늘로 올라가는 것을 배운다. 태양이 그 열과 빛과 영묘한 감응력을 밑으로 보내는 일로, 우리는 세상의 '구주'께서 높으신 신분이면서 그 은총과 사랑을 가지시고 아래에 있는 우리에게 내려오신 사실을 배운다."

매튜 "구름은 어디서 물을 머금을까요?"

신중 "바다에서."

매튜 "그 일로 우리는 무엇을 배울 수 있습니까?"

신중 "목사들은 그 교리를 하나님에게서 받아야 한다는 것을."

매튜 "왜 구름은 그 몸을 지상에 던져 버립니까?"

신중 "목사들은 하나님에 대해서 알고 있는 사실을 세상에 전해야 된다는 것을 나타내기 위해서이지."

매튜 "왜 무지개는 태양에 의해서 생기나요?"

신중 "하나님의 은총의 계약은 그리스도 안에서 확인되었다는 사실을 나타내기 위해서이지[1]."

매튜 "왜, 샘물은 땅을 통해서 바다로부터 우리에게로 오나요?"

신중 "하나님의 은총은 그리스도의 육체를 통해서 우리에게 온다는 사실을 나타내기 위해서이지."

매튜 "왜, 어떤 샘물은 높은 언덕의 꼭대기에 솟나요?"

신중 "은총의 영이 가난하고 낮은 수많은 사람들 중에서 솟아나는

---

1) 〈창세기〉 9 : 13~17.

것같이, 훌륭한 사람, 힘이 있는 사람들 중에도 솟아나는 것을 나타내기 위해서이지."

매튜 "왜, 불은 양초의 심지에 붙나요?"

신중 "하나님의 은총이 마음에 불을 켜지 않으면, 우리 가운데에는 생명의 참빛이 없다는 것을 나타내기 위해서이지."

매튜 "왜, 심지와 밀과 모든 것이 양초의 빛을 계속시키기 위해 없어져 버립니까?"

신중 "육체와 영혼과 모든 것이 우리 속에 있는 하나님의 은총에 봉사하기 위해서, 또 그것을 훌륭하게 유지하기 위해서 다 바쳐야 한다는 것을 나타내기 위해서이지."

매튜 "왜, 펠리컨은 그 부리로 자기 가슴을 쪼아 댑니까(이것은 오해)?"

신중 "그 피로 새끼를 기르기 위해, 또 그것으로 고마우신 그리스도께서 그의 피로 죽음에서 구원하실 정도로 그 어린 새끼, 그 백성을 사랑하시는 것을 나타내기 위해서이지."

매튜 "닭이 우는 소리를 듣고 무엇을 배울 수 있습니까?"

신중 "베드로의 죄와 베드로의 회개를 배워라[1]. 닭이 우는 것은 그 날이 임박한 것을 나타낸다. 그러니까 닭이 우는 소리로 너는 그 마지막의 무서운 심판의 날을 생각하도록 해라."

그들의 체재도 한 달이 지났다. 그들은 이 집 가족들에게 작별하고 출발하고 싶다는 뜻을 전했다. 그러자 죠셉이 어머니에게 말했다.

죠셉 "설명자의 댁으로 심부름꾼을 보내서, 우리의 나머지 길의 안내자가 되어 주시도록 대용 씨를 보내 주십사 하고 청원하는 편이 낫겠어요."

크리스티아나 "잘 생각했다. 나는 거의 잊고 있었구나."

크리스티아나는 탄원서를 쓰고, 문지기인 경계 씨에게 그것을 부탁했다.

크리스티아나 "이 탄원서를 적당한 사람을 시켜서, 우리의 친절한 친구 설명자 씨에게 전해주시면 고맙겠습니다."

1) 〈마태복음〉 26 : 69~75.

이 탄원서가 설명자 씨에게 전달되었을 때, 그는 그 내용을 읽고 나서 심부름 온 사람에게 말했다.

설명자 "돌아가서, 대용을 보낸다고 전해주시오."

크리스티아나가 유숙하는 집의 가족들은 그들이 여로를 계속하고 싶어하는 것을 알았을 때 가족들을 모으고, 이렇게 유익한 손님을 자기들에게 보내주신 일에 대해서 그들의 '왕'에게 감사를 드렸다. 그리고 나서 그들은 크리스티아나에게 말했다.

가족들 "당신이 여로를 계속하실 때에 명상의 자료로 삼으시도록, 순례자에게 보여드리는 우리의 관습대로 그것을 보여드리겠습니다."

그 가족들은 크리스티아나와 그녀의 아이들과 자비를 창고로 데리고 가서, 하와가 먹고 아담에게 주어 먹게 하였던 일로 낙원을 쫓겨난 하나의 사과를 보였다.

가족들 "이것이 무엇이라고 생각하셔요?"

크리스티아나 "먹는 것인지 독이 든 것인지 모르겠어요."

그 가족들이 사연을 밝히자, 크리스티아나는 "아" 하고 손을 쳐들며 경탄했다[1].

그 가족은 다른 곳으로 데려다가 야곱의 사다리를 보여주었다. 이때 천사들이 그곳으로 올라가는 중이었다. 크리스티아나는 올라가는 천사를 바라보고 또 바라보았고, 일행도 마찬가지였다. 그 가족은 딴 것을 보여주기 위해서 다른 곳으로 가려고 했다. 그러나 제임스가 어머니에게 말했다.

제임스 "좀더 여기 있자고 해요. 참 아름다운 광경이니까요."

그래서 그들은 다시 돌아봤다. 참으로 유쾌한 전망에 눈을 즐겁게 하면서 한참 서 있었다[2].

그후 가족들은 그들을 황금닻이 걸려 있는 곳으로 데리고 가서 크리스티아나에게 말했다.

가족들 "이 닻을 내리세요. 왜냐하면 그것을 지니시도록 당신에게 드립니다. 거친 날씨를 만났을 경우에 휘장(성소의 휘장) 안에 있는 것을 붙잡고 놓지 않으며, 든든히 서기 위해서는 이것이 아무래도 필요

---

1) 〈창세기〉 3 : 6.　2) 〈창세기〉 28 : 12, 〈요한복음〉 1 : 51.

하니까요."

그들은 이 닻을 기뻐하며 받았다[1]. 그 가족은 그들을 데리고 우리 조상 아브라함[2]이 그의 아들 이삭을 하나님께 드린 산으로 가서, 제단과 나무와 불과 칼을 보였다. 그것들이 오늘까지 남아 있으니까[3]. 그것을 봤을 때에 그들은 손을 쳐들고 스스로를 축복해서 말했다.

그들 "아아, 아브라함이라는 분은 얼마나 무인에 대한 사랑이 깊은가! 또 자제심이 강한가!"

이 모든 것을 보인 후, 신중양은 그들을 데리고 식당으로 들어갔는데, 그곳에는 훌륭한 버지늘(16~17세기의 하프시코드)이 놓여 있었다. 신중양이 이것을 연주하면서 그들에게 보여준 것을 다음과 같은 훌륭한 가사로 만들어 노래를 불렀다.

하와의 사과를 제시하였다,
마음을 놓지 말아라.
야곱의 사다리, 그 위의
천사도 보았다.
닻을 받게 하셨지만,
이것으로 만족하다고 생각지 말라.
아브라함과 같이 희생으로
가장 좋은 것을 바치기까지.

이 때 '똑똑' 하고 문을 두드리는 사람이 있었다. 문지기가 문을 여니 대용씨가 거기 있었다. 그가 들어왔을 때 그들의 기쁨은 뭐라고 형용할 수 없는 것이었다. 왜냐하면 얼마 전에 그가 거인 노괴 냉혹(유혈)을 베어 죽이고, 사자로부터 그들을 구원한 일이 선명하게 그들의 마음에 떠올랐기 때문이다.

대용 (크리스티아나와 자비에게) "주인은 당신네들에게 각각 포도주 한 병씩과 조금의 말린 곡식과 석류를 두세 개씩, 아이들에게 무화과와 건포도를 약간 여행중에 기운을 돋우기 위해 보내셨습니다."

---

1) 〈히브리서〉 6 : 19. 2) 〈로마서〉 4 : 11,16. 3) 〈창세기〉 22 : 6~9.

그들은 여로로 향하고, 신중양과 경건양이 따라갔다. 그들이 문으로 왔다.

크리스티아나 (문지기에게) "요즈음 이곳을 지나간 사람이 있었습니까?"

문지기 "아니오, 없었습니다. 다만 오래전에 한 사람이 있었는데, 그 남자는 최근 당신들이 가시는 '왕'의 한길에 큰 강도가 나타난 일이 있었다고 했습니다. 그러나 강도는 잡히고, 곧 사죄(死罪)의 재판을 받게 되었다고 했습니다."

이 말에 크리스티아나와 자비양은 두려워 떨었다.

매튜 "어머니, 대용 씨가 함께 가시면서 우리의 안내자가 되어 주시는 동안은 두려워할 것은 없습니다."

크리스티아나 (문지기에게) "이곳으로 저희가 온 때부터 제게 베푸신 여러 친절과, 아이들을 그렇게 귀여워 하셔서 친절히 대해 주신 일을 고맙게 생각합니다. 이 친절에 어떻게 감사를 드려야 좋을지 모르겠습니다. 제 감사의 표로서 이 변변치 않은 것이나마 받아 주십시오."

크리스티아나는 그의 손에 황금 에인절(영국의 금화)을 쥐어주었다. 그는 고개를 숙여 인사하고 말했다.

문지기 "네 의복을 항상 희게 하며, 네 머리에 향기름을 그치지 않게 할지니라[1]. 자비양은 죽지 말고 오래 살기를 원하노라, 그 기업을 적지 않게 하기를 원하노라[2]. (아이들에게) 너희는 젊은날의 정욕을 피하고, 진지(眞摯)하고 총명한 자들과 함께 거룩한 덕을 구하라[3]. 이리하면 너희 어머니의 마음을 기쁘게 하고, 모든 근엄한 사람에게 칭찬을 받으리라."

그들은 문지기에게 감사하고 출발했다.

나는 꿈속에서 봤다, 그들이 더 전진해서 언덕 꼭대기까지 오자, 경건양이 무언가 생각하다 말고 소리치는 것을.

경건 "이걸 어쩐담! 크리스티아나와 동행하시는 분에게 드리려던 물건을 잊었어요."

그녀는 그것을 가지러 달려갔다. 그녀가 없는 동안에 크리스티아나

1) 〈전도서〉 9 : 8. 2) 〈신명기〉 33 : 6. 3) 〈디모데후서〉 2 : 22.

는 오른쪽으로 약간 떨어진 수풀 속에서 들려오는 참으로 아름답고 묘한 가락을 들었다. 그 가사는 다음과 같았다.

내 한평생을 통해서
하나님의 은혜는 영원하다.
그러므로 영원히 '주님의 집'을
나의 거처로 정하리라.

계속 그녀가 귀를 기울이고 있노라니, 또 한 존재가 이에 화답하는 듯했다.

그것은 영원히 변함이 없는
하나님의 '사랑'을 알기 때문이다.
하나님의 '진리'는 흔들리지 않고,
수천 대(代)에 걸쳐 영원하리라.

크리스티아나 (신중양에게) "저 아름다운 가락을 부르는 존재는 무엇인가요?"

신충 "저것은 우리 시골의 새예요. 저 새는 꽃이 피고 햇볕이 따뜻하게 비치는 봄철이 아니면 노래를 하지 않지만, 그 즈음이 되면 하루 종일 그 노래를 들을 수 있어요[1]. 나는 자주 저 새의 노래를 들으러 밖으로 나와요. 우리는 이따금 우리의 집에서 저 새를 기르며 길들여요. 마음이 우울할 때에는 참으로 좋은 상대예요. 그리고 숲이나 수풀이나, 쓸쓸한 곳을 쾌적한 거처로 만들어 주어요."

이 때 경건양이 들어왔다.

경건 (크리스티아나에게) "이것을 보셔요. 우리의 집에서 보신 모든 것의 명세서를 가져 왔어요. 잊었을 때에는 이것을 보시고 다시 그것들을 기억하면 교양과 위안을 받으실 수 있을 거예요."

그들은 슬슬 언덕을 내려가서 '겸손의 골짜기'로 들어갔다. 언덕은

---

1) 〈아가〉 2 : 11,12.

험준하고 길은 미끄러웠지만, 매우 조심했으므로 사고없이 밑으로 내려가서 골짜기에 도착했다.

경건 (크리스티아나에게) "이곳은 부군인 크리스천이 흉악한 악마 아바돈을 만나 무서운 싸움을 한 곳이에요. 그 얘기는 틀림없이 들으셨을 거예요. 그러나 마음을 편안하게 하셔요. 대용씨가 당신들의 안내자가 되어 주시는 한 그런 일을 당하시지 않을 테니까요."

이 두 처녀가 순례자들을 그들의 안내자에게 맡겼을 때, 그는 앞장서서 전진하고 그들은 뒤를 따랐다.

대용 "이 '골짜기'를 그리 두려워할 필요는 없습니다. 스스로 부르지 않으면, 이곳에는 우리를 해칠 것이 아무것도 없으니까요. 크리스천이 여기서 아바돈을 만나 참담한 격투를 했지만요. 그 싸움은 그가 언덕을 내려갈 때에 발이 미끄러진 결과입니다. 그곳에서 발이 미끄러진 사람은 이곳에서 격투할 각오를 해야 합니다. 그래서 이 골짜기는 이런 험악한 이름이 붙었습니다. 왜냐하면 세상사람은 뭔가 무서운 일이 이러저러한 곳에서 일어났다는 말을 들으면, 그곳이 어떤 흉악한 악마나 악령이 나오는 곳이라는 생각을 품습니다.

그러나 슬프게도 그런 일이 그곳에서 일어난 것은 그 사람들의 실책 때문인데도 말입니다. '겸손의 골짜기' 그 자체는 까마귀가 그 위를 날으는 어떤 골짜기에도 못지 않게 풍요한 곳입니다. 만일 제대로 살펴보면 어딘가 이 부근에 왜 크리스천이 그처럼 심하게 번민했는가를 설명하는 것을 발견할 수 있을 겁니다."

제임스 "아, 저기 기둥이 서 있어요. 그리고 뭔가 그 위에 씌어 있는 것 같아요. 무엇인지 가 봐요."

그들은 가서 그곳에 씌어 있는 것을 봤다.

'이곳까지 오기 전에 크리스천의 실족(失足)과, 그가 이곳에서 겪은 싸움을 나중에 오는 사람은 경계를 삼으라.'

대용 "보십시오, 내가 말했지요. 어딘가 이 부근에 무엇 때문에 크리스천이 그처럼 심하게 번민을 했는지 알려주는 것이 있을 거라고.

(크리스티아나에게) 나는 크리스천과 그가 당한 일이 그 사람과 같은 경우였던 사람들을 나쁘게 말하는 것은 아닙니다. 이 언덕은 내려가는 것보다 오르는 것이 쉬운데, 이 세상과 이 지방 일대의 언덕 중에는 그런 언덕이 얼마 되지 않습니다. 그러나 그분의 얘기는 이만해 둡시다. 안식세계에 들어갔고, 또 그 원수에게서 용감한 승리를 얻으셨습니다. 위에 계신 이의 허락을 받아서, 우리가 시험을 당할 때에는 그분보다 못한 일을 저지르지 않도록 했으면 합니다.

이 '겸손의 골짜기'의 일로 돌아가서 말씀드리겠습니다. 이곳은 이 지방 일대에서 가장 좋고, 가장 풍요한 토지입니다. 비옥한 토지여서, 보시다시피 초원으로 덮인 들판이 많습니다. 우리가 지금 와 있는 것처럼 여름에 이곳으로 온다면, 사전에 이 토지에 대해서 아무것도 모르고 게다가 그 눈에 보이는 것을 기뻐하는 사람이면, 그 사람을 기쁘게 할 수 있는 것을 볼 수가 있습니다. 보십시오, 이 골짜기의 청청한 푸른 빛을. 또 백합화로 장식된 곳을[1]. 나는 또 이 '겸손의 골짜기'에 좋은 땅을 소유한 많은 노동자를 알고 있습니다. 왜냐하면 '하나님은 교만한 자를 물리치시고 겸손한 자에게 은혜를 주시기[2]' 때문입니다.

이곳은 사실 풍요한 토지여서, 손으로 담으리만큼 열매가 많습니다. 어떤 사람은 그들의 '아버지'의 집으로 가는 가장 가까운 길이 이곳에 있으면 좋겠다, 그러면 더이상 언덕이나 산을 넘어가는 고생을 안해도 되겠다고 생각합니다. 그러나 길은 길입니다. 어쩔 도리가 없지요."

그들이 길을 가면서 얘기를 하고 있을 때 그 '아버지'의 양을 치는 한 소년을 발견했다. 매우 초라한 옷을 입고 있었지만 얼굴이 매우 시원하고 잘생긴 소년으로, 혼자 앉아서 노래를 부르고 있었다.

대용 "들어 보십시오, 저 목동의 노래를." 그들은 귀를 기울였다.

낮은 자는 떨어질 근심을,
천한 자는 교만을 모른다.

---

1) 〈아가〉 2 : 1.　2) 〈야고보서〉 4 : 6, 〈베드로전서〉 5 : 5.

겸손한 자는 언제나
하나님을 그 안내자로 삼는다.

적든지 많든지
내게 있는 것으로 족하다.
그리고 주여, 족하기를 원합니다.
이렇게 하는 자를 구원하시오니.

순례의 길을 가는 자에게
만족은 참으로 무거운 짐이로다.
이 세상에서는 적게, 나중에
행복을 누림이 영원히 좋다.

대용 "저 노래가 들립니까? 저 소년은 비단과 우단옷을 입은 사람보다 즐거운 나날을 보내며, 그 '안심'이라는 약초를 보다 많이 그 가슴에 지니고 있는 것 같습니다. 이제 우리의 이야기를 진행합시다. 이 골짜기에 이전에 우리의 '주인'이 별장을 가지고 계셨는데, 이곳에 계시는 것을 매우 좋아하셨습니다.

모든 나라들이 소음과 혼란으로 가득 차 있습니다. '겸손의 골짜기'만이 한가하고 고독한 곳입니다. 딴 곳에서의 그 흔한 명상의 방해나 장애라는 것이 이곳에는 없습니다. 순례자들의 생활을 사랑하는 사람이 아니면 아무도 걷지 않는 골짜기입니다. 크리스천은 아바돈을 만나 격렬한 싸움을 벌이는 불행을 당하셨지만, 옛날에는 사람들이 이곳에서 흔히 천사들을 만났다[1], 여기서 '진주'를 발견했다[2], 또 이곳에서 '생명'의 말씀을 발견했다는 사실을 말씀 드려야겠습니다. 우리의 '주인'이 이곳에 옛날 별장을 가지고 계셔서, 산책하시기를 좋아하셨다는 일은 말씀 드렸습니다만, 덧붙이고 싶은 것은 이곳과 이 토지에 거주하고, 이 골짜기를 지나가는 사람에게는 여행중의 생활을 지원하기 위해, 또 그들의 여로를 진행하기 위한 장려로서 어떤 시기

1) 〈호세아〉 12 : 4, 5. 2) 〈마태복음〉 13 : 46.

에 충실하게 지불하기 위한 연수(年收)를 남겨 두셨다는 사실입니다."

사무엘 (대용 씨에게) "아저씨, 우리 아버지와 아바돈이 이 골짜기에서 싸운 것은 알았어요. 하지만 그 싸움은 이 계곡 어디에서 했을까요? 이 계곡은 넓은 것 같은데요."

대용 "네 아버지는 우리들 앞에 있는 저 '망각의 들판' 바로 건너편에 있는 좁은 통로에서 아바돈과 싸우셨지. 사실 저곳은 이곳 일대 중에서 가장 위험한 곳이다. 그것은 언제나 순례자가 습격을 당할 때는 그 받은 은혜와 그들이 얼마나 그 은혜 받기에 부족한가를 잊은 때란다. 저곳은 다른 사람도 고민 하던 곳이다. 저곳에 대해서는 우리가 그곳으로 가서 더 자세하게 얘기하자. 오늘까지 저곳에는 그 싸움의 표적이 되는 것, 또는 저곳에서 그런 싸움이 있었다는 사실을 명시하는 기념비 같은 것이 반드시 남아 있을 테니까."

자비 "저는 저희의 여로를 통해서 그 어느 곳에 있었던 때보다 이 골짜기에 있는 것이 좋습니다. 이곳은 제 기분에 맞는 것 같습니다. 저는 마차가 굴러가는 소리나 바퀴가 울리는 소리가 들리지 않는 곳을 좋아합니다. 이곳에서는 그런 방해를 받지 않고, 사람이 자기는 어떤 사람인가, 어디서 온 사람일까, 무엇을 했는가, 또 어떤 일 때문에 '왕'이 부르셨는가를 생각할 수 있을 것 같습니다.

이곳에서 사람은 생각하고, 마음을 상하고, 그 사람의 눈이 '헤스본의 연못'처럼 되기까지 그 정신을 녹일 수 있습니다[1]. 이바카 골짜기를 곧바로 지나가는 사람들은 이곳을 샘으로 만들 것이고, 하나님께서 하늘에서 여기 있는 것 위에 내리시는 비가 그 연못을 채웁니다[2]. 이 골짜기는 그곳에서 '왕'이 포도원을 그들에게 주시는데, 그곳을 통행하는 사람은 노래를 부릅니다[3], 크리스천이 아바돈을 만났음에도 불구하고 노래를 부른 것처럼."

대용 "그렇습니다. 나는 여러 번 이 골짜기를 통과했습니다. 이곳에 있을 때처럼 기분이 좋은 일은 없었습니다. 나는 수많은 순례자들의 안내자가 되었습니다. 그들은 모두 똑같이 고백했습니다. '왕'은 말씀하십니다. '나는 마음이 가난하고 심령에 통회(痛悔)하며[4] 나의

1) 〈아가〉 7 : 4. 2) 〈시편〉 84 : 5~7. 바카 : 눈물. 3) 〈호세아〉 2 : 15. 4) 〈이사야〉 66 : 2.

말로 인하여 떠는 자, 그 사람은 내가 권고(眷顧)한다.'고."

이 때 그들은 앞에서 말한 크리스천과 아바돈이 싸움을 했던 곳에 도착했다.

대용 "이곳이 그 장소입니다. 여기에 크리스천이 서 있는데 저곳에서 아바돈이 그를 향해 왔습니다. 그리고 보세요, 내가 말했지요. 이곳에 이 돌 위에 오늘까지 그의 피의 한 부분이 남아 있습니다. 또 보세요, 아직도 아바돈의 부러진 투창 파편의 한 부분이 보입니다. 또 보세요, 서로가 이제야말로 운명의 갈림길이다 하고 싸웠을 때 발로 지면을 발로 다진 자국을, 또 발길에 채여 부서진 돌덩이를.

참으로 크리스천은 여기서 남자다움을 발휘하셨어요. 만일 그곳에 있었다면 그 허큘리즈(신화의 괴력 영웅)가 나타낸 정도로 강인한 사람임을 나타내셨을 겁니다. 아바돈은 패했을 때 '죽음의 그늘 골짜기'라는 요다음 골짜기로 도망갔습니다. 그곳으로 우리는 곧 도착합니다. 자, 이곳에 이 싸움의 사실, 그리고 영원불변의 명예를 전하기 위해, 크리스천의 승리를 새긴 기념비가 서 있습니다."

기념비는 가는 길 옆에 서 있었기 때문에, 그들은 그곳으로 다가가서 그 비문을 읽었다. 그것은 다음과 같았다.

몹시도 기괴하고 진정한
싸움이 있었다, 이 장소에서.
크리스천과 아바돈.
이곳에서 자웅(雌雄)을 겨뤘다.

사람은 남자다움을 발휘하여
악귀를 패퇴시켰다.
그 기념으로 나는 섰다,
이 일들을 증거하려고.

이곳을 통과했을 때 그들은 '죽음의 그늘 골짜기'의 접경에 도착했는데, 이 골짜기는 지금까지의 골짜기보다도 길고, 수많은 사람들이 증명할 수 있으리만큼 악한 존재가 나타나는 무시무시한 곳이었다. 그러나 그들은 마침 대낮인데다가 대용이 안내하고 있었으므로 그 안을 무사히 통과하고 있었다.

이 골짜기로 들어설 때 그들은 죽어가는 사람이 내는, 뭔가 엄청나게 큰 신음소리를 들은 것 같았다. 그들은 또 극도의 가책으로 고민하는 사람이 탄식하는 말을 들은 것 같았다. 이같은 일은 소년들을 움츠러들게 했고, 여자들의 얼굴을 창백하게 했다. 그러나 그들의 안내자는 안심하라고 했다.

그들은 좀더 앞으로 나아갔다. 그러자 그들은 발 밑에서 빈 곳이 있는 것처럼 지면이 흔들림을 느꼈다. 또 뱀이 내는 '쉭' 소리같은 소리를 들었다. 그러나 아직 아무것도 나타나지는 않았다.

소년들 "우리는 아직도 이 음침한 곳을 아직 더 가야 하나요?"

대용 "기운을 내서 발 밑을 잘 살펴라. 올무에 걸리기라도 하면 위험하니까."

이 때 제임스는 몸이 아프다고 말했다. 그 원인은 공포였다고 생각된다. 그래서 어머니는 설명자의 집에서 받은 술병의 술 조금과 노련씨가 조제한 환약 세 알을 그애에게 복용시켰다. 소년은 기운을 회복하기 시작했다. 이리하여 그들은 길로 진행하여 골짜기의 한가운데로 왔다.

크리스티아나 "저기, 우리의 가는 길에 뭔가 보이는 것 같군요. 처음 보는 형태예요."

죠셉 "어머니, 뭐예요?"

크리스티아나 "흉한 거다. 얘야, 흉한 거야."

죠셉 "어머니, 어떤 거예요?"

크리스티아나 "뭔지를 알 수 없는 것이구나. 지금은 조금 떨어진 곳에 있다. (잠시 후) 바로 옆에 있다."

대용 "괜찮소. 자, 몹시 무서운 사람은 내게 바싹 붙으시오."

이 때 악마가 다가서고, 안내자는 이것을 처치했다. 그러나 그것은 그에게 다가섰다고 생각하는 순간에 사라져서, 누구의 눈에도 보이지 않게 되었다. 이 때 그들은 예전에 남한테 들은 말이 생각났다. '마귀

그들은 발밑을 주의하면서 전진했다. 그러나 올무 때문에 무척 고생했다. 그들이 올무 구역으로 왔을 때 그들은 한 남자가 몸을 모두 찢기고 뜯긴 채 왼쪽 도랑 속에 던저져 있는 것을 봤다.

대용 "저 사람은 부주의라는 남자인데, 이 길을 걸어가던 중 무척 오랫동안 저곳에 뒹굴고 있습니다. 저 남자가 붙잡혀 칼로 살해되었을 때에는 유의(留意)라는 남자가 함께 있었는데, 그는 그놈들의 손에서 벗어났습니다. 이 부근에서 얼마나 많은 사람들이 살해되었는지 도저히 상상할 수 없습니다. 그럼에도 불구하고 사람들은 어리석게도 경쟁심이 강해서, 경솔하게 순례의 길을 떠나 안내자도 없이 오는 못난 짓을 합니다. 불쌍했던 사람은 크리스천입니다. 그 사람이 이곳을 벗어난 일은 이상합니다. 그러나 그 사람은 하나님의 사랑을 받고 계셨고, 또 대단한 용기를 저니고 계셨습니다. 그렇지 않았다면 도저히 그런 일은 완수할 수 없었을 겁니다."

그들은 이 길 끝에 있는, 크리스천이 통과할 때 본 동굴 근처로 접근했을 무렵 그곳에서 거인 망치가 나왔다. 이 망치는 궤변(詭辨)으로 젊은 순례자들을 해치는 것이 예사였다.

망치 "이봐, 대용. 너에게 몇 번이나 이런 일을 해선 안 된다고 말하지 않았나?"

대용 "어떤 일을?"

망치 "어떤 일이냐고? 너는 어떤 일인가를 잘 알고 있다. 오늘은 필히 네가 하는 일에 종지부를 찍어 주겠다."

대용 "그러나 싸움을 시작하기 전에 무엇 때문에 싸워야 하는지를 밝혀 두자구나."

이 때 여자들과 아이들은 떨면서 어찌해야 좋을지를 몰랐다.

망치 "너는 이 나라를 침범했다. 도둑 중에서도 가장 고약한 도둑놈들을 이끌고 침범했단 말이다."

대용 "그런 막연한 말은 그만두고 좀더 자세히 말해라."

망치 "너는 사람을 유괴하는 것이 직업이다. 너는 여자와 아이들을 모아서 딴 나라로 데려간다. 그것이 우리 주인의 왕국을 약화시키는 원인이 된다."

대용 "나는 하늘에 계시는 하나님의 종이다. 나의 의무는 회개하도록 죄인을 설득하는 일이다. 나는 남자와 여자와 아이를, 어둠에서 빛으로, 사탄의 힘에서 하나님에게로 돌아서도록 노력하라는 명령을 받았다. 만일 그것이 정말 네가 싸움을 거는 이유라면, 네가 바라는 대로 당장 싸움을 시작하자구나."

거인 망치가 육박하자, 대용 씨는 앞으로 나아가 이를 공격했다. 전진하면서 그는 검을 빼들었는데 거인은 곤봉을 들고 있었다. 더 이상 입씨름을 하지 않고 싸움을 시작했는데, 최초의 일격으로 거인 앞에 대용 씨가 한쪽 무릎을 꿇었다. 이와 함께 여자들과 아이들은 "왁" 하고 소리를 질렀다. 대용 씨는 몸을 바로잡고, 신속한 기세로 공격해서 거인의 팔뚝에 상처를 입혔다. 이렇게 격렬히 싸우기를 1시간, 끓어오르는 큰 솥에서 오르는 김처럼 거인은 콧구멍에서 숨을 내뿜었다.

그들은 휴식하기 위해서 앉았다. 그러나 대용 씨는 기도에 전념했다. 여자들과 아이들은 싸움이 계속되는 동안 계속 한탄하고 울고 외치는 것 외에는 아무것도 하지 못했다.

그들은 휴식하여 숨을 돌린 다음에 다시 싸움을 시작했는데, 대용 씨의 일격으로 거인은 땅에 쓰러졌다.

망치 "아, 기다려. 자세를 바로잡게 해다오."

대용 씨는 공명정대하게, 망치가 일어나기를 기다렸다. 그들이 다시 싸움을 시작했는데, 대용 씨는 거인의 곤봉에 두개골이 부서질 뻔했다.

대용 씨는 이것을 보고 정신을 가다듬어 힘을 잔뜩 넣고 달려들어, 그의 다섯째 늑골 밑을 푹 찔렀다. 거인은 힘을 잃기 시작하여 더이상 곤봉을 쳐들 수 없게 되었다. 대용 씨는 다시 공격을 가해 거인의 머리를 베어 떨어뜨렸다. 이 광경에 여자들과 아이들은 기뻐했다. 대용 씨 역시 하나님이 이룩하신 구원에 대해서 하나님을 찬양했다.

이 싸움이 끝난 후에 그들은 힘을 모아서 기둥을 한 개 세우고, 그 위에 거인의 머리를 매달았다. 그리고 그 밑에는 나그네들이 읽을 수 있도록 글을 썼다.

이 머리를 몸에 붙였던 자는
순례자를 핍박하고 괴롭혔다.
그 길을 막고, 아무도 용서치 않고
모든 사람을 학대했다.
드디어 나, 대용은 일어나서
순례자의 안내자가 되었다.
드디어 나, 그들의 적이었으므로
이 거인과 겨루었다.

나는 그들이 조금 떨어진 곳에 순례자들을 위한 전망대(展望臺)로서 쌓은 언덕으로 가는 것을 봤다(그것은 크리스천이 그의 동행 성실을 처음 만난 곳이었다). 그들은 이곳으로 와 앉아서 쉬었다. 그들은 그토록 위험한 적의 손에서 구출되었다고, 이곳에서 먹고 마시며 즐겁게 놀았다. 그들이 앉아서 음식을 먹고 있을 때 크리스티아나가 대용 씨에게 말했다.

크리스티아나 "대용 씨, 싸움에서 상처를 입지 않으셨는지요?"

대용 "아니오, 몸에 조금 입었을 뿐입니다. 그러나 이것도 나를 움츠러들게 하기는커녕 도리어 내 '주인'과 당신들에 대한 내 사랑의 증거이고, 결국은 하나님의 은혜에 의해서 내가 받은 보수를 크게 만드는 수단이 됩니다[1]."

크리스티아나 "대용 씨, 적이 곤봉을 들고 나오는 것을 보셨을 때에 두렵지 않으셨어요?"

대용 "자기의 재능에 의심을 품는 것은, 모든 사람보다 강하신 분을 의지할 수 있기 위한 내 의무입니다."

크리스티아나 "그가 그 최초의 일격으로 당신을 땅에 쓰러뜨렸을 때에는 어떻게 생각하셨어요?"

대용 "이렇게 생각했지요. 주님도 이런 일을 당하셨다, 그러나 최후에는 완전히 승리하셨다고."

매튜 "모두, 각자 좋은 생각들을 하셨어요. 저는 하나님이 우리에

---

1) 〈고린도후서〉 4 : , 〈빌립보서〉 4 : 1, 〈데살로니가전서〉 2 : 19.

게 놀라운 친절을 베푸셨다고 생각합니다. 이 골짜기로부터 나오도록 해주신 일도, 그 원수의 손에서 구해주신 일도 저로서는 더 이상 우리의 하나님을 의심할 이유가 없어졌습니다. 지금 이곳에서 이렇듯이 그 사랑의 증거를 보여주셨으니까요."

그들은 일어나서 또 앞으로 갔다. 그런데 얼마 멀지 않는 곳에 떡갈나무 한 그루가 서 있는데, 그곳에 그들이 도착했을 때 깊이 잠든 한 늙은 순례자를 발견했다. 그들은 그 옷과 지팡이와 그 띠로 그가 순례자인 줄을 알았다.

안내자인 대용 씨가 이 노인을 깨웠다. 노신사는 눈을 뜨고는 소리를 질렀다.

노신사 "어쨌단 말입니까? 당신들은 대체 누구요? 여기서 뭘 하고 있소?"

대용 "아, 그리 노하지 마시오. 이곳에는 당신에게 호의를 가진 사람 이외엔 아무도 없습니다."

노인은 일어나서, 조금도 마음을 놓지 않고 결심을 나타냈다.

노신사 "꼭 당신들이 누군지 내력을 알아야 되겠소."

대용 "내 이름은 대용이요. 나는 천국으로 가려는 이 순례자들의 안내자요."

노신사 "실례했소이다. 나는 당신들이 이전에 소신(小信)의 돈을 뺏은 무리와 한패가 아닌가 했소. 지금 정신을 차리고 보니까 과연 정직한 분들임을 알겠소."

대용 "만일 우리가 그들과 한패라면, 당신의 몸을 방어하기 위해 어떻게 하며, 또는 어떤 일을 할 수 있다고 생각하셨소?"

노신사 "어떻게 하겠느냐고 물으셨소? 그야 목숨이 붙어 있는 한 싸울 생각이었소. 그런 상황이 되면 나를 절대로 질 수 없을 거요. 그리스도의 제자된 자는 스스로 포기하지 않는 한 절대로 정복할 수 없으니까."

대용 "훌륭하십니다, 노인. 그 말 한 마디로 당신이 진정한 수탉(투계)임을 알겠습니다. 당신은 진심을 말씀하셨으니까요."

노신사 "이것에 의해서 나도 당신이 참 순례자란 어떤 것인가를 알고 계시다는 것을 알겠소. 다른 사람들은 우리가 누구보다 일찍 정복당할 사람이라고 여기니까."

대용 "자, 다행히 이렇게 만날 수 있었으니까 성함과 사시던 곳을 말씀해 주십시오."

노신사 "이름을 말할 수는 없지만, 나는 '우둔의 거리'에서 왔소. 그것은 '멸망의 도시'에서 4마장쯤 떨어진 곳에 있소."

대용 "아, 그러면 그곳 분이십니까? 당신을 짐작할 수 있습니다. 성함은 정직 노인이 아니십니까?"

노신사 (얼굴을 붉히고) "추상적인 의미인 정직은 아닙니다. 진실이 내 이름입니다. 나는 내 성질이 내 이름과 일치하기를 원합니다."

노신사는 잠시 말을 끊었다가 이었다.

진실(노신사) "그런데 대용 씨, 어떻게 거리 이름만 듣고 이름을 짐작할 수 있었습니까?"

대용 "이전에 주인으로부터 당신 얘기를 들었습니다. 그분은 땅 위에서 행해지는 모든 일을 아십니다. 나는 당신의 고향에서 누가 순례의 길을 떠날 수 있을까 궁금하게 여겼습니다. 당신의 거리는 '멸망의 도시'보다도 못하니까요."

진실 "그렇습니다. 우리는 태양으로부터 멀리 떨어진 곳에 있습니다. 그래서 더욱 차갑고, 또 무감각합니다. 그러나 설혹 사람은 빙산 위에 있다고 해도 '의'의 태양이 그 위에 떠오른다면 얼어붙은 마음이 녹는 것을 느끼겠지요. 나도 그랬습니다."

대용 "그렇고말고요, 진실 노인. 틀림없이 그렇다는 것은 나도 잘 압니다."

그후 노신사는 사랑의 거룩한 입맞춤으로 순례자들에게 일일이 인사했다.

진실 "여러분의 이름을, 그리고 순례의 길을 떠나신 이래 어떻게 생활하셨는지를 말씀해 주시오."

크리스티아나 "제 이름은 들어 보신 적이 있을거라고 생각합니다. 선량한 크리스천이 제 남편이었습니다. 그리고 이들은 그의 네 아이입니다."

그녀가 이름을 말했을 때, 그 노신사가 얼마나 기뻐했는지 여러분은 상상할 수 있겠는가! 그는 뛰어올랐다. 그는 미소지었다. 수없는 호의를 가지고 축복했다.

진실 "부군의 애기, 그의 여행 애기, 그가 여행중에 겪은 모험과 싸움에 대해서는 많이 들었습니다. 위로가 되었으면 해서 말씀드리지만, 부군의 이름은 온 세계에 퍼져 있습니다. 그 신앙, 그 용기, 그 인내, 그 모두에 있어서 그분의 성실함은 그 이름을 유명하게 만들었습니다."

그리고 그는 소년들을 향해 이름을 물었고, 아이들은 대답했다.

진실 "매튜, 너는 세리(稅吏) 매튜(마태)처럼 되어라. 악덕에서가 아니라 덕을 세우는 데서[1]. 사무엘, 너는 신앙과 기도의 사람, 예언자 사무엘처럼 되어라[2]. 죠셉, 너는 결백하여 유혹을 피하는 자, 보디발의 집에 있던 죠셉(요셉)처럼 되어라[3]. 그리고 제임스, 너는 정의의 사람 제임스(야곱), 우리 주님의 동생처럼 되어라[4]."

그들은 그에게 자비양의 애기, 그녀가 크리스티아나와 그 아들들과 함께 떠나기 위해 그 거리와 가족을 버린 경위를 말했다.

진실 "자비가 자네 이름인가? '자비'에 의해서 자네는 힘을 얻고, 도중에 엄습하는 곤란을 돌파하여 마침내 '자비'의 근원에서 즐겁게 주님의 낯을 대하게 될걸세."

이 동안 계속 대용 씨는 매우 기분이 좋아서 싱글벙글 웃으며 그 일행들을 바라보고 있었다. 그들은 함께 걷기 시작했다.

대용 (진실에게) "진실 씨, 당신의 도시에서 순례의 길을 떠난 공포 씨를 아십니까?"

진실 "알고 있습니다, 아주 많이. 그 사람은 '일의 뿌리[5]'(사람 성질의 가장 중요한 곳)를 가지고 있었지만, 내 생애에 만난 사람 중에서 무척이나 귀찮은 순례자 중의 한 사람이었습니다."

대용 "그 사람에 대해서 잘 아시는군요, 성격을 그대로 묘사하시는 걸 보니."

1) 〈마태복음〉 10 : 3. 2) 〈시편〉 99 : 6. 3) 〈창세기〉 39. 4) 〈사도행전〉 1 : 14.
5) 〈욥기〉 19 : 28.

진실 "알다 뿐인가요! 그 사람과는 사이가 좋은 동행이었습니다. 언제나 거의 함께 있었습니다. 그 사람이 앞으로 어떤 일이 우리에게 일어날까 하고 생각하기 시작했을 때에도 함께 있었습니다."

대용 "나는 주인의 집에서 '하늘의 도성'의 문까지, 그 사람의 안내자 노릇을 했습니다."

진실 "그러면 얼마나 귀찮은 사람인가를 아시겠군요."

대용 "압니다. 그러나 충분히 그것에 견딜 수는 있었습니다. 나같은 직업에 종사하는 사람은 때때로 그런 사람의 안내를 부탁받으니까요."

진실 "그러면 어디 그 사람 얘기를, 또 그 사람이 당신의 안내를 받으며 어떻게 행동했는가를 들려주십시오."

대용 "글쎄요, 그 사람은 언제나 그가 가고 싶어하는 곳으로 가다가 실패하지 않을까 하고 두려워했습니다. 그리고 조금이라도 반대하는 말을 듣거나 누가 뭐라고 하면 조마조마해 했습니다. 한 달 이상이나 '낙심의 늪'에서 소리를 지르고 있었는데, 그 앞을 여러 사람이 지나가는 것을 봤음에도 불구하고, 또 그들 중의 많은 사람이 손을 잡아주려고 했음에도 불구하고 과감하게 발을 내디디려고 하지 않았습니다. 그렇다고 오던 길로 돌아가려고도 하지 않았습니다. '하늘의 도성' 하고 그는 말했습니다. 만일 그곳으로 가지 못한다면 자기는 틀림없이 죽을 거라고. 그러면서도 곤란을 당할 때마다 낙심하고, 누군가 그 길에 버린 짚에도 발이 걸려 넘어집니다.

방금 말씀 드린 대로 꽤 오랫동안 '낙심의 늪' 안에 있다가 어떤 햇볕이 화창한 아침, 어떻게 해냈는지 모르지만 여하간 발을 내디뎠습니다. 간신히 넘은 셈입니다. 그러나 건넜을 때에도 그는 그것을 거의 믿으려고 하지 않았습니다. 그 사람은 '낙심의 늪'을 그 마음속에 가지고 있었던 모양입니다. 그가 가는 곳마다 가지고 다닌 '늪'이지요. 그렇지 않으면 아예 그런 꼴을 보이지 않았을 겁니다.

그는 '문'으로 갔습니다. 내가 하는 말의 뜻을 아시겠지요! 이 길이 시작되는 곳에 서 있는 그 문입니다. 그는 그곳에서도, 문을 두드리기 전에 무척 오랫동안 서 있었습니다. 문이 열렸을 때에도 뒷걸음질을 치고, 남들에게 양보하고, 자기는 자격이 없는 사람이라고 했습니다. 그는 그중의 누구보다 먼저 도착했음에도 불구하고 많은 사람들이 그보다 먼저 들어갔습니다. 그 불쌍한 남자는 떨면서 움츠리고서 있었는데, 틀림없이 보는 사람의 마음에 연민을 일으켰을 겁니다. 또 그렇다고 왔던 길로 돌아가려고도 하지 않습니다.

드디어 그는 문에 걸려 있는 망치를 들고 가볍게 한번 두드렸습니다. 그러자 어떤 사람이 문을 열었습니다. 그러나 그는 방금처럼 쩔쩔맸습니다. 문을 연 사람은 그의 뒤로부터 걸어 나와서 말했습니다. '너, 떠는 자여, 너는 무엇을 구하는가?' 이 물음과 함께 그는 땅에 쓰러졌습니다. 그에게 말을 한 사람은 그가 이렇게 마음이 약한 것을 보고 이상하게 생각했습니다. 그 사람은 그에게 또 말했습니다. '평안이 네게 있을지어다, 일어나라. 나는 너를 위해서 문을 열었다. 들어오라, 너는 축복받았다.'

이 말을 듣고 그는 일어나서 떨면서 들어갔습니다. 그러나 들어갔을 때에도 얼굴을 들지 못하고 부끄러워했습니다. 진실 씨께서도 아시는 풍습에 의해서, 그는 그곳에서 잠시 접대를 받은 후에 여로에 오르라는 말을 듣고, 또 가야 할 길을 지시받았습니다. 이렇게 해서 그 사람은 우리의 집으로 왔습니다. 그러나 문에서 행동한 대로 주인 설명자의 집에서도 역시 똑같이 행동했습니다. 과감하게 문을 두드리기까지에는 꽤 오랫동안 그 근처에서 추위에 떨며 방황하고 있었는데, 그러면서도 돌아가려고도 하지 않고, 더욱이 그때의 밤은 길고도 추웠습니다.

아아, 그는 품속에, 그 사람을 맞아들이고 위로하고 본래 그같은 소심한 사람이라고 해서 강하고 튼튼한 안내자를 배속받기 위해서 주인 앞으로 보낸 '궁급장(窮急狀)'을 지니고 있었음에도 불구하고 문을 두드리기를 두려워한 것입니다. 그래서 그 부근을 여기저기 돌아다니던 끝에 가련하게도 거의 굶어 죽게 되었습니다. 그 풀죽은 꼴이란 다른 사람들 여럿이 문을 두드려서 들어가는 것을 보면서도 과감하게 두드리기가 무서웠다는 꼴입니다. 마침 내가 창문으로 밖을 내다보다가 문 근처를 왔다갔다 하는 남자를 발견하고, 밖으로 나가 그 남자에게 누구냐고 물었습니다. 그러나 가련하게도 그 눈에는 눈물이 고여 있었습니다. 그래서 나는 그가 무엇을 원하는지를 알았습니다.

나는 안으로 들어가서 그것을 집안 사람들에게 알리고, 우리 주인에게 이 사실을 알렸습니다. 주인은 다시 한 번 나를 보내서 들어오라고 했지만, 그것은 보통 일이 아니었어요. 간신히 들어갔습니다. 이것은 주인을 위해서 말씀 드리는데, 주인은 그 사람에게 매우 친절하게 행동하셨습니다. 식탁에 있는 진미 중에 그의 접시에 얹혀지지 않은 것이란 거의 없었습니다. 이 때 그 사람은 '편지'를 전했고 주인은 그것을 읽고 그 사람의 소원을 들어주겠다고 하셨습니다.

그 사람은 꽤 오랫동안 그곳에 체재하면서 기운을 차렸고, 이전보다는 기분이 좋은 듯이 보였습니다. 그것은 아시리라고 생각합니다만 주인은 매우 상냥하신 분인데, 특히 두려워하는 사람에게는 더욱 그렇습니다. 주인은 그 사람에게도 될수록 기운을 내도록 격려하셨습니다. 그가 그곳에 있는 물건을 보고 나서 '도성'으로 가기 위한 준비가 되었을 때에, 주인은 이전에 크리스천에게 한 것처럼 술이 든 병과 힘을 북돋워 줄 음식을 약간 주셨습니다. 우리는 출발하고, 나는 그의 앞에 서서 갔습니다. 그러나 그 남자는 말은 하지 않고 한숨만 푹푹 쉬었습니다. 남자 셋이 교수형을 당한 곳으로 오자 그는 숨이 넘어갈 것같은 모습을 했습니다. 십자가와 돌관〔石棺〕을 보았을 때만은 기뻐하는 것 같았습니다.

솔직히 말씀 드리면 그곳에서는 바라보기 위해서 잠시 서 있겠다고 했습니다. 그후 잠시 동안은 기분이 좋았습니다. '곤란의 언덕'에 도착했을 때는 그곳을 두려워하지 않았고, 사자를 보고도 그리 두려워하지 않았습니다. 그것은 아시다시피 그 사람의 고민은 그런 것에 대한 일이 아니었기 때문입니다. 그가 두려워하는 것은 최후에 들어갈 수 있느냐 하는 것이었으니까요. 나는 그를 '미(美)의 집'으로 데리고 갔습니다. 그 사람이 두려워하는 마음을 품기 전에 데려갔다고 생각됩니다. 그 집으로 들어갔을 때 거기 있는 아가씨들과 사귀어 보라고 했지만, 얼굴을 내밀기를 부끄러워했어요. 혼자 있기를 간절히 바라면서도 재미있는 얘기는 언제나 좋아해서, 흔히 칸막이 뒤에 숨어서 그것을 들었지요. 옛것을 보면서 마음으로 그것들에 대해서 생각하는 것도 좋아했습니다. 나중에 나에게 한 얘기에 따르면 조금 전에 나온 집, 즉 '문'이 있는 곳에 있는 집과 설명자의 집에 있고 싶었지만, 그 소원을 말하리만큼 담대할 수 없었다고 합니다.

그리고 '미의 집'을 나와서 '겸손의 골짜기'로 언덕을 내려갈 때, 그 사람은 지금까지 내 생애에서 본 어느 누구보다도 훌륭하게 내려갔습니다. 왜냐하면 그 사람은 최후에 행복할 수만 있다면, 자기가 아무리 천하게 된다고 해도 개의치 않습니다. 뿐만 아니라 골짜기와 그 사람 사이에는 무언가 통하는 것이 있었다고 생각됩니다. 그 사람이 순례길을 가는 중 그 골짜기에 있을 때만큼 기분이 좋았던 일은 없었으니까요. 그곳에서 그는 눕고, 지면을 안고서 그 골짜기에 피어 있는 꽃이란 꽃에 모두 입을 맞추었습니다[1].

그 사람은 아침마다 새벽에 일어나 골짜기 안을 걸어다녔습니다. 그 사람이 '죽음의 그늘 골짜기'에 도달했을 때, 나는 이 남자를 잃지나 않을까 하는 생각이 들었습니다. 그것은 돌아갈 의향을 보였다는 말은 아닙니다. 그는 언제나 그것을 싫어했지요. 다만 공포로 죽게 되었기 때문입니다. 아아, 괴물이 나를 붙잡는다. 괴물이 나를 붙잡는다고 외쳤는데, 나는 그것을 그 사람에게서 물리쳐 줄 수 없었습니다. 그곳에서 그는 소동을 벌이고 소리를 질렀기 때문에, 원수가 그 소리를 듣기만 하면 우리를 습격할 수 있었으니까요.

그러나 이것은 분명히 깨달은 일인데, 그 사람이 그곳을 통과하는 동안 그 골짜기는 내가 알고 있는 어느때보다 조용했습니다. 틀림없이 거기 있는 원수들은 우리 주인으로부터 특별한 제지와, 공포 씨가 그곳을 지나가기까지 손질을 해서는 안 된다는 명령을 받았을 겁니다. 얘기를 모두 들으시려면 지루하시겠지요! 그러니까 이제 한두 대목만 얘기하기로 합시다.

'허영의 거리'에 다다랐을 때 나는 그 사람이 장터에 있는 모든 사람과 싸우려 했습니다. 우리 둘 다 머리를 얻어 맞지나 않을까 걱정했습니다. 그만큼 사람들의 어리석은 행동에 대해서 그 사람은 몹시 흥

1) 〈예레미야애가〉 3 : 27~29.

분해 버렸습니다. '미혹의 땅'에서도 그 사람은 정신이 아주 똑똑했습니다. 그러나 다리가 없는 강으로 왔을 때에는 또 침울해졌습니다. '아아 하고 그는 얘기했습니다. 나는 영원히 물에 빠져 버릴 거야, 이렇게 먼 길을 걸어서 보러 온 하나님의 얼굴을 즐거워하며 바라보기는 끝내 틀렸다고. 이곳에서 또 신기한 것을 나는 보았는데, 이 때의 강물은 내 생애에 본 어느때보다도 수량(水量)이 줄어 있었습니다. 그래서 그는 드디어 신발을 물에 적시는 이상의 곤란도 없이 건너갔습니다. 그가 '문'(천국의 문)을 향해서 올라갈 때에 나는 겨우 작별 인사를 하고, 위에서 환영받기를 바란다고 했습니다. 그러자 그는 말했습니다. '걱정 없소, 걱정 마시오.'라고. 이리하여 우리는 양쪽으로 헤어지고, 나는 그후에 그를 보지 못했습니다."

진실 "그러면 결국 잘되었군요."

대용 "그렇고말고요. 그 사람에 대해서 의심을 품은 일은 없었습니다. 그 사람은 뛰어난 정신을 지닌 사람이었습니다. 다만 언제나 자기를 매우 낮은 사람으로 여기고 있었으므로, 그것이 그의 한평생을 자신에게도 그처럼 귀찮은 것이 되고, 남에게도 그처럼 귀찮은 것으로 만들었습니다[1]. 그는 누구보다 죄에 민감한 사람이었습니다[2]. 남에게 해를 끼칠까 두려워한 나머지 옳은 일에도 자주 자기를 제지하려고 했는데, 그것은 그것이 죄를 짓는 일이 되어서는 안 되기 때문이라는 것입니다."

진실 "그런 선인이, 그 생애를 통해서 그렇게 어두움을 겪어야 하는 이유는 무엇입니까?"

대용 "그것에는 두 가지 이유가 있습니다. 하나는 예지(叡智)의 하나님이 그렇게 되어 있는 것을 원하시는데, 어떤 사람은 피리를 불어야 하고, 또 어떤 사람은 울어야 하기 때문입니다[3]. 그런데 공포씨가 이 베이스를 연주하기로 된 사람이었습니다. 그 사람이나 그 사람의 동료는 새크 배트(중세기의 관악기)를 부는데, 그 가락은 다른 가락보다 애수(哀愁)를 머금고 있습니다. 더구나 어떤 사람의 말에 따르면, 베이스는 음악의 기초라고도 합니다.

1) 〈시편〉 88. 2) 〈로마서〉 14 : 21, 〈고린도전서〉 8 : 13. 3) 〈마태복음〉 11 : 16~19.

나는 마음의 근심으로 시작된 것이 아닌 신앙고백에는 전혀 마음이 내키지 않습니다. 모든 줄의 가락을 맞출 때, 보통 음악가가 손을 대는 첫 줄은 베이스입니다. 하나님도 자신를 위해 영혼의 가락을 맞추실 때에는 먼저 이 줄을 타십니다. 다만 이것만이 공포 씨의 불완전한 곳이었습니다. 그 사람은 만년(晩年)에 이르기까지 이것 이외 다른 음률은 연주할 수 없었습니다."

진실 "그 사람은 무척이나 대단한 사람이었습니다. 그것은 당신이 그 사람에 대해서 말씀하신 얘기로도 알 수가 있습니다. 곤란과 사자와, 또 '허영의 거리'는 조금도 두려워하지 않았습니다. 그 사람에게 공포였던 것은, 다만 죄와 죽음과 지옥이었습니다. 그 '천국'에서는 그 사람에게 관련된 일에 약간의 의심을 품고 있었으니까요."

대용 "말씀하신 대로입니다. 그런 것이 그 사람을 번민케 만드는 것이었습니다. 그리고 그것들은 당신이 적절하게 말씀하신 것처럼, 그 일에 관한 그 사람의 마음의 약함에서 나온 것이지 순례자의 생활을 하는 데 있어서의 정신의 약함에서 나온 것은 아닙니다. 나는 속담에도 있듯이 그 길을 방해하면 불에 탄 말뚝이라도 물고 늘어질 수 있는 사람이라고 믿습니다. 그러나 그 사람을 압박하던 것은 어떤 사람도 쉽사리 털어버릴 수 없는 것입니다."

크리스티아나 "그 공포 씨의 얘기는 제게 유익합니다. 나와 비슷한 사람은 없다고 생각했는데, 그 선인과 나 사이에는 약간 비슷한 점이 있습니다. 다만 두 가지가 다릅니다. 그 사람의 고민은 매우 커서 밖으로 폭발했지만, 나는 내것을 안에 가두어 두고 있었습니다. 그 사람의 것은 그 사람을 몹시 압박해서, 대접하기 위해 준비된 집들의 문을 두드릴 수 없도록 만들었지만, 나의 고민은 언제나 점점 더 시끄럽게 두드리게 만들었습니다."

자비 "제가 마음에 두고 있는 것을 말해도 좋겠습니까? 그 사람의 심성이 제게도 약간은 깃들여 있다고 해야겠습니다. 왜냐하면 저는 언제나 다른 것을 잃을까 두려워하는 것보다 '죽음의 강'과 낙원을 잃을까를 더 두려워하고 있었습니다. 저는 생각했습니다. '아아, 저곳에 집을 얻을 수 있는 행복만 있다면 그것으로 충분하겠다, 그것을 얻기 위해서 온 세계를 잃는다고 해도.'라고요."

매뮤 "공포는 저로 하여금, 저는 구원에 따르는 것을 마음속에 지니지 못했다고 생각하게 하는 것이었습니다. 하지만 그분 같은 선인도 그렇다면 저에게도 유익하지 않을 리는 없습니다."

제임스 "공포도 없고, 은혜도 없고, 지옥에 대한 공포가 있는 곳에 언제나 은혜가 있다고 할 수는 없습니다만, 하나님을 두려워하지 않는 곳에 은혜가 없는 것은 확실합니다."

대용 "기특하군, 제임스. 네 말이 맞다. 왜냐하면 하나님을 경외(敬畏)하는 것이 지식의 근본인데[1], 근본이 없으면 중간도 없고, 끝도 없는 것이 확실하기 때문이다. 자, 우리는 여기서 공포 씨의 얘기를 끝내자. 이 결별(訣別)의 말을 보낸 후에."

자, 공포 씨, 당신은 두려워했다.
당신의 하나님을 두려워했다.
여기 있는 동안에 당신을 적에게 파는
어떤 일을 저지르지나 않을까 하고.
당신은 또 '죽음의 강'과 '구덩이'를 두려워했는가.
다른 사람도 그렇게 하기를 원한다.
그 까닭은 당신의 지혜를 못 가진 자들,
그들은 자기의 몸을 멸망시킨다.

나는 그들이 얘기를 하면서 계속 걷고 있는 것을 봤다. 이 때 대용 씨가 공포 씨의 얘기를 끝낸 후에, 진실 씨가 어떤 사람의 얘기를 그들에게 하기 시작했다. 그 사람의 이름은 방자(放恣)였다.

진실 "그 사람은 순례자인 체하고 있었습니다. 그러나 그가 길이 시작되는 곳에 서 있는 '문'으로 간 일이 없다고 나는 생각합니다."

대용 "그것에 대해서 말씀하신 적이 있습니까?"

진실 "예, 한두 번이 아니고 여러 번 했습니다. 그러나 항상 그 사람의 기질 그대로 방자함을 나타냈습니다. 그 사람은 이론도 실례(實

[1] 〈잠언〉 1:7.

例)도 상관치 않는다, 그 마음이 행하라고 재촉하는 것은 행한다, 그 외의 일은 아무도 자기에게 실천시킬 수 없다고 합니다."

대용 "어떤 주의를 품고 있었을까요? 당신은 말씀해 주실 수 있다고 생각하기 때문에 묻습니다."

진실 "사람은 순례의 덕과 똑같이 악덕을 따라도 좋다는 것, 또 그 양쪽을 다 실행한다면 확실히 구원을 받는다는 것을 주장하고 있었습니다."

대용 "어떤 식으로 말입니까? 가장 선한 사람이라도 순례의 덕을 따르는 것처럼 악덕을 따르는 일이 있을 수 있다고 하는 것이라면 그리 탓할 수는 없습니다. 왜냐하면 사실 우리는 절대적으로 악덕에서 제외되고 있는 것은 아니고, 그저 깨어서 노력한다는 조건 밑에 제외되고 있습니다. 그러나 이것은 그 사람이 할 말은 아닌 것 같습니다. 진실씨가 말씀하시는 것을 내가 바로 이해했는지는 모르겠습니다만, 그런 것이 허용되어야 하는 일이라는 의견을 가지고 있었다는 말씀이지요?"

진실 "예, 예, 그것이 내가 말하는 뜻입니다. 그는 그것을 믿고 또 실천하고 있었습니다."

대용 "그가 그런 말을 하는데 대해서 어떤 이유를 가지고 있었습니까?"

진실 "성서가 곧 그 근거라고 했습니다."

대용 "진실 씨, 좀더 세밀하게 우리에게 설명해 주십시오."

진실 "그렇게 하지요. 남의 아내와 관계하는 것은 하나님의 사랑하시는 자('다윗'의 뜻이 '사랑하시는 자'이다)다윗이 행한 일이다, 그러므로 자기도 그것을 할 수 있다고 했습니다[1]. 한 사람 이상의 여인을 얻는 것은 솔로몬이 행한 일이다, 그러므로 자기도 그것을 할 수 있다고 했습니다[2]. 사래와 애굽의 경건한 산파들도 거짓말을 했다, 하나님의 구원을 받은 라합도 그랬다, 그러므로 자기도 그것을 할 수 있다고 했습니다[3]. 사도들은 주님의 명령을 받들고 가서 남의 나귀를 빼앗다,

1) 〈사무엘하〉 11. 2) 〈열왕기상〉 11. 3) 〈창세기〉 12 : 14~20, 〈출애굽기〉 1 : 15~22, 〈여호수아〉 2.

그러므로 자기도 그것을 할 수 있다고 했습니다[1]. 야곱은 수단과 속임수로 아버지의 유산을 얻었다, 그러므로 자기도 그것을 할 수 있다고 했습니다[2]."

대용 "엉뚱하군요! 그 사람이 그 따위 말을 했다는 것이 확실합니까?"

진실 "나는 그가 그렇게 말하는 것을 들었습니다. 이와 상반되는 성서 구절을 말해보라, 이와 상반되는 논거를 말해보라는 등등."

대용 "아무리 너그럽게 생각한다고 해도 세상에 용납될 수 없는 의견입니다."

진실 "내가 하는 말을 바로 이해해 주셔야 합니다. 그 사람은 누구나 그런 일을 해도 좋다고는 하지 않았고, 다만 그런 일을 한 사람과 같은 덕을 지닌 사람은 그렇게 해도 좋다고 했습니다."

대용 "그러나 그런 결론보다 더 잘못된 것이 있을까요? 이것은 마치 지금까지의 선인은 의지가 약해서 죄를 범했다, 그러므로 그에게는 마음 내키는 대로 그것을 계속해도 된다는 말과 같습니다. 또는 어린아이가 열풍(烈風)에 휩쓸리거나, 돌에 발이 걸려 넘어져 진흙에 몸을 더럽혔다는 이유로 그애가 제 마음대로 뒹굴고, 돼지처럼 그 안에서 기어다녀도 좋다는 말과 같습니다.

어떤 사람이든지 정욕 때문에 그렇게까지 맹목적이 될 수 있다고 누가 생각할 수 있었겠습니까? 그러나 틀림없이 성서의 말씀은 진리일 겁니다. 저희가 말씀을 순종치 아니하므로 넘어지나니, 이는 저희를 이렇게 정하신 것이라[3]. 그 악덕에 탐닉(耽溺)하는 사람이 경건한 사람의 덕을 지닐 수 있다고 그가 생각하는 것은 다른 망상과 똑같이 심한 망상입니다. 그것은 마치 개가, 나는 어린아이의 배설물을 먹었으니까 어린아이의 품성을 지녔다, 또는 지닐 수 있다고 하는 말과 같습니다. 하나님의 백성의 죄를 먹어버리는[4] 일은 그 덕을 구비한 사람이라는 표가 아닙니다. 그리고 그런 의견을 가지고 있는 사람이 현재 그 마음에 신앙이나 사랑을 지녔다고 믿을 수 없습니다. 당신이 그

1) 〈마태복음〉 21 : 1~7. 2) 〈창세기〉 27. 3) 〈베드로전서〉 2 : 8.
4) 〈호세아〉 4 : 8, 본래는 '죄'가 '속죄 제물'.

에게 강경한 반대론을 주장하셨으리라고 믿습니다. 그는 어떤 변명을 했는지 말씀해 주십시오."

진실 "그것은요, 의견 때문에 이것을 행하는 것은, 이것을 행하고도 의견으로는 그것에 반대를 주장하는 것보다 더 정직한 일 같다고 합니다."

대용 "극히 나쁜 답변이군요. 우리의 의견이 그같은 일과는 상반되면서 정욕의 고삐를 늦추는 것이 나쁜 일이기는 하지만, 죄를 범하고서 이에 대해 관용을 베풀어 달라는 것은 더욱 나쁜 일입니다. 하나는 이따금 방관자를 실족하게 하는 수가 있습니다. 또 하나는 그들을 설득해서 함정에 빠뜨립니다."

진실 "그 사람과 같이 말은 하지 않지만, 그 사람과 같이 생각하는 사람은 많습니다. 그래서 순례의 길을 떠나는 일을 지금처럼 가치없는 것으로 만듭니다."

대용 "말씀대로 그것은 한심스러운 일입니다. 그러나 낙원의 '왕'을 경외하는 사람은 모든 사람 중에서 나올 것입니다."

크리스티아나 "세상에는 괴상한 의견이 있습니다. 저는 임종하기 직전에 죄를 회개해도 늦지 않다고 말한 사람을 알고 있습니다."

대용 "그런 사람들은 그리 총명하지는 못합니다. 그 목숨 때문에 20마일을 1주일에 달려야 하는 사람이 하루하루 미루다가 마지막 날 20마일을 달리겠다는 것과 같군요."

진실 "말씀하신 대로입니다. 그러나 순례자로 자처하는 사람의 대부분이 사실 그렇게 하고 있습니다. 보시다시피 나는 늙은이이고, 여러 날 이 길의 나그네였습니다. 그래서 많은 일을 깨달았습니다.

이전에 전세계를 휩쓸 것 같은 기세로 출발하고, 그러고는 '광야(曠野)'에 있는 사람들처럼 며칠 후에는 죽어 버려 끝내 '약속의 나라'를 바라볼 수 없었던 사람을 봤습니다. 처음에 순례자로 지원했을 때에는 조금의 가능성도 있는 것 같지 않고 하루도 살 수 없다고 생각되었지만, 매우 훌륭한 순례자가 되는 것을 봤습니다. 무척 서둘러서 앞으로 달려 나갔다가, 잠시 후에는 똑같이 빠르게 달려 돌아오는 사람을 봤습니다. 처음에는 순례자의 한평생을 많이 칭찬하다가도, 잠시 후에는 그 반대로 얘기하는 사람을 봤습니다. 처음에 낙원을 향해 출발했을 때에는 그런 곳이 있다고 딱 잘라서 단언한 사람이, 거의 그곳까지 갔을 때 다시 돌아와서 그런 곳은 없다고 하는 사람도 봤습니다. 저항을 당했을 경우에는 어떻게 할까를 큰소리치던 사람이, 위급하다는 헛소문만으로 신앙에서, 순례길에서, 모든 것에서 도망쳤다는 말을 들었습니다."

그들이 이렇게 길을 가노라니까 그들쪽으로 달려오는 사람들이 있었다.

달려오는 사람들 "여러분, 연약한 분들, 목숨이 아깝거든 어서 도망가시오. 이 앞에 도둑이 있소."

대용 "그놈들은 언젠가 소신(小信)을 습격한 세 놈입니다. 자, 오너라! 나는 준비되었다!"

그들은 서둘러서 갔다. 곧 악당들과 부딪칠 것 같으므로 굽은 길을 돌아갈 때마다 살펴봤지만, 대용 씨가 외친 소리를 들었는지, 또는 다른 사냥감이라도 만났는지 순례자들 앞에는 나타나지 않았다.

크리스티아나는 자기와 아이들을 위해서 쉴 곳이 있으면 좋겠다고 생각했다. 그들은 피로했으니까.

진실 "앞으로 조금만 더 가면 여관이 하나 있습니다. 그곳에는 매우 존경받는 주님의 제자 가이오라는 분이 거주하고 있습니다[1]."

그래서 일동은 그곳에 들기로 결정했다. 이것은 이 노신사가 그 사람을 좋게 평했기 때문이다. 얼마 후 그 문까지 왔을 때 그들은 문을 두드리지도 않고 들어갔다. 일반인은 여관의 문을 두드리지 않고 들어가는 것이 관례였으므로. 그들은 여관 주인을 불렀고 그는 나왔다.

일행 "하룻밤을 여기서 유숙할 수 있습니까?"

가이오 "예, 물론이지요, 당신들이 진실한 분이시라면요. 왜냐하면 저희는 순례자 외에는 손님을 받지 않기 때문입니다."

이 대답에 크리스티아나, 자비, 소년들은 이 여관의 주인이 순례자들을 좋아하는 사람이라서 더욱 즐거웠다. 주인은 크리스티아나와 자비와 아이들을 위해서 한 방, 대용 씨와 노신사를 위해서 방 하나를

1) 〈로마서〉 16 : 23, 〈고린도전서〉 1 : 14, 〈요한3서〉 1.

보여주었다.

대용 "가이오 씨, 저녁식사로는 무엇이 있습니까? 이 순례자들은 오늘 무척이나 먼 길을 왔기 때문에 피로합니다."

가이오 "날이 저물었기 때문에 나가서 음식을 구하는 것은 어렵습니다. 저희가 준비한 것으로 만족하신다면 잡숴 주십시오."

대용 "준비되어 있는 것으로 만족하겠습니다. 당신은 손쉬운 물건을 부족하게 한 일이 없는 분이니까요."

그는 밑으로 내려가서, 상미(賞味)라는 요리사에게 순례자의 인원만큼 저녁식사를 준비하도록 명령했다. 그리고 나서 다시 위로 올라왔다.

가이오 "자, 여러분, 잘 오셨습니다. 접대할 수 있는 여관을 가지고 있는 것을 다행으로 생각합니다. 저녁식사를 준비할 동안 좋으시다면 유익한 얘기를 하면서 서로 즐기시면 어떻겠습니까?"

일동 "좋습니다."

가이오 "여기 나이 드신 부인은 어느 분의 부인이십니까? 또 이 젊은 아가씨는 어느 분의 따님이십니까?"

대용 "이분은 과거의 순례자였던 크리스천의 부인이시고, 이 어린이들은 그분의 아들들입니다. 또 이 아가씨는 이웃에 사시던 분인데, 순례의 길에 따라 오도록 설득되셨습니다. 소년들은 모두 아버지를 닮았고 그 발자취를 따라가고 싶다고 합니다. 그 순례자가 유숙한 그 어느 곳에서도, 그 모든 발자취도, 이 소년들의 마음에 기쁨을 주었고, 그들은 그같은 곳에 유숙하고 싶다, 서 보고 싶다고 합니다."

가이오 "그러면 이분이 크리스천의 부인이십니까? 이 소년들이 크리스천의 아드님들입니까? 나는 부군의 선친을 알고 있습니다. 그뿐이 아니라 그 선친의 선친도요. 그 혈통을 이은 사람 중에는 선량한 사람이 많습니다. 그 조상은 맨 처음 안디옥에 살고 계셨습니다[1]. 크리스천의 양친께서는 (부군께서 하시는 그 말씀을 들으셨겠지만) 훌륭한 분이셨습니다. 그분들은 내가 알고 있는 누구보다 큰 덕과, 순례자의 주인과 그 길과, 또 주인을 사랑하는 사람들을 위해 용기를 지닌 사람

1) 〈사도행전〉 11 : 26.

임을 나타내셨습니다. 나는 부군의 친척 중에 진리를 위해 시련을 견디신 사람들에 대한 얘기를 들었습니다. 부군의 출신 가문의 첫 순례자인 스데반은 돌로 머리를 맞았습니다[1]. 또 한 선조인 야고보는 칼로 살해되었습니다[2]. 부군의 출신 가문의 옛날 사람들, 바울과 베드로는 물론, 사자에게 던져진 익나티우스가 있고, 그 살을 뼈까지 토막냄을 당한 로마누스가 있으며, 화염 속에서 남자다움을 발휘한 폴리캅이 있었습니다. 대낮에 바구니에 매달려 벌에게 쏘인 사람도 있고, 자루에 넣어진 채 바다에 던져져서 익사한 사람도 있습니다. 순례자의 생애에 대한 사랑 때문에 상해와 죽음의 고통을 당한 그 가문의 모든 사람들을 도저히 셀 수는 없습니다. 그리고 나는 부군께서 이런 소년들을 뒤에 남기신 것을 보고서 그저 기쁘다고 할 수밖에 없습니다. 이 아이들이 부친의 이름과 걸맞게 부친과 같은 최후를 맞이하시기를 바랍니다."

대용 "참으로 믿음직한 젊은이들입니다. 진심으로 아버지의 길을 택한 것 같습니다."

가이오 "그것이 바로 내가 말씀 드린 점인데, 그래서 크리스천의 일족이 언제까지나 지면에 퍼진다고 생각되고, 또 지상에 번성한다고도 여겨집니다. 그래서 크리스티아나는 아들들을 위해서 처녀를 찾아 약혼시키면 좋겠습니다. 이 소년들의 아버지의 이름과, 그 어버이들의 가문이 절대로 세상에서 잊혀지지 않도록."

진실 "이 가문이 몰락해서 대가 끊어져 버린다면 유감일 겁니다."

가이오 "몰락하는 일은 있을 수 없지만 감소될 수는 있겠지요. 크리스티아나 씨는 내 충고를 들으시면 좋겠습니다. 그것이 가문을 유지하는 방법입니다. 크리스티아나 씨, 나는 당신과 당신의 친구 자비양과 같이 아름다운 두 분을 뵙는 것을 기뻐합니다. 그러니까 내 충고를 받아들여 자비양을 당신과 관계가 더 가까운 사람으로 만드시면 어떻겠습니까? 만일 이 아가씨가 승낙한다면 장남이신 매튜에게 출가시키는 겁니다. 그것이 당신을 위해서도 지상에 자손을 남기는 길입니다."

1) 〈사도행전〉 7 : 59, 60.　2) 〈사도행전〉 12 : 2.

그후 가이오가 또 얘기를 했다.

가이오 "나는 지금 여인들을 변호해서 그들이 받는 비난을 없애려고 합니다. 왜냐하면 죽음과 저주가 한 여인으로 말미암아 세상에 들어온 것 같이[1], 목숨과 건강도 또 한 여인으로 말미암아 세상에 들어왔습니다. '하나님이 그 아들을 보내사, 여자에게서 나게 하셨다[2].' 그뿐이 아니라 나중에 온 사람이 얼마나 그들의 어머니(하와)의 행위를 혐오했는가를 제시하기 위해서 '구약'의 여성은 자녀를 갈망했습니다. 그것은 만에 하나, 여자 중의 누군가가 구주(의 어머니)가 되는 일도 있을까 했기 때문입니다.

구주가 오셨을 때, 여자들은 남자나 천사보다 먼저 기뻐한 사실을 나는 말하고 싶습니다[3]. 나는 남자가 그리스도에게 1그로우트(4펜스 은화)라도 주었다는 기록을 읽지 못했지만, 여자들은 그를 따르면서 자기들의 소유물을 받쳐 섬겼습니다[4]. 그의 발을 눈물로 씻은 자도 여인이요[5], 그의 장사를 위해서 그의 몸에 향유를 부은 자도 여자였습니다[6]. 그가 십자가를 지고 나가실 때에 운 자도 여자였습니다[7]. 십자가(를 그가 지고 나가실 때)부터 그를 따르고, 그가 장사될 때 그 돌관(사실은 무덤)곁에 앉은 자도 여인이었습니다[8].

그가 부활하신 아침 최초로 만나 뵈온 자도 여자들이고, 최초로 그의 제자들에게 그가 죽은 자 가운데서 다시 살아나셨다는 소식을 전한 자도 여자였습니다[9]. 여자들은 그 때문에 큰 총애를 받은 사람입니다. 또 이 사실들이, 그들이 우리와 함께 '생명의 은혜'를 나눌 사람임을 나타냅니다."

이 때 요리사가 사람을 보내서 저녁식사가 거의 끝났다고 알리고, 또 한 사람을 보내서 식탁보를 깔고 나무접시를 벌여놓고, 소금과 빵을 가지런히 늘어놓았다.

매튜 "이 식탁보와 이런 밑반찬을 보노라니 그 어느때보다 왕성한 식욕을 느낍니다."

가이오 "그와 같이 이 세상에서 자네에게 힘이 되는 모든 교훈이

---

1) 〈창세기〉 3. 2) 〈갈라디아서〉 4 : 4. 3) 〈누가복음〉 1 : 39~56. 4) 〈누가복음〉 8 : 2, 3.
5) 〈누가복음〉 7 : 37~50. 6) 〈요한복음〉 11 : 2, 12 : 3. 7) 〈누가복음〉 23 : 27.
8) 〈마태복음〉 27 : 55, 56, 61. 9) 〈누가복음〉 24 : 22, 23.

자네 마음에, 그의 왕국에서 대왕의 만찬석에 앉는 일에 더욱 큰 소원을 일으키기를 바라네. 이 세상의 모든 설교도 책도, 또 의식도, 우리가 그 집에 다다랐을 때 '주님'이 우리를 위해 준비하시는 연회에 비하면, 그저 나무접시를 벌여놓고 소금을 식탁 위에 놓는 일에 불과하니까."

이 때 저녁식사가 왔다. 먼저 '거제(擧祭)의 어깨'와 '요제(搖祭)의 가슴'이 그들의 식탁에 놓였다. 이것은 그들이 하나님께 드리는 기도와 감사로 식사를 시작해야 한다는 것을 나타내기 위해서이다[1]. '거제의 어깨'로 다윗은 그의 마음을 하나님에게 드렸고[2], 또 그의 마음에 누워 있는 '요제의 가슴'으로서 그는 하프를 연주할 때에 그것에 의지하는 것이 관습이었다. 이 두 접시는 극히 신선하고 맛있어서 모두들 만족하게 먹었다.

다음에 들어온 음식은 피처럼 붉은 포도주였다[3].

가이오 "마음놓고 드십시오. 이것은 순포도즙이어서, 하나님과 사람의 마음을 즐겁게 하는 것입니다[4]."

그들은 포도즙을 마시고 즐겼다[5].

그 다음의 것은 빵조각을 충분히 썰어 넣은 우유였다.

가이오 "그것은 소년들에게 주셔요, 장성하도록[6]."

그후 적당한 때에 사람들은 버터와 벌꿀을 내왔다.

가이오 "마음놓고 드십시오. 이것은 기운을 돋우고, 당신들의 판단력과 이해력을 강화하는 데 좋은 것입니다. 이것은 어린아이였을 때의 우리 주님의 음식이었습니다. '버터와 꿀을 먹을 것이라. 대저 이 아이가 악을 버리며 선을 택할 줄 알게 하기 위함이라[7].'"

그 다음에 사람들은 사과를 한 접시 가져왔는데, 그것은 매우 맛이 좋은 과일이었다.

매튜 "사과의 맛이 이런 것이었기 때문에, 이것으로 '뱀'이 우리 태초의 어머니를 유혹했군요. 그런 사과를 우리가 먹어도 좋을까요?"

---

1) 〈레위기〉 7 : 31, 33, 34, 10 : 14, 15. 2) 〈시편〉 25 : 1. 3) 〈신명기〉 32 : 14.
4) 〈사사기〉 9 : 13. 5) 〈요한복음〉 15 : 1. 6) 〈베드로전서〉 2 : 1, 2. 7) 〈이사야〉 7 : 15, 16.

가이오 (노래로 대답했다.)

우리 태초의 유혹받음은 사과이지만,
영혼을 더럽힘은 죄요, 사과가 아니다.
금단의 사과를 먹으면 피가 썩는데,
명령을 받고 이를 먹으면 유익하다.
하나님의 비둘기인 그대 교회여,
그 술병에서 마셔라.
사랑에 고민하는 자여, 사과를 먹으라.

매튜 "저는 얼마 전에 과일을 먹고 병이 났었기 때문에 주저했습니다."

가이오 "금단의 열매는 병들게 하지. 그러나 주님이 허락하신 것은 그렇지 않네."

이렇게 얘기를 하는 동안에, 또 한 음식이 들어왔다. 그것은 호두였다. 식탁에 앉아 있는 어떤 사람이 말했다.

어떤 사람 "호두는 약한 이를 상하게 합니다. 특히 아이들의 이를."

가이오[1)]

어려운 성구는 호두(사기라 하지 않음),
그 껍질은 먹는 자로부터 씨를 지켰다.
그러니 껍질을 깨라, 그러면 살 있다.
이곳에 냄은 깨서 먹기 위함이다.

그러자 일동은 몹시 즐거워져서 많은 말을 하면서 오랫동안 식탁에 앉아 있었다.

진실 "주인님, 우리가 맛있는 호두를 깨고 있는 동안, 이 수수께끼를 풀어 보시겠어요?"

---

1) 〈아가〉 6 : 11.

사람이 있었다. 미쳤다는 이가 있었지만
버리는 대로 많이 얻었다.

그들은 모두 친절한 가이오가 뭐라고 할까를 생각하면서 주의를 기울이고 있었다. 가이오는 잠시 조용히 앉아 있다가, 곧 다음과 같이 대답했다.

그 재물을 구제하는 사람은 구제하는
만큼을, 그 열 배를 받을 것이다.

죠셉 "아시리라고는 생각지 못했습니다."

가이오 "나는 이 방면에 수련을 쌓았다네. 경험처럼 잘 가르쳐 주는 것은 없지. 나는 내 주인한테서 누구에게나 친절해야 한다는 것을 배웠고, 또 친절하면 얻는 것이 있다는 것을 경험으로 깨달았다네. '흩어 구제하여도 더욱 부하게 되는 일이 있나니, 과도히 아껴도 가난하게 될 뿐이니라. 스스로 부한 체하여도 아무것도 없는 자가 있고, 스스로 가난한 체하여도 재물이 많은 자가 있느니라[1].'"

사무엘 (어머니에게) "어머니, 이곳은 매우 착한 분의 집입니다. 이곳에 잠시 체재할까요? 그렇게 해서 길을 가기 전에, 이곳에서 매튜 형과 자비양이 결혼식을 올리면 좋겠습니다."

가이오 "대찬성이다."

이래서 그들은 한 달 이상이나 그곳에 체재했다. 그리고 자비와 매튜는 결혼했다.

그들이 그곳에 체재하는 동안 자비는 습관처럼 언제나 가난한 사람들을 구제하기 위해 겉옷과 속옷을 지었기 때문에, 순례자에 대한 매우 좋은 평판이 돌게 되었다.

다시 우리의 얘기로 돌아가기로 한다. 저녁식사를 마친 후 소년들은 침실로 가고 싶다고 했다. 그들은 긴 여행에 시달려 피로했기 때문이다. 가이오는 사람을 불러서 그들의 방으로 안내시키려고 했다.

---

1) 〈잠언〉 11 : 24, 13 : 7.

자비 "제가 침상으로 데리고 가겠습니다."

그녀는 그들을 침상에 눕게 했다. 그러나 다른 사람들은 밤새 앉아 있었다. 그것은 가이오와 이 사람들은 마음이 참 잘 맞는 상대였기 때문에 차마 헤어질 수 없었다. 그래서 그들의 '주님'에 대한 일과, 그들 자신의 얘기와, 그들의 여행 얘기를 실컷 했는데, 진실 노인과 예의 가이오에게 수수께끼를 내었던 사람이 끄덕끄덕 졸기 시작했다.

대용 "어찌된 일인가요? 졸리신 모양이군요. 자, 자, 눈을 비비십시오. 자, 수수께끼를 냅니다."

진실 "내십시오."

대용 (노래로)

죽이려는 사람은 먼저 져야 하고
밖에서 살려는 사람은 먼저 안에서 죽어야 한다.

진실 "이것은 어려운 수수께끼군요. 푸는 것도 어렵지만 실행하기는 더욱 어렵겠소. 자, 자, 주인님, 나는 내 역할을 당신에게 양보하고 싶습니다. 이것을 풀어 주십시오. 말씀하시는 것을 듣겠습니다."

가이오 "아, 이것은 당신에게 낸 것입니다. 그러니까 당신이 대답해야 할 거라고 생각하는데요."

진실 (노래로)

죄를 죽음에 이르게 하려는 자는
하나님의 은혜로부터 먼저 정복당해야 한다.
산 자, 과연 살았다고 인정받으려면
그 사람 자신에 대해서 죽어야 한다.

가이오 "맞습니다. 훌륭한 설교와 경험이 이것을 가르치고 있습니다. 첫째, 하나님의 은혜가 나타나 그 영광으로 영혼에게 이기기까지는 사람이 죄에 저항한다는 것은 전혀 무익한 일이니까요. 그리고 만일 죄가 사탄의 밧줄이고 그것으로 영혼이 묶여 있다면, 그 결박에서 석방되기 전에 어떻게 저항할 수 있겠습니까?

둘째, 이성이나 하나님 은혜를 아는 사람은 누구나 그 사람 자신의 패덕(悖德)에 대해서 노예와 같은 사람이 하나님 은혜의 산 기념비라고는 믿지 않을 겁니다. 지금 문득 생각이 났는데, 들어 두실 가치가 있는 얘기를 하나 하겠습니다. 순례의 길을 떠난 남자 둘이 있었습니다. 한 사람은 젊었을 때에 시작했고, 또 한 사람은 늙어서 시작했습니다. 이 때 젊은 사람은 강한 패덕과 겨루어야 했고, 늙은 사람은 성정의 쇠퇴에 의해서 쇠약해 있었습니다. 젊은이는 늙은이와 똑같이 보조(步調)를 흐트러뜨리지 않고, 어디까지나 똑같이 가볍게 길을 갔습니다.

자, 이 두 사람 중에 누가 더 분명하게 빛나는 은혜를 받았다고 생각하십니까? 그것은 얼른 보기에 두 사람이 모두 같다고 생각되었기 때문입니다."

진실 "틀림없이 젊은이일 겁니다. 왜냐하면 큰 장애에 저항하는 사람은 가장 강한 분이라는 가장 확실한 증거를 제시하고 있습니다. 노령이란 것은 반드시 그렇다고 생각되지만, 그 절반도 못 되는 정도의 장애도 만나지 않은 자와 보조를 맞추는 경우에는 더욱 그렇습니다.

그리고 내 관찰에 따르면, 노인들은 이 오류(誤謬)를 오히려 뽐냅니다. 즉 성정의 쇠퇴를 은혜에 의한 패덕의 극복이라고 생각하여 여하간 자신을 속입니다. 하기야 은혜로 가득 찬 노인들은 모든 사물이 헛됨을 잘 보아온 사람이니까, 젊은이에게 충고할 수 있는 셈입니다. 그러나 노인과 젊은이가 함께 출발하게 되면, 젊은이의 마음이 은혜의 역사를 옳게 발견하는 데 편리한 것을 갖고 있습니다. 노인의 패덕은 물론 자연히 약하기는 합니다만."

이렇게 그들은 새벽까지 얘기하면서 앉아 있었다. 가족들이 일어났을 때, 크리스티아나는 그녀의 아들 제임스에게 성서를 한 장 읽으라고 했다. 그래서 그 아이는 이사야 53장을 읽었다. 그가 다 읽고 나자 진실 씨가 말했다.

진실 (대용 씨에게) "구주께서 마른 땅에서 나온다느니, 또 그분이 고운 모양도 없고 풍채도 없다고 한 것은 무엇 때문입니까?"

대용 "첫째에 대해서는, 그리스도께서 적을 두셨던 교회는 종교로서의 생기와 정신을 잃었기 때문이라고 나는 대답하겠습니다. 둘째에 대해서는, 그 말씀은 불신자를 두고 한 것입니다. 그 사람들은 '왕'의 마음까지 볼 수 있는 눈은 없기 때문에, 그분을 표면적인 비천함에 의해서 판단했기 때문이라고 말씀드립니다. 또 보석이 변변치 않은 것에 덮여 있음을 모르는 사람들과 똑같은 사람이어서, 그 사람들은 그런 것을 발견하면 그것이 무엇인지를 모르기 때문에 사람들이 흔해빠진 돌을 버리듯이 버리는 것입니다."

가이오 "그런데 지금 당신들도 여기 계시고, 대용 씨는 무술이 능하시니까 어떨까요, 음식을 드시고 기운을 회복하신 후 들로 가서 유익한 일을 행할 수 있을까 살펴보지 않으시렵니까? 여기서 1마일 가량 떨어진 곳에 거인 살선(殺善)이라는 자가 있습니다. 그놈이 이 부근의 '왕의 길'을 심하게 교란합니다. 그 소굴이 어디에 있는지는 내가 알고 있습니다. 그놈은 수많은 도둑의 두목입니다. 그놈을 이 근처에 다시는 얼씬도 못 하도록 제거할 수만 있으면 좋겠습니다."

그들은 동의하고 출발했다. 대용 씨는 그 검과 투구와 방패를 들고, 나머지 사람들은 창과 몽둥이를 가지고.

그놈이 있는 곳까지 왔을 때 거인의 부하들이 길에서 붙잡아 온 약심(弱心)이라는 사람에게 거인이 덤비는 것을 그들은 발견했다. 이 때 거인은 약심의 소지품을 약탈하고 있었는데, 그러고 나서 이 남자의 뼈를 뜯어먹을 작정이었다. 본래 이놈은 인육을 먹는 놈이었으니까.

대용 씨와 그 친구들이 무기를 들고 동굴 입구에 나타난 것을 보았다.

살선 "무슨 일이냐?"

대용 "네게 볼 일이 있다. 네가 '왕의 길'에서 끌어내 죽인, 그 수많은 순례자의 원한을 씻기 위해서 왔다. 동굴에서 나오너라."

그놈은 무기를 들고 나타났다. 그들은 1시간 이상 계속 싸우다가 중간에 숨을 돌리기 위해 잠시 동안 서 있었다.

살선 "너희는 왜 내 영토를 침범했느냐?"

대용 "말했듯이, 살해된 순례자들의 원수를 갚기 위해서다."

그들은 또다시 겨루었는데, 거인이 대용 씨를 비틀거리게 했다. 그러나 그는 다시 기세를 회복하고 그 마음의 대용을 떨쳐서는, 거인의 머리와 양 옆구리를 단단히 공격하여 결국 그놈의 손에서 무기를 때려 떨구었다.

대용 씨는 거인을 쳐서 죽이고, 그 머리를 잘라 여관으로 가지고 왔다. 그는 순례자 약심도 그 여관으로 데리고 왔다. 그들은 돌아와서 그 머리를 가족에게 보였다. 그리고 이 때까지 다른 놈에게 한 것같이 머리를 매달아서, 이후로 그놈과 같은 짓을 하려는 자들에게 본보기로 삼았다.

대용 (약심 씨에게) "어떻게 되어 그놈의 수중에 빠졌습니까?"

약심 "보시다시피 나는 병든 몸입니다. 그래서 보통 하루에 한 번은 '죽음'이 내 집의 문을 두드리기 때문에, 집에 있다가는 절대로 좋지 않겠다고 생각했습니다. 그래서 순례자의 생애를 보내기로 했습니다. 나와 내 아버지가 태어난 '부정(不定)'의 거리로부터 이곳까지 여행을 했습니다. 육체의 힘은 조금도 없고 정신의 힘도 없는 사람이지만, 가능하다면 기어가더라도 한평생을 순례의 길에서 소비하고 싶습니다.

길 어귀에 서 있는 문으로 왔을 때, 그곳 주인이신 왕께서는 격의(隔意)없이 대우해 주셨습니다. 나의 연약한 용모가 틀렸다거나 나의 약한 마음이 틀렸다고도 하지 않으시고 여행중에 필요한 물품을 주시며, 최후까지 소망을 가지라고 하셨습니다. 설명자의 저택까지 왔을 때에도 매우 친절한 영접을 받았습니다. 또 '곤란의 언덕'은 나에게는 지나치게 곤란하다고 생각되었으므로 나는 그분의 사환에게 업혀서 올라갔습니다.

나는 순례자들의 격려를 많이 받았습니다. 하기야 내가 가는 것처럼 천천히 가려는 분은 없었지요. 그러나 나를 앞질러 가는 분은 기운을 내라고 하셨습니다. 마음이 약해진 사람을 격려하는 일은 그들의 주님의 뜻이라고 하셨습니다[1]. 그리고는 자기들의 길을 서둘러서 가는 것이었습니다.

---

1) 〈데살로니가전서〉 5 : 14.

'습격의 길'에 이르렀을 때 그 거인이 내 앞을 가로막고는 싸울 준비를 하라고 했습니다. 그러나 슬프게도 이처럼 약한 사람이기 때문에 강심제가 필요할 정도였습니다. 그는 다가와서 나를 붙잡았습니다. 죽이지는 않을 거라고 생각했습니다. 또 내가 걸으려고 하지 않았기 때문에, 동굴 속으로 끌려 들어갔을 때에도 반드시 살아서 돌아갈 거라고 생각했습니다. 왜냐하면 폭력으로 포로가 된 순례자는 그 주인에 대한 진실한 충성심을 잃지 않으면 섭리에 의해서 적의 손에 죽는 일은 없다고 들었기 때문입니다.

약탈은 각오하고 있었습니다. 예상대로 약탈은 당했습니다. 그러나 보시다시피 목숨을 건졌습니다. 이 일에 대해서 계획하고 일을 꾸미신 하나님과 그 일의 수단이 되어 주신 당신들에게 감사를 드립니다. 다음 공격을 받을 때는 일선에 설 결심도 하고 있습니다. 즉 달릴 수 있을 때에는 달리고, 달릴 수 없을 때에는 걷고, 걸을 수 없을 때에는 기어갈 것입니다. 그리고 구원을 해주신 일에 대해서 나를 사랑하시는 분에게 감사하고 있습니다. 내 길은 내 앞에 있고, 내 마음은 다리가 없는 강 저편에 있습니다. 보시다시피 약한 마음을 가진 사람이긴 합니다만."

진실 "당신은 이전의 순례자인 공포 씨의 친지(親知)가 아니십니까?"

약심 "친지이고말고요. 그 사람은 '멸망의 도시'로부터는 4마장 떨어져 있고 내가 태어난 곳에서는 훨씬 더 먼 곳에 있는 '우둔의 거리'에서 온 사람입니다. 하지만 우리는 친지였습니다. 왜냐하면 사실 그 사람은 나의 숙부입니다. 아버지의 동생입니다. 키는 나보다 조금 작지만, 우리의 용모는 매우 닮았습니다."

진실 "아시는 분이라고만 생각했습니다. 두 분께서 친척이시라는 말씀도 이해가 됩니다. 왜냐하면 당신도 그분도 흰 용모를 하셨고 눈매가 그분을 닮았으며, 말씨도 매우 비슷하기 때문입니다."

약심 "우리 두 사람을 아시는 분은 모두들 그렇게 말씀하셨습니다. 그리고 그 사람한테서 발견할 수 있는 것은 대부분 내게서도 발견합니다."

가이오 "자, 자, 기운을 내십시오. 당신은 나와 내 가족이 모두 환영합니다. 뭐든지 필요한 것은 사양 마시고 말씀해 주십시오. 또 내 하인들에게 시키실 일은 하인들이 기꺼이 해드릴 것입니다."

약심 "참, 생각지도 못한 호의여서, 먹구름 속에서 태양이 얼굴을 내민 것 같습니다. 거인 살선이 나를 붙잡고 더 이상 앞으로는 안 보내겠다고 결심했을 때는 이런 호의를 받게 할 생각이었겠습니까? 내 주머니를 약탈한 후에, 우리 여관의 주인 가이오에게 보낼 생각이었겠습니까? 그러나 사실은 그렇게 되었습니다."

약심씨와 가이오가 이런 얘기를 하고 있을 때에, 어떤 사람이 달려와서 문을 두드리고 말했다.

달려온 사람 "순례자 부정 씨가 1마일 반 가량 떨어진 곳에서 벼락을 맞고 죽었습니다."

약심 "아아, 그 사람이 죽었습니까? 그 사람은 며칠 전에, 내가 이곳으로 오기 전까지 나를 따라잡고 내 얘기 상대가 되겠다고 하셨습니다. 거인 살선이 나를 붙잡았을 때에도 함께 있었지만, 발이 빨랐기 때문에 도망칠 수 있었습니다. 그러나 그 사람은 도망가서 죽고, 나는 붙잡혀서 살았다는 생각이 드는군요.

당장 죽이려 한다고 생각되는 자,
자주 매우 슬픈 고경(苦境)에서 구원한다.
그 얼굴은 '죽음'에 있다, 그 '섭리'조차
겸손한 자에게 자주 '생명'을 준다.
나는 붙잡히고 그는 도망갔었다.
포로는 죽음을 그에게, 생명을 나에게 주었다.

매듀와 자비가 결혼했는데, 또 가이오가 자기의 딸 뵈뵈를 매듀의 동생 제임스에게 출가시켰다.

그후 그들은 열흘 이상이나 가이오의 집에 체재했다. 그들의 때와 계절을 순례자들의 관습에 따라 보내면서.

그들이 출발하기로 했을 때, 가이오는 그들을 위해서 연회를 베풀었다. 그들은 먹고 마시며 마음껏 즐겼다. 드디어 떠날 때가 되었기 때문에 대용 씨는 숙박비 계산서를 가져오라고 했다.

가이오 "이 집에서는 순례자가 그 대접에 대해서 돈을 지불하지 않는 것이 관습입니다."

그는 1년을 한도로 그들을 숙박시키는데, 선한 사마리아인한테서 지불받기로 되어 있다고 했다. 그 사람은 돌아올 때에 그들에 대한 비용이 얼마여도 충실하게 지불하겠다고 약속했다[1].

대용 "사랑하는 자여, 네가 무엇이든지 형제, 곧 나그네 된 자들에게 행하는 것이 진실한 일이니, 저희가 교회 앞에서 너의 사랑을 증거하였느니라. 네가 하나님께 합당하게 저희를 전송하면 가(可)하리로다[2]."

가이오는 일동과 아이들과, 특히 약심 씨에게 작별 인사를 했다. 그는 이 사람들에게 길에서 마실 것을 주었다.

그런데 약심 씨는 그들이 문을 나갈 때에 아직도 뒤에서 주저하고 있었다.

대용 "자, 떠납시다. 약심 씨, 우리와 함께 갑시다. 내가 당신의 안내자가 되겠습니다. 당신에게도 다른 사람과 같이 편안하게 모시겠습니다."

약심 "아아, 나는 나에게 맞는 동행을 원합니다. 당신들은 모두 씩씩하고 건강한 분이지만, 나는 보시다시피 약한 사람입니다. 그러니까 나는 뒤따라 가기로 하겠습니다. 내 약함 때문에, 나 자신에게도 당신들에게도 무거운 짐이 되게 해서는 안 되니까요. 나는 방금 말씀드린 대로 약하고 미덥지 못한 마음을 가진 남자입니다. 그래서 다른 사람은 참을 수 있는 일에도 나는 마음이 상하거나 약해질 겁니다. 나는 웃기도 싫어하고 화려한 옷도 싫어하지요. 또 쓸데없는 질문도 싫어하지요. 그뿐이 아니라 다른 사람은 예사로 하는 일에도 마음을 상하리만큼 약한 사람입니다.

나는 아직 '진리'의 전부는 모르는 참으로 무지한 그리스도 교도입니다. 때때로 어느 분이 '주님'을 찬양하는 소리를 들으면, 똑같이 할

1) 〈누가복음〉 10 : 33~35. 2) 〈요한3서〉 5, 6.

수 없어서 나는 괴롭습니다. 마치 강자 속에 있는 약자, 또는 건강한 사람 가운데에 있는 환자, 또는 멸시당한 램프와 같은 사람입니다. '자칫하여 실족하는 자는 평안한 자의 생각 중에는 멸시받은 램프와 같으니라[1].' 그래서 어떻게 하면 좋을지 모르겠습니다."

대용 "하지만 나는 마음이 약한 자를 격려해 주고, 힘이 없는 자를 붙들어 주는 일을 맡았습니다. 당신은 어떻게 해서라도 우리와 함께 출발해 주셔야 합니다. 우리는 당신을 기다려 드리겠습니다. 손을 잡아 드리겠습니다. 당신을 위해서라면 말로든 행동으로든 조금씩 자신을 억제하겠습니다. 당신 앞에서는 의문이 많은 논의를 하지 않겠습니다. 당신을 뒤에 처지게 하기보다는 어떤 일이라도 하겠습니다[2]."

이 동안에 그들은 계속 가이오의 집 입구에 서 있었다. 그들이 이렇게 한참 대화를 나누는데 뜻밖에 파행(跛行) 씨가 목발을 짚고 왔다. 이 사람도 순례의 길을 가는 중이었다[3].

약심 (파행 씨에게) "아, 어떻게 해서 오셨소? 지금 나는 내게 맞는 상대가 없다고 투덜거리고 있었어요. 당신은 내가 바라던 분이오. 잘 오셨소, 참 잘 오셨어요. 파행 씨, 서로 도웁시다."

파행 "기꺼이 모시지요, 약심 씨. 이렇게 요행으로 만났으니까 헤어지는 일이 없도록 내 목발 한 개를 빌려 드리지요."

약심 "아니오, 호의는 고맙소만, 절름발이가 되기 전에 발을 끌기는 싫소. 여하간 개가 덤벼들 땐 도움이 되겠구려."

파행 "나나 내 목발이 마음에 드신다면 모두 도움이 되겠소, 약심 씨."

그들은 전진했다. 대용 씨와 진실 씨가 앞장을 서고, 크리스티아나와 그녀의 아이들이 그 다음에, 약심 씨와 파행 씨는 목발을 짚고 뒤에서 따라갔다.

진실 "여보시오, 대용 씨. 우리가 드디어 여로에 올랐으니, 우리보다 앞에 순례길을 떠난 사람들의 유익한 얘기를 해주시겠소?"

대용 "알았습니다. 당신들은 옛날 크리스천이 '겸손의 골짜기'에서

1) 〈욥기〉 12 : 5. 2) 〈데살로니가전서〉 5 : 14, 〈로마서〉 14 : , 〈고린도전서〉 8 : , 9 : 22.
3) 〈시편〉 38 : 17.

아바돈을 만난 일과 그가 '죽음의 그늘 골짜기'를 통과하면서 고통당한 얘기를 들으셨을 겁니다. 또 성실이 음탕 부인과 첫 사람 아담과 불만과 수치 등, 이 길에서 만난 어떤 자에도 못지 않게 허위가 많은 네 명의 악인에게 괴로움을 당했다는 얘기도 들으셨으리라고 생각합니다."

진실 "이미 그런 일들은 모두 들었습니다. 하지만 사실 선량한 성실을 가장 많이 괴롭힌 자는 수치였지요. 끈질긴 놈이였으니까요."

대용 "그렇습니다. 그 순례자들이 적절하게 말한 것처럼, 모든 사람 중에 그놈만이 가장 못된 이름을 가지고 있었다고요."

진실 "그런데 크리스천과 성실이 수다쟁이를 만난 곳은 어디입니까? 그놈도 대단한 놈이였지요?"

대용 "그놈은 자부심이 강한 바보입니다. 그런데도 많은 사람이 그 놈의 길을 따르지요."

진실 "그 남자는 성실을 속일 참이었지요."

대용 "그랬습니다. 그러나 크리스천이 재빨리 상대의 신분을 간파하도록 깨우쳐 주었습니다."

대용 "이 근처에서 크리스천과 성실은, 그들이 '허영의 거리'에서 어떠한 곤란을 당하게 될 지 예언해 준 전도자를 만났습니다."

진실 "그게 정말입니까! 그것은 어려운 강석(講釋)이었다고 생각합니다."

대용 "그렇습니다. 그러나 그것과 함께 두 사람을 격려해 주었습니다. 그런데 우리는 그들에 대해서 대체 무슨 말을 하고 있습니까? 그들은 사자와 같은 남자들이었고 얼굴은 부싯돌처럼 굳어 보였습니다. 그들이 재판장 앞에 섰을 때 얼마나 대담했는가를 기억하십니까?"

진실 "그렇지요. 성실은 훌륭하게 순교했습니다."

대용 "그렇습니다. 훌륭한 사람답게 죽었습니다. 그 얘기에 따르면, 유망이나 그밖의 사람들이 성실의 죽음으로 말미암아 심기일전했다고 하니까요."

대용 "크리스천이 '허영의 거리'를 통과하고 나서 나중에 만난 모든 사람 중에서 누구보다 사심이라는 자가 거물이었습니다."

진실 "사심이라고요? 그는 어떤 사람입니까?"

대용 "대단한 거물입니다. 어김없는 위선자입니다. 언제나 세상이 돌아가는 대로 어느 방향으로든지 신앙이 독실한 사람이 되고 싶어했지만, 참으로 빈틈이 없어서 손해를 보고 곤란을 당하기는 절대로 싫다는 놈입니다. 그는 모든 경우에 대처하기 위한 종교 양식을 갖고 있었습니다. 더욱이 그의 아내가 그와 똑같이 교묘하게 해냅니다. 그는 이 설(說)부터 저 설로 옮기고 바꾸었습니다. 게다가 그리하는 것을 변호합니다. 그러나 내가 아는 바로는 그는 사리(射利)를 노리는 일로 불행한 최후를 마쳤습니다. 또 그의 아이들 중에는 한 사람도 진정 하나님을 경외하는 사람들에게 존중된 자는 없습니다."

이즈음에 '허영의 거리'가 보이는 곳에 이르렀다. 그곳에 '허영의 거리'가 서 있었다. 그 거리로 이렇게 가까이 왔다고 깨달았을 때 그들은 어떤 방식으로 그 거리를 통과하면 좋은가를 얘기했는데, 한 사람이 의견을 내면 다른 사람은 다른 의견을 냈다. 마침내 안내자인 대용 씨가 말했다.

대용 "아시는 대로 나는 자주 이 거리를 통과하는 순례자들의 안내자 일을 했습니다. 나는 주님의 오랜 제자로서 구브로 사람인 나손이라는 사람을 알고 있는데, 그 사람의 댁에서 유숙할 수 있을 겁니다[1]. 당신들이 좋으시다면 그곳으로 가기로 합시다."

진실 "찬성이오."

크리스티아나 "찬성이에요."

약심 "찬성입니다."

그들은 모두 그렇게 말했다. 그런데 독자 여러분은 그들이 거리의 외곽에 이르렀을 때에는 저녁 무렵이었다고 생각하셔야 한다. 그러나 대용은 그 노인의 집으로 가는 길을 알고 있어서 그들은 그곳으로 갔다. 그는 문을 두드렸다. 그러자 안에 있는 노인은 그 소리를 듣자 곧 그들의 목소리를 알아차렸다. 그래서 그는 문을 열었고, 일동은 안으로 들어갔다.

---

1) 〈사도행전〉 21 : 16.

나손 "오늘은 어디쯤에서 오셨습니까?"

그들 "저희는 친구 가이오의 집에서 오는 길입니다."

나손 "아, 굉장들 하시군. 꽤 많이들 걸으셨군요. 몹시 피곤하시지요. 앉으셔요."

그들은 앉았다.

대용 "자, 여러분 어떻습니까? 내 친구는 여러분을 환영합니다."

나손 "진심으로 환영해요. 뭐든지 필요한 것은 말씀만 하셔요, 할 수 있는 데까지 응대하겠습니다."

진실 "저희가 조금 전부터 갈망하던 것은 유숙할 방과 유쾌한 좌석입니다. 저희는 그 두 가지를 모두 바라고 있습니다."

나손 "유숙하실 곳은 보시는 바와 같고, 유쾌한 좌석은 마련해 보기로 하겠습니다."

대용 "그러면 이 순례자들을 숙소로 안내해 주시겠습니까?"

나손 "알았습니다."

그는 그들을 각자의 방으로 데리고 갔다. 그리고 취침할 때까지 함께 모여서 음식을 먹을 수 있는 매우 훌륭한 식당을 보였다.

그들은 각기 방에 들어, 약간 여행의 피로를 회복하고 있었다.

진실 (나손에게) "이 거리에는 선인이 얼마나 있습니까[1]?"

나손 "몇 명은 있습니다. 사실 그 반대쪽 사람들에 비하면 아주 소수이니까요."

진실 "어떻게 하면 그 중 한 분을 만나뵐 수 있을까요? 순례자의 도상에 있는 사람에게 선인을 만나는 일은 해상에서 범선(帆船)을 타고 있는 사람에게 달이나 별이 출현한 것과 같으니까요."

나손이 발로 마루를 '쿵쿵' 하고 울렸다. 그러자 그의 딸인 은혜가 나왔다.

나손 "은혜야, 내 친구 회개 씨, 성인(聖人) 씨, 애성(愛聖) 씨, 불감허언(不敢虛言) 씨, 개전(改悛) 씨에게 가서 오늘 밤 만나뵙겠다는 친구들이 오셨다고 말씀 드려라."

은혜는 부르러 갔고 곧 그들은 왔다. 그리고 인사를 나눈 후에 그들

---

1) 〈창세기〉 18 : 22~33 참조.

은 함께 식탁에 앉았다.

나손 "이웃에 계신 여러분, 보시다시피 나는 이렇게 찾아오신 손님 여러분을 모셨습니다. 이분들은 순례자이신데, 먼 곳으로부터 오시어 시온산으로 가시는 길입니다. 그런데 이분을 누구라고 생각하십니까? (손으로 크리스티아나를 가리키면서) 우리 거리에서 그 동행 성실과 함께 그렇게 언어도단(言語道斷)의 처우(處遇)를 받으신 크리스천의 부인 크리스티아나입니다."

이 말에 그들은 깜짝 놀랐다.

그들 "은혜양이 우리를 부르러 왔을 때는 설마 크리스티아나를 만나리라고는 생각지 못했습니다. 이건 참으로 기쁜 놀람입니다. (크리스티아나에게) 그동안 건강하게 잘 지내셨습니까? 그리고 이 젊은 분들은 부군의 아들들입니까?"

크리스티아나 "그렇습니다."

그들 "당신들이 사모하시고 섬기시는 임금께서 당신들의 아버지에게 하신 것처럼 해주시기를, 또 아버지가 '평화' 중에 계신 곳으로 데려가 주시기를 기도하겠습니다."

진실 (일동이 다시 앉았을 때 회개 씨와 그밖의 사람들에게) "현재 그들의 거리는 어떤 상태입니까?"

회개 "장이 설 때에는 매우 분주합니다. 번잡한 일이 많은 처지에서 우리의 심정이나 정신을 조금이라도 질서가 있는 상태로 유지하기는 곤란합니다. 이런 곳에 살면서, 우리가 상대하는 적수를 상대해야 하는 사람은 하루의 짧은 순간이라도 방심하지 않도록 주의하기 위한 경계가 필요합니다."

진실 "이웃에 사는 분들은 온건합니까? 그 점은 어떻습니까?"

회개 "지금은 이전보다 많이 온건해졌습니다. 크리스천과 성실이 우리의 거리에서 당하신 일은 아시지요? 그래도 최근은 전보다 훨씬 온건하다고 느낍니다. 성실의 피가 그들 위에 지금에 이르기까지 무거운 짐을 지우고 있는 것 같습니다. 그것은 그 사람을 화형에 처한 이래 사람을 불태우는 것을 부끄러워하니까요. 그 즈음에는 거리를 걸어다니는 것도 무서웠지만, 지금은 얼굴을 내밀 수 있습니다. 그 당시는 신도(장로회 신도)라는 이름이 기피당했지만, 지금은 특히 우리 거리의 어떤 구역에서는 (아시다시피 우리의 거리는 넓으니까요) 종교가 존경돼야 할 것이라고 생각되고 있습니다."

조금 사이를 두었다가 그는 말을 이었다.

회개 "당신들의 순례 도중(道中)은 어떠했습니까?"

진실 "여행하는 사람에게 일어나는 일들이 우리에게도 일어났습니다. 우리의 여로에는 평온한 때도 있었고 불쾌한 때도 있었으며, 곤란한 때도 있었습니다. 확실하게 예견했었던 일은 거의 없습니다. 바람은 꼭 뒤에서만 부는 것이 아니며, 길에서 만나는 사람이 모두 자기를 위하는 자라는 법도 없습니다. 벌써 몇 번의 어려운 장애를 만났습니다만 앞으로 어떤 일을 당할는지 모릅니다. 그러나 대체적으로 예부터 전해져 오는 '선인은 고생해야 한다.'는 말은 참말이라고 생각합니다."

회개 "장애라고 하셨는데 어떤 장애를 만나셨나요?"

진실 "그 일이면 우리의 안내자이신 대용 씨한테 들으십시오. 이분이 그 얘기를 가장 잘 할 수 있습니다."

대용 "우리는 이미 두세 번을 습격을 당했습니다. 첫째로 크리스티아나와 그 아이들이 두 흉한의 습격을 받아 목숨을 빼길 뻔했습니다. 우리는 거인 유혈, 거인 망치, 거인 살선의 습격을 받았습니다. 솔직히 말씀 드리면 이 마지막 놈에게는 우리가 습격당했다기보다는 우리가 먼저 습격했습니다. 그 사연은 이렇습니다. 우리들이 '나와 온 교회 식구인 가이오[1]'의 집에 잠시 유숙한 후, 어느 날 무기를 들고 순례자를 괴롭히는 놈을 만나러 가 보자는 마음이 생겼습니다(그것은 그 부근에 매우 지독한 놈이 있다는 말을 들었으니까요).

그런데 가이오는 그 지방에 살고 있었으므로 그놈의 소굴을 나보다 잘 알고 있었습니다. 우리는 찾고 또 찾아서, 드디어 그놈의 동굴 입구를 발견했습니다. 우리는 기뻐하며 기운을 냈습니다. 그 동굴로 접근하자 그놈은 불쌍한 약심 씨를 사납게 끌고 들어가려는 참이었는데, 곧 죽이려 하고 있었습니다. 그놈은 우리를 보자 또 하나의 먹이

---

1) 〈로마서〉 16 : 23.

를 잡았다고 생각하고, 이 불쌍한 분을 버려 두고 나왔습니다. 우리는 격투를 시작했는데, 그놈은 신속한 기세로 미친 듯이 날뛰었습니다. 그러나 결국 공격을 받아 땅에 쓰러지고, 목은 잘려져 길가에 매달아서 그런 비행을 저지르려는 자들의 본보기가 되었습니다. 내 말이 진실하다는 것은 사자의 입에서 구출된 어린양과 같은 그 사람이 이곳에 있어서 확증해 주실 겁니다."

약심 "이 일은 진실입니다. 그것이 내게는 재난도 되었고 위안도 되었습니다. 그놈이 내 뼈를 뜯어먹겠다고 위협했을 때에는 재난이 되었고, 대용 씨와 그의 친구들이 무기를 들고 나를 구출하기 위해 그처럼 접근하시는 것을 봤을 때에는 위안이 되었습니다."

성인 "순례의 길에 나서는 사람에게 필요한 것이 둘인데, 용기와 더러움이 없는 생활입니다. 용기가 없다면 절대로 그 길을 계속해서 갈 수가 없습니다. 또 생활이 단정하지 못하면 순례자란 이름부터 누추한 냄새를 발산할 겁니다."

애성 "이런 주의가 당신들 사이에서는 필요 없기를 바랍니다. 그러나 사실은 순례자[1]라 하는 사람 중에는 땅에서는 외국인 또는 순례자이기보다는 오히려 순례의 길에 대해서 의인임을 공언하는 사람이 많습니다."

불감허언 "맞습니다. 그들은 순례자의 옷도, 순례자의 용기도 가지지 못했습니다. 그들은 바로 걷지 못하고, 발은 아주 비틀어졌습니다. 한쪽 발은 안쪽으로, 한쪽 발은 바깥으로 굽고, 또 그들의 긴 양말은 뒤쪽 실이 끊어졌습니다. 이쪽에 누더기가 늘어졌는가 하면 저쪽에는 터진 곳이 있는 모양인데, 그것이 '주님'의 이름을 더럽힙니다."

개전 "이런 일로 그들은 고민해야 합니다. 또 이 길이 그런 점과 흠[2]에서 정결하게 되기까지는 순례자는 은혜를 받을 수도 없고, 그들의 천로역정은 바라는 것으로 되지 못합니다."

이렇게 얘기를 하면서, 또 시간을 보내면서 앉아 있는 사이에 저녁 식사가 식탁에 차려졌으므로, 그들은 그곳으로 가서 식사를 하고 피

1) 〈히브리서〉 11 : 13. 2) 〈베드로후서〉 2 : 13.

로를 풀고 기력을 회복했다. 그후 휴식에 들어갔다.

그들은 이 거리의 나손 씨의 집에 매우 오랫동안 체재했는데, 그동안에 딸 은혜를 크리스티아나의 아들 사무엘에게, 또 딸 마사(마르다)를 죠셉에게 출가시켰다.

방금도 말한 것처럼, 그들이 이곳에 체재한 기간은 길었다(그곳 형편이 이전같지 않았으니까). 순례자들은 그 거리의 선량한 사람들 다수와 가까이 지내게 되었고, 그 사람들에게 될수록 많이 봉사했다. 자비양은 언제나 하던 대로 가난한 사람들을 위해서 매우 애를 썼다. 그들은 자비한테서 의식(衣食)의 도움을 받고 고맙게 여겼다. 그래서 그녀는 그곳에서는 신자의 길의 꽃이라고 해야 할 사람이었다. 그리고 은혜와 뵈뵈 및 마사에 대해서 솔직히 말하면, 그녀들은 모두 매우 성질이 선량했고, 그녀들의 처지에서 선한 일을 많이 했다.

그들이 이곳에 머물러 있는 동안에 이상한 괴물이 수풀에서 나와서 이 거리의 수많은 사람을 죽였다. 또 어린아이들을 납치해다가 그 괴물의 마누라의 젖을 빨렸다. 그러나 이 거리의 어느 한 사람도 이 괴물에게 맞서지조차 못하고, 그놈이 온다는 소식을 듣고는 모두 도망쳐 버렸다.

이 괴물은 지상의 어떤 짐승과도 닮지 않았다. 몸은 용과 같고, 머리는 일곱, 뿔이 열이었다[1]. 그놈은 아이들을 해치고 다녔는데, 그래도 한 여인에게 지배되고 있었다[2]. 이 괴물은 사람들에게 조건을 제시했는데, 영혼보다도 생명 쪽을 소중히 여기는 사람은 그 조건들을 받아들였다. 이리하여 그들은 굴복했다.

대용 씨는 나손 씨의 집으로 순례자들을 방문한 이 사람들과 함께 이 짐승이 있는 곳으로 가서, 싸움을 한다는 약속을 했다. 그것은 끝없이 삼키려는 이런 큰 뱀의 발과 입에서 이 거리의 사람들을 구할 수 있을는지도 모른다고 생각했기 때문이다.

그래서 대용 씨, 회개 씨, 성인 씨, 불감허언 씨, 개전 씨는 그들의 무기를 들고 그놈과 회전하기 위해 출발했다. 그러나 이 괴물은 처음에 무척 거만하게 이 사람들을 매우 멸시하는 눈으로 내려다보았지

1) 〈요한계시록〉 17 : 3.　2) 〈요한계시록〉 17 : 2~6.

만, 본래 대담한 무인이었던 이 사람들은 그놈을 여지없이 공격해서 마침내 물리쳐 버렸다. 그리고는 나손 씨의 집으로 돌아왔다.

그러나 가끔 이 괴물이 나타나서 거리의 아이들을 괴롭히는 데는 일정한 시기가 있었다. 그럴 때에 이 용감한 인사들은 그놈을 감시하면서 끊임없이 습격을 가했다. 마침내 그놈은 상처를 입었을 뿐 아니라 절름발이가 되어서 이전과 같이 거리의 아이들을 괴롭히지는 못했다. 또 어떤 사람들은 이 짐승이 그 상처 때문에 죽으리라고 믿었다.

이 일이 대용 씨와 그 동료들을 이 거리에 매우 유명한 인사로 만들었기 때문에, 도무지 분별이라고는 없는 사람들조차도 그들에 대한 경외심과 존경심을 품었다. 순례자들이 이곳에서 그다지 피해를 받지 않은 것도 이런 이유가 있었기 때문이다. 하기야 두더지 이상으로 사물이 보이지 않고, 짐승 이상의 이해력도 없는 사람도 몇몇이 있어서, 이 사람들에 대해 존경심도 품지 않았고 그들의 무용(武勇)과 모험을 기억하지도 않았다.

드디어 순례자들이 길을 떠날 때가 다가왔으므로 그들은 여장을 챙겼다. 그들은 친구들을 불러다가 의논하고 서로 자신을 그들의 '임금'께 맡기기 위한 때를 정했다. 또한 소유한 물건 중에서 약한 사람이나 강한 사람, 여자나 남자들이 쓸 것을 가져오는 사람이 있었다. 이렇게 해서 여행중에 필요한 물건을 많이 등짐으로 져들었다[1].

그들은 그 길로 전진했다. 그들의 친구들은 적당한 곳까지 전송을 나왔다가 그들은 또다시 서로의 몸을 '왕'의 보호에 맡기고 작별했다.

순례자들은 대용 씨를 앞세우고 갈길을 서둘렀다. 그러나 여자들과 아이들은 몸이 약하기 때문에 무리하지 않도록 천천히 갈 수밖에 없었는데, 이 일 때문에 파행 씨와 약심 씨는 아이들과 더욱 마음이 통하게 되었다.

시민들과 작별하고 친구들과 헤어지자 그들은 금방 성실이 사형을 받은 곳에 도착했다. 그곳에서 그들은 멈추어 서서, 그로 하여금 그

---

1) 〈사도행전〉 28 : 10.

토록 용감하게 십자가를 질 수 있게 하신 분에게 감사를 드렸다. 성실과 같이 남자다운 순교에 의해서 은혜를 받고 있는 사실이 판명되었기 때문에 더욱 그랬다.

그후 그들은 많이 전진했다.

그들은 '이익'의 언덕에 이르렀다. 그곳에는 은광이 있었는데, 그것은 데마를 순례길에서 떠나게 만들었다. 또 사람들의 생각에 따르면 사심은 그곳에 떨어져서 멸망했다고 한다. 그러나 그들이 이익의 언덕과 마주선 오랜 기념비, 즉 소돔과 그 악취가 풍기는 호수가 보이는 곳에 서 있던 소금 기둥이 있는 곳으로 왔을 때, 먼저 간 크리스천이 생각한 것처럼 지식이 있고 재주와 지혜가 성숙한 사람들이었는데, 그들이 여기서 길을 벗어날 만큼 지혜롭지 못한 사람이었음을 이상히 여겼다. 그러나 다시 잘 생각해 보니 사람의 본성이란 남의 허물을 보고 쉽게 고치지 않는 존재인데, 특히 그 바라보이는 것에 미련한 눈길을 끌 만한 가치가 있다면 더욱 그렇다고 생각했다.

나는 이 때 그들이 전진하여 환락산 이쪽에 있는 강에 이르는 것을 보았다. 훌륭한 나무가 양쪽에 서 있었고, 그 나뭇잎을 복용하면 식상(食傷)에 잘 들었다. 그곳에는 목초의 들판이 1년 내내 푸르러서, 그들이 편하게 누울 수 있는 그 강이다[1].

강변에 있는 목초 들판에는 양들을 위한 외양간과 우리가 몇 개 있었고, 순례의 길을 가는 여자들의 갓난아기들을 양육하기 위해서 건축된 집이 있었다. 또 그곳에는 사랑을 품고 그 어린양들을 그 팔로 안을 수 있는, 그 품속에 넣고 가면서 어린 것을 부드럽게 인도할 수 있는 한 사람이 그것들을 맡고 있었다[2].

크리스티아나 (네 며느리들에게) "너희의 아기들은 이 사람에게 맡겨라. 이 강변에서 방을 공급받고, 돌봄을 받고, 젖을 먹고 양육되도록, 또 장래에 한 사람이라도 부족함이 없는 인간이 되도록. 이 사람은 그들 중 어느 한 사람이라도 길을 잃거나, 딴 길로 가면 찾아 데리고 돌아올 것이다. 그는 또 상한 사람을 감싸 주고 병든 사람을 고칠 것이다[3].

1) 〈시편〉 23. 2) 〈히브리서〉 5 : 2, 〈이사야〉 40 : 11. 3) 〈에스겔〉 34 : 11~16.

이곳에서는 절대로 먹을 것과 마실 것이 부족하지 않을 것이다. 이곳에서는 도둑이나 강도들에게 당할 위험이 없을 것이다. 왜냐하면 이 사람은 그를 신뢰하고 맡긴 사람 중 하나가 없어지기보다 먼저 죽기 때문이다[1].

이곳에서는 틀림없이 좋은 영양식과 훈계를 받을 것이다[2]. 그것은 너희도 아는 바와 같이, 지극한 하나님의 은혜이다. 이곳에는 너희가 보는 바와 같이 신선한 물이 있고 기분 좋은 목초의 들판이 있으며, 아름다운 꽃이 있고 여러 가지 나무가 있으며, 탐스러운 열매를 맺는 것이 있는데, 그 열매는 매튜가 먹은 바알세불의 과수원 담너머로 떨어진 것 같은 열매가 아닌, 허약한 곳에는 건강을 증진시키고 있는 곳에서는 그것을 지속하게 하고 증가시키는 열매다."

그녀들은 쾌히 각자의 아기를 이 사람에게 맡기는 일에 동의했다. 그들에게 그렇게 하도록 장려된 것은 이것이 모두 '왕'의 비용으로 운영되고, 그 결과 유아와 고아를 위한 양육원과 같은 것이었다는 점이다.

그들은 갈길을 서둘렀다. 그들은 크리스천과 유망이 거인 절망에게 붙잡혀 '의혹의 성'에 갇혔던 '곁길의 들판'에 도착했다. 그들은 거기에 앉아서 현재 어떤 일을 하는 것이 가장 좋은 일일까, 그것은 현재 그들은 이처럼 강해졌고 또 용감한 대용 씨 같은 안내자도 있으니까, 전진하기 전에 거인에게 도전하여 그 성을 파괴하고, 만일 그 안에 순례자라도 있으면 그 사람들을 석방시키는 것이 가장 좋은 방책이 아닐까 하고 의논했다. 어떤 사람이 하나의 의견을 내면 다른 사람이 그 반대의 의견을 냈다. 어떤 사람은 부정한 땅에 들어가는 것이 과연 옳은 일인지 의문을 제기했다. 다른 사람은 그들의 목적이 선하면 상관없다고 했다.

대용 "나중에 나온 의견이 보편적으로 진리일 수는 없습니다만, '나는 죄를 저항하고 악을 이기며, 믿음의 선한 싸움을 하라[3].'는 명령을 받았습니다. 만일 거인 절망과 싸우지 않는다면 대체 누구를 상대로 그 선한 싸움을 싸울 수 있겠습니까? 그러므로 나는 그의 생명

1) 〈예레미야〉 23 : 4. 2) 〈요한복음〉 10 : 16. 3) 〈디모데전서〉 6 : 12.

을 뺏고 '의혹의 성'을 파괴해 볼 생각입니다. 나와 함께 갈 사람이 있습니까?"

진실 "내가 가겠소."

매튜 · 사무엘 · 제임스 · 죠셉 "우리도 가겠어요."

이 크리스티아나의 아들들은 젊고도 강장했다[1]. 그래서 이 사람들은 약심 씨와 목발을 짚은 파행 씨를 자기네들이 돌아올 때까지 여자들의 보호자로 삼아서 길에 남겼다. 그것은 그곳부터 매우 가까운 곳에 거인 절망이 살고 있었지만, 길목만 지키고 있으면 어린아이라도 그들을 인도할 수 있었기 때문이다[2].

대용 씨와 진실 노인과 네 젊은이는 거인 절망을 찾으러 '의혹의 성'으로 출발했다. 성문에 다다랐을 때 그들은 요란한 소리를 내서 두드리며 입성을 요구했다.

절망 "이렇게 담대하게도 거인 절망을 번거롭게 하는 놈이 누구냐, 어떤 놈이냐?"

대용 "나다. 순례자를 그 고향으로 안내하는, 천국에 계신 임금님의 안내자인 대용이다. 내 입성을 위해 문 열기를 네게 요구한다. 또 너는 싸울 준비를 해라. 나는 네 머리를 뺏고 '의혹의 성'을 파괴하러 왔으니까."

거인 절망은 거인이니까, 어떤 사람도 자기를 이길 수는 없다고 생각했다. 더구나 지금까지 자기는 천사를 정복해 왔다. 대용 따위를 무서할 게 있느냐고 생각했다. 그래서 그는 갑옷을 입고 나왔다. 머리에는 강철 투구를 쓰고, 불붙은 흉배로 몸을 감싸고, 무쇠 신을 신은 차림으로 큰 곤봉을 들고 나왔다. 그래서 이 여섯 사람은 그에게 덤벼들어 전후에서 공격했다. 또 여자 거인 자의가 그를 돕기 위해서 왔을 때 늙은 진실 씨는 이것을 한 칼에 베어 버렸다. 그리고 그들은 결사적으로 싸워 거인을 땅에 쓰러뜨렸다. 거인은 끈질기게 죽지 않고 심한 몸부림을 쳤다. 속담대로 고양이처럼 여러 번 다시 살아났지만, 대용 씨는 그의 사신(死神)이었다. 대용 씨는 그의 머리를 어깨에서 잘라 버릴 때까지 그냥 두지 않았으니까.

1) 〈요한1서〉 2 : 13,14. 2) 〈이사야〉 11 : 6.

그후 그들은 '의혹의 성'을 파괴하기 시작했다. 물론 거인 절망이 죽었으므로 쉽게 할 수 있었다. 그러나 파괴하는데 7일이 걸렸다. 그 안에서 거의 굶어 죽게 된 순례자 낙담(落膽) 씨와 그의 딸 다려(多慮)를 발견했다. 이 두 사람은 산 채로 구출되었다. 그러나 성 가운데 뜰의 여기저기에는 시체들이 뒹굴었고, 지하 옥에 죽은 사람의 뼈가 가득 찬 광경을 보았다면 여러분은 '악' 하고 놀라셨을 것이다.

대용 씨와 그의 동료들은 이 공명을 이룩하고 나서, 낙담 씨와 그의 딸 다려를 보호하기로 했다. '의혹의 성'에서는 그 폭군인 거인 절망의 포로였지만 마음이 청결한 사람이었으니까. 그리고 방금 말한 대로 그들은 거인의 머리를 들고서(그 몸은 돌로 쌓아 묻었으므로) 그 동료들이 있는 길로 가서, 그들이 한 일을 보여주었다. 약심과 파행은 거인 절망의 머리를 보고 신이 나서 떠들기 시작했다. 크리스티아나는 (필요한 때에) 비올라(현악기)를 탈 줄 알았고, 그녀의 며느리 자비는 류트(현악기)를 탈 줄 알았다. 이 때에 이 두 사람이 이렇게 기분이 들떠 있었으므로, 그녀들은 두 사람을 위해서 연주를 시작했다. 그래서 파행은 춤을 추고 싶어졌다. 낙담의 딸 다려의 손을 잡고 춤추기 위해서 길 가운데로 들어갔다. 손에 한쪽 목발을 잡지 않으면 춤출 수 없음은 사실이었지만, 박자에 발을 교묘하게 맞추어 춤춘 것을 내가 보증한다. 처녀도 칭찬해야겠다. 이 음악에 맞추어서 아름답게 추었으니까.

낙담 씨는 어떠했는가 하면, 음악에는 별로 흥미가 없고 춤추기보다는 오히려 음식 쪽으로 마음이 기울어져 있었다. 그것은 이 사람이 거의 굶어 죽을 뻔했었기 때문이다. 그래서 크리스티아나는 요기를 하라고 술병의 술을 조금 주고, 그리고 먹을 것을 만들어 주었다. 얼마 후에 노신사는 정신을 차리고 기운을 회복하기 시작했다.

내가 꿈속에서 보고 있노라니, 이 모든 일이 끝난 후 대용 씨는 거인 절망의 머리를, 크리스천이 그 영내로 들어오지 않도록 주의하라고 (나중에 오는 순례자들의 경계를 위해서) 세운 그 기둥 맞은편 길가에다 기둥을 세우고 걸어 놓았다.

그리고 그 밑에 있는 대리석 위에 다음과 같은 시를 썼다.

▲1687년 제2부 제2판의 삽화

설혹, 의혹의 성이 파괴되고, 거인 절망에게 목은 없지만, 죄는 다시 성을 쌓아 세상에 남기고, 거인 절망을 다시 살린다.

(제2부의 초판에는 동판으로 들어 있다. 1867년 이후 목판으로 바뀌었다.)

이것은 이름뿐이고 실력없이, 전에
순례자를 두렵게 한 자의 머리다.
그 성은 함락되고, 아내 자의는
용감한 진실 씨가 목숨을 빼앗았다.
낙담과 그의 딸 다려
대용은 그들을 위해 남자답게 싸웠다.
이것을 의심하는 자는, 다만 눈을 들어
이 위를 보면 의심이 사라질 것이다.
이 머리는 두려워하는 앉은뱅이들이 춤출 때
나타낸다, 공포에서 그들이 구원받았음을.

이 사람들은 이처럼 용감하게 몸을 바쳐 '의혹의 성'을 습격하여 또 거인 절망을 죽여 버린 후 전진했으며, 환락산에 이르기까지 걸어갔다. 그곳은 크리스천과 유망이 여러 곳을 관광하며 심신의 기력을 회복한 곳이다. 그들은 그곳에 있는 목자들과 사귀고, 목자들은 전에 크리스천에게 한 것처럼 그들을 기꺼이 환락산에 맞이했다.

목자들은 이렇게 많은 사람의 행렬이 대용 씨를 따르는 것을 보고서(그와는 잘 아는 사이었으므로) 그들은 말했다.

목자들 "와아, 많은 동료를 데리고 오셨군요. 대체 어디서 이 모든 분들을 만나셨소?"

대용 (노래로)

먼저 여기 크리스티아나와 따르는 자 있다.
아들과 며느리, 북두처럼 극을 가리키고
나침반으로 죄 사하시는 하나님의 은혜로 키를 잡는다.
그렇지 않으면 그들은 이곳에 없다.
다음에 역시 순례하러 온 노인 진실
여기 있다. 참된 마음은 내가 보장한다.
파행, 약심도 역시 순례자,
이 사람들도 남아 있기를 싫어했다.

선인인 낙담은 나중에 왔다,
그의 딸 다려도 역시 순례자.
환대를 이곳에서 얻을 건가, 혹은 앞으로
가야 할까, 부탁할 말을 가르치라.

목자들 "이건 유쾌한 동료이군. 여러분 환영합니다. 우리는 강한 자에게도 약한 자에게도 위안을 주는데, 우리의 임금님은 이 지극히 작은 자들에게 행한 일을 주목하십니다[1]. 그러므로 질병이나 연약은 우리의 환대에 대한 실족의 돌이어서는 안 됩니다."

목자들은 그들을 궁전 입구로 데리고 가서 말했다.

목자들 "들어오세요. 약심 씨, 들어오세요. 파행 씨, 들어오세요. 낙담 씨, 그리고 그의 따님인 다려양. (잠시 말을 끊었다가) 대용 씨, 우리는 이 사람들을 지명해서 불러냅니다. 특히 뒷걸음질을 칠는지도 모르는 사람들이니까요. 그러나 당신과 그외 강한 사람들은 언제나 당신들이 누리는 자유에 맡깁니다."

대용 "이날 나는 하나님의 은혜가 당신네들의 얼굴에 빛나고 있는 것, 또 당신들이 참으로 '주님의 목자들'임을 알았습니다. 당신들은 이 병자와 약자를 옆구리와 어깨로 밀어내는[2] 짓을 하지 않고, 도리어 당신들은 궁전으로 가는 그들의 길에 꽃을 뿌리셨으니까요."

먼저 마음이 약한 자와 몸이 약한 자가 들어가고, 대용 씨와 그밖의 사람들은 뒤를 따랐다. 또 그들이 자리에 앉았을 때 목자들은 가장 약한 사람들에게 말했다.

목자들 "뭔가 원하시는 것이 있습니까? 이곳에서는 모든 것이 무법자들의 경계가 되는 것처럼, 약한 분들께 도움이 되도록 주선해야 합니다."

그들은 이 사람들을 위해서 소화되기 쉽고, 맛이 있고, 또 영양이 될 만한 것으로 연회를 베풀었다. 음식을 먹고 나서 그들은 각기 자기 방에서 휴식하기 위해 물러갔다. 아침이 되었을 때 산은 높고 날이 개었으며, 또 순례자들이 떠나기 전에 두세 가지 진기한 물건을 보여주

1) 〈마태복음〉 25 : 40.　2) 〈에스겔〉 34 : 21.

는 것이 이 목자들의 풍습이었으므로, 그들이 몸단장을 하고 음식을 먹은 후 목자들은 그들을 들판으로 데리고 가서 예전에 크리스천에게 보인 것을 이 사람들에게 보였다.

그리고 어떤 새로운 곳으로 데리고 갔다. 그 처음 장소는 '경이의 산'인데, 그곳에서 바라보다가 먼 곳에서 어떤 사람이 말(언어)로 언덕을 뒤집는 것을 보았다.

그들 (목자들에게) "저것은 무슨 영문입니까?"

목자들 "저 사람은 《천로역정》 제1부에 나오는 대혜(大惠)의 아들입니다. 그가 저곳에 있게 된 것은 순례자들에게 그들이 당하는 어떤 곤란에서도 신앙으로 믿고 쓰러뜨린다, 즉 뒤집어엎는 것을 가르치기 위함입니다[1]."

대용 "알고 있습니다. 많은 사람보다 뛰어난 사람입니다."

그후에 그들은 '청결의 산'이라는 곳으로 데리고 갔다. 이곳에서는 온 몸에 흰 옷을 입은 사람과 끊임없이 이 사람에게 진흙을 던지고 있는 편견, 악의라는 두 남자를 보았다. 그런데 놀라웠다. 그에게 던진 것은 곧 모조리 떨어지고, 그 옷은 진흙이 던져지지 않았던 것처럼 깨끗하게 보였다.

한 순례자 "이것은 무슨 뜻입니까?"

목자들 "이 사람은 경신(敬神)이라는 사람인데, 그의 옷은 그의 생애의 청결을 표시한 것입니다. 그에게 진흙을 던지는 사람은 그의 선행을 증오하는 자들인데, 보다시피 진흙은 그의 옷에 묻지 않습니다. 이 세상에서 참으로 청결한 생애를 보내는 사람은 이처럼 됩니다. 이런 사람들을 진흙으로 더럽히려는 사람은 모두 쓸데없는 노력을 합니다. 그것은 하나님은 이내 그들의 청결을 빛나게 하시고 그들의 의를 대낮과 같이 밝혀 주시니까요."

그후에 그들은 이 사람들을 '인애의 산'이라는 곳으로 안내하여 옷감 한 필을 앞에 놓고 있는 사람을 보았다. 그 옷감 중에서 이 사람은 자기 주위에 서 있는 가난한 사람들을 위해 겉옷과 속옷을 만들어 주고 있었는데도 그 옷감은 조금도 줄어들지 않았다.

---

1) 〈마가복음〉 11 : 23, 24.

그들 "이것은 무슨 영문입니까?"

목자들 "이것은 그 노고를 가난한 사람을 위해 하려고 생각하는 사람은 결코 재물이 부족하지 않음을 보이기 위한 것이지요. 남을 윤택케 하는 자는 윤택하여지리라[1]. 과부가 예언자에게 준 빵은 결코 그 통속의 가루를 적게 하지 않았습니다[2]."

목자들은 우매(愚昧)라는 사람과 결지(缺智)라는 사람이 에티오피아인을 희게 하려고 씻고 있는 곳으로 그들을 데리고 갔는데, 이 두 사람이 씻으면 씻을수록 그는 더욱 검어졌다.

그들 "이것은 무슨 영문입니까?"

목자들 "죄가 깊은 사람은 이와 같습니다[3]. 이런 사람에게 선한 이름을 얻게 하려고 한 모든 수단은 결국 그를 더욱 혐오스러운 것으로 만들게 될 것입니다. 바리새인들도 이와 같았습니다. 또 모든 위선자도 이에 해당됩니다."

자비 (시어머니 크리스티아나에게) "어머님, 어머님, 저는 될 수 있으면 그 통상 지옥으로 가는 곁길이라는, 언덕 중턱에 있는 구덩이를 보고 싶습니다."

그녀의 시어머니는 자기도 그런 생각이었다고 말했다. 그래서 그들은 그 문이 있는 곳으로 갔다. 그것은 언덕 중턱에 있었다. 그들은 그 문을 열고 자비더러 잠시 귀를 기울이라고 했다. 그녀는 귀를 기울였다. 그리고 어떤 사람이 내 발을 붙잡아서 평화와 생명의 길에서 끌어내린 나의 아버지가 저주스럽다고 하는 말을 들었다. 이어 다른 사람이 말했다. 아아, 내 목숨을 구하기 위해서 내 영혼을 잃기 전에 갈가리 찢어 줬으면 좋겠다고. 또 다른 사람이 말했다. 다시 살아나는 일이 있다면, 아무리 심하게라도 나를 바로잡아 이곳으로는 오지 않겠다라고.

그러자 이 젊은 여자의 발밑에서 대지가 공포로 말미암아 신음하고 떠는 것처럼 되었다. 그녀는 창백한 얼굴을 하고 떨면서 떠나갔다. 이곳에서 구원받은 남자와 여자는 모두 행복하라고 하면서.

목자들은 이 모든 것들을 보여주고 나서, 사람들을 궁전으로 데리

1) 〈잠언〉 11 : 25.　2) 〈열왕기상〉 17 : 8~15.　3) 〈예레미야〉 13 : 23.

고 돌아가 좋은 대우로 그들을 위로했다. 그러나 자비는 젊고 임신한 여자였으므로, 그집에서 본 어떤 물건이 갖고 싶어서 견딜 수가 없게 되었다. 그러나 그것을 요구하기가 부끄러웠다. 어머니는 그녀의 표정이 기분이 나쁜 것으로 보였다.

크리스티아나 "기분이라도 나쁘냐?"

자비 "어머님, 식당에 거울이 걸려 있습니다. 그것에서 마음을 뗄 수 없습니다. 그것을 제 것으로 삼지 못한다면 유산할 것 같습니다."

크리스티아나 "네가 원한다는 물건을 목자들에게 청해 보자. 안 된다고는 하시지 않겠지."

자비 "아, 어머님, 그 사람들에게 제가 그 물건을 바란다는 사실이 알려지면 부끄럽습니다."

크리스티아나 "뭘 그래, 괜찮다. 그런 것을 원하는 것은 수치가 아니고 덕이다."

자비 "그러면 어머님, 그것을 팔지 않으시겠는가 목자들에게 물어봐 주시겠습니까?"

그런데 이 거울은 매우 귀한 물건이었다. 그것은 한쪽에서는 사람을 그대로 비추지만, 그것을 다른 쪽으로 뒤집어서 보면 순례자의 '임금'의 얼굴과 모습을 나타내었다[1]. 그뿐이 아니다. 나는 분별력이 있는 사람들과 이 얘기를 했는데, 그들은 거울을 바라보아서 그분의 머리에 있는 가시면류관을 바라볼 수 있었다고 했다. 또 그곳에서 그분의 손에, 그분의 발에, 그분의 옆구리에 있는 구멍을 보았다고 한다. 더욱이 거울에는 극히 기이한 점이 있어서, 사람들이 보고 싶다는 곳에 계신 그분을 보여준다. 지상에서도, 하늘 위에서도, 자기를 낮추신 모습으로도, 높이 올리신 모양으로도, 고난을 받으시기 위하여 내려오신 장면으로도, 재림하시는 장면으로도.

크리스티아나는 남몰래 목자들이 있는 곳으로 가서(목자들의 이름은 지식, 경험, 경계, 진실이었다) 그 사람들에게 말했다.

크리스티아나 "부탁 드릴 말씀이 있어 왔습니다. 며느리들 중에 임신한 아이가 있는데, 그애가 이 댁에서 본 것을 원하는 것 같습니다.

1) 〈야고보서〉 1:23, 〈고린도전서〉 13:12, 〈고린도후서〉 3:18.

당신들이 안 된다고 하시면 유산할 것 같다고 생각하고 있습니다."

경험 "부르셔서 그것을 주십시오. 우리가 드릴 수 있는 것은 모두 드립니다."

그들은 그녀를 불러왔다.

자비 (얼굴을 붉히고) "식당에 걸려 있는 큰 거울입니다."

그러자 진실이 그것을 가지러 달려갔다. 거울을 가져오자, 그들은 유쾌한 마음으로 그것을 그녀에게 주었다. 그녀는 머리를 숙여서 감사했다.

자비 "고맙습니다. 이것으로 당신들이 저를 은혜로운 눈으로 보시는 것을 알 수 있습니다."

그들은 그밖의 젊은 여자들에게도 그녀들이 원하고 있던 것을 내주었다.

그녀들의 남편들이 대용 씨와 협력해서 거인 절망을 죽이고 '의혹의 성'을 파괴한 일을 크게 칭찬했다.

목자들은 크리스티아나의 목에다 목걸이를 걸어 주고, 그녀의 네 며느리의 목에도 똑같이 했다. 그들은 이 여자들의 귀에는 귀고리를, 이마에는 보석을 달아 주었다.

드디어 이곳을 떠나갈 마음이 생겼을 때, 그들은 일행을 평안히 출발시켰다. 그러나 전에 크리스천과 그의 동행에게 준 그 두세 가지의 주의를 주지 않았다. 그 이유는 이 사람들을 인도할 대용 씨가 있기 때문이었다. 대용 씨는 만사를 잘 터득하고 있는 사람이어서 그들에게 더 적절한 주의를 줄 수 있기에, 즉 위험이 임박한 때에조차 그것이 가능하기 때문이었다.

크리스천과 그의 동행이 목자들로부터 받은 주의를, 그들은 그것을 실천할 필요가 있을 때에는 잊었다. 그래서 여기에 이 동료들이 그 다른 동료들보다 유리한 점이 있었다.

여기서부터 그들은 노래하면서 진행했다.

> 보라, 주의 뜻에 맞게 순례자 된 자에게는,
> 얼마나 노고를 위로받는 처지에 놓였는가를.

사람들은 장애도 없이 우리를 영접하고
영생을 우리의 목적, 또 집 삼았는가를.
우린 순례자이나, 즐거운 삶을 위해
얼마나 진기한 것을 우리에게 주셨는가를.
사람들은 우리의 가는 곳 어디에서도
우리가 순례자임을 표시할 것을 주셨다.

목자들로부터 떠나서 얼마 가지 못했을 때 그들은 크리스천이 '배신'의 거리에 살던 변절이라는 사람을 만난 곳으로 왔다. 이 때에 그들의 안내자 대용 씨는 그들에게 이 남자를 상기시켰다.

대용 "이곳은 크리스천이 등에 반역적 글자를 짊어지고 있던 변절이라는 사람을 만난 곳입니다. 그 남자에 관해서는 다음과 같이 말씀드리겠습니다. 그것은 그가 절대로 남의 권고를 않았으므로 일단 타락한 다음에는 그 어떤 설득도 불가능한 사람입니다. 십자가와 돌관(사실은 무덤)이 있는 곳에 이르렀을 때에 그는 저곳을 보라고 말해 준 사람을 만났습니다. 그러나 그는 이를 갈고 발을 구르면서 자기의 거리로 돌아갈 결심을 했다고 말했습니다. '문'으로 오기 전에 그는 전도자를 만났습니다. 전도자는 그에게 손을 얹고 다시 길로 돌아가게 하려고 했습니다. 그러나 변절은 그에게도 저항했습니다. 잔뜩 무례한 짓을 한 후 담을 넘어가서 그의 손을 피했습니다[1]."

계속 그들은 서둘러서 갔다. 그 옛날 소신이 도둑을 만난 바로 그 부근에 얼굴이 피투성이가 된 남자가 칼을 빼들고 서 있었다.

대용 "너는 누구냐?"

남자 "나는 진리의 용사라는 사람입니다. 순례자인데 '하늘의 도성'으로 가는 길입니다. 그런데 그 도중에 세 남자가 나를 에워싸고 세 조건을 내걸었습니다. 첫째로, 내가 그들의 한 패가 되든가, 둘째, 온 곳으로 돌아가든가, 셋째, 그곳에서 죽든가 하는 것입니다. 첫째에 대해서 나는 오랜 세월 참된 사람이었습니다. 그러므로 이제 와서 도둑과 내 운명을 함께 한다는 것은 말도 안 된다고 대답했습니다[2].

1) 〈히브리서〉 10 : 26~29. 2) 〈잠언〉 1 : 10~14.

그러자 그들은 둘째에 대해서는 뭐라고 할 생각이냐고 물었습니다. 나는 내 고향을 말하고, 만일 그곳이 나쁘다고 생각지 않았다면 결코 그곳을 버리지 않았을 것이다. 그러나 그곳이 내게 전혀 맞지 않고 내게 불리하다고 생각했기 때문에 그곳을 버리고 이 길을 택했다고 했습니다. 그러자 셋째에 대해서는 뭐라고 하겠는가 하고 물었습니다. 나는 내 목숨을 가볍게 버리기보다는 훨씬 값어치가 있는 것이다. 그리고 너희는 나더러 선택하라고 할 이유가 조금도 없는 사람이다. 그러니까 방해를 하면 위험한 것은 너희라고 했습니다.

그러나 이 세 사람, 즉 난폭, 무분별, 간섭은 칼을 뽑아들고 덤볐습니다. 나도 칼을 뽑아들고 맞섰습니다. 3시간 동안 3대 1로 맹렬히 싸웠습니다. 보시다시피 그들은 내 몸에 무용(武勇)의 흔적을 약간 남기고, 또 살도 약간 가져갔습니다. 방금 도망쳤습니다. 아마 속담에 당신들의 말이 돌진하는 소리를 듣고 도망친다고 한 대로 된 모양입니다."

대용 "그러나 3대 1이라니 너무 불공평했군요."

진리의 용사 "맞습니다. 하지만 '진리'가 자기편인 사람에게는 많다느니 적다느니 하는 것이 문제는 아닙니다. 어떤 사람이 말했습니다. 군대가 나를 대적하여 진을 칠지라도 내 마음이 두렵지 아니하며, 전쟁이 일어나 나를 치려 할지라도 내가 오히려 안연하리로다[1]. 그리고 나는 어떤 기록에서 한 사람이 한 군(軍)의 군대와 싸웠다는 것을 읽은 일이 있습니다. 또 삼손은 나귀턱뼈로 몇사람을 죽였습니까[2]!"

대용 "무엇 때문에 소리를 지르지 않으셨습니까? 누군가가 도우러 왔을 텐데요."

진리의 용사 "그렇게 했지요, 나의 왕에게. 왕이 들으시고는 눈에 보이지 않는 도움을 주실 수 있는 것을 나는 압니다. 그것으로 내게는 충분합니다."

대용 "훌륭하게 대처하셨군요. 칼을 보여주십시오."

진리의 용사는 그에게 칼을 보였다. 그는 칼을 손에 들고 잠시 그것을 살폈다.

---

1) 〈시편〉 27 : 3. 2) 〈사사기〉 15 : 15.

대용 "어, 이것은 진정 예루살렘의 칼이다[1]."

진리의 용사 "그렇습니다. 그 칼을 한 자루 가지고 있고, 젓는 손과 쓰는 무술이 있으면 감히 천사를 공격할 수도 있습니다. 공격하는 법만 알고 있으면 방어하는 쪽은 염려하지 않아도 됩니다. 그 날〔丸〕은 결코 무디지 않습니다. 살도 뼈도 정신도 영혼도 무엇이든 베어 버립니다[2]."

대용 "하지만 꽤 오랫동안 싸우셨군요. 피곤하시지요!"

진리의 용사 "칼이 손에 붙어 버릴 때까지 싸웠습니다. 칼과 손이 하나가 되어 칼이 팔에서 돋아난 것처럼 되었고, 피가 손가락 사이를 흘렀을 때에는 더욱 용기를 내어 싸웠습니다[3]."

대용 "훌륭하게 해치우셨습니다. 당신은 죄와 싸워 피를 흘리기까지 저항하셨습니다[4]. 우리와 행동을 함께 해주십시오. 우리와 왕래해 주십시오. 우리는 당신의 동료이니까."

그들은 그를 영접해서 그 피를 씻기고 그들이 가지고 있는 음식으로 기운을 북돋워 준 다음 함께 길을 떠났다. 함께 길을 가는 도중에 대용 씨는 이 사람이 마음에 들었다(그것은 본래 그는 실력이 있는 사람이라는 것이 판명된 사람에게는 매우 호의를 품는 남자였기 때문에). 그리고 그 동료 중에는 마음과 몸이 약한 사람이 있었기 때문이다.

대용 "당신은 어느 나라의 사람입니까?"

진리의 용사 "암흑주(暗黑州)의 사람입니다. 그곳에서 태어났는데 부모님은 아직 그곳에 계십니다."

대용 "암흑주라고요? 그곳은 '멸망의 도시'와 같은 해안에 있지요?"

진리의 용사 "그렇습니다. 그런데 나로 하여금 순례길을 떠나도록 만든 것은 이런 일이었습니다. 고진(告眞) 씨라는 분이 우리 지방으로 오셔서 '멸망의 도시'에서 나간 크리스천이 행한 일, 즉 그가 처자를 버리고 순례자의 생애에 몸을 맡겼다는 일에 대해서 얘기를 하셨습니다. 그 여로에서 그를 저지하려고 한 뱀을 죽였다는 얘기와, 목적

1) 〈이사야〉 2 : 4. 2) 〈에베소서〉 6 : 12~17, 〈히브리서〉 4 : 12. 3) 〈사무엘하〉 23 : 10.
4) 〈히브리서〉 12 : 4.

한 곳에 도착한 얘기를 확신을 가지고 전하셨습니다. 또 그가 주님의 집의 도처(到處)에서, 더욱이 그가 '하늘의 도성'의 문으로 왔을 때에는 어떤 환영을 받았는가 하는 얘기를 하셨습니다. 그곳에서 나팔소리에 묻혀 빛나는 사람들의 환영을 받았다고 그분은 말씀하셨습니다.

그는 또 도성의 모든 종이 그를 환영할 때에 즐거움으로 울려 퍼졌다는 얘기와 어떤 황금옷을 입었는가를, 그밖의 수많은 얘기와 함께 하셨지만 그것은 유보하겠습니다. 한 마디로 말씀 드리면, 그분이 하신 크리스천과 그 여행에 대한 이야기에 감격해서 나의 마음은 그 뒤를 따라가려는 멈출래야 멈출 수 없는 열정으로 불타올라서, 부모님도 나를 만류할 수가 없었습니다. 그래서 나는 그들과 헤어져서 이곳까지 여로를 진행해 왔습니다."

대용 "당신은 문으로 들어오셨지요, 그렇지 않습니까?"

진리의 용사 "그렇고말고요. 그분은 만일 우리가 문으로부터 이 길로 들어와서 시작하지 않으면, 모든 일은 무효가 된다고 가르쳐 주셨으니까요."

대용 (크리스티아나에게) "보십시오, 부군의 순례와 그것에 의해서 저분이 얻으신 것은 원근(遠近) 여러 곳에 퍼져 있습니다."

진리의 용사 "그러면 이분은 크리스천의 부인이십니까?"

대용 "그렇습니다. 그리고 이 사람들은 그의 아들입니다."

진리의 용사 "아, 역시 순례의 길을 떠나셨습니까?"

대용 "그렇습니다. 이 사람들은 뒤를 따라가시는 길입니다."

진리의 용사 "충심으로 기쁘게 생각합니다. 함께 가려고 하지 않던 사람이 그 뒤를 따라와서 '도성의 문'을 들어오는 것을 보시면 그 선인께서 얼마나 기뻐하실까요!"

대용 "물론 그것은 그 사람에게 위로가 될 것입니다. 자기가 그곳에 있게 된 기쁨 다음으로는 그곳에서 그의 아내와 아이들을 만나는 것이 큰 기쁨일 테니까요."

진리의 용사 "지금 그 얘기를 하고 계시니까, 그 일에 대한 고견(高見)을 말씀해 주시겠습니까? 어떤 사람은 우리가 그곳으로 갔을 때에 서로 알아볼 수 있는지를 의심합니다만."

대용 "그 사람들은 그 때에 자기를 인식할까요? 또는 자기가 그 기쁨 속에 있는 것을 보고 기뻐할까요? 만일 이 일들을 인식한다면, 어째서 남을 인식하고 그 행복을 기뻐하지 못할 리가 있겠습니까? 그리고 핏줄이 닿는 사람은 우리의 제2의 자신이므로, 설혹 그런 사정이 그곳에서는 소멸된다고 해도 그 사람들이 그곳에 없다는 것보다는 그곳에서 만나는 편이 즐겁다는 합리적인 결론을 내릴 수 있지 않을까요?"

진리의 용사 "그렇군요. 이 일에 대해서 하신 말씀의 뜻을 알겠습니다. 그리고 내가 순례의 길에 나선 동기에 대해서 아직 물으실 것이 있습니까?"

대용 "있습니다. 부모님께서는 당신이 순례자가 되는 것을 승낙하셨습니까?"

진리의 용사 "아니오. 할 수 있는 모든 방법을 다해, 집에 머물도록 설득하려고 했습니다."

대용 "그것 참, 어떤 말씀을 하시며 반대하셨습니까?"

진리의 용사 "그것은 게으른 자의 생애라고 했습니다. 만일 내가 나태와 태만으로 마음이 기울지 않았다면, 순례자의 생애에는 호감을 느끼지 않았을 것이라고요."

대용 "그밖에 어떤 말씀을 하셨습니까?"

진리의 용사 "저……, 그것은 위험한 길이라는 겁니다. 그뿐만이 아니라 세상에서 가장 위험한 길은 곧 순례자가 가는 길이라고 했습니다."

대용 "어떤 점에서 이 길이 그렇게 위험한가를 제시하셨습니까?"

진리의 용사 "예, 그것도 수많은 세밀한 점에 대해서."

대용 "그것을 말씀해 보세요."

진리의 용사 "크리스천이 거의 질식하게 된 '절망의 늪' 얘기를 했습니다. 들어가려고 좁은 문을 두드리는 사람에게 화살을 쏘기 위해 바알세불의 성에 대기한 궁수(弓手)가 있다고 했습니다. 또 수풀과 어두운 산의 얘기, '곤란의 언덕' 얘기, 사자 얘기와 유혈, 망치, 살선이라는 세 거인의 얘기를 했습니다. 더욱이 '겸손의 골짜기'에는 흉악한 마귀가 출몰하는데, 크리스천이 그것에 의해서 거의 목숨을 빼앗길 뻔했다고 했습니다. 그리고 너는, 하고 부모님은 말씀하셨습니다. '죽음의 그늘 골짜기'를 지나가야 한다, 그곳에는 요괴의 장난이 있다, 빛은 없다, 길은 함정과 덫 등으로 가득 차 있다고.

부모는 또, 거인 절망 얘기와 '의혹의 성' 얘기, 순례자들이 그곳에서 당한 파멸의 얘기를 했습니다. 더욱 나는 '미혹의 땅'을 통과해야 하는데, 그것이 위험하다고 했습니다. 그리고 이런 일들을 당한 후에 나는 한 강을 발견할 텐데, 거기에는 다리가 없다는 것, 또 그 강은 나와 '하늘의 도성' 사이에 가로놓여 있다는 얘기를 했습니다."

대용 "그것뿐입니까?"

진리의 용사 "아니오. 부모는 이 길이 남을 속이는 사람과 선인을 길 밖으로 가게 하려고 그곳에 매복(埋伏)한 사람으로 가득 차 있다고 했습니다."

대용 "그런데 어떻게 그것을 아셨을까요?"

진리의 용사 "세재 씨가 속이려고 기다리고 있다고 했습니다. 또 형식과 위선이 끊임없이 길에서 서성거린다고 했습니다. 또 사심, 수다쟁이, 데마 등이 사람들을 붙들려고 가까이 다가온다는 것, 아첨꾼이 그물로 잡는다는 것, 또는 건방진 무지와 꺼리지도 않고 '문' 앞까지 동행하다가 그 앞에서 언덕 중턱에 있는 구덩이로 떨어져 결국 지옥으로 가는 곁길을 통과해야 한다고 했습니다."

대용 "그것만으로도 용기를 꺾는 데는 충분하지요. 한데 그것으로 말씀은 끝났습니까?"

진리의 용사 "아, 기다려 주셔요. 부모님은 옛날 그 길을 통과하려고 시도한 수많은 사람들의 얘기, 그렇게 많은 사람들이 끊임없이 말하는 영광의 일부라도 발견할 수 있겠느냐고, 매우 멀리까지 그 길로 전진한 사람의 얘기를 했습니다. 또 이 사람들이 되돌아온 얘기, 그 길을 가려고 집을 떠난 자기가 어리석었음을 깨달아서 주 전체 주민이 만족했다는 얘기를 했습니다. 또 부모님은 그렇게 한 몇몇 사람의 이름을 댔습니다. 예를 들면 완고와 유연, 의혹과 겁약, 변절과 무신론자 노인 등등 많은 사람들의 이름을 열거했습니다. 이 사람들 중,

하고 부모님은 말씀하셨습니다. 어떤 사람은 발견할 수 있는 여부를 알기 위해서 먼 곳까지 갔다. 그러나 그 중 한 사람도 떠나가는 일에 의해서 깃털 하나의 무게만큼의 이익조차 발견한 사람은 없었다고.”

대용 “게다가 당신의 용기를 꺾는 말씀을 하셨습니까?”

진리의 용사 “했습니다. 순례자 공포 씨라는 사람의 얘기, 그가 얼마나 적막했고, 길을 가면서 한 번도 유쾌한 적이 없었다고 했습니다. 또 낙담 씨가 그 기간에 굶어 죽을 뻔했다는 얘기를, 그뿐만 아니라 내가 거의 잊고 있었던, 소문이 자자했던 그 크리스천조차 ‘하늘의 도성’으로 향하는 그 모든 모험을 한 후 틀림없이 검은 강물에 익사했고, 그곳부터 한걸음도 앞으로 가지 못했는데도 그 사실은 지워져 버렸다고 했습니다.”

대용 “그랬는데도 그 일들이 조금도 당신의 용기를 좌절시키지 않았습니까?”

진리의 용사 “못했습니다. 그런 얘기는 그저 그뿐이지 거론(擧論)할 가치도 없다고 생각되었습니다.”

대용 “그것은 어떤 이유에서였습니까?”

진리의 용사 “나는 그래도 고진 씨의 말을 믿었지요. 그 믿음이 그런 애기들보다 좀더 앞으로 나를 데려가 주었습니다.”

대용 “그러면 당신의 승리였군요. 당신의 신앙이.”

진리의 용사 “그렇습니다. 나는 믿었습니다. 그래서 나왔습니다. ‘길’로 들어갔습니다. 나는 대적하는 모든 것과 싸웠습니다. 믿음으로 나는 이곳으로 와 있는 것입니다.”

참된 용기를 보고자 한다면
이곳으로 오게 하라, 그 사람을.
바람도 폭풍우도 그게 다 뭐냐,
여기의 사람은 좌절되지 않는다.
처음에 맹세한 일념(一念)을
단 한 번이라도 좌절할까 보냐.
낙담은 이곳에 절대로 없다.

순례자가 되겠다는 일념일 뿐.
쓸쓸한 이야기를 가지고 와서
그 사람을 에워싸는 사람들은
생각을 혼란에 빠뜨릴 뿐
그의 능력은 더욱 강해진다.
어떠한 사자도 두렵게 못하고
그는 거인과 싸우리라.
그러나 어디까지나 확보하련다,
순례자가 되는 그 권리를.

요괴, 괴물, 마귀라도
미동(微動)도 시킬 수 없다, 그 의기를.
그는 깨달았다, 최후에는
생명을 받게 될 것을. 그러면
헛된 생각이여, 떠나 사라져라.
그는 두려워 않으리, 사람의 말을.
그는 밤낮으로 힘쓸 것이다,
순례자로서의 노역(勞役)을.

이즈음에 그들은 '미혹의 땅'에 이르렀다. 그곳의 공기는 자연스럽게 졸리게 하는 것이었다. 또 가시나무가 일면에 무성했으며, 그것이 없는 곳은 여기저기의 '미혹의 정자'가 있는 곳으로 그곳에 사람이 앉든가 또는 그 안에서 잠들면, 어떤 사람의 말에 의하면 다시 일어나거나 눈을 뜰 수 있는지가 의문이라고 했다. 이 수풀을 지날 때 그들은 서로 도우면서 전진했다. 대용 씨는 안내자이므로 앞장을 서고, 진리의 용사 씨는 후진을 맡아서 수호인이 되었다. 그것은 마귀나 용, 거인이나 도둑들이 뒤에서 습격해서 해를 끼치는 일이 있을는지도 모른다고 염려되었기 때문이다. 이곳에서는 모두 검을 빼어 들고 전진했다. 그곳이 위험한 장소임을 알았기 때문이다. 그들은 힘이 닿는 데까지 서로 격려했다. 약심은 뒤에서 오도록 대용 씨가 명령했다. 낙담 씨는 진리의 용사 씨의 눈길이 닿는 곳에 있었다.

그런데 멀리 못 가서 갑자기 짙은 안개와 어둠이 그들 위를 습격하여, 오랫동안 거의 서로 볼 수가 없었다. 그래서 그들은 잠시 말로써 서로 더듬어야 했다. 모습을 보면서 걸을 수 없었기 때문이다.

이곳에서는 그들 중의 가장 건장한 사람도 전진하는 데 고통을 당했다고 생각해야 하는데, 하물며 발과 기력이 매우 약한 여자들과 아이들은 얼마나 고통스러웠을까? 그러나 사실은 앞장선 사람의 격려하는 말과 후진을 맡은 사람의 격려하는 말에 의해서 그럭저럭 무사하게 그곳을 헤쳐나오면서 길을 더듬어 전진했다.

그 길도 역시 진흙과 흙탕물이어서 참으로 어려웠다. 또 이곳 일대에는 잔약한 사람들에게 기력을 회복시키기 위한 여관이나 음식점도 없었다. 그래서 그들에게서 계속 헐떡이는 소리의 한숨만이 들렸다. 한 사람이 수풀 위에 뒹굴면, 다른 사람은 진흙에 발이 빠져서 움직일 수 없게 되었다. 아이들 중에는 흙탕물 속에서 신발을 잃는 자도 있었다. "어이쿠!" 하고 굴렀다고 한 사람이 말하면, 다른 사람은 "여봐, 어디에 있어?"라고 했다.

그후 그들은 어떤 정자로 왔는데, 그곳은 따뜻해 순례자들은 마음이 매우 상쾌하게 되었다. 그것의 천장은 훌륭했고, 초목의 녹색으로 내부가 장식되었으며, 의자와 등받이가 마련되어 있기 때문이다. 그 안에는 피곤한 사람이 기댈 수 있는 부드러운 침상 의자도 있었다.

모든 것들을 생각해 보면 이것은 아무래도 유혹이었다. 순례자들은 이 때 이미 나쁜 길 때문에 무척 맥이 빠져 있었다. 그러나 그들 중 한 사람도 그곳에 머무르려고 하는 사람은 없었다. 그뿐 아니라 그들은 안내자의 충고를 성실히 지키고, 안내자는 위험과 위험의 성질에 대해서 충실하게 말했으므로 언제나 그들이 위험에 가장 접근했을 때에는 가장 먼저 기운을 내어 서로 격려해 '육체'를 제어하는 것이었다. 이 정자는 '게으른 자의 휴식'이라 불리고 있었다. 순례자 중 어떤 사람이 피로했을 때 그곳에서 휴식하도록 될수록 많이 유인하려는 것이다.

이 때 내가 꿈속에서 보고 있노라니까, 그들은 그 쓸쓸한 땅으로 들어가 사람이 자칫하면 길을 잃기 쉬운 어떤 곳으로 왔다. 그런데 밝을 때는 그들의 안내자가 틀린 길을 피하려면 어떻게 하면 좋은가를 알고 있었지만, 어둠 속에서는 딱 막혀 버렸다. 그러나 그는 주머니 속에 '하늘의 도성'으로 왕복하는 모든 길의 지도를 가지고 있었다. 그는 불을 켜서(그는 부싯돌 상자를 휴대하지 않고 나서는 일이 절대로 없었다) 그 책 또는 지도를 한 번 보면, 그곳에서는 주의해서 오른쪽으로 돌아가라고 하는 식으로 적혀 있다. 만일 그가 그 지도 보기를 주의하지 않았다면, 아마도 그들은 모두 진흙 속에서 질식했을 것이다. 그것은 그들이 있던 곳에서 아주 조금 앞에, 더구나 가장 깨끗한 길이 끝나는 곳에 얼마나 깊은지 알 수 없는 구덩이가 있는데, 그것은 진흙만으로 가득 차 있어서 순례자를 죽이기 위해 일부러 그곳에 설치했기 때문이다.

이 때 나는 속으로 생각했다. 순례의 길을 떠나는 사람으로서, 갈 길이 막혔을 때 어느 길을 택해야 할까를 볼 수 있는 저 지도를 원하지 않는 사람이 있을까?

그들은 그곳으로부터 이 '미혹의 땅'으로 들어와서 어떤 정자가 있는 곳에 이르렀다. 그 정자는 한길 옆에 세워져 있었다. 그 정자에는 부주의와 무모(無謀)라는 두 남자가 누워 있었다. 이 두 사람은 이곳까지 순례의 길을 왔는데, 이곳에서 지친 몸을 휴식하기 위해서 앉았다가 그대로 잠들어 버렸다. 순례자들은 이 사람들을 보고 가만히 서서 고개를 가로 저었다. 그들은 잠들어 있는 사람들이 가련한 상태에 빠진 것을 알았기 때문이다. 그들은 어떻게 하면 좋을까, 이대로 앞으로 가고 이 사람들을 잠들어 있는 그대로 버려 둘까, 또는 이 사람들에게 다가가서 깨워 볼까 하고 의논했다. 그들은 결국 이 사람들에게 다가가서 깨워 주기로, 말은 그랬지만 '그것이 가능하다면'이라는 것인데, 여하간 해보기로 하였다.

그들은 들어가서 이 사람들에게 말을 걸고, 그 한 사람 한 사람의 이름을 불렀다(안내자는 이 사람들을 알고 있는 모양이었다). 그러나 소리도 없고 대답도 없었다. 그러나 안내자는 그들을 뒤흔들면서 온갖 짓을 다해서 그 잠을 깨우려고 했다. 그러자 그 중 한 사람이 말했다.

"돈이 들어오면 지불할게." 이 말을 듣고 안내자는 고개를 흔들었다. "내 손에 검을 들 수 있는 동안은 싸우겠다." 하고 또 한 사람이 말했다. 이 말을 들은 아이들 중의 하나가 웃었다.

크리스티아나 "이게 어찌된 영문일까요?"

대용 "그들은 잠꼬대를 하고 있습니다. 때리든지 두들기든지, 어떤 짓을 해도 이런 식으로 대답합니다. 또는 옛날 파도가 그를 때리는데도 태연히 돛대 위에 잠들었을 때에 하던 것과 같이, 내가 깨면 또다시 이것을 구하겠다고 대답하지요[1].

아시다시피 사람이 잠꼬대를 할 때에는 어떤 말을 하든 그 말은 신앙이나 이성에게 지배되어 있지 않습니다. 앞서 그들이 순례의 길을 떠나는 것과 이곳에 앉아 있는 것 사이에 사리가 맞지 않는 점이 있는 것처럼, 지금은 그 말에 그런 점이 있습니다. 그러므로 '부주의'한 사람이 순례의 길에 나서면 십중팔구 이런 꼴을 당하지 않는 사람은 없다고 하는데, 이것이 참으로 귀찮은 일입니다. 그것은 이 '미혹의 땅'은 순례자의 적이 가지고 있는 최후의 거점입니다.

그래서 보시다시피 길 끝에 설치되었는데, 그래서 더욱 유리하게 우리와 대적하도록 되어 있습니다. '왜냐하면' 하고 적은 생각합니다. 저 바보들이 피로했을 때만큼 앉고 싶다고 생각할 때가 있을까? 또한 거의 그 여로가 끝나갈 때만큼 피로할 때가 있을까? 그래서 이 '미혹의 땅'은 뿔라의 나라에서 아주 가까운 곳에 설치되었고, 그래서 그들의 경주(競走)의 끝에도 아주 가까운 것입니다. 그러므로 순례자는 스스로 경계해야 합니다. 보시다시피 잠들어 버려서 아무도 깨울 수 없습니다. 이런 사람들에게 일어난 일이 자기 자신에게는 일어나지 않도록."

순례자들 (몸을 떨면서) "앞으로 가고 싶습니다, 대용 씨. 부싯돌로 불을 켜 주십시오, 제발. 나머지 길을 초롱불빛으로 비추면서 갈 수 있도록 말입니다."

그는 불을 켰다. 그랬더니 어두움이 매우 깊었지만, 불빛의 도움으로 그들은 나머지 길을 통과했다[2].

---

1) 〈잠언〉 23 : 34, 35. 2) 〈베드로후서〉 1 : 19.

그러나 아이들은 몹시 피로했다.

아이들 (울면서) "순례자를 어여삐 보시는 '왕'이시여, 우리의 길을 좀더 편하게 하소서."

그곳에서 약간 앞으로 갔을 때에 바람이 한바탕 일어서 안개를 날려 버렸다. 그래서 공기는 전보다 맑아졌다.

그래도 그들은 '미혹의 땅'으로부터 (그다지) 멀어지지 못했다. 다만 지금은 전보다 서로의 얼굴을, 그들의 갈 길을 잘 볼 수 있었다.

그들이 이 땅의 거의 끝에 다다랐을 때에, 조금 앞에서 마음이 매우 아픈 사람의 소리와도 같고 엄숙하기도 한 소리가 났다. 그들은 서둘러 앞으로 가서 앞쪽을 보았다. 과연 한 남자가 무릎을 꿇고서 두 손을 들어올려 위에 계신 분에게 열심히 얘기를 하는 모양이었다. 그것을 마치자 그는 일어나 '하늘의 도성'을 향해 달리기 시작했다.

대용 (큰 소리로) "이봐요! 거기 가시는 분, '하늘의 도성'으로 가시는 것 같은데, 그렇다면 동행하지 않으시려오?"

그 사람은 멈춰 섰다. 그리고 그들은 그가 서 있는 곳에 다다랐다. 진실 씨가 그 사람을 보자 곧 말했다.

진실 "나는 이 사람을 알고 있소."

진리의 용사 "이 사람은 누굽니까?"

진실 "이 사람은 내가 살고 있던 지방에서 온 사람인데, 그 이름은 확립이라고 합니다. 참 좋은 순례자입니다."

그들은 서로 접근했다.

확립 (진실 노인에게) "아, 노인장, 여기 계셨습니까?"

진실 "그렇소. 당신이 거기 계신 것처럼, 틀림없는 나요."

확립 "참 기쁜 일입니다."

진실 "당신을 이 길에서 만나뵙다니 참 기쁩니다. 당신이 무릎을 꿇고 있는 장면을 발견했다는 사실도."

확립 (얼굴을 붉히고) "그렇습니까? 저를 보셨습니까?"

진실 "그렇소, 보았소. 그 광경을 보고 내 마음은 기뻤소."

확립 "무엇 때문입니까? 어떻게 생각하셨습니까?"

진실 "어찌 생각하느냐고? 어찌 생각해야 할까요? 이 길에는 마음이 청결한 사람이 있다, 그러므로 곧 동행이 될 거라고 생각했소."

확립 "노인께서 나쁘게 여기지 않으신다면 얼마나 다행이겠습니까! 그러나 만일 제가 나쁜 놈이면, 저는 혼자서 견뎌야 합니다."

진실 "그건 참말이오. 그러나 당신의 두려움은 더욱 순례자의 왕과 당신의 영혼 사이가 바른 관계로 되어 있는 것을 확증하오. '항상 경외하는 자는 복되도다.'라고 왕은 말씀하고 계시오[1]."

진리의 용사 "그런데 확립 씨, 당신이 조금 전에 무릎을 꿇고 계시던 이유를 말씀해 주시겠습니까? 어떤 특별한 은혜가 당신에게 그런 의무를 지운 때문입니까? 아니면 다른 이유가 있습니까?"

확립 "글쎄요, 우리는 보시다시피 '미혹의 땅'에 있습니다. 길을 가면서 나는 이곳의 길이 얼마나 위험한 길인가를, 또 이곳까지 순례길을 계속해 온 사람이 얼마나 많이 이곳에서 붙잡히고 죽었는가를 마음속으로 생각하고 있었습니다. 나는 이곳이 사람을 죽이는데, 그 죽음의 상태를 생각했습니다. 여기서 죽는 사람은 심한 병으로 죽는 것은 아닙니다. 그런 사람에게 이 죽음은 특별히 괴로운 것은 아닙니다. '잠'속에서 세상을 떠나는 사람은 환희와 쾌락으로서 그 여로에 오르니까요. 그야 안심하고 그 병의 뜻에 맡깁니다."

진실 (그의 말을 가로막고) "정자에서 잠든 두 남자를 보았소?"

확립 "예, 예, 그곳에서 부주의와 무모를 보았습니다. 제가 아는 바로는, 그 사람들은 썩을 때까지 그곳에 누워 있겠지요[2]. 방금 말씀드린 바와 같이 그렇게 생각에 잠겨 있을 때, 그곳으로 나온 사람은 그리 유쾌한 성질이 아니고 나이가 든 여자였습니다. 그 여자는 내게 세 가지를, 즉 그 몸과 그 돈지갑과 그 침상을 제의했습니다. 솔직히 말씀 드리면 나는 피곤하기도 했지만 또 졸렸습니다. 더욱이 부엉이 새끼처럼 가난했는데, 그것을 그 마녀는 알고 있던 모양입니다.

나는 한두 번 그 여자의 제의를 물리쳤습니다. 그러나 여자는 나의 배척을 모르는 척하고 방긋 웃었습니다. 나는 화를 냈습니다. 그래도 여자는 아주 태연합니다. 여자가 다시 제의하기를, 만일 내가 그 여자가 시키는 대로 하기만 한다면 나를 위대하고 행복한 사람으로 만

---

1) 〈잠언〉 28 : 14. 2) 〈잠언〉 10 : 7.

들어 주겠다, 왜냐하면 하고 그 여자는 말했습니다. 나는 이 세상의 여주인인데, 사람은 모두 나 때문에 행복하게 되거든요.

나는 그 여자의 이름을 물어봤습니다. 그 여자는 포말(泡沫) 부인이라고 했습니다. 그 이름이 더욱 나를 그 여자로부터 멀리 떨어지게 했습니다. 그러나 여자는 그래도 달콤한 먹이로 나를 유혹했습니다. 그래서 나는 보신 바와 같이 무릎을 꿇었습니다. 그리고 손을 쳐들고 큰 소리로 도와주겠다고 말씀하신 분에게 기도했습니다. 그랬더니 바로 당신들이 오셨을 때에 그 여자는 가 버렸습니다. 그래서 나는 이 큰 구원에 대해서 감사를 계속했습니다. 그 여자가 절대로 좋은 일을 생각했던 것은 아니고, 오히려 나를 여로에서 저지하려고 한 것을 꼭 믿고 있으니까요."

진실 "물론이오. 그녀의 계획은 나쁜 것이었소. 잠깐만 지금 당신이 그 여자의 얘기를 하니까 생각이 났는데, 나는 그 여자를 본 일이 있든가, 아니면 그 여자의 얘기를 쓴 책을 읽은 적이 있는 것 같군요."

확립 "양쪽 모두겠지요."

진실 "포말 부인이라고 했지요? 그 여자는 키가 크고 아름다운 데다가 얼굴이 약간 검은 여자이지요?"

확립 "그렇습니다, 맞았습니다. 바로 그런 여자입니다."

진실 "매우 매끈하게 말을 하고, 말을 마칠 때 방긋 웃었나요?"

확립 "그것도 꼭 맞았습니다. 그 여자가 하는 일이 바로 그런 식입니다."

진실 "허리에 큰 돈지갑을 차고 있었지요? 손을 자주 그 속에 넣었지요? 그것이 그 여자의 기쁨인 것처럼, 그 돈을 만지작거리면서."

확립 "바로 그렇습니다. 그 여자가 그렇게 하는 동안 계속 곁에 서 있었다고 해도 그 이상 자세히 제게 표현해 주실 수는 없을 겁니다. 또 그것보다 그 특징을 잘 묘사할 수는 없을 겁니다."

진실 "그러면 그 여자의 초상화를 그린 사람은 우수한 화가이고, 그 여자의 얘기를 쓴 사람은 진실을 기록한 것이오."

대용 "그 여자는 마녀입니다. 그 마술로 이 땅이 미혹에 걸려 있습니다. 누구든지 그 무릎을 베개삼는 사람은 위에 도끼가 매달린 단두대 위에 베개한 것과 같고, 그녀의 아름다움에 시선을 멈춘 사람은 하나님의 원수라고 여겨지고 있습니다[1].

순례자들의 모든 원수에게 영화로운 생활을 시키는 것은 그 여자입니다. 대단한 수다쟁이여서, 언제나 그 여자와 그 딸들은 어느 순례자의 뒤를 따라가서 이 세상이 좋다고 칭찬하기도 하고 때로는 권합니다. 뻔뻔스럽고 주제넘은 닳고 닳은 여자입니다. 어떤 남자에게도 말을 걸려고 합니다. 언제나 가난한 순례자들을 냉소하고 부자를 잔뜩 칭찬합니다.

그 여자는 속이는 때와 공개 장소를 가지고 있습니다. 아무도 그 행복에 비교할 수 있는 것을 제시할 수 없다고 말하고, 또 꺼리지 않고 공언(公言)합니다. 사람들이 그녀를 사랑하고 소중히 여기면 자손 대대로 함께 살기로 약속합니다. 어떤 곳에서는, 또 어떤 사람에게는 그 돈지갑에서 먼지와 같이 황금을 내던집니다. 사람이 그녀를 애지중지 하고, 마음속으로 소중히 여기는 것을 좋아합니다. 자기의 상품을 권하는 일에는 지칠 줄을 모르고, 자기를 가장 좋게 생각하는 사람을 가장 사랑합니다. 그 말을 들으면 어떤 사람에게는 왕관과 왕국을 약속합니다. 그러고도 수많은 사람을 교수대(絞首臺)로 데리고 갔고, 또 더 많은 사람들을 지옥으로 데려갔습니다."

확립 "아아, 제가 그 여자에게 저항한 것은 얼마나 큰 은혜입니까! 그 여자는 대체 저를 어디로 끌고갔을까요?"

대용 "어디로일까요! 모르겠군요. 어디로인지 하나님이 아니면 아무도 모릅니다. 그러나 일반적으로 말하면 반드시 당신을 끌고 가서 사람들을 멸망과 침륜(沈淪)에 빠지게 한, 여러 가지 어리석고 해로운 정욕에 떨어뜨렸을 것입니다[2]. 압살롬을 그 아버지에게 반역하게 한 것도, 여로보암을 그 주인에게 반역하게 한 것도 그 여자였습니다[3].

---

1) 〈야고보서〉 4 : 4, 〈요한1서〉 2 : 15. 2) 〈디모데전서〉 6 : 9. 3) 〈사무엘하〉 16 : 15~18 : 15, 〈열왕기상〉 11 : 26~40.

유다를 설득해서 거룩한 순례자의 생애를 버리게 한 것도 그 여자였습니다[1].

아무도 그녀가 끼치는 재해를 다 말할 수는 없습니다. 지배자와 신하 사이에, 양친과 자녀들 사이에, 남편과 아내 사이에, 사람과 그 사람 자신 사이에, 몸과 마음 사이에 불화를 조성합니다. 그러니까 확립 씨, 이름대로 처세해 주십시오. 당신이 그렇게 하실 때에는 모든 사람이 섭니다."

이 말에 순례자들 사이에서는 기쁨과 전율의 교차를 느꼈다. 그러나 마침내 그들은 소리높여 노래했다.

순례자의 몸의 위험함이여,
대적하는 존재는 그 얼마던가,
죄를 향해 가는 길은 몇 갈래인가,
이 세상 사람들은 전혀 모른다.
도랑을 피한다고 해도 험한 진창에
뒹굴어 떨어지는 사람도 있다.
기름 가마에서 살아 나와서,
불로 뛰어드는 사람도 있다.

이후에 내가 바라보고 있노라니 그들은 태양이 항상 비추는 뿔라의 나라로 왔다. 이곳에서 그들은 피로했기 때문에 잠시 동안 휴식했다. 이 나라는 순례자의 공유(共有)의 것이고 그 과수원과 포도원은 '하늘의 도성'의 왕의 것이었으므로, 그들은 왕의 것을 무엇이든지 마음대로 사용함을 허가받았다.

아주 짧은 시간에 그들은 기력을 회복했다. 종이 울려 퍼지고 나팔이 끊임없이 아름다운 가락으로 소리를 울리므로 잠을 잘 수가 없었다. 그러나 그래도 그들은 일찍이 그만큼 숙면한 일이 없을 정도의 잠을 잔 것처럼 상쾌한 기분이 되었다. 이곳에서는 거리를 걷고 있는 사람들의 소문이, 또 순례자들이 거리로 왔다고 하는 것이었다. 그러

1) 〈마태복음〉 26 : 14~16, 〈디모데후서〉 4 : 10.

면 다른 사람이 대답하는 것이었다.

그런데 오늘은 아마 물을 건너가서 '황금의 문'에서 영접을 받았을 거라고 하면서. 그들은 또 큰 소리로 말하는 것이었다. 바로 지금 이 거리로 오신 '빛나는 분'의 일대가 있습니다. 그것으로 미루어 보면 길에는 아직 순례자가 있어요, 여러 슬픈 일을 겪은 그 사람들을 위로하러 이곳으로 영접하러 오셨으니까. 그래서 순례자들은 일어나서 이곳 저곳을 걸어다녔다.

그들의 귀는 지금 얼마나 신기한 하늘의 소리로 가득 차고, 그 눈은 얼마나 존귀한 하늘의 환상으로 즐거웠는가! 이 나라에서는 그들의 위장과 심장에 혐오를 느끼는, 아무것도 듣지 않고, 아무것도 보지 않고, 아무것에도 접촉하지 않고, 아무것도 코로 맡지 않고, 아무것도 먹지 않았다. 다만 그들이 건너가기로 되어 있던 강물을 마셨을 때 약간 입언저리가 쓴 것 같았지만, 삼키고 나니까 매우 단 것임을 알았다.

이곳에는 옛날 순례자였던 사람의 이름을 기록한 것과, 그들이 행한 유명한 행동에 관한 역사가 있었다. 이곳에는 강이 어떤 사람에게는 만조(滿潮)가 되고, 어떤 사람이 건너가는 동안은 간조(干潮)가 되었다는 일에 대해서 열심히 담론이 되었다. 어떤 사람에게는 그 물이 메말라 버린 것처럼 되었는데, 또 다른 사람에게는 그 둑에 넘쳤던 것이다.

이곳에서는 거리의 아이들이 '왕의 화원'으로 들어가서 순례자들에게 선물하기 위한 꽃다발을 만들어, 깊은 애정으로서 그것을 그들에게 가져오는 것이었다. 이곳에는 장뇌(樟腦)가 감송향(甘松香)과 함께 자라고, 사프란, 향창포, 육계(肉桂)가 유향(乳香)과 몰약(沒藥), 노회(蘆會) 등 모든 주요 향료나무와 함께 자라고 있었다. 이것들로 인하여 순례자의 방은 그들이 체재하는 동안 항상 향기로웠다. 또 이것들로 그들의 몸은 정해진 시간에 강을 건너갈 준비로 씻겼다.

그들이 이곳에 머물면서 복된 시기를 기다리는 동안에, 순례자 크리스천의 아내인 크리스티아나라는 사람에게 소중한 용무로 '하늘의 도성'으로부터 한 파발꾼이 왔다는 소문이 퍼졌다. 그래서 그녀에 대한 조회가 되고, 그녀가 체재하는 집이 확인되어 파발꾼은 그녀에게 편지를 전했다. 그 내용은 이러했다.

축하합니다. 선녀(善女)여, 부군께서 당신을 부르십니다. 지금부터 10일 이내로 당신이 불멸의 옷을 입고서 임금님의 보좌 앞에 서기를 고대하고 계신다는 소식을 전해드립니다.

그가 이 편지를 전했을 때 그가 진정한 사환이고, 또 그녀더러 서둘러서 떠나도록 일러주기 위해서 온 사람이라는 확실한 증거를 보였다. 그 증거란 사랑으로 뾰족하게 간 화살촉이 붙어 있어서 그녀의 심장에 쉽게 들어가도록 되어 있는 화살인데, 점차 효과를 나타내서 정해진 시간에는 아무래도 떠나야 하도록 되어 있었다.

크리스티아나는 그녀의 때가 온 것, 그녀가 이 일행 중에서 건너편으로 건너가는 첫번째 사람임을 알았을 때 그녀는 그동안의 안내자였던 대용 씨를 불렀다.

크리스티아나 "대용 씨, 사정이 이렇게 되었습니다."

대용 "아, 나는 그 소식을 진심으로 기뻐합니다. 만일 그 파발꾼이 나를 영접하러 왔다면 더 기뻐했을 것입니다."

크리스티아나 "저의 여로에 필요한 모든 것을 준비하려면 어떻게 하면 좋을지 충고를 해주십시오."

대용 "살아 있는 우리들은 강변까지 전송하겠습니다."

그는 이렇게 말하면서, 준비는 이렇게 이렇게 해야 된다고 일러 주었다.

그녀는 아이들을 불렀다.

크리스티아나 "너희에게 하나님이 복을 내리시기를. 나는 지금도 너희 이마에 찍힌 표를 읽고 위로를 받고 있다. 너희가 지금 나와 함께 있으니 기쁘다. 또 너희가 너희의 옷을 이처럼 희게 지속한 것이 기쁘다."

마지막에 그녀는 자기의 적은 소지품을 가난한 사람들에게 보내고, 아들과 며느리들에게 도성의 심부름꾼이 그들을 영접하러 올 그 때를 위하여 준비를 하고 있도록 명령했다.

다음에 그녀는 진리의 용사 씨를 불러왔다.

크리스티아나 "용사 씨, 당신은 어디서든지 진실한 마음을 지닌 분임을 나타내셨습니다. 죽도록 충실하게 지내십시오. 그리하시면 우리의 왕은 당신에게 생명의 면류관을 주실 것입니다[1]. 나는 당신이 내 아이들을 돌보아 주시기를 부탁하고 싶습니다. 어느때라도 이 애들이 기력을 잃는 것을 보시면 격려해 주십시오. 며느리들, 이 아이들의 아내들은 충실한 사람이었습니다. 그래서 그녀들에게 약속이 성취되는 것이 그 마지막이 되겠지요."

그녀는 확립 씨에게는 지환 한 개를 주었다.

그후 그녀는 진실 씨를 불러왔다.

크리스티아나 "보라, 이는 참 이스라엘 사람이다. 그 속에 간사한 것이 없도다[2]."

진실 "당신이 시온산으로 출발하시는 날은 화창한 날이 되도록 기도하겠습니다. 또 당신이 신발에 물을 적시지 않고 강을 건너시는 것을 보는 일은 즐거울 겁니다."

크리스티아나 "젖든지 마르든지 나는 떠나고 싶습니다. 내 여행의 날씨가 어떻든지, 그곳으로 가면 앉아서 쉬며 젖은 몸을 말릴 시간이 충분할 테니까요."

이 때 그 선인 파행 씨가 그녀를 만나러 왔다.

크리스티아나 "이곳까지의 당신의 여행에는 곤란이 따르고 있었습니다. 그러나 그것은 당신의 휴식을 더욱 기분이 좋은 것으로 만들 것입니다. 하지만 늘 깨어서 준비를 잘하고 계셔요. 생각지도 못한 때에 사환이 올는지도 모릅니다.

그의 뒤로 낙담 씨와 그의 딸 다려양이 들어왔다.

크리스티아나 "당신들은 거인 절망의 손에서, 또 '의혹의 성'에서 구출된 일을 기억하면서 언제까지나 감사하셔야 합니다. 당신들이 이곳까지 오신 것은 하나님의 그 은혜의 결과입니다. 깨어 계셔요. 공포를 버리셔요. 침착하셔요. 그리고 끝까지 소망을 품으셔요."

---

1) 〈요한계시록〉 2 : 10. 2) 〈요한복음〉 1 : 47.

그리고 그녀는 약심 씨에게 말했다.

크리스티아나 "당신은 영원한 생명의 빛 가운데 살고, 위로를 받으며 당신의 왕을 볼 수 있도록 거인 살선의 입에서 구출되었습니다. 한 가지 하고 싶은 말은, 왕이 당신을 영접하러 사람을 보내시기 전에 자칫하면 그 선의를 두려워하거나 의심하는 당신의 버릇을 회개하는 것입니다. 그렇지 않으면 그가 오실 때에 당신은 그 과실 때문에 얼굴을 붉히면서 그 앞에 서야 하니까요."

크리스티아나가 떠나는 날이 다가왔다. 그래서 길은 그 출발을 구경하는 사람들로 가득 찼다. 그런데 놀랍게도 강 건너편의 둑은 그녀를 따라서 '도성의 문'으로 가기 위해서 내려온 말과 병거로 가득했다.

이윽고 그녀는 나왔다. 그리고는 강변까지 따라온 사람들에게 작별의 손을 흔들며 강으로 들어갔다. 어떤 사람이 여기서 한 그녀의 말을 들었다고 하는데, 그 최후의 말은 "주여, 저는 갑니다. 주님과 함께 살면서 감사를 드리기 위해."라는 것이었다.

그후 그녀의 아이들과 친구들은 각기 자기 처소로 돌아갔다. 크리스티아나를 기다리고 있던 사람들이 그들에게 보이지 않는 곳으로 데려갔기 때문에. 이리하여 그녀는 가서 그녀의 남편 크리스천이 그녀보다 먼저 행한 환희의 모든 의식을 갖추고 '문'을 두드려서 안으로 들어갔다.

그녀가 떠날 때에 아이들은 울었다. 그러나 대용 씨와 용사 씨는 즐거운 나머지 아름다운 가락에 맞추어 바이올린과 하프를 연주했다.

세월이 흐르는 중에 한 파발꾼이 다시 거리에 나타났다. 파행 씨에게 용무가 있다고 했다. 그래서 그를 찾아냈다.

파발꾼 "나는 당신이 사랑하고 또 목발을 짚은 채로이기는 했지만, 따라오신 분의 심부름으로 왔습니다. 심부름의 내용은 그분이 부활절 다음날, 그 왕국에서 그분과 함께 식사를 하기 위하여 식탁에서 기다리고 계신다는 말씀을 전해드리는 것입니다. 그러니 길떠날 준비를 하십시오."

그는 또 진정한 심부름꾼이라는 증거를 보였다. '나는 네 금그릇을 깨고 은줄을 풀었느니라.'고 하면서[1].

그후 파행 씨는 그의 동료인 순례자를 불러다가 그들에게 말했다.

파행 "저는 부르심을 받았습니다. 하나님은 반드시 당신들에게도 찾아오실 겁니다."

그는 용사 씨에게 그의 유언장을 써달라고 했다. 살아남는 사람에게 남길 것이라고는 그의 목발과 호의 외에 아무것도 없었다.

파행 "이 목발을 내 발자취를 따르는 아이에게, 내가 행한 것보다 더 훌륭한 사람이라는 것을 나타내도록 하라는 많은 따뜻한 생각을 담은 호의와 함께 남깁니다."

그후에 그는 대용 씨에게 그의 안내와 친절에 대해서 감사하고, 그의 여로를 향해 떠나서 강변으로 왔다.

파행 "이제는 이 목발이 필요없게 되었습니다. 저기에 나를 태우려는 병거와 말이 있으니까요."

어떤 사람이 그가 하는 최후의 말을 들었다고 하는데 "잘 왔다, 생명이여."라는 것이었다. 이리하여 그는 그 길로 나아갔다.

그후 약심 씨는 파발꾼이 그의 방 입구에서 뿔피리를 불었다는 소식을 받았다. 얼마 후 그 파발꾼은 들어왔다.

파발꾼 "나는 당신의 주인에게 당신에게 볼일이 있다는 것, 또 당신은 빛나는 하나님의 얼굴을 보셔야 한다는 것을 말씀 드리기 위해 왔습니다. 내 사명이 참되다는 표로써 이것을 받아 주십시오. 창들로 내다보는 자가 어두워질 것이다[2]."

약심 씨는 그의 친구들을 불러다가, 어떤 심부름꾼이 자기에게 왔는가, 또 어떤 표를 사명이 참되다는 증거로 전달되었는가를 알렸다. 그리고 그는 말했다.

약심 "나는 남길 만한 물건이 아무것도 없으니까, 무엇 때문에 유언장을 만들겠습니까? 저의 '약해진 마음'을 뒤에 두고 갑니다. 내가 가는 곳에서는 그것이 필요없으니까. 그것은 또 가장 가난한 순례자에게 줄 가치도 없는 것입니다. 그러므로 내가 간 다음에 용사 씨,

---

1) 〈전도서〉 12 : 6. 2) 〈전도서〉 12 : 3.

당신이 그것을 쓰레기터에 묻어 주시기 바랍니다."

그가 출발하기로 된 그날이 왔기 때문에 그는 다른 사람과 같이 강으로 들어갔다. 그 최후의 말은 "신앙과 인내를 지속하라."였다. 이리하여 그는 건너편 언덕으로 갔다.

세월이 그 많은 사람을 경과시킨 후 낙담 씨가 부르심을 받았다. 파발꾼이 와서 그 뜻을 전달했다.

파발꾼 "떠는 사람이여, 이것은 이 다음 '주의 날'(일요일)에 모든 의심에서의 구원을 즐거워하며 외치기 위해서 당신의 '왕'과 만날 준비를 하시도록 하라는 말씀입니다. 제 사명이 참이라는 증거로 이 표적을 받아 주십시오."

그리고 그는 '메뚜기도 짐이 될 것이다[1].'라는 말씀을 해주었다. 그런데 낙담 씨의 딸 다려양은 이렇게 된 일을 듣고 말했다.

다려 "저도 아버지와 함께 가고 싶어요."

낙담 (친구들에게) "저 자신과 제 딸이 어떤 사람이었는가, 또 모든 동료들에게 얼마나 귀찮은 존재였는가는 여러분이 아십니다. 제 유언, 또 딸의 유언은 우리의 낙담과 무기력한 공포는 우리가 떠나는 날부터 영원히 아무에게도 받아들여지지 않도록 되었으면 하는 것입니다. 제가 죽은 후에는 그것들이 또 다른 사람을 섬기고 싶어할 것을 아니까. 그것은 솔직히 말씀 드리면 이것들은 망령이어서 우리가 처음에 순례자가 된 즈음에 맞아들였는데, 그후는 물리칠 수가 없었습니다. 이것들은 헤매고 다니면서 순례자들의 대우를 구하리라고 생각됩니다. 그러나 우리를 위해 문을 닫고서 들이지 않도록 하십시오."

떠날 날이 오자 그들은 강가로 나갔다. 낙담 씨의 최후의 말은 "잘 있거라, 밤이여. 잘 왔다, 낮이여."였다. 그의 딸은 노래하면서 강 가운데를 지나갔다. 그러나 무슨 말을 하는지 아무도 알아듣지 못했다.

얼마 후 거리로 파발꾼이 와서 진실 씨를 찾고 있다는 풍문이 돌았다. 그 파발꾼은 그가 있는 집으로 와서 편지를 건네주었다.

당신은 지금부터 이레 후의 밤 그 '아버지'의 집에서 당신의 '주님'

1) 〈전도서〉 12 : 5.

앞으로 나오라는 명령을 받았습니다. 또 내 사명의 참인 표로는 '네 음악하는 여자들은 다 쇠하여질 것이다[1].'를 드립니다.

그래서 진실 씨는 그의 친구들을 불렀다.

진실 "나는 죽지만 유언장은 만들지 않겠습니다. 내 정직은 가지고 가겠습니다. 나중에 오는 사람에게는 이 사실을 말해 주십시오."

떠날 날이 오자 그는 강을 건너가기 위해 그곳으로 갔다. 그러나 그 때에 강물은 둑의 군데군데에서 넘치고 있었다. 그러나 진실은 생전에 양심이라는 사람더러 그곳으로 맞이하러 와달라고 부탁해 두었기 때문에, 양심 씨는 그대로 와서 손을 내밀어 강을 건너는 진실을 도왔다. 진실 씨의 최후의 말은 "은혜는 지배한다."였다. 이리하여 그는 세상을 등졌다.

그후 진리의 용사 씨가 다른 사람과 똑같은 파발꾼에 의해서 부르심을 받고, 그 부름심이 참이라는 표로써는 '항아리가 샘 곁에서 깨어졌다.'는 말씀을 받았다는 풍문이 돌았다[2]. 그는 그것을 깨달았을 때 친구들을 불렀다.

진리의 용사 "저는 조상들에게로 가려고 합니다. 큰 곤란을 겪으면서 이곳까지 왔습니다만, 지금 제가 있는 곳으로 도착하기 위해서 제가 받은 모든 고통에 대하여 후회하지 않습니다. 제 검은 제 순례길의 뒤를 잇는 사람에게 물려주는데 제 용기와 무술을 자기의 것으로 만들 수 있는 사람에게 물려주겠습니다. 제 상처와 상흔(傷痕)은 지금 제게 보수를 주시는 분 앞에 그분을 위해 싸움을 했다는 증거로 가지고 갑니다."

그가 떠날 날이 오자 수많은 사람들이 강변까지 따라갔다. 강으로 들어갈 때 그는 "죽음아, 네 쏘는 것이 어디 있느냐[3]."고 했다. 또 그는 더욱 깊이 내려갈 때 "무덤아, 네 이기는 것이 어디 있느냐[4]."고 했다. 이렇게 해서 그는 건너갔다. 모든 나팔은 그를 위해서 건너편 언덕에 울려 퍼졌다.

---

1) 〈전도서〉 12 : 4.　2) 〈전도서〉 12 : 6.　3) 〈고린도전서〉 15 : 55.　4) 〈고린도전서〉 15 : 15.

그후 확립 씨를 맞이하기 위한 부르심이 전달되었다. 그것은 파발꾼이 그것을 편 채로 손에 들고 왔기 때문이다. 그 내용은 그는 생활을 바꾸기 위해 준비해야 한다, 그의 주인은 그가 더 이상 이처럼 먼 곳에 있는 것을 바라지 않으시니까 라는 것이었다. 이 말을 듣고 확립 씨는 잠시 생각에 잠겼다.

파발꾼 "아, 내 사명의 참됨을 의심하실 필요는 없습니다. 여기에 '그것이 참되다는 표, 네 바퀴가 샘물 위에서 깨어졌다[1].'가 있으니까요."

그래서 그는 그들의 안내자였던 대용 씨를 불렀다.

확립 "대용 씨, 순례자의 생애에서 별로 교제하지 못한 것이 제 운명이긴 했습니다만, 알게 된 이래 당신은 우리에게 큰 이익을 끼치신 분입니다. 고향으로부터 떠날 때에 저는 아내와 어린 자녀 다섯을 뒤에 남겼습니다. 제 부탁은 돌아가시면(아직 수많은 거룩한 순례자들이 안내자가 될 소망을 품으시고, 주인의 집으로 돌아가시는 줄 알고 있으니까) 가족에게 심부름꾼을 보내셔서 제게 일어난 일과 이제부터 일어날 일을 모두 알려 주시기 바랍니다. 그리고 제가 행복하게 이곳에 도착한 것, 또 현재 제가 누리는 축복받은 상태를 일러주십시오. 또 크리스천과 그의 아내 크리스티아나의 얘기를, 또 그녀와 그녀의 아이들이 그녀의 남편을 따라온 사실을 일러주십시오. 또 그녀가 얼마나 행복한 결과를 얻었는지, 어디로 갔는지 하는 얘기를 일러주십시오. 그들을 위한 기도와 눈물 외에 가족에게 보낼 것은 거의 없습니다. 그들을 설득하기 위해서는 당신이 이 사실들을 알려 주신다면 그것으로 충분하리라고 생각됩니다."

확립 씨가 이렇게 모든 것을 정리했고, 또 서둘러서 떠나야 할 때가 왔기 때문에 그도 역시 강으로 내려갔다. 그런데 그즈음은 강물이 매우 평온했다. 그래서 확립 씨는 거의 가운데까지 들어갔을 때 잠깐 서서 강변까지 그를 따라간 그 동행들과 얘기를 했다.

확립 "이 강은 수많은 사람들이 두려워한 것이었습니다. 사실은 나도 그렇게 생각하고 자주 무서워했었습니다. 그러나 지금 나는 편하

1) 〈전도서〉 12 : 6.

게 서 있는 것 같습니다. 내 발은 이스라엘 백성이 요단 강을 건널 때 법궤를 멘 제사장들의 발이 서 있던 곳을 밟고 있습니다[1].

물은 과연 입에서는 쓰고, 삼키면 차갑습니다만, 내가 가려는 곳과 또 저편 언덕에서 나를 기다리는 안내자를 생각하면 내 마음이 빛나는 숯불처럼 탑니다. 나는 지금 내 여로의 끝에 있는 것을 알겠습니다. 나의 고생이 많던 생애는 끝났습니다.

나는 지금 나를 위해서 가시면류관을 쓰신 분의 머리와 침 뱉음을 당하신 그분의 얼굴을 보러 가는 길입니다. 나는 옛날 전해들은 말과 신앙에 의해서 생활했습니다. 지금 보는 것에 의해서 생활하는 곳으로 가서, 그 상대를 즐거워하는 분과 만나려고 합니다. 나는 나의 주님의 역사를 듣는 것을 좋아했습니다. 그분의 발자취를 발견하면 그곳에 내 발도 절실히 넣고 싶었습니다. 그 이름은 사향상자처럼 내게 느껴졌습니다. 모든 향료보다도 향기로웠습니다. 그 목소리는 나에게 몹시 아름다운 것이었습니다. 그 얼굴을 나는, 햇볕을 절실히 원하는 사람보다 간절히 구했습니다. 그 말씀을 나는 모아서 내 양식을 삼고, 내 마음의 동요를 위한 진정제로 삼았습니다. 그분은 나를 지탱해 주셨으므로, 나는 죄과를 계속 피했습니다. 사실 내 걸음은 그 길에서 강화되었습니다."

이렇게 그가 얘기를 하고 있을 때에 그의 얼굴이 변했다. 그 강한 것[2]이 쓰러졌다. 그리고 "받아주옵소서, 주님께로 갑니다."라고 한 후 그는 그들에게 보이지 않게 되었다.

순례자들이 올라가서 한 사람씩 뒤를 이어 '도성'의 아름다운 문으로 갈 때에 그 넓은 나라가 그들을 환영하기 위한 말과 병거로, 나팔을 부는 사람들과 피리를 부는 사람들로, 노래하는 사람들과 현악기를 연주하는 사람들로 가득 찬 광경은 참으로 놀라웠다.

크리스티아나는 아이들, 즉 크리스티아나가 그 며느리와 손자들과 함께 데리고 온 네 아들들은 어떻게 되었는가 하면, 그들이 건너가기까지 나는 내가 있던 곳에 머물러 있지 않았다. 또 그곳으로부터 돌아

1) 〈여호수아〉 3 : 7. 2) 〈마태복음〉 12 : 29.

온 후 어떤 사람의 말에 따르면 그들은 아직 살아 있었다. 그래서 그들이 살고 있던 그곳에서 교인이 늘어가기만 한다는 것이었다.

만일, 다시 한 번 그 방면으로 가게 된다면, 듣고 싶다는 사람들에게 여기서 말한 일을 얘기할는지도 모른다. 그 때까지 독자께 작별하는 인사를 드린다.

연표

저자의 생애

1628년 존 버니언은 11월 영국 벧포오드 주의 작은 마을 엘스토에서 탄생. 아버지는 가난한 땜장이. 1마일 가량 떨어진 벧포오드에 있는 문법학교에서 수학.

1637~1638년 9세~10세 경에 이미 죄의 자각에 고민. 종교적 공포의 엄습으로, 악몽과 환상의 위협을 받음. 마귀와 악령에게 괴롭힘을 당하고, 최후의 심판과 불신자의 운명에 대한 생각에 정신적 좌절을 당함(이것은 일시적 현상이었음).

1645년 5월 뉴포오트 파니엘의 전투에서 우연히 한 사병이 그를 대신하여 전사, 종교적 감정이 깊어짐.

1648~1649년 결혼. 아내와 함께 《범부(凡夫)와 천국 가는 길》, 《경건의 실천》을 읽고 종교심이 각성함.

1653년(25세) 존 기포오드 목사에게서 세례를 받음. 그때까지 겪은 종교적 노도광풍(怒濤狂風)을 다 거쳐 보낸 후였음. 새로운 생활로 들어감.

1655년(27세) 교회의 집사가 됨. 이때부터 자주 설교함.

1660년 11월 벧포오드 감옥에 투옥됨. 목사가 아닌데 설교했다는 이유로, 이 기간에 아홉 가지 소책자를 냄.

1666년 여름 《넘치는 은총》을 출판. 일시 석방되었으나, 다시 설교했다는 죄목으로 투옥됨. 옥고(獄苦) 6년의 기간에 옥중에 있는 사람들의 목사가 됨. 소책자 두 가지 출판됨. 비밀리에 근방 촌락으로 나가서 설교 실시를 허가받음.

1672년(44세) 출옥. 벧포오드 교회의 목사가 됨.

1675년 봄 비국교(非國敎) 교도의 박해가 또다시 시작되어 세 번째 투옥, 《천로역정(天路歷程)》을 구상(6개월 후에 석방).

1678년 《천로역정》 초판 출판.

1684년 《천로역정》 속편 출판.

1688년 8월 31일 별세(아버지의 진노를 당한 한 청년을 위한 여행중 21일 호우에 몸이 젖어 발병). 유해는 런던의 반힐 피일즈의 묘지에 묻힘.

천로역정

1984년 2월 10일 / 1판 1쇄 인쇄
1984년 2월 30일 / 1판 1쇄 발행
1993년 12월 30일 / 2판 1쇄 발행
1994년 1월 5일 / 3판 1쇄 발행
2002년 7월 15일 / 4판 1쇄 발행
2007년 4월 20일 / 5판 1쇄 발행
2009년 11월 5일 / 6판 1쇄 발행
2013년 5월 10일 / 7판 1쇄 발행
2016년 6월 30일 / 8판 1쇄 발행
2020년 3월 20일 / 9판 1쇄 발행

지은이 | 존 버니언
옮긴이 | 최 정 선
펴낸이 | 김 용 성
펴낸곳 | **지성문화사**
등 록 | 제5-14호(1976.10.21)
주 소 | 서울 동대문구 신설동 117-8 예일빌딩
전 화 | 02)2236-0654
팩 스 02)2236-0655, 2236-2952

정 가 17,000원